庆祝中
38

浙江大学玉泉校区大门

▲ 1997 年，张浚生检阅中国人民解放军驻港部队

▲ 1998 年 9 月 15 日，张浚生在新浙江大学成立大会上讲话

▲ 2017 年 7 月，张浚生（右 2）参加香港回归祖国 20 周年庆典合影

▲ 2002 年 10 月 14 日，科菲 · 安南先生（中）和校友查济民先生（右 1）与浙大领导张浚生书记（左 2）、潘云鹤校长（右 2）、倪明江副校长（左 1）会见时合影

▲ 2000 年 5 月，刘奎斗捐建的竺可桢国际教育大楼暨竺可桢纪念馆落成典礼

▲ 2000 年 5 月，张浚生（左）和潘云鹤（右）看望刘奎斗先生并留影

▼ 2014 年 6 月，参加刘奎斗诞辰 100 周年纪念会的全体人员合影（前排左 3 起：笔者、张浚生、王立人、陈征、张美凤）

▲ 2000年9月15日，隆重举行永谦学生活动中心落成典礼（主席台右起：黄书孟、卜凡孝、冯宗道、童芍素、姚文琴、徐长福、张浚生、汤永谦、孙优贤、潘云鹤、阮忠训、汤永年、梁树德、陈子辰、孙常炜、倪明江、胡建淼）

▼ 2023年5月，汤永谦捐建的化工大楼启用仪式

▲ 2000年9月15日，永谦学生活动中心落成典礼后，张浚生（左）、潘云鹤（右）与汤永谦夫妇合影

▲ 2008 年，在纪念王仁东先生百岁诞辰大会上，吴敏达（右 1）、杨卫（右 2）、王启东（左 1）、黄固为王仁东铜像揭幕

▲ 1990 年 3 月，纪念竺可桢百岁华诞时，部分遵义湄潭时期校友在竺可桢铜像前合影（左起：陈津侯、伍建中、谭天恩、李天助、舒昌荣、万迪秀）

▲ 2005 年 5 月，费巩铜像落成典礼（右起：张浚生、施平、张曦、潘云鹤等；主持人陈子辰）

▲ 2003 年，王承绪荣获联合国教科文组织亚太地区教育革新终身成就奖

▲ 1991 年 9 月，湄潭县委书记华金河（右）、县政协主席洪星（左）访问朱祖祥院士夫妇留影

▲ 2017 年 10 月，唐觉荣获中国昆虫学会终身成就奖（前排左 2 为程家安，左 3 为唐觉）

▲ 1987 年，施雅风在天山 1 号冰川考察（左起：陆亚洲、康尔泗、施雅风、姚檀栋、许世远、汤懋苍）

▲ 2005 年 9 月 20 日，笔者夫妇与参加 1945 届返校活动的校友杜成春夫妇（右 1、右 4）、戚叔纬夫妇（右 2、右 3）合影

▲ 2015 年 8 月 24 日，参加何志均夫妇（二排中间）创设的云惠基金成立仪式全体人员合影

▲ 2009 年 6 月 27 日，浙大西迁遵义湄潭办学 70 周年纪念大会会场，主席台一排左起为王玉芝、王蕴明、谢学锦、陈叔平，左 7 张曦，左 10 张友尚，右 1 贝濂；二排左 1 郑强，右 1 吴朝晖

▲ 1996 年，复旦大学师生庆祝谷超豪 70 岁寿辰

▲ 2002 年，谷超豪、胡和生“雨润兰亭燕双飞”

▲ 20 世纪 90 年代，著名水利水电专家潘家铮院士（中）持续为三峡工程“把脉”

▲ 1993 年元旦，童忠钫最后一次与生产工程研究所师生合影

左起第一排：齐津、严拱标、蒋承蔚、吴昭同、高承煜、童忠钫、黄逸云、陈兆年、项占琴、陈子辰；第二排：陈德伟、虞文华、唐任仲、樊晓燕、李培玉、杨世锡、胡强、陈乃力、顾新建、张和明、魏源迁、王玉芳、郭吉丰、王家平；第三排：蔡强、王文、应济、何闻、潘晓弘、王庆明、杨将新、周晓军、陈文华、方水良、傅建中

▲ 2010 年 5 月，朱位秋（前排右 4）举办的“国际理论与应用力学联合会（IUTAM）关于非线性随机动力学与控制”研讨会代表在浙大邵科馆前合影（前排右 5 为杨卫）

▲ 2013 年 11 月，海飞（右 2）与国际儿童读物联盟主席亚当娜（右 3）、国际安徒生奖评委会主席耶尔（左 2）一起出席上海国际童书展

樹我邦國

求是创新浙大人

杨达寿　著

ZHEJIANG UNIVERSITY PRESS
浙江大学出版社
·杭州·

弁 言

中华民族历来追求“天下一家”，憧憬“大道之行，天下为公”的美好生活。站在四校合并后的高平台，喜望浙江大学走过的一百二十七年辉煌历程，它最大的亮点是为国家输送了近七十万人才，广撒于世界一亿四千九百万平方公里的土地上，宛若芳草于大地争奇，如同亮星于太空辉映。这是对我国社会主义建设最大的贡献，对人类文明的最大礼赞！

我自中学时就爱上诗歌、散文创作，并在科学的春天较早地参加了浙江省科普作家协会。我利用业余时间自学写作理论知识，于1984年开设了科技写作课。这些为我日后文学传记、报告文学创作打下了基础。

20世纪80年代后期，我有缘采访著名人物传记作家叶永烈和报告文学大师徐迟两位先生，聆听他们的指点，他们诚望我转到人物传记、报告文学采写上来，共同为宣传科学家的光辉业绩而奋笔。

1990年初，我奉命去浙大校友总会任职，路甬祥校长要我做好校友联络、编研校史和编辑《浙大校友》三项工作。在学习与研究浙江大学丰厚历史的过程中，我被杰出的老师和校友的光辉业绩所打动，于是利用假期积极地去各地联络并采访。在采访中，我得知许多校友在艰苦的大西北餐风沙，饮苦水，冒着生命危险做试验，有的为石油东输献出了青春年华以至宝贵的生命……这些我都详细作了记录，积累了不少素材，其中少部分陆续以人物传记、人物通讯、报告文学等多种体裁写成文章发表在《浙大校友》，或收入报告文学集《求是群芳谱》，余下的大量人物素材成了我至今宣传校友、彰显校友求是创新精神的宝贵资料，但校友群体的光辉业绩仍如一座巨大的矿山，有待热心的后来者接力继续发掘与彰显。

2019年5月，党中央出台《关于进一步弘扬科学家精神加强作风和学风建设的意见》，要求大力弘扬“胸怀祖国、服务人民的爱国精神”“勇攀高峰、敢为人先的创新精神”“追求真理、严谨治学的求实精神”“淡泊名利、潜心研究的奉献精神”“集智攻关、团结协作的协同精神”“甘为人梯、奖掖后学的育人精神”。2020年9月11日，在科学家座谈会上，习近平总书记指出，科学家精神是科技工作者在长期科学实践中积累的宝贵精神财富，并重点强调了爱国精神和创新精神，科技工作者要树立敢于创造的雄心壮志，努力实现更多“从0到1”的突破，不断向科学技术广度和深度进军。于是，我把多年采访积累的素材整理成《启尔求真——核研试浙大人》《树我邦国——求是创新浙大人》两本人物传记，献给伟大的新时代。前者已于2022年由浙江大学出版社出版，发行量为同类书著之冠，受到广大读者的赞扬。

《树我邦国——求是创新浙大人》一书的人物，都是在“求是创新”精神熏陶下脱颖而出的典范，是科学家精神的杰出代表。全书收入24位在浙大学习或工作过的传主，一般都以出生、求学、工作业绩、家庭情况和兴趣爱好等传记体例而展开，注重彰显各人的专长与特点及在不同岗位上求是创新的骄人业绩。每文都编配有11张至18张不等的照片，以唤起阅读兴趣与快感，大致有如下几类人物。

第一，学术专家型，这是本书的重点，包括著名物理学家、教育家王谟显教授，曾任浙江大学副校长；著名力学家、教育家王仁东教授，是我国化工机械、断裂力学工程应用的开拓者；著名教育家、比较教育学倡导人之一王承绪教授，荣获联合国教科文组织“亚太地区教育革新终身成就奖”；著名土壤学家、农业教育家朱祖祥院士，曾任原浙江农业大学副校长、校长；昆虫学家、农业教育家唐觉教授，获“中国昆虫学会终身成就奖”；物理学家杜成春，攻克“弹性表面声波之铺覆导波”世界级难题，是102岁寿星；浙江大学无线电系和计算机系创始人、计算机专家何志均教授，其夫人薛艳庄教授曾任原杭州大学党委书记、校长；生物化学与分子生物学家张友尚院士，为人工合成胰岛素作出重要贡献；微分几何学家胡和生（女）院士；机械工程和振动工程学专家童忠钫教授；力学专家、随机动力学专家朱位秋院士；教育家、浙江师范大学原校长骆祥发教授。

第二，革命英雄型，包括参加过国内抗日、两度赴缅北抗日的英雄刘奎斗先生，曾捐260万美元建造玉泉校区竺可桢国际教育大楼；参加过缅北抗日、抗美援朝的军医李天助教授；学生爱国民主运动领袖、参加过抗日根据地和红色根据地建立的施平先生，曾任中国农业大学代校长、华东师范大学党委书记，是浙大办学史上最高寿者，享年113岁。

第三，又红又专型，包括著名数学家、中国科技大学和温州大学原校长谷超豪院士，少年即为中共地下党员，曾荣获国家最高科技奖；地理学家和冰川学家施雅风院士，曾为中共地下党员，被誉为“天下降冰第一人”；药理学家池志强院士，曾为中共地下党员，也是国防科研抗放射药物研究的首席科学家。

第四，企业名家型，包括香港大紫荆勋章荣获者查济民，偕夫人刘璧如设立了多种奖励基金，又为母校捐建了求是堂；汤永谦、姚文琴夫妇，为母校捐建了学生活动中心、数学大楼和化工大楼等，资助母校近亿元。

第五，科学管理家型，包括为香港回归、四校合并作出卓越贡献的张浚生教授，曾任浙江大学党委书记；科幻小说作家、水工结构和水电建设专家、中国科学院和中国工程院双院士潘家铮先生；中国童书出版的领军人物、出版家海飞校友；浙江省交通厅原厅长、作家郭学焕校友。他们都有特别的爱好：张浚生爱好书法；潘家铮爱好诗词和科幻创作，曾获国家级大奖；海飞爱好文学创作，曾获陈伯吹国际儿童文学奖；郭学焕有书法、篆刻、乐器等多种爱好。他们各位都取得了专业或管理、兴趣爱好双丰收。

本书所展示的无论哪一类人物，都将人生中最美好的青春年华和最精彩的“求是创新”光辉业绩留在了求是园的历史长河中！这些人物是近70万求是之子的杰出代表，他们共同编织起一个特大的光环，装点了浙江大学的辉煌，值得后学学习、继承与弘扬！

我深信《树我邦国——求是创新浙大人》的出版，将会激励更多莘莘学子和广大校友，以先贤为榜样，更努力地学习与工作，更加奋发有为与开拓创新，并源源不断地涌现出更多更杰出的人物，不断推进一流学科的创新发展，不断攀登世界学术高地，为以中国式现代化全面推进中华民族伟大复兴作出新的贡献。

2023 年 6 月 25 日初稿

2024 年 6 月 30 日改定

目　录

他的名字金子般闪光

——记物理学家、浙江省科协第一届主席王谟显教授

王谟显（1907—1973 年 4 月），浙江奉化人，物理学家。1932 年毕业于浙江大学物理系，1949 年获英国剑桥大学哲学博士学位，曾任浙江大学讲师、副教授、教授。新中国成立后，历任浙江大学物理系系主任、教务长、副校长，浙江省物理学会第二届理事长、浙江省科学技术协会主席。1956 年加入中国共产党。长期从事核理论方面的研究，撰有论文《氦核的结合能》、教材《物理学》等。

岁月缱绻，葳蕤生香。

1959年9月初，我进入浙大求学后，很快就看到了王谟显副校长的身影。他中等个儿，身材匀称，有一张长蛋形的脸，额头稍高微宽，梳着当时很流行的“小包头”发型，戴一副银丝眼镜，脸上常挂着微微的笑容，一脸和蔼可亲的长者模样，对师生有强大的亲和力。虽然他没有教过我，但路上相遇，我都会投去敬重的目光。而今，他离开已50余年了，但他可亲的形象仍在我心头闪光！

2008年4月，王谟显子女与作者夫妇及师友共同缅怀其父逝世35周年（左起：阮冠文、王勋华、李栽瑶、杨达寿、陈昌生、王勋民、曹培林）

王谟显先生的女儿王勋华与我同庚，且同年于浙大毕业。1972年后，她被调回浙大附中任教，是我儿子杨胜的数学老师，我们早在那时就认识了。2008年春的一天，为纪念父亲王谟显逝世35周年，王老师找我写一篇文章，我听她讲了有关她父亲的许多鲜为人知的故事。文章完成后在《浙江大学报》《浙江科协》和《浙大校友》等报刊发表，反响很好，今重新补充修改成文，以示对王谟显先生的缅怀。

在王谟显的同学、学生和亲友看来，王先生在生命的每一阶段都有些急急奔走的味道，有些像捕风的汉子。无论是在浙大求是园，还是在英国剑桥大学，他都心怀祖国，惜时如金，刻苦攻读；无论是在教学科研岗位，还是在行政管理岗位，他都想着人民，尽展才智，倾尽心力。他数十年如一日，一心想把学问做得深些，把工作搞得好些，把学子培养得多些，把科研的“蛋糕”做得大些，于是就有了他的种种苦和累，有了一行行闪光的足迹，也有了他离世50余年来源自四面八方的深切缅怀和发自肺腑的真诚赞语，并有一串串字符汩汩流于我的笔端——

志走科学救国路

1907年金秋，王谟显出生于浙江奉化县一个农耕世家。他靠自己的聪颖智慧、坚韧执着读完小学、中学和大学。他在考试中屡屡夺魁，同龄人赞他“无试不冠军”。

辛亥革命后，越来越多的志士仁人投身寻找救国济民的道路，有人提出了“科学救国”“教育救国”的口号。1915年秋，有志于“科学救国”的中国科学社在美国成立，吸引了很多有志青年奋发学习，走上“科学救国”之路。1915年新文化运动兴起，陈独秀主编的《新青年》树起“民主”和“科

浙大文理学院1932届学生留影于1931年，C3为王谟显

学”两面大旗，马克思主义也开始在中国传播。所有这些，使稍懂世事的王谟显心灵受到了震撼，他开始向往光明的未来。此后，反帝反封建的伟大革命战争更激发了他的远大志向。他决心更勤奋、更刻苦地学习，并于1928年以优异的成绩考入国立浙江大学，成为文理学院的第一批学生之一。1929年9月，浙大文理学院中文、数学、物理、化学等6个主科学门分别改称学系，在文理学院院长邵裴子的敦聘下，张绍忠教授任物理系系主任。从此，王谟显有幸成了张绍忠的得意门生。在求是园里，王谟显受到源自求是书院“诚”“勤”之校风的熏陶，真诚待人，勤奋好学；同时，他得到在美国哈佛大学师从诺贝尔奖获得者布里奇曼（Percy Williams Bridgman）、归国不久的张绍忠的指导，学业有了更大的长进，于1932年7月以全系第一名的优异成绩毕业。同年8月，在张绍忠教授推介下，王谟显成了北京清华园里一名年轻的“园丁”。

1948年1月，王谟显（左）在剑桥大学与学友合影

1948年春，王谟显（左）在英国剑桥大学留影

抗战胜利后，浙大从黔北山区迁回杭州。由于国民党挑起内战，学生的爱国民主运动受到镇压，学校处于动荡不安的境地，师生的生活日益困苦。在这阴霾蔽天的岁月里，不惑之年的王谟显抱定“科学救国”的决心，告别同事与妻儿，在香港与留英人员合影后，登上越洋海轮，到英国最古老、最具声望的剑桥大学深造。

在剑桥大学的两年岁月里，王谟显像海绵吸水一样如饥似渴地学习先进科技文化知识，于1949年6月通过博士论文答辩。一顶知识含金量特大的剑桥大学博士帽戴在这个中年中国人的头上，多少人投去羡慕与钦佩的目光！在论文答辩前夕，王谟显不断从亲友信中得到各地解放、人民当家做主的好消息，也收到了妻子张克俭携子女的合照。他仿佛听到祖国的召唤，看到妻儿的招手，他难抑心头的兴奋与激动，很快办完了毕业手续。他婉谢导师的真诚挽留，不为优裕的工作与生活条件所动，踏上了回国之路。途经香港时，他又辞谢了友人劝他去台湾任教的邀请，毅然回到百废待兴的故乡，决心为新中国建设贡献自己的一切。

誓育祖国栋梁材

浙大求是园是个陶冶人才的大熔炉。在浙大求学时，王谟显受到求是校风的熏陶，逐步意识到中国积弱的原因在于科技落后、缺乏人才。从他踏进清华园那天起，“教育救国”“抚育梁材”的宏愿就在王谟显心中树立起来。特别是创造了清华“黄金时代”的梅贻琦校长在1934年12月3日的就职讲话，深深打动了王谟显的心。梅贻琦说：“……办大学，应有两种目的：一是研究学术，二是造就人才。”又说：“所谓大学者，非谓有大楼之为也，有大师之谓也。”于是，王谟显在王国维碑（1929年6月3日两周年忌日立）前暗暗立下誓愿，要为祖国培育更多栋梁之材。

在清华园里，王谟显一边辅助高能物理学家赵忠尧教授，做好助教工作，连续三年指导学生钱三强等做实验，一边向著名物理学家叶企孙、吴有训、萨本栋等学习“为人之道，治学之法”，各方面都有较大的长进。于是，清华大学决定派王谟显去美国深造。

1938 年 1 月，王谟显结婚留影

抗日战争全面爆发后，王谟显的留学梦化为泡影。为照顾家人，王谟显于1937 年 8 月回到江南，先后在杭州弘道女子中学、奉化中学和宁波中学任物理教师。1938 年 1 月，他与广济医院护士学校毕业的高才生张克俭结为秦晋之好。这个新家组建于国难当头的战乱年代，王谟显和张克俭相依为命，结成焦点挨得紧紧的一个椭圆，享受着家的温馨。过去多少年来，王谟显都是“灶头做在脚背上”，天天在食堂或餐厅用餐；而今在家里吃饭，柴米油盐酱醋茶这开门七件事，全由张克俭操办。有了这个得力的贤内助，王谟显可以一心扑在教学上，家中无须牵挂。在三年的物理教学中，王谟显游刃有余。他教学认真，一丝不苟。据他当年的学生吕荣山夫妇说，王先生讲课条理分明，深入浅出，言简意赅，板书规范，听他的课是一种莫大的享受。

1939 年 8 月，时迁广西宜山（今宜州）的浙大文理学院分设为文学院和理学院。不久，竺可桢校长请文理学院副院长、物理系系主任张绍忠担任教务长，胡刚复教授担任理学院院长。1940 年秋，浙大理学院迁到风景独好的贵州湄潭办学。张绍忠对成绩好的学生特别器重，于是把得意门生推介给胡刚复院长，很快王谟显就成了母校物理系的一名“园丁”。当年，浙大物理系名师云集，除张绍忠、胡刚复外，还有朱福炘、何增禄、王淦昌、束星北、卢鹤绂等知名教授。王谟显能从一所中学回到母校任教实属不易。他除了承担普通物理、电磁学、量子力学等课程的教学任务外，还协助卢鹤绂教授从事量子力学、原子能等方向的科学研究。这是一种“天赐的良缘”，是不可多得的机遇。电磁学、量子力学课理论性强，公式推导多，王谟显讲课时，由浅入深，善抓重点，化繁就简，有条不紊，对理论剖析入微，深受学

1944 年秋，王谟显与同事在湄潭文庙前留影（左起：王谟显、胡刚复、蔡邦华）

生的欢迎与好评。他备课认真，常常挑灯夜战，到了夜以继日、废寝忘食的境地。他的备课笔记文字工整，图文清晰，就像一本本教科书，广受学生的称颂。

浙大在贵州的遵义、湄潭办学时，正值国难当头。师生住的是祠堂破庙，穿的是布衣粗服，吃的是粗菜淡饭，不少教授或变卖细软、书籍，或开荒饲羊以养家糊口。王谟显初为讲师，薪俸稍低，一家四口节衣缩食，随遇而安。王谟显有时难免枵腹从教，真可谓“乐得布衣暖，不嫌麦饭粗”，一心扑在教学与科研上。由于教学与科研成绩突出，王谟显回母校六七年，就由讲师晋升为副教授、教授，一时成为年轻教师学习的楷模。

王谟显是求是园里一名辛勤的园丁，桃李满天下。例如，中科院院士胡济民、吕敏、贺贤土等都曾得到他心血的浇灌。特别是数理成绩好的胡济民、邹国兴等，原在化学系就读，在张绍忠先生推介下，转到物理系学习。王谟显给他们讲过量子力学等课，使他们第一次接触到核物理的学科前沿。胡济民得到王先生的指点，后去英国伦敦大学深造，于 1948 年获伦敦大学博士学位。胡济民学成返国后，回母校任副教授、教授以及教务长，至 1952 年院系调整后去北大创建技术物理系，成为著名的核科学家、教育家。当他生前忆及遵义、湄潭求学时，仍对王先生充满感恩与钦佩。

王谟显自英国深造结束回到母校，即开始招收理论物理研究生，后因院系调整才被迫停止。他培养的 6 名研究生和许多本科生后来都成了教学或

王谟显改编的物理学教材

科研部门的骨干，有的被聘为教授、博士生导师，有的当上了系主任或院士。

全国高校院系调整后，浙江大学成为多学科型工业大学，王淦昌、束星北等一批知名物理学教授调离浙大，而王谟显仍留在求是园。因浙大不再设物理系，他被调去教普通物理学，担任普通物理教研室主任，因而遭人非议，说一个专业物理学者去教基础课是“大材小用”。王谟显却认为，学校要他留下来教普通物理，是培养建设人才的需要，是对我国工业发展有利的事，他应该积极带头做好这件事。后来他常对人说，他当时能那样做，正是党教育的结果。在党的教育下，他认识到了政治与业务的关系、集体利益与个人利益的关系。除了正确对待领导分配的任务，带头认真上好普通物理课外，他还注重教师队伍的建设，关心青年教师的成长，比如指导青年教师备课上讲台。特别是在主编全国高等工业大学用的教材《物理学》时，他有意安排青年教师参加编写工作，做到既出教材，又出人才。在编教材时，他常奔走于北京与杭州之间，倾注了大量心力。他物理基础扎实，编写的教材逻辑性强，通俗易懂，受到工科院校教师的欢迎与好评，并多次重印，长盛不衰。

王谟显与张克俭成家后，先后育有一女一子。王谟显夫妇除分享爱情之果、同尝天伦之乐外，还十分注重孩子的教育。在严父慈母的言传身教下，两个孩子都得到了浙大求是精神的熏陶，受益匪浅。特别是子女上大学时，王先生跟他们约法三章，即必须住校，必须努力学习，必须听党、听毛主席的话。1973 年王谟显因病住院，仍一再告诫子女们“要听毛主席的话，跟共产党走”，相信共产党会带领人民走向光辉灿烂的未来！在良好的校风、家风影响下，王谟显的女儿王勋华、儿子王勋民都学有所成，在不同的岗位上为祖国建设作出了积极的贡献。

敢攀世界科学峰

马克思告诫我们："在科学上面是没有平坦的大路可走的，只有在那崎岖小路的攀登上不畏劳苦的人，才有希望到达光辉的顶点。"王谟显深谙这个道理，几十年在科学山路上不息攀登。

在浙大内迁遵义、湄潭办学的六年半中，师生的生活条件极其艰苦。王谟显选择量子力学、原子能等当年世界科学的前沿课题，与束星北、卢鹤绂教授一起潜心研究，并取得了阶段性成果。比如，王谟显与束星北合写了《加速运动的场力的罗伦兹转化》一文，于 1945 年发表在《科学记录》上，受到学术界的瞩目。在剑桥大学攻读博士学位时，王谟显仍选择世界科学前沿的核科学研究新课题，师从著名核物理学家凯默（Nicholas Kemmer）。经过两年日夜苦研，他终于完成博士论文《对辐射理论的一些贡献》，受到世界学术界同行的瞩目。1949 年秋回国后，无论教学任务多么繁重，抑或行政管理工作多么烦琐，他都未中止过量子力学、核能方面的研究，取得了丰硕的成果。

院系调整后，浙大著名物理学教授几乎流失殆尽，理科停办，元气大伤。而王谟显却奉命留校任教，成为 1957 年浙大率先恢复理科、重建物理系的"火种"。在当年，王谟显不讲名利，不计得失，面对周围守旧的眼光，义不容辞地挑起了普通物理教研室室主任的担子。1956 年 1 月，周恩来总理向全国知识分子发出向现代科学进军的号召后不久，王谟显就带领教师锐意改革，冲破旧观念，积极贯彻党中央关于大力开展科学研究工作的指示。面对绝大多数教师习惯当"教书匠"、没有科研经验的现实，一方面，王谟显耐心地找骨干教师谈心，说明教学与科研相互促进的关系，同时承诺普通物理不开新课，让每个教师在完成教学任务后有充裕时间搞科研；另一方面，他亲自为教师寻找研究课题，制订研究计划，筹措研究经费等。他鼓励教师说："先动起来！在科学研究上是不会有平坦的道路的，克服困难的过程也就是科学研究工作开展的过程。"同时，他带领年轻讲师曹萱龄等共同研究氦核的结合能，凭借自己丰富的科研经验和深厚的学识功底，寻找、演绎课题的结论，进而研究原子核核能的性质，为全室教师作出科研示范。在研究中，他凭借自己扎实的数理基础，充分发挥在剑桥大学练就的高超演绎技巧，一边亲自推导计算，一边手把手地指导年轻教师学习处理科研中的各种难点，最后找出课题的正确结论。这种“师徒合作式”科研，虽然需要王谟显付出更多心力，但也在取得科研成果的同时培育出了人才，可谓一举两得。这是普通物理教研室沿袭多年的科研合作方式，与当今“老中青”协作搞科研何其相似。在科研中，他不计个人得失，不计名利，还认真地对人说：“作为学术带头人、指导者，一定要把打开课题大门的钥匙交给科研人员。”每当遇到难点，他总是乐意向科研者伸出援手，并语重心长地说：“在研究工作中，我们应该与别人比艰苦，比毅力，比克服困难的决心和勇气。”在王谟显身体力行的带领下，普通物理教师人人参加科学研究，四个科研小组出现了“比、学、赶、帮”的生动活泼局面，并在氦核结合能、金属物理性能等方面取得了可喜的阶段性成果。

科研工作初战告捷后，王谟显又适时带领教研室人员一边动手制作荧光计数器和计数器分标电路，以便深入开展以放射性示踪原子为中心的研究，一边和电机系电工基础教研室合作进行半导体的合作研究，并取得了相应的成果。

一分耕耘，一分收获。王谟显出色的教学和科研工作终于迎来双喜临门。1955 年，他被评为浙江省先进工作者。他深有感触地说：“我教了几十年的书，在过去从来没有人问过我……而今天，党采取了各式各样的方法来鼓励先进者。只有在共产党领导下，知识分子才有可能在伟大祖国的建设事业中充分发挥自己的力量。”1956 年 6 月，他又光荣地加入了中国共产党，实现了夙愿。几十年来，他始终不渝地潜心于核物理科学研究，勇攀世界科学高峰，在国内外学术刊物上发表了《氦核的结合能》等 20 余篇学术论文，受到世界学术界的瞩目和好评。

勇挑两副沉重担

王谟显学成回国后，数十年如一日，勇挑教学科研和行政管理两副沉

20 世纪 60 年代初，王谟显（左）在指导学生查阅文献资料

重的担子。院系调整后，他先挑起普通物理教学和科研的担子，使该室的工作走在学校教研室工作的前列。1956 年，他积极投身理科的重建工作。1957 年浙大恢复理科后，王谟显担任物理系第一任系主任。他发扬“一切从零开始”的精神，重建物理系。1959 年，王谟显受命任浙大党委常委、副校长，分管教学工作。他与分管科研工作的周庆祥副校长配合十分默契，二人共同协助周荣鑫、陈伟达校长，对学校各项工作进行改革与创新，为开创浙江大学的“第二个黄金期”立下了汗马功劳。校史告诉我们，王谟显在担任副校长的整整十年间，为落实学校“定规模、定任务、定方向和定专业”和贯彻《中华人民共和国教育部直属高等学校暂行工作条例（草案）》（简称“高校 60 条”），身上的担子极其繁重。特别是 1961 年 5 月，省委决定杭州工学院与浙江大学合并，学校布局以及专业设置作了大调整，王谟显在修订教育计划、整顿建设教材、加强实验教学、加强基础理论教学、全面提高教学质量、大力提高师资水平、制订规章制度等方面殚精竭虑，作了许多改革，使教学工作有了长足进步。1960 年，原子能工程学系迁到六和塔旁的三分部后，身兼物理系和原子能工程系系主任的王谟显心系两地，常奔波于三分部与本部之间，忙得不亦乐乎。此后，学校贯彻党中央与学校教学工作的一系列指示，王谟显用自己的聪明才智和组织管理才能一一相应作出改革。1961 年，浙大恢复招收研究生，王谟显为当时 11 位研究生导师之一。这一年，全校招研究生 23 名，他不顾校务繁忙，招了两名研究生。1962 年，全校招研究生 13 名，他克服困难，又招了两名研究生。1963 年全校招研究生 5 名，他又招了一名研究生。

他身兼副校长和物理系系主任，1964 年起又兼教务长，每周还要给学生上课或指导两三个小时，工作之忙可见一斑。王谟显对学生要求甚严，学生们称他是“严格、严谨、严肃”的“三严师”。除讲课外，他要求研究生每一到两周报告研究及论文情况，以便展开针对性指导。

王谟显除关心学生的学业外，也关心他们的品行和生活。他时刻提醒学生要“听毛主席的话，跟共产党走”，要大家刻苦学习，将来为国家多作贡献。他常与学生谈心，讲“一杯水与一桶水”的关系，教导学生，只有拓宽知识面，练好本领，才能更好地为祖国建设服务。他关心学生的生活，视学

1964 年夏浙大化工机械 592 班毕业生留影
第二排左起：汪希萱、潘永密、薛继良、王仁东、周瑞、刘景善、刘铭、黄固、林正、王谟显、杨干良、丁子上；第三排左 2 起：林素霞、叶丽娟、申亚明、吴雅春、李桂仙、朱国辉、姚正刚、郭承章、周保堂、王椿生、张景铎、丁窘果、罗东，林勇民、夏贤丰（学生)、陆君毅（学生)、李长浩（学生)；第四排左 5 起：王宽福（学生）等

生为子弟。1960 年起，他常在本部和三分部之间穿梭。看到学生在车站候车，他就会停车招呼学生上车并带到三分部。三分部地处之江一隅，生活多有不便，为有更多时间在基层工作，他把家搬到三分部下红房居住。王谟显家在一楼，他让学生住在自己家楼上，既可为学生创造一个较好的学习环境，又方便指导，一举两得。王谟显对学生倾注了大量心血，学生们也没有辜负老师的培养。例如，1962 级研究生曹培林和邓丽正选了世界科学前沿课题，经过几年刻苦钻研，写成毕业论文《氘氚反应截面的理论计算》，多有创新。这是名师出高徒的一种体现。20 世纪 70 年代初，王谟显的居住条件极差，但仍心系科研和教学。他克服体弱多病的困难，于 1971 年春按教学大纲要求完成了有关原子能的教材初稿。可惜王谟显的肺心病日趋严重，在医生的一再告诫下，他只能将初稿交给了党支部的齐仲甫同志。这份教材初稿，凝聚了王谟显数十年科研和教学的心血，弥足珍贵。

争做品格高尚人

王谟显的一生是克己奉公、品格高尚的一生，他的名字至今被许多人记着、念着就是一个例证。他除任学校副校长等职外，还曾兼任浙江省物理学会第二届理事长。1958 年，他参与发起创建浙江省科学技术协会，高瞻远瞩，奔走呼号，赢得大家的拥戴，被选为浙江省科学技术协会第一届主席。他身居高位，却平易近人；他身兼多职，多干实事；他工作勤奋，业绩辉煌，一直为学校师生的楷模。但他从不居功自傲，绝不满足于已取得的成绩，受人钦佩。

王谟显平生喜欢摄影、打桥牌，好写诗词，偏爱青松篁竹。他常以松竹之高洁自勉自励。他生活俭朴，严于律己，宽以待人。学校给他配有小轿车，他做到公车不私用，不管家事多急，从不允许家人“搭便车”。在“文革”中，他被打成“反动学术权威”“走资本主义道路的当权派”，身心受到严重创伤，只好抽劣质烟解闷，因此得了肺气肿的顽疾。在“造反有理”的年月里，他家住房从求是老村一套四间一缩再缩，最后一家被迫搬进求是老村 2 幢的阁楼，其下三楼的油烟直冲而上。身处恶劣的居住条件，这个身负顽疾的副校长未有怨言，在这里一住就是三四年。1970 年，王谟显一家移住校内老花房的其中一间，四户人家合用卫生间，十分不便。入住一开始没有厨房，他们只能将煤饼炉置于门旁窗前来做饭，浓烈的煤气、油烟直冲房内，更加剧了王谟显的肺气肿，后导致肺心病。后来，住处临时搭建了厨房，十分简陋，但他从未嫌弃。1972 年，女儿王勋华调到浙大附中任教后，一家三代人住在一起，更是拥挤不堪，只好向学校房产科借用一间房，以渡难关。在身受委屈的逆境中，他仍经常教育子女要相信共产党，坚信困难是暂时的。不久，王谟显积劳之疾再度发作，于 1973 年 4 月 28 日两袖清风地永远离开了人世，年仅 66 岁，令人惋惜不已。

王谟显有一个温馨和谐的家，其妻张克俭人如其名，毕生克勤克俭。她在外是一名出色的白衣天使，多年任浙大附属医院、浙大医院护士长；在内除勇挑家务重担，抚育子女外，还对王先生的饮食起居关照有加，是一个典型的中国式贤内助。王谟显仙逝后，张克俭继承了王先生培育的良好家风。1994 年，学校实行福利性住房私买的改革，张克俭完全有条件也有能力买下 1978 年迁进的住房，可她听从学校的安排，直至 1998 年去世前，也未给子女们留下住房及家具等遗物。这种爱大家舍小家的优良家风值得学习与弘扬！

王谟显与张克俭的一女王勋华、一子王勋民都毕业于浙大，起初被分配到外地工作，后来为照顾父母先后调回杭州。在良好校风、家风影响下，他们都学有所成，在不同的岗位上为祖国建设作出了积极的贡献。

20 世纪 60 年代全家照（左起：王勋华、张克俭、王勋民、王谟显）

在动荡的岁月里，王谟显坚信中国共产党会带领人民走向光辉的未来。他每月将自己工资的一半交作党费，同时，还将《物理学》的稿费如数上交，以示对党的热爱。

王谟显先生驾鹤西归已逾五十年，可他的音容笑貌、高风亮节，仍像金子一样在万千人的心头久久地、久久地闪光！

（2008 年 4 月 18 日初稿，2023 年 5 月 15 日改定）

松篁诚笃，求是楷模

——记我国化工机械、断裂力学开拓者王仁东教授

王仁东（1908 年 3 月—1983 年 2 月），上海人，应用力学家。1935 年毕业于上海交通大学机械系。1939 年秋举家投奔西迁宜山的浙江大学任副教授、教授，1946 年公费赴美进修，1949 年秋回浙江大学任教授。20 世纪 50 年代，创办了力学系和化工系化工机械专业，是浙江大学力学系首任系主任、校学术委员会副主任、化工机械和固体力学两个学科的博士研究生导师，是我国化工机械、断裂力学工程应用的开拓者。曾任浙江省力学学会首任理事长、全国压力容器学会首任理事长、国家科委机械学科组成员、浙江省科协副主席、民盟中央文教科技委员、第五届全国人大代表等。荣获 1978 年全国科学大会优秀成果奖。1983 年 3 月 5 日被中共浙江省委追认为中国共产党党员。

1959年8月，党中央在庐山召开八届八中全会，会上通过了《为保卫总路线、反对右倾机会主义而斗争》的决议。由此，“反右倾”运动在全国乃至全校拉开了帷幕，中断了1959年初以来对我国教育革命中“左”倾错误的纠正，于是，一个新的“左”的教育革命浪潮又在求是园激荡起来。

1959年9月初，我进入浙江大学机械工程学系学习。谁能想到，最早在我心中落户的却是化学工程学系的王仁东教授。要解开这个谜团，还得从那年的国情校情说起。往年，始业教育一般为期三天，而那年长达三周余，除学习中共中央八届八中全会一系列文件外，还有一个重要内容却是批判学校教育革命中的“右倾”言论，其代表人物就是王仁东教授，批判他对“大跃进”的看法。他引用的“行百里者半九十”“画虎不成反类犬”几句话，我越批越在心底产生共鸣。随着时间的流逝，我对王教授高尚人格以及教学与科研等业绩已有见闻，并于他百岁华诞时写了篇短文《弘扬求是精神的典范》，以表心迹。今借机展示王教授一生的点滴，从中管窥其人格至伟与业绩辉煌之一斑！

勤学好问，成绩优异

1896年创办的南洋中学，是中国人在上海自主创办的首个现代教育学堂。

南洋中学的校史可谓星光熠熠——文学泰斗巴金，国际摄影大师朗静山，中国杰出外交家顾维钧，辛亥革命元老、抗日烈士朱少屏，中国近代植物学开拓者之一的钱崇澍，还有我国化工机械、断裂力学工程应用的开拓者王仁东等，均曾就读于南洋中学。

王仁东与南洋中学有极深的渊源。王仁东的叔祖是近代改革教育先驱、南洋中学前身育材书塾的创办人王维泰；王仁东的堂伯——著名的爱国教育家王培孙——自1900年接办叔父王维泰的育材书塾（不久改名为南洋中学堂），王仁东的父亲王建善及其长兄王纳善也协助办学。王仁东从小受父亲爱国思想的熏陶，并深受“科学救国”思潮的影响，立志发愤读书，一心报效祖国。

1921 年，王仁东以优异的成绩，由南洋中学关联的西区小学保送入校园优美的南洋中学本部读书。南洋中学多有名师，教学设施精良完备，理化设备先进，中外文藏书丰富，是读书的好地方。王仁东读书认真刻苦，成绩一直名列前茅。

南洋中学是一所富有爱国主义精神和革命传统的学校，师生积极参加历次反帝反封建的革命运动。1925 年五卅运动爆发，王仁东积极参加运动，并担任上海学联代表和筹款部主任，还认真读《共产主义 ABC》等进步书籍，为追求真理而不怕艰险。毕业后，王仁东参加了南洋中学校友会，并多次在校友刊物发表文章，表达他对母校的深厚感情。

1926 年，王仁东考入上海交通大学，与蔡金涛（后为院士）同班。蔡金涛回忆说："王仁东成绩杰出，是我学习的榜样。……在课堂上，仁东兄，也只有仁东兄，能时常向老师提出同学们所没有想到的问题，老师解答后，仁东兄又往往能立时提出很多疑问，一问一答，问题得以步步深入，在热烈讨论中，我们在座的同学无不深受启发，得到教益。"

1935 年，王仁东上海交通大学毕业照

在求学期间，王仁东注重德智体全面发展，始终保持学业名列前茅，还积极参加体育锻炼，在学校组织的 400 米赛跑项目上多年保持冠军，并被选为学校代表参加江南八大学校的竞赛。此外，他还参加篮球、足球和乒乓球等体育活动。

在大学的最后半年，王仁东因苦读书而病倒，直至 1935 年才补上半年课程后毕业。毕业时他因成绩优异被接纳为裴多菲学术团的会员。

一生求是，赤子情怀

我国断裂力学的开拓者、爱国知识分子的楷模王仁东教授的背影渐行渐远，但他在我心中的形象却变得越来越高大。他一生讲真话、讲实话，对党、对祖国和人民无限忠诚，数十年如一日地弘扬求是精神的可贵品质，给我的心灵又一次极大的震撼与洗涤，其中有几件事至今仍在我的心底闪光。

1946 年，王仁东教授由竺可桢校长推荐公费去美国进修，由于工作出色，从 1947 年起就担任阿立斯却默斯机械制造公司的顾问工程师并兼任美国西北大学客座教授。1948 年，王仁东在美国留学生协会上做了“了解中国”的演讲，并以极大的爱国主义热情向听众介绍中国古老的文化、历史和文明，展望中国美好的未来。

1946 年，浙大机械系在遵义欢送王仁东教授（前排中）赴美

1949 年秋，王仁东毅然放弃在美国的优渥生活，不顾个人安危，克服重重困难，在新中国成立的第二天，回到了祖国的怀抱，立志为祖国的繁荣富强贡献自己的力量。

在“大跃进”的年代，人们由于对什么是社会主义、什么是共产主义缺乏科学的认识，对超越时代的“共产风”盲目跟风，并瞎批所谓的“右倾”言论。但正直、无畏而又认真学习马列著作的王仁东教授，坚持浙大一贯倡导的求是精神，在政治学习会上多次指出急于求成的“共产主义”是超越时代的空想。1958 年 10 月 20 日，他在《浙大校刊》上发表了《对分配原则的看法》一文，他认为：“在物质财富不够充足以前，根据需要来分配必然‘粥少僧多’，是做不到的。要过渡到共产主义，首先必须创造大量财富。为了创造财富还必须以‘按劳取酬’作为分配原则。”在“左”倾思潮泛滥的年代，王教授的正确言论如一石击水，在求是园掀起一场空前的大辩论，继而很快转变为一场大批判。王仁东教授则由孤立的“反方”变成被批判的对象。

为了支持自己的正确观点，他购买了一批马列著作，在教学和科研之余，常挑灯夜读，一心在马列著作中寻求真理，并喊出了“过早提‘按需分配’到底行不行”的责问。他博览群书，引用了唐朝刘知几《史通·六家》中对王劭《隋书》的评述：“观其所述乃似如《孔子家语》、临川《世说》，可谓画虎不成反类犬也。”同时，又引用《战国策·秦策五》中“行百里者半九十”之诗句。他确是出于对党的爱心，告诫人们模仿“共产主义”不到家，反而会不伦不类。就当年而言，我国经济建设虽然取得了一些成就，但共产主义的百里之行远未走完九十里。正如古诗所云，即便百里之行已走完九十里，也只能算百里之行的一半。这句来自古人作品的成语，比喻做事越接近成功就越困难，常用来劝勉人们做事要善始善终。

王仁东教授引用古语告诫头脑过热的人，本应得到赞赏与褒扬，但有的领导认为他的话是对“人民公社”和“大跃进”的诋毁，是“右倾”言论，对其大加批判。此后，无数事实雄辩地证明，王教授的言论是完全正确的。一位理工教授，刻苦学习马列经典著作及经史子集，抨击时弊，受到后学的尊重与钦佩，也使我的心灵得到洗礼与净化。

20 世纪 70 年代初，王教授刚从“文革”的禁锢中挣脱出来，就积极参加了杭州制氧机厂教育革命小分队。当时，我们以学校教育革命调查组名义去杭氧了解教育革命小分队工作，无论是工人还是技术员，都对王教授一边参加生产劳动，一边帮助厂里搞大型离心压缩机的设计计算、缩写离心压缩机讲义和在“七二一大学”讲课等事迹大加赞扬，许多后学都为王教授多次受到不公待遇而深表义愤与不安。

十年冰消后，在北京燕山石化厂工作的同学与我重聚求是园，谈及几年前厂里从日本引进年产 30 万吨的大型乙烯装置时，发现每台 1900 立方米的 4 台低温乙烯球罐有多处裂纹。这是一件会造成我国巨大经济损失并有可能危及人身安全的大事。石化厂紧急邀请了国内知名专家进京商讨，王教授受托主持乙烯球罐断裂力学安全分析攻关组工作及对日技术谈判。他风尘仆仆地在安装现场、试验场和谈判桌间穿梭，不怕脏，不怕累，白天了解各课题组及安装现场情况，晚上查文献、搞计算，进行理论分析。谈判之初，日本专家趾高气扬地满满写了两黑板的公式及数据，以说明他们提供的乙烯球罐的裂纹是正常无碍的。他们万万没有想到王仁东教授坚持求是精神，在深入调查分析、试验研究基础上，信步登上讲台，用粉笔擦将日方的论证"嚓嚓"打了一个大叉，然后也写了几黑板的公式和数据，驳斥了裂纹无碍的谬论。面对严谨的论证，日本专家来到王教授面前，深深鞠了一躬，最后答应给予经济赔偿。为了与日谈判，使球罐修复运行，王教授四上石化厂，废寝忘食地工作，在大批"知识越多越反动"的年月里，一时传为美谈，并受到部委的表彰。国家建委和石化部的领导都说："浙大这样的教授我们要，他能实事求是地讲真话，大胆提出看法、提建议、想措施、敢于承担责任，也拼命与我们一起干。"听了这个故事，我的心灵又一次受到极大的震撼。王教授的形象在我心中进一步高大起来！

王教授讲话诙谐、风趣，擅长讲故事，常在饭间或休息时给儿孙们讲大自然中动物的生活、中国四大名著人物，还讲一些历史故事，如岳飞抗金、史可法捐躯扬州、戚继光平倭、于谦保卫北京、方志敏战斗的一生等，启发儿孙们把自己和祖国的命运紧密相连。他喜欢吟唱岳飞的《满江红》，借以倾诉心中的真情和抱负，释放热爱祖国的浩然之气："三十功名尘与土，八千里路云和月。莫等闲，白了少年头，空悲切。"正是这样的诗词激发了中华民族儿女奋进的勇气，正是这样的诗词照亮了王先生的人生道路。

创新能手，敢为人先

王仁东教授在教学和科研上从不满足于现状，总是敢于挑战困难，开动脑筋，勤奋实干地走出一条创新的道路。

1945 年王教授在美国进修时，深感理论必须与实践相结合，认为只有从生产实践中才能创造出更丰富的理论，决心首选加入为全美生产各类大型机械并享有盛名的阿立斯却默斯机械制造公司。在美期间，他以精准的理论

1947 年竺可桢校长（中）访美期间，看望王仁东教授（右）和侯虞钧先生（左）

分析解决了破碎机械的功耗和大型水泥回转窑托轮应力计算等大量生产实际中的难题，令美国专家刮目相看。他提出的破碎机械破碎功计算公式至今仍在世界破碎行业广为采用。

1953 年，王教授为学校组建了理论力学和材料力学教研组。1954 年，他又承担了化工机械专业的筹建工作，同时积极争取筹建、创办化工自动化专业。1979 年，王教授受刘丹校长重托创办理科力学系，并兼任第一任力学系系主

1955 年，王仁东教授（前排中）和力学教研组同事合影（前排左起：陈森、汪家禾、林钟祥、谢贻权、王仁东、刘鸿文、董友成、曹鸿生、丁婉英；后排左起：吴介卿、费学博、蔡承文、庄表中、姚遵刚、黄钟基、黄培柟、韩惠霖）

任。在创业阶段，他坚决提出："决不能照搬照抄，也千万不要被外国有的成就所束缚，必须建立我国自己的学科体系。"这一思想奠定了化机学科的发展方向。

1963 年，王仁东教授与化机教研组同事在龙井合影（前排左起：叶德潜、林勇民、汪希萱、朱国辉、潘德龙、丁窘果；后排左起：潘永密、王春森、顾金初、王仁东、倪幸年、张景铎、刘俊瑞）

为把化工机械办成厚基础、学科交叉型的专业，王教授力主机器、设备并重，而且师生应具有扎实的数学、力学、材料和机械基础知识。1959 年，王教授为化机专业首次别开生面地开设了化工机械设计基础课程。学生系统地听讲这门开拓性的课程，就能更好地适应工矿企业的需要，大大提高解决实际问题的信心和能力。王教授还主张与工厂技术革新紧密结合，开展真刀真枪的毕业设计，在高校化机专业中也首先推出活塞式压缩机这样的大型毕业设计。当离心式压缩机在国外兴起时，他又率先开设离心式压缩机的课程，进行毕业设计。

早在 1953 年，王教授就向学校提交过筹办研究生班的提案，并在提案中指出："中国决不能永远完全依赖欧美栽培自己的人才，否则就犯了'殖民地教育'的错误。中国的大学有不能推卸的责任，我们不能等了。"他认为只有结合科研招收研究生，才能使学科有新的发展，并提出采用学术讨论会的方法，多方吸收周围的大量营养，采用"滚雪球"的办法把研究生队伍迅速有效地发展起来。从1961年起，王教授在国内招收了高压容器和破碎机械两个研究方向的化机研究生；“文革”后，他又同时招收固体力学和化工机械两个学科的硕士研究生，在国务院首批批准的博士生导师中，他是第一个同时担当固体力学和化工机械两个学科博士研究生的导师。

1956年，王仁东教授（左3）在大连工学院与苏联专家杜马什涅夫（左4）合影

1958年5月，王仁东教授应邀去上海四方锅炉厂爆破场做铸钢高压容器一系列试验。当年，国外技术规范上明文规定铸钢不允许做高压容器。他听取厂方试验介绍后鼓励说：“好得很！凡是外国人有的，我们当然也可以有；外国人没有的，我们中国人也可以搞！”一颗为国家敢想敢做的“中国心”和盘托出！

王教授推崇走教学、科研与生产实际相结合的道路。早在20世纪60年代末，他就带领学生下厂参加教育革命与技术革命，对工厂企业的求助者来者不拒，不讲条件、无私支援，也从不崇洋媚外。

20世纪70年代，王教授帮助上海硅酸盐研究所和大隆机器厂完成研制高温等静压绕丝高压容器的力学计算。当杭氧2000m^3/时、5000m^3/时制氧机配套的透平压缩机设计处于困境时，王教授就带着铺盖住进了工厂的集体宿舍，承担了最困难、最棘手的转子临界转速和叶轮强度的计算任务，他夜以继日地工作，终使新产品顺利投产。

当看到新学科断裂力学在国外蓬勃兴起，王教授积极奔走呼号，推动我国将断裂力学正确地应用于工程结构的教学与科研，并编写文章介绍这一学科的技术进展，在全国各地多次举办断裂力学培训班，还担任国家“压力容器缺陷评定方法试验研究”重点攻关课题组组长。他还主持了由合肥通用所、上海锅炉厂和浙大协作的对 1010 带裂纹合成塔的安全性研究工作，并获得 1978 年全国科学大会优秀成果奖，成为我国用断裂力学分析评定大型工程设备安全性的首例。

1977 年 11 月，王仁东教授给教研组中青年教师讲授断裂力学课

1978 年，王仁东（右 2）教授在合肥通用机械研究所试验现场

面对困难，王仁东教授有强烈的事业心和坚韧不拔的品格。他常对同事说：“首先是不怕，要有杀出一条血路的气概和决心，然后是全身心地工作，实事求是地分析，找出问题的关键和解决问题的办法，平时练就一身过硬的基本功也是很重要的。”和他在一起工作的人受他感染，总会变得充满信心，思想解放地去大胆创新。

王仁东教授崇尚一个“新”字，提倡一个“闯”字。他经常教导我们要创新，要敢于向传统的权威挑战。郝苏等三位研究生动情地说：“王教授这种锐意进取、求新的精神，严谨、认真、实事求是的学术风格，不讲假话、表里如一、光明磊落的作风，是值得我们一辈子学习的。”

严谨治学，以德育人

王仁东教授的学生赵智大教授著文怀念说，王仁东先生“始终是一位强者，他给我们留下热爱祖国、追求真理、刚直无畏、治学严谨、造诣精深、胸怀宽阔、扶掖后生的大学者形象，是我们后辈学习的光辉榜样”。

马骥教授在《回忆王仁东老师教学二三事》一文中，满怀崇敬与钦佩地讲了王仁东老师充满智慧讲课的三大特点，其中之一是：“王先生讲一堂课，从开始到结束，约一百分钟时间，几乎从不看书，不翻阅备课笔记，既侃侃而谈又重点突出。讲材料力学计算题时，那些复杂且无规则的一长串数字都能半点不错地信手写出来。回想当年，我们这些二十来岁的毛头小伙子们只简单地且惊诧地佩服他超人般的记忆力，直到我自己从浙大毕业，同样从事教学工作以后，才体会到先生的这份能耐固然由于他有特殊的记忆能力，但更重要的是植根于他对教学工作的重视和大量精力的投入，源于他反复备课、反复分析，对每一堂课的教学内容都有自己独特的逻辑思路，是不断修改和完善自己教案的结果。这使我更加深了对先生的热爱和尊敬。”这是万千学生对王仁东教授严谨治学作风出自内心的中肯赞语！

1978 年春，王仁东教授因连续出国、参加全国人大会议和全国科学大会等而过度劳累，患病住院，郝苏、周炳泉等 7 个研究生去医院看望，为不影响王教授休息，问候几句就要告辞。此时，王教授突然双手撑起身子说道：“大家回去后好好干，我们一起开始新的长征！”听了这话，郝苏等人感到一股暖流涌遍全身！此后几年，学子们就在王教授的指导下学习与研究。王教授每时每刻都以“开始新长征”的气概，把全部身心投入发展我国断裂力学研究这一事业的拼搏之中，令他们崇敬与难忘！

王仁东教授晚年身患前列腺肥大等症，健康状况大不如前，亲人、学生们纷纷劝他手术治疗，他唯恐影响工作，对人总是以“体育锻炼疗法”为借口而带病工作。1982 年 12 月底，忘年交的学生顾宗义出差杭州，顺便动员王老师去做前列腺手术。王教授慨然说自己年事已高，本可安享晚年，可是“十年动乱”，影响了接班人的培养，使自己无法交班。目前他带了两个学科博士研究生，就是想作交班的准备。加上近来工作任务繁忙，国内外学术交流活动频繁，他这台开动着的老机器无法停车检修。只有再等几年，把博士研究生培养出来，有人接班后，他才能安心去治病。他目前坚持晨练跑步，工作一阵后进行甩腿疗法，以强身健体，延缓病情的发展。王教授一席话发自肺腑，他为培养接班人呕心沥血，唯独没有考虑自己。这样的高贵品行最后却导致他过早地离开我们，怎能不令人唏嘘呢？

1981年11月16日，中国女排第一次荣获世界杯冠军，爱好体育的王仁东教授异常兴奋。1981年11月24日，浙大首届研究生毕业典礼隆重举行，王教授代表指导老师发言说："女排得了世界杯冠军，为中国人争了气，科技界怎么办？女排有个教练叫袁伟民，我们这些指导老师就像袁伟民一样，你们这些研究生就像女排队员，我们要一起努力，我们也要拿金牌，得冠军，赶超世界先进水平！"王教授的话博得全场热烈的掌声。这掌声是对古稀之年的王教授的崇敬，而这话也表明他有一颗火热的心，更有一种爱校爱国的赤子情怀！

林宏、华崇岳两位研究生写了题为《先生，您的精神永存》的一篇短文，我读了几遍，没有一遍不是泪眼婆娑地读的，因为这篇文章是王仁东教授言传身教、以德育人、心向学生的诠释。特别是王教授给二人上断裂力学第一堂课时，他平生第一次迟到了半小时，后来学生得知他提早半小时就从家里来上课，那几百米路程以往十几分钟就可到达，可这次却走了近一小时。可以想象，在路上，他忍着病魔的折磨，一步一歇地登上五楼，移着步子走到讲台，这该要多少毅力啊……看到这里怎不泪水如注呢？为了祖国的事业，为了年轻一代的成长，他奉献出了最后一点光和热！

王仁东教授长期从事教学、科研工作，为本科生、研究生开设了20余门新课，为培养中青年师资队伍和建设祖国的有用人才，可说是呕尽了心血。王仁东在浙江大学有很高的学术威望，是校学术委员会副主任。1956年，他被评为二级教授，而且是国务院首批批准的两个学科的博士研究生导师。他还以极大的热情参加了振兴祖国科学事业的各项工作，担任了中国力学学会理事、中国压力容器学会理事长、国家科委学科组成员、浙江省科协副主席、民盟中央文教科技委员、浙江省力学学会理事长、第五届全国人民代表大会代表。

十年冰封消融，科学春风吹拂。王仁东教授置"文革"时诸多不公于身

晚年的王仁东教授在伏案工作

后，更忘了自己已是古稀之年，创纪录地一次性招收了7名研究生，确实令人感动。当年，大多导师只招一名或两名研究生，王教授为抢回“文革”十年蹉跎光阴，不仅科研任务、行政工作、学会工作以及五届全国人大代表工作十分忙碌，还毅然多挑指导7名研究生的重担，只能说明王教授视国家利益重于一切的高尚人格。

王仁东一生光明磊落，刚毅坚强，豪爽豁达，敢于坚持真理。虽在历次政治运动中受到极左路线的冲击，但却丝毫没有动摇他对党的信仰。从1952年开始，他就向党组织提出申请，要求加入中国共产党，30年来始终坚定如一。后经浙江大学党委研究决定、浙江省委批准，1983年3月5日，王仁东被追认为中国共产党党员。

和美家庭，兴趣广泛

1908年3月25日，王仁东出生于上海一个爱国医生的家庭。父亲王建善（立才）于1917年留学日本金洋医科专门学校习医。回国后，他在上海西门开设诊所，悬壶济世。他精通中西医学、生物学、哲学，主张以教育与医学改革社会，救治民众，是一名医学家、教育家、文学家和社会活动家。王立才秉性耿直，热心为贫苦百姓义务治病和教学，对子女产生了很大影响。王立才、吴亦才夫妇育有三个儿子，原叫“裕大”“裕坎”“裕忠”，后改名为“仁东”“平洋”“佑中”，即老大、老二寓意“两人平东洋”，老三寓意“保佑中国”，爱国之心可见一斑！

王仁东高额、大脸、中高壮实个子，继承了父亲的睿智和耿直、心善的好脾性，于1938年4月16日与俞半秋结成秦晋之好。

俞半秋于 1913 年出生在上海南翔书香之家，父亲是南翔小学校长。她有两个兄长、三个妹妹。进入中专蚕业学校读书后，因成绩优异而得以去日本进修，于 1936 年毕业后回上海工作。与王仁东成家后，即随单位内迁至武汉工作。

1939 年 2 月 5 日，王仁东夫妇的大儿子王恭福（立新）在上海出生。为了不在沦陷区当亡国奴，他们手抱儿子绕道香港、南海至越南海防，再从谅山出境进入中国广西镇南关，再辗转至柳州，历经两个多月的艰难跋涉，终达浙大时迁宜山的办学地，自此与浙大结缘，并度过了跌宕起伏且业绩辉煌的一生。

1942 年 3 月，王仁东夫妇在遵义又迎来第二个儿子，起名王宽福，自此，四口之家更加热闹起来。在王仁东夫妇悉心呵护与教育下，两个儿子都

1977 年，王仁东、俞半秋夫妇全家福
前排左起：孙子王磊（属长子）、俞半秋、孙子王侃（属次子）、王仁东、孙子王群（属长子）；
后排左起：次媳冯丽云、次子王宽福、长子王立新、长媳张志芳

长大成才，各家都幸福美满，此不赘言。

王立才给人看病之余在里弄里办义学，教幼童学文化、学画画，王仁东幼时也在那里爱上了美术。在美国进修期间的节假日，王仁东常以写生画画来消磨时间，孩子们常常收到他从国外寄回的水彩画。他还把家人的照片放大，再自己上色。1956 年，他陪苏联专家杜马什涅夫游玩孤山，在放鹤亭讲了“梅妻鹤子”的故事，当时翻译一时译不出“鹤”这个词，他就拿纸当场画了一只鹤，专家疑团顿时解开，并十分称赞他的画艺。他也十分喜爱西方古典音乐，从美国回来时只带了一台重达 50 余斤的手摇计算机和一大箱世界著名交响乐唱片，而衣服都作了包裹唱片之用。20 世纪 50 年代，他又重学了笛子，还为化机教研室的合唱伴奏。他对围棋和桥牌也有过爱好，在美国买不到围棋，他与友人就在小方格纸上画黑点和圆圈对阵交锋。他还喜爱动物等等。这些爱好，他又何尝不想在工作之余重温，只是在“文革”后，为追回失去的光阴，只能放弃并忍痛割舍罢了。

王教授常骑自行车以锻炼身体，年近古稀时，家人怕他发生意外，就把自行车卖了。他就改成清晨跑步，不论是寒冬还是酷暑，也不论是出差外地或在家里，从不间断。在天尚未大亮的清晨，他跑得那么快，令人感到意外。同事看到都劝他改为慢跑，他却微微一笑说：“这正是我坚持锻炼的结果，快跑才能让肌肉得到充分的锻炼，更能增强体质。”

王仁东晚年几乎没有节假日，不是终日伏案工作，就是开会或出差，每年约有 120 天奔波在外。与他接触不多的人说他像一个只顾工作的机器人，其实不然。他早年有着广泛的兴趣爱好。他从小就酷爱体育，“生命不息，运动不止”是他的座右铭。他在中学时代就是优秀的田径运动员，得过个人总分第一的桂冠。他在上海交大是足球队的前锋，在浙大是教工足球队的一员，校运动会上常担任径赛终点裁判长。孩子小的时候，他常和他们赛跑。他主张儿孙们要“动”，希望儿童活泼、顽皮与挺胸，引导他们参加一些力所能及的体育活动。1983 年春节，他还在植物园和儿孙们一起比立定跳远。他常对儿孙们说：“一个人应该有一种体育爱好。”“要建设祖国，应有武松的身体、诸葛亮的脑袋，而武松的身体和诸葛亮的脑袋都是练出来的。”每次学校开运动会，他总要到场观看，还常常传授他当年获得成功的经验。

王教授对体育还有一种更深的情怀。每当看到我国体育健儿走向世界，他就对儿孙们说："体育锻炼不仅能强健体魄，而且还能培养人们奋力向上的拼搏精神，会给人以一种新的精神面貌。"他从中看到振兴中华的序幕已经揭开，并多次谈到我国的科学技术也会像体育战线一样，很快冲出亚洲，走向世界！

2008 年 10 月 17 日，王仁东百岁诞辰纪念会暨铜像揭幕典礼上，笔者（右）与王宽福合影

2008 年 10 月 17 日，浙江大学在玉泉校区邵逸夫科学馆隆重举行我国著名应用力学家王仁东先生百岁诞辰纪念会暨王仁东先生半身铜像落成典礼，并追思王先生为国为校发展作出的重大贡献，学习与弘扬他的科学思想和求是精神风范。出席纪念会的除省、校领导外，还有来自海内外的 300 余名校友和师生。在王先生铜像揭幕后，笔者与王先生的二儿子王宽福学友，又与香港竞成贸易公司董事长程景春校友，荣幸地分立于王先生铜像左右侧合影留念，以表敬意。会后，浙大化机系还邀笔者取"松篁诚笃"作为文集名，由浙大出版社出版发行《松篁诚笃——王仁东先生百岁诞辰纪念文集》，以志永存。

（2022 年 8 月 12 日补改定）

难忘的“保护神”

——记医学家、骨科专家李天助教授

李天助（1911 年 2 月—1997 年 11 月），金华人，医学家，骨科专家，教授。1935 年 7 月从上海东南医学院毕业后，到基督教卫理公会创办的安徽芜湖弋矶山医院任外科医师。1937 年“八一三”淞沪会战后决意从军抗日。次年在长沙加入财政部缉私总队总医院，任中校军医、军医处处长，后升任上校院长。1942 年 2 月随孙立人将军率领的远征军远征缅甸，1942 年 6 月回国，在浙江大学（时在贵州）任医务组主任。1946 年筹建浙大医学院，任外科教授兼副院长。1950 年成为首批参加抗美援朝浙江医疗大队医务人员之一，任队长，立二等功。1952 年后，历任浙医大二院医务主任、骨科主任，杭州市人大代表，浙江省政协委员、常委，中国民主促进会省委副主委、名誉副主委。

一个人能被人记着、念着，那可不是一件容易的事；一个人能被许多人记着、念着，那更不是一件容易的事；一个人在几十个春秋更替后，仍被许多人记着、念着，那就更难得了。

1990 年初，我有幸为竺可桢一百周年华诞纪念会服务，接待来自天南海北的老学长。“保护神来了！”许多老学长循声围住了浙江医科大学附属第二医院李天助教授，我诧异了，胸中萌生了解开“保护神”之谜的念头。

1997 年 4 月，浙大迎来百年华诞，耄耋之年的李天助克服身体不适的困难前来为母校志庆，同年 11 月他就驾鹤西去，令人心痛不已。李大夫为人低调谦和，谨将我采撷的李大夫的点滴业绩与读者分享。

1990 年 3 月，纪念竺可桢百岁华诞时，部分校友合影（左起：王季午、谈家桢、陈立、李天助、李文铸）

1997 年 4 月，李天助（左）陪音乐家沈思岩的长女沈凯蒙（中）和儿子参加浙大合唱团纪念碑落成典礼

两度从军诚报国

1935 年 7 月，血气方刚的李天助从上海东南医学院（现安徽医科大学）毕业，舟车辗转，来到了安徽芜湖弋矶山医院工作。刚走上工作岗位的李天助，心中怀有一个多彩的梦——当一个人民的“保护神”。

1937 年，抗日战争的烽烟点燃了他胸中的那团火，他决心投奔部队，上沙场为国效力。抗战全面爆发后不久，美国约翰霍普金斯大学医学博士、弋矶山医院外科阴毓璋主任介绍李天助去孙立人部队，女友贺绣君亦跟他一起去抗日，并在长沙进了部队。

1938 年 3 月，国民政府以税警总团为基础成立新编 38 师，孙立人任师长，齐学启担任副师长，两人紧密配合，把新编 38 师训练成一支作风优良的队伍。

李天助、贺绣君随孙立人将军领导的财政部缉私总队总医院辗转抗日。李天助任军医处处长，后升任上校院长。李天助夫妇随孙立人部队到了贵州都匀，过上了紧张的部队生活。此时，部队正抓紧训练新兵。都匀是山区，环境条件较差，病号较多，但李天助夫妇从不叫一声苦。他们相继养了两个孩子，大女儿取名久蒂，二儿子取名君平。

1938 年 4 月，李天助与贺绣君第一次合影于安徽辰溪

1941 年冬赴缅甸前，李天助（右 2）与战友在贵州都匀合影

1942 年初，十万日军攻陷缅甸，国民政府在英美等盟国的要求下组建了中国远征军。远征军第一次入缅作战时共有三个军，分别是第 5 军、第 6 军和第 66 军。新编 38 师隶属于第 66 军。出征前，李天助把贺绣君和两个孩子从都匀送到大后方浙大湄潭办学地。随后，他孤身一人随孙立人部队奔赴缅甸抗日。可以想象，离别割爱的场景该是多么难舍与悲壮！

1942 年 2 月第一次入缅作战时，孙立人、齐学启率领新编 38 师跟随军长张轸进入缅甸，负责对缅甸的西路作战。远征军虽然在第一次远征时因为多头指挥、配合不好等原因失利，但是依然取得了仁安羌大捷、同古保卫战等经典战役的胜利，尤其是仁安羌大捷，更是远征军入缅作战后的第一次重大胜利。当时，英军被日军围困在仁安羌，起了放弃的念头。对此，孙立人一面给英军将领鼓劲，一面对日军采用“击其弱处”的战略，激战两日，最终完成了对日军的全歼，消灭日军 1200 多人，成功将被围的英军和其他新闻记者、传教士等解救了出来，极大地打击了日军的侵略气焰，也震惊了欧美。此后，虽然中国军队取得了大捷，但是由于英国军队不告而退，中国军队陷入了腹背受敌的境地，不得已兵分两路撤退，最后孙立人带领新编 38 师撤入印度进行休整。这次战斗的结果是以少胜多，解救了数千名英国人。仁安羌大捷后，新编 38 师一众军官都得到了中、英政府的嘉奖。

1942 年初，李天助去缅甸前，妻子贺绣君与儿子君平（左）、女儿久蒂合影

1951 年 6 月 20 日，抗美援朝浙江医疗大队出发前，妻子贺绣君抱着一岁大的儿子君安，带着二女儿李莎前往火车站送行

在缅甸野战医院，环境恶劣，条件简陋，任务艰巨，李天助初展医艺，一心

践行着自己当好官兵战友“保护神”的志愿!

1949年，东方吐出喷薄的曙光，中国人民站起来了。然而，祖国又面临一次新的考验，李天助刚平静下来的心，又一次被抗美援朝的战火点燃了。1951年6月，他响应祖国的召唤，告别了亲人（当时小儿子才一周岁），毅然带头报名参加了抗美援朝浙江医疗大队第二医疗手术中队。

1951年6月，李天助参加抗美援朝出发前，家人去送行，儿子君平给爸爸戴上红领巾

在华东军区第十五野战医院（位于山东兖州），拳拳的赤子之心、浓浓的姐妹之情，促使他夜以继日地发愤工作，以实际行动当好战友的“保护神”。他是一个老军医，而此地见到的从第一、第二批朝鲜战场下来的伤病员虽多是失臂缺腿的，但弹伤者少，冻伤者多，他只好忍痛为他们截肢。为缓解伤病员的痛苦，改善冻伤肢体的血液循环，他推荐做交感神经切除术，效果良好。他和其他医护人员蜗居在狭窄的帐篷里，每天没日没夜地诊治受伤的病人，可谓废寝忘食。

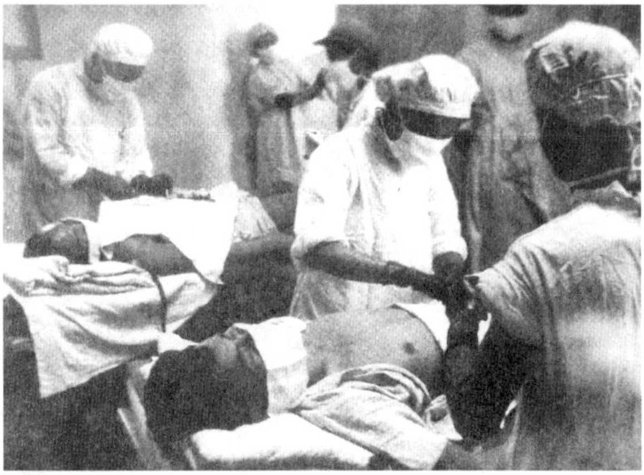
20世纪50年代初抗美援朝时，李天助在做手术（左边手术台）

在李天助带领的医疗队中，骨科医生奇缺，急得他几天吃不下饭，睡不着觉。为了抢救祖国最可爱的人、人民的子弟兵，一种崇高的事业心驱使他

钻研骨科医术，从此，李大夫与骨科结下了不解之缘。他一边做手术，一边钻研医术；一边慰问伤病员，做好子弟兵与伤残斗争的思想工作，一边传授医术，开办讲座。在李大夫手把手的指导下，野战医院的医术有了很大的提高。在野战医院医疗条件差、医疗水平低的情况下，他根据战地医疗的特点，推广了医疗新技术，如组织疗法、封闭疗法和睡眠疗法等。特别是在灼性神经痛治疗中，他采用了手术治疗和组织疗法等，收到了令人满意的效果。

李大夫倡导、帮助野战医院完善健全了一套医疗制度，得到了野战医院的赞扬。在野战医院服务的几个月中，李大夫身体力行，全队 11 名人员受到部队的立功嘉奖。1951 年 11 月，李大夫荣获二等功，功劳簿上写着：“使病员转危为安，有一急性胰腺炎患者，能亲自开腹检查及关心护理而愈。施行了十多名交感神经切除术，使患者痊愈。大力推广组织疗法，共作了二百余名，效果良好。”这是李大夫全心全意为人民服务精神的又一次表现。然而李大夫并不以此沾沾自喜，而是在医术上追求精益求精，于 1956

1951 年，李天助荣获的二等功奖状

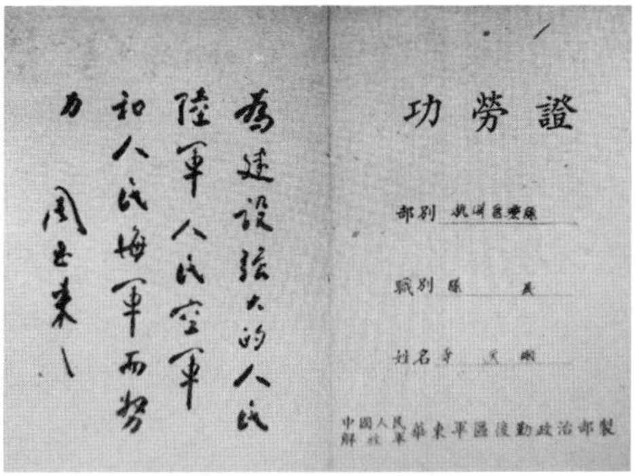

李天助二等功劳证

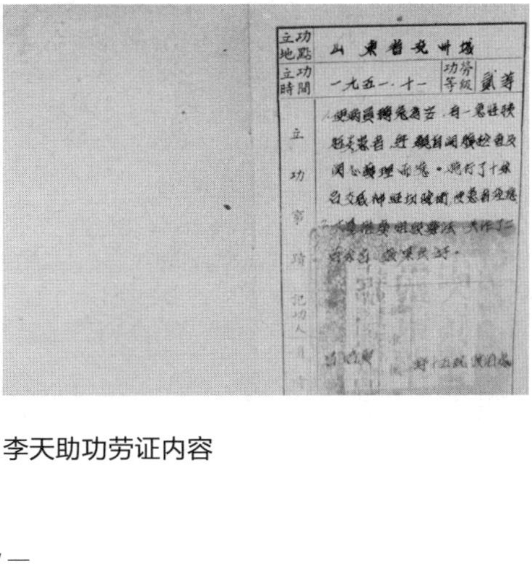
李天助功劳证内容

年去天津骨科医院学习骨科医疗技术，这为他以后作出更辉煌的业绩以至于成为一位著名的骨科专家打下一个深厚的业务基础。一个人做一件好事并不难，但做一辈子好事，却是十分不容易的啊！

悬壶济世爱无己

在战场上，李天助经受了鲜血和硝烟的洗礼与冶炼，舍己为人的种子开始在心头生根，到地方上继续向更崇高的境界默默生长。他成了医务工作者的楷模和领路人。

服务之一

李天助大夫是一位出色的军医，上校军衔，在抗日部队得胜班师回国时，还可晋级加薪。部队休整期间，他于 1942 年 6 月来到在湄潭县浙江大学附中工作的妻子贺绣君处探亲。不久，贫困的湄潭县疫病流行，麻疹、百日咳猖獗至极，夺去不少人的生命，浙江大学师生员工及家属也未能幸免。李天助大夫看在眼里，痛在心头。他吃饭不香，睡觉不甜，整天坐立不安，为浙大师生员工着急。于是他放弃了休息，和爱人贺医师一块投入防疫治病中。李大夫心中只有浙大人的健康，却不顾自己的安危，进出于教授、学生的门庭。李大夫心想，浙江大学是一所著名的高等学府，又久闻有一位竺可桢校长，广集贤达。为“流亡大学”的专家、教授及学生治病，是一项光荣而义不容辞的责任。李大夫深深地被这里的山、这里的水、这里的人吸引住了，一种发自内心的爱开始萌生。

许多老教授为有这样一位年轻医生前来治病而兴奋不已。有的教授以为李大夫是上级派来的医生，担心疫病过去他就会离开；有的教授知道李大夫是贺医师爱人时，常常关切地动员他留下来。这一些人和事在李大夫周围产生的爱的效应日益增强，也温暖着李大夫的心。经过反复思虑，李大夫婉言谢绝了重庆红十字总医院的高薪聘请，成了高等学府浙江大学的一名校医，荣任校医务室室主任。

在湄潭这个穷乡僻壤工作，最大的困难是缺医少药。为了保证近千名师生上课、科研顺利进行，李天助大夫带领医务组一班医生，与恶性疟疾、回归热、伤寒、菌痢、麻疹、肺结核、胸气病等多种疾患展开斗争。面对全校每月仅有200元医药费开支的窘况，他们苦苦思索自制代替医药用品，如用棉纸代替纱布包扎伤口，自己配制咳嗽用药，还到遵义酒精厂去购置酒精用来浸制草药，节省了大量的费用。

在战火纷飞、瘟疫流行的苦难日子里，师生的生活极其艰苦。许多营养缺乏病，如浮肿病、夜盲症、脚气病等，到处盛行，李大夫在调查市场供应的基础上及时采取了食谱疗法。湄潭一带杂粮很多，山羊遍野，还有胡萝卜、刺梨果、野菜等，他嘱咐食堂注意营养搭配，掺吃杂粮、米皮糠，多吃山羊肝、胡萝卜，还经常去喻家山头肺结核休养室巡视出诊，采用精神与药物相结合的方法，注重辨证施治，都收到了令人满意的效果。回杭后，他还十分关心护理人员鲍士良夫妇的工作与生活。鲍士良同志卒世，李大夫悲恸万分，百忙中直送他到龙驹坞。一位骨科专家、知名老教授的这种平易近人、关心备至的品质是多么感人肺腑啊！

1946年抗战胜利复员回杭前在贵州遵义全家福（前排左起：李波、李莎；二排左起：李君平、贺绣君、李久蒂；后排：李天助）

李大夫在医术上是一个多面手，医术也很高明。在十分简陋的校医务室里，他克服种种困难施行开刀手术，治愈了多例重症阑尾炎，摘除扁桃体更不在话下；他在缺少诊断仪器设备的情况下，发现了多例疑难病人，及时将他们送往贵阳医学院治疗。他不仅能做儿科检查治疗，而且还擅长妇科接生，曾为郭竹瑞、蒋新等多位教师的妻子接过生，大人、小孩都安然无恙。不仅如此，他常常被遵义医院邀请去会诊，主刀过宫外孕等大型手术，受到当地医院大夫们的交口称赞。

1946年夏，浙江大学师生返迁杭州。李大夫提前半年就开始准备：筹备旅途中的保健药品，动员肺结核病人下床锻炼，包装运送医疗器械与药品，等等。李大夫精心安排，特别是他寻购配制了小药包，给每个师生员工和家属都发一包，内备 SD、SG、奎宁、阿司匹林、复方甘草片、VB_1（可治晕舟车反应）等常用药及一些外科用品。最后，李大夫亲自带领一批肺结核病患和重病号离开湄潭、遵义，护送他们安全抵达杭州，成了真正的“保护神！”

服务之二

在那阴霾蔽天的年代，人民受尽战争的创伤，又受到缺医少药的煎熬。来到遵义、湄潭之后，多少师生员工及家属身患疾病却得不到应有的医治而惨遭不幸，特别是 1944 年著名心理学家黄羽仪教授和 1945 年文学院院长梅光迪教授的不幸逝世，令李大夫悲恸至极。一种强烈的责任感和负疚感萦绕在他脑际，久久地、久久地不肯离去，由此，也激发了李大夫培养医学高级专门人才的决心。1946 年 7 月返杭后，李大夫愉快地接受了竺校长的聘任，协助贵阳医学院传染病专家王季午教授筹建浙大医学院。李大夫受聘为浙江大学医学院筹备组成员后，兴奋得彻夜难眠，心想多年来为国培养医学专门人才的心愿可以实现了。

李大夫一边行医，一边参加医学院的筹备工作，1946 年秋以理学院为基础招收了浙大医学院的第一届学生。1947 年 11 月，田家园又成立了浙江大学医学院附属医院，李大夫荣任副院长。1952 年底，浙大医学院第一届 22 名毕业生纷纷走上工作岗位，逐渐成为全国医学院校的主要负责人或业务骨干，为祖国医学事业作出了重大贡献。李大夫说到这里，一种自豪感溢于言表。他兴奋地对我们说：“在竺校长关怀下，我在浙江大学干了整整十年，筹建浙江大学医学院及其附属医院确是一件值得回忆的事。这是一件可以告慰自己一生的事，也是我与浙大有特殊感情、特别爱浙大的原因。”

服务之三

李大夫爱浙江大学，更爱浙江大学的师生。

1947 年 10 月 29 日，那是一个难忘的日子。那一天，阴云密布，朔风骤起，国民党反动派杀害了当时浙江爱国学生运动组织者之一、浙江大学学生自治会主席于子三，并散布谣言说于子三是“以玻璃刺喉管自尽”。当天午夜竺校长得到噩耗后，邀李天助医生和顾谷宜及两个学生赶往保安司令部监狱。目睹被害者惨状，竺校长悲愤交加，体力不支晕了过去。李天助给竺校长打了针让他休息，自己则仔细地检查了尸体，发现喉管伤口似为钝器所刺，大血管被割破，但没有大喷血迹象，而是在颈部后侧淌了一大片血，死者手上却没有为血液所染。这表明割破血管并非致死的原因，而是人在死后才被割破了血管。他发现死者臀部尾椎左上方有一块紫色皮伤，约铜钱大小，中心部位有一个针孔样的红点，疑是电刑所致。李大夫肯定，于子三之死系他杀而绝非自杀。

当局要竺校长在他们事先准备好的一份“于子三于狱中用玻璃自杀身亡”的检验书上签字，竺校长严词拒绝并说：“我只能证明于子三已死，不能证明他是用玻璃片自杀的。”于是，竺校长在另一白纸上写下“浙江大学学生于子三委实已死，到场看过。竺可桢 36 年 10 月 29 日夜十二时”，还当着时任浙江省主席沈鸿烈、中统局俞嘉庸等人的面，愤然引用《孟子》的话指责道：“以刀杀人与以梃杀人，有以异乎？”而后愤然离开保安司令部。

国民党当局生怕验尸结果被宣扬出去，沈鸿烈的秘书长雷法章派人通知李天助医生，让他不要随便说话。

翌日，李大夫不顾个人安危，对来自三方面的警告置若罔闻，在全校师生集会上，坚持实事求是，用检验尸体所获得的具体材料，凭自己高明的医学、验尸知识，从三方面作了阐述，说明于子三烈士惨遭杀害的事实。李大夫的言行极大地鼓舞了中国学生民主斗争的士气。

采访时，李大夫激动地说：“我是浙大求是之子，我信仰竺校长的求是精神，我不能昧着良心去发言。我当时之所以这样做，一方面是同情进步青年，另一方面是痛恨反动派，正义感促使我不顾个人安危，终于用事实戳穿了特务的阴谋。”这是一种多么难能可贵的求是精神，也表现出一个人民医生高尚的医德医风。

服务之四

1965年6月，步入中老年的李大夫，为了实践一辈子做好事、一辈子当一个人民的好医生的宏愿，遵照毛主席“六二六”指示，带领20多名医务工作者来到永康县溪岸公社农村落户。面对严重缺医少药的农村，面对40多个公社数以万计的农民的病苦，李大夫不分日夜地工作，有时手术到后半夜，刚一躺下休息，又被急促的呼唤声叫起，急匆匆赶去诊治。

在农村治病是极其艰苦的，论吃常与农民吃一锅饭菜，讲住跳蚤蚊子一把抓，说行靠的是“11路汽车”（两条腿走路）。身教重于言传，榜样的力量也是无穷的。在李大夫带头热情服务精神的影响下，全队同志兢兢业业地努力，成功地完成了1000多例大小手术。特别是李大夫发挥了自己的优势，与另一位医师一起，矫治了52名小儿麻痹症后遗症病人。“桃李不言，下自成蹊。”这句话为李大夫全心全意的服务精神作了默默无声却又雄辩的注释。

20世纪60年代初，王仁东夫人俞半秋（左）、沈思岩与李天助（右）在北京长城合影

实干创奇迹，平凡出伟大。李大夫几十年来坚持全心全意为人民服务，爱祖国、爱人民，在救死扶伤、培养人才中作出了巨大贡献，受到多方好评。

回首以往，李天助送妻子贺绣君去湄潭，自己成为中国远征军的一员赴缅甸作战，这是一段令人赞佩、异常光荣的历史，当年却成为阻挡李天助要求进步的历史问题。他在历次政治运动中经受磨难，无法加入中国共产党。

新中国成立后，李天助就加入了中国民主促进会，但他对共产主义的信仰从未动摇。李天助曾经说过一段意味深长的话，他说：“是共产党带我走上一条爱国主义、社会主义的道路。作为知识分子，只有为党工作，为人民服务。这是我的信念。这个信念我一直没有动摇过。”1987 年 1 月，年近八十的李天助终于成为中国共产党光荣的一员，实现了自己的夙愿。

乌飞兔走一家亲

1911 年，李天助出生在金华县县城。其父李存仁当年从江西到金华做油漆生意。李存仁把旧家具收来，经油漆加工，画上漆画再卖出，并开了一家“李鸿泰嫁妆店”，生意十分红火。于是，李存仁买了不少房产和田地，成了一户殷实之家。

李天助的母亲生了 12 个孩子，只留下他和一个弟弟，取名天助、天荣。他的其他弟妹生下不久就夭折了。李天助是长子，父亲要他继承家业，初中毕业就不让他再读书，家里还养了个童养媳要他结婚。李天助用绝食抗争，不吃不喝躺在床上。后来，他到金华福音医院（一家教会医院）去打工、学习。1929 年，他又逃到杭州惠兰中学，一边打工，一边旁听学习高中课程。1931 年，李天助考取上海东南医学院。1935 年毕业后，去了安徽芜湖弋矶山医院做外科医生。

1916 年，贺绣君出生于湖南长沙。1932 年就读于芜湖弋矶山医院护士学校。这家医院的外科主任阴毓璋毕业于清华大学，是美国约翰霍普金斯大学医学博士，他很赏识年轻有为的李天助，并介绍护士班里很出挑的贺绣君给他做女朋友。这对恋人情投意合，行军到了湖南辰溪后，于 1938 年 5 月 14 日结为秦晋之好。这是后话。

贺绣君 1937 年护士毕业照

1942 年春，李天助随新编 38 师出征缅甸前，送妻子贺绣君及两个孩子去湄潭，并把妻子安排在湄潭的浙大附中医务室工作。而后，他才随部队去了缅甸。

缅甸仁安羌大捷后，李天助受孙立人委

派到香港买药，然后到昆明办事，办完后接到部队已到印度加尔各答的消息，他还没来得及看望妻子就返程了。贺绣君得知后，就让好友拍电报谎称“蕾（贺绣君的别称）病危，速归”。李天助回到湄潭，开启了他与浙大结缘十年的历程。

1946 年，李天助随浙大回到杭州不久，竺可桢校长就从贵阳医学院请来传染病学专家王季午教授，又请李天助协助王教授一起筹建浙大医学院，聘任王季午和李天助为筹备委员，并于 1946 年以理学院为基础招收了第一届医学院学生；翌年 11 月成立浙大医学院附属医院（浙医一院的前身），贺绣君任院护士长，后又升为护理部主任。

1957 年大鸣大放，贺绣君在人民大会堂发言，提议要重视护士的工作，却被错划“右派”，降职降薪，下放到黄岩农村劳动改造。那年，她的子女正好一个高中毕业，一个初中毕业，都不被允许升学。三年后，贺绣君重回浙医一院做了一名普通护士，于 48 岁时病退回家。

大约实干的医生都是忙忙碌碌、马不停蹄的吧！李大夫至 81 岁时，仍是很忙。找他，时常扑空；采访，往往中断。

李天助还任省政协常委兼学习中心组组长、省民进名誉副主委、浙医二院顾问等职。他不愿图虚名，喜欢干实事，乐意为大家服务，就算是一些琐事，也要服务到家。这兴许是职业冶炼而成的秉性吧！

采访时，他不愿讲自己的成绩，倒是赞扬过他的妻子贺绣君医师。她 48 岁病退在家，却挑起了拥有 5 个子女的大家庭的家务重任，并使家和谐运转。李天助动情地对我说：“没有她几十年挑好这副沉重的家庭担子，我追求的‘爱国、爱民、服务’的信条，准是白纸一张啊！”

贺绣君是个非常开朗、乐观的人。她对子女说不要做花瓶，外表漂亮，腹中空空。从她嘴里，我们从来都听不到艰苦、困难的事。她去黄岩劳动，家里人听别人说她割稻回来睡在篾席上，翻个身，一层皮粘在上面，但她跟子女说的是她住在支部书记家里，书记一家对她特别好，还到田里抓黄鳝给她吃，等等。

贺绣君心灵手巧，技术也特别过硬，医院里但凡静脉针打不进去的，都叫她出马。她说，有一次一个全身水肿的病人，其他护士实在找不到静脉注射的地方，她硬是从他的大拇指上的静脉准确无误地扎进去了。她还会给女儿以及孙子辈女孩打毛线的连衣裙，男孩的外套、裤子也都是她自己裁、自己缝纫，件件都是又洋气又漂亮。

1962 年李天助全家福（左起：李波、贺绣君、李莎、李君安、李君平、李天助、李久蒂）

李天助、贺绣君夫妇育有三女两子。老大女儿李久蒂北大毕业，在中国科学院植物所工作，是一名研究员，她带研究生，也得过国家科技进步奖三等奖。老二儿子李君平浙江化工学院毕业，“文革”时期被分配到丽水做丽水电池厂厂长，后调回杭州协作办。老三李莎浙江医科大学毕业，也被分配到丽水，回杭后在浙大附属儿童医院工作了 10 多年。老四女儿和老五儿子都赶上了“上山下乡”的年代，去了富阳和建德农村。老四病退回家，后去杭州圆珠笔厂工作，老五回杭州进了省药检所工作。

李天助晚年有一个快乐融洽、幸福温馨的大家庭，除了大女儿李久蒂一家在北京外，其他四个子女都在杭州安家。春节期间，儿女们会约好一起到父母家拜年，10 多个人围坐在一大桌加一小桌上吃饭，大家说说笑笑，好不热闹。邻居郑树校长到李天助家拜年，见状总是很羡慕，并大加赞赏。

李大夫不愿夸耀自己的昨天，重要的是今天，更重要的是明天。这兴许是他一生未曾止息的心愿与追求！

李天助在浙大服务整整十年，与浙大的一草一木都结下了真挚的友情。浙大发展，他高兴；师生病痛，他操心。是的，在那苦难岁月里结下的友情，至今还常常分泌出温馨，自他火热的心胸向浙大弥散，护着那一片天，

1988 年李天助在杭州的全家福（前排左起：蒋静君、李爱云、李卉、张敏、贺绣君、李涵、吴鸣予、李波；后排左起：李君安、李君平、吴喆、李天助、李莎、张晶昌）

那一块土……

我从李大夫平凡的工作中采撷了不同时期的几朵小花。从中足以看出，他在服务中始终焕发着勃勃生机，让生命处于工作的高潮。这种可贵的高潮所追求的目的，就是宁可自己得到少些，也要让别人生活得更美好。

1988 年 5 月 14 日，李天助、贺绣君金婚留念

而今，新时代阳光下的神州大地山河妖娆，在天国的两位老人有知，永远微笑着看不尽子女孙辈们的美好生活！这兴许是“保护神”这个美称令人难以忘却的缘由！

（2023 年 3 月 10 日修改）

百十寿星，一代精英

——记红色革命家施平先生

施平（1911 年 11 月 1 日—2024 年 6 月 29 日），原名施尔宜，云南省大姚县人，革命家。1936 年于国立浙江大学农学院森林系毕业，1938 年 1 月加入中国共产党，1953 年 10 月任北京农业大学副校长、党组负责人，1956 年 5 月任北京农业大学党委书记，1958 年 8 月任北京农业大学代校长，1978 年 8 月调上海师范大学（后更名华东师范大学）任党委第一书记，1983 年 3 月当选上海市第八届人大代表，同年 4 月被选为上海市人民代表大会常务委员会常务副主任兼秘书长、党组副书记。1985 年 4 月任浙江大学首届校友总会名誉会长。著有《六十春秋风和雨》、《施平文集》、《施平摄影集》（共五集）等书。

1982年4月1日，浙大在大操场举行“文革”后第一次校庆——浙江大学创建85周年校庆，我与全校1万多名师生及来自国内外的1500多名校友一起参加了庆祝大会。杨士林副校长主持会议，并介绍了主席台的贵宾，有中共浙江省委第一书记铁瑛、省长李丰平等省市领导，还有上海交通大学校长范绪箕、华东师范大学党委书记施平等30多所高校的领导。这是我第一次听到施平的名字。会后，张镇平副校长委我编《校庆文集》，我看到上海浙大校友的贺信上也有施平的签名。

1985年4月20日，浙江大学校友总会成立，聘请了王淦昌、贝时璋、苏步青、李寿恒、施平、夏衍、常书鸿7人为名誉会长，后来我在有关出版物中都或详或略地写过关于他们的文字。1990年初我去浙大校友总会任职后，与施平先生又有多次面晤，其中2005

2024年元月2日，施平留影于华东医院病房

2005年5月21日，费巩铜像揭幕后，笔者采访施平并合影

年5月费巩铜像揭幕后，我有幸采访他并与他合影留念。今记述施平先生革命的光辉一生，以飨读者。

求学学运双难路

云南省大姚县位于楚雄彝族自治州的西北部。家住大姚城内的施平出身于书香世家，从基因遗传上考量，仍受到上代人的一定影响。因此，施平小学成绩甚优，尤其数学比较突出，每学期考试成绩都名列前茅，深得数学、语文老师的赞誉与喜爱。施平外祖父是私塾塾师，只教女儿三从四德，但施平母亲耳濡目染，日久竟能把四书背诵如流。施平四弟兄读四书是母亲的口授。她勤劳节俭，目光远大，把“重振施家声誉”的希望寄托在小学毕业、成绩优秀的施平身上。她决心让施平去300余公里山路外的省城昆明上中学，梦想施平成为大姚城自慈禧太后开放新学以来的第一个中学生。

1926年春，施平泪别母亲，跟随做黄牛皮和蜂蜜生意的丁明源爷爷去昆明赴考。大姚城到昆明全是难行的羊肠山道，还有几处土匪经常出没的险峻地段。施平身上穿着一件打补丁的旧棉背心，背心里侧缝上5张10元钞票作为入学费用，妈妈一再叮嘱“不论行路还是睡觉都不要脱下背心”，以免有失。施平脚上穿着一双家织草鞋，身上背着六七斤重的蓝布大包袱，内有换洗衣服、土布毛巾和数学语文书等，一把油纸伞捆在包袱外，包袱上又挂了后备的一双草鞋——这是施平赴考上学的全部家当。

施平等人翻山越岭，忍饥挨饿，一天走了六七十里，夜宿鸡毛店。施平一坐下来，双脚又肿又痛，丁爷爷鼓励说：“要忍痛坚持走下去，两三天后就不肿不疼了。要紧的是用热水烫脚，多烫一会儿，肿痛会消退一些……”就这样，施平跟着丁爷爷走了八天，终于在第八天的下午见到心中仰慕几年的八百里滇池，结束了平生第一次长途跋涉的艰难旅程。

1926年2月，施平如愿考上名校成德中学，实现了到省城上中学的夙愿。

进校后，发自广东的第一次大革命浪潮席卷昆明，施平的耳里灌进了一大堆新鲜名词：革命、国民党、共产党、三民主义、共产主义、三大政策、北伐战争、打倒列强、铲除军阀……还有孙中山、列宁等伟大人物的名字，令施平激奋、向往、崇拜，但一切尚在朦胧中。

1926 年夏，一个大姚同乡找到施平，讲了不少革命大道理。他说学校里有个革命秘密组织是共产党领导的，叫“青年努力会”，他可介绍入会，问施平愿不愿参加。施平早被同乡的宣传所激奋，满口回答参加并表示绝对守密。

1927 年 3 月 24 日，北伐军攻占南京，施平任青年努力会宣传队长，每天带一队会员宣传北伐战争的胜利。

1927 年 11 月的一天下午，施平和梁元斌各带成德中学一个宣传队，分别在小西门内的茶馆宣传反对蒋介石叛变革命。不幸的是，梁元斌被反革命开枪打死了，令人愤慨！当晚，施平参加在省立师范学校大操场举行的梁元斌追悼大会，并首次在群众大会上慷慨陈词要为梁元斌同学报仇，高呼“一定要打倒新军阀蒋介石”等口号，获得全场热烈的掌声。会上通过了为死难烈士报仇的决议和向省主席龙云的请愿书。随后青年努力会队伍开到五华山，包围了省政府，由代表去见龙云并交请愿书，直至龙云答应大会提出的各项要求，表示一定将凶手缉拿归案，严加处理。请愿成功了，队伍才回校。翌日，施平参加了全市规模最大的一次游行，游遍主要街道，畅行无阻。然而，龙云的“圆满答复”是缓兵之计，几天后，龙云公开宣布拥护蒋介石，反共“清党”，白色恐怖顿时笼罩了昆明市。老师和学生陆续被捕入狱，青年努力会的负责人很快消失，或被捕，或出逃。全市大中学校一律无限期关闭，施平就到学校旁金鸡巷的手摇织袜厂当学徒工。

1928 年 3 月的一天下午，穿过学校的大西门大街上，五花大绑、脚戴镣铐地走着八男一女共九名革命者。他们一边慢行，一边呼喊“国民革命万岁”“共产党万岁”的口号，施平很快认出了女子师范的姐姐，她曾在青年努力会积极分子大会上作过报告，还像对待小弟一样和施平谈过话，因此，他跟着姐姐走到了最后一步。最后到刑场，一阵“共产党万岁”的呼声直冲天际，紧接着一阵枪声响起……沉寂一会后，施平才转身快速走向刑场。在那位面熟的姐姐身旁绕了几圈后，施平久久地注视着九位烈士的遗体，最后才愤愤地离去。龙云还下令“暴尸”七天，施平每天都会去九位烈士遗体旁吊望并绕望几圈，以示哀悼。

1928 年 5 月，在云南统治者封闭学校半年后，省教育厅颁布了对学校以及师生蛮横无理的专制管理法，宣布重新开学。施平回到学校，发现革命领导人及带头人消失了，教师也更换了不少。学校就在这种恐怖、压抑、感伤的氛围中上课。此后，学校受到被话剧和舞蹈裹挟的“中间思潮”的影响，施平亦一度学起舞蹈、演出和西洋水彩画，并以第一名考取了昆明美术学校，但他始终忘不了梁元斌同学和九位革命烈士的高大身影，他们在施平心灵中起着榜样性的作用，促使他留在成德中学继续学业。

1929 年春，施平读到初中第五个学期时，考进了云南东陆大学（云南大学前身）预科一年级读书。读了一个学期，他在暑假前接到了母亲来信，说家里经济困难，要他早日回家，还为 17 岁的施平选了成家的对象。施平很快清醒过来，大革命启蒙、教育了自己，梁元斌和九位烈士为实现共产主义理想而牺牲的革命精神时刻感召着他，他坚决顶住了回大姚的命运挑战。沉思、彷徨几天后，施平脑子里突然跳出了自己演过的一出戏的主人公，那就是蒋光慈《少年漂泊者》剧里的汪中，决心效仿他在漂泊中寻找革命的出路。施平想大城市有大世面，机会多，于是决心先去上海、南京闯荡。那时，昆明交通闭塞，去南京要走越南海防，经香港、上海才可抵达，最省路费也需要四五十元，而施平口袋里只有三十元几角，但他依然决心走漂泊之路。

1929 年 8 月中旬的一天，施平和远房表叔由造等 3 人出发了，一路舟车辗转，到广州得到施平姨祖父（由造的伯父）的接济，顺利到了南京，并由施平表叔李一平安排住进南京云南同学会。这个同学会是专门招待云南外出考学校的青年补习功课及住宿的地方。

按云南省教育厅规定，云南人考进国立大学可补 180 元，有名的私立大学只补 90 元。1931 年春，施平考进美国教会办的南京金陵大学，金陵大学（私立）全年要交学杂费 200 元，缺口太大。1931 年秋，施平考取国立浙江大学，全年学杂费约 220 元，而云南教育厅可补 180 元，缺口小一些。施平想入浙大后再设法参加革命，于是高高兴兴地去杭州报到了。到了国立浙江大学大学路总部，施平因学杂费不足而不让注册，他一屁股坐在行李包上苦想，突然想到自己考的是浙大农学院，院址在笕桥乡下，离城里总部有 30 来里路，于是计上心来。他马上赶到火车站坐火车去笕桥，并在同乡学长的帮助下，说服谭熙洪院长同意先注册入学，再补交学杂费。自此，施平才结束漂泊的生涯。

施平陶醉在美丽的浙大农学院才 18 天，突然传来九一八事变的消息，日寇进攻沈阳的炮声打破了同学们美好的理想。“沈阳陷落！”“东北告急！”醒目的标题及惊叹号先后出现在各种报刊上。师生们发问：张学良三十万军队哪去了？蒋介石的百万大军又在哪里？为什么他们的枪口不向着日寇？同学们猛然惊醒，开始寻求救国之道。浙大农学院很快成立了两个全院性的组织：浙江大学农学院学生抗日会，领导抗日救亡工作，施平当选为抗日会主席；浙江大学农学院学生会，领导抗日工作外的其他工作，施平同班女同学杨琳当选为学生会主席。他们到杭州各校联络，很快召开了以浙大工学院为首的杭州中等以上学校学生代表会，中等以上学校各派一个代表，组成大会主席团。会议决定举行全市学生游行示威大会，抗议日本帝国主义的侵略，要求国民政府立即对日宣战，收复失地。由此，学生的示威游行变成了全市人民的抗日行动。

游行示威后，闻悉东三省国土继续沦丧，大批同胞逃入关内流浪，杭州市学生代表会决定实行“抵制日货”政策，得到各界人民的拥护。代表会还决定带领全市大中学生去南京向蒋介石请愿，内容有三点：1. 要求政府立即对日宣战；2. 要求蒋委员长立即北上指挥抗日；3. 要求立即武装学生开赴前线作战。

在浙大农学院学生施平、杨琳的积极组织联络及推动下，1931 年 11 月下旬的一天早晨，杭州 14 所中等以上学校 2000 多名学生齐集火车站站台，一批小学生也闻讯赶来，这是多么令人震撼的爱国热情！更有已经上车的旅客，得知学生占车去南京请愿，都自动让座下车，祝愿学生们请愿成功！火车站从站长、列车员到司机都坚守岗位、热情支持，共同谱写了一曲为抗日救国请愿的壮歌！

在学生抗日救亡运动的猛烈冲击下，国民政府施出釜底抽薪之计，命令全国学校无限期放寒假，把浙大留校学生安排到萧山农场去“实习”。更令施平和杨琳伤心的是，淞沪会战中，日寇飞机炸毁了他们将进厂的闸北纺织厂，借当工人寻找共产党，走上革命道路之计化为泡影。1932年3月，漫长的寒假结束，国民党命令学校开学。施平、杨琳无处可去，只好回校上学。

1932年4月，上海《新闻报》刊登《赴俄工学团招生启事》，招收青年到苏联半工半读，一切费用由工学团供给。施平和杨琳报名后很快被录取。他们不仅生活费用不用愁，更主要的是可到当年无产阶级无限敬仰的国家去学习革命理论，可以参加共产党。他们梦寐以求的理想可以实现了。但“工学团”因是宋庆龄发起的，很快被国民党当局查禁了。

1933年初冬，施平和杨琳在同班同学夏德仁介绍下，终于有机会参加共产党领导的一个群众性组织——“左翼文化总同盟”。同盟小组每周活动一次，阅读一些进步书刊，还接受过一次校外宣传任务：由杨琳以东北学生的身份，到闸口铁路工人聚集的茶馆作“东北义勇军抗日情况的见闻”演讲，宣传义勇军的艰苦斗争和辉煌战绩，呼吁爱国者给予精神和物质的支援，施平在外面望风。这次未遇见险情，杨琳讲完即回校。1934年暑假，夏德仁被学校开除，与上级单线联系的同盟小组活动就中止了。为了避免被学校开除，施平就带杨琳去庐山李一平表叔处躲避。李一平介绍施平去正在创办的庐山森林植物园做技术助理，并向浙大农学院请准休学一年。施平和杨琳若继续走这条路，不久的将来可成为衣食无忧的森林植物学专家，前途广阔灿烂。但他们想，国家危在旦夕，若做了亡国奴，成为森林植物学家有什么用？不抗日，不推翻国民党政府，国家就没有希望。于是，杨琳和施平先后回到杭州。

1935年1月8日，杨琳被国民党逼死。施平于同年同月回浙大读书，后又积极投身到伟大的“一二·九”学生抗日救亡运动中去。

九一八事变后，日寇步步进逼，国民党步步退让，三个月东北三省全部沦陷；后又有一系列屈辱条约签订，日寇大举入关并在北平至山海关铁路沿线集结，任意开枪开炮……北平大学教授发出惊呼：“北平已无一块安静的土地可以安放一张书桌了！”面对如此严重的国难，北平学生忍无可忍，于是，在中国共产党领导下，以共产党员为骨干，发动了“一二·九”学生抗日救亡运动。

国家兴亡，匹夫有责。施平等同学于12月10日晚餐后赶往浙大本部，召开声援北平学生的大会，会上一致推选施平当选浙大3个学院的大会主席。施平上台宣布大会正式开始，讨论如何声援北平学生的抗日救亡行动。大家发言十分热烈、激愤，把“九一八”以来郁积在心头的愤怒统统倾吐出来，表示再也不能让国民党不抵抗的卖国政策继续下去了。最后，大会通过五项决议（从略）。

此后，各班推选学生代表1人，3个学院24个班级共推出24人，再由大会推选施平为第25位代表并选为学生会主席，推选工学院杨国华为学生会副主席。大会结束后，召开了第一次学生代表会，讨论学生会组织机构及前四项决议的执行。讨论决定，学生会在主席领导下，设组织部、宣传部、

2006年，施平（后排中）与曾参加“一二·九”运动的浙大老校友在上海聚会合影

运动部和学生会秘书等，而后重点讨论翌日下午1时在湖滨体育场召开全市中等以上学校学生大会及游行事宜。经过大家的努力，终于在大会前把杭州市中等学校以上学生会全组织起来，并于12月11日下午1时胜利召开了大会。各校代表组成主席团，施平任执行主席。大会通过四项决议：

1. 通电全国，反对华北伪自治；
2. 要求政府对日宣战，收复失地；
3. 通电全国学校学生奋起支持北平学生的爱国行动；
4. 大会后立即组织全市学生联合会，领导全市学生的抗日救亡运动。

大会和游行后的第二天，各校派两名代表到浙大开会，商议成立“杭州市中等以上学校学生联合会”，但郭任远封了一切可开会的地方。施平建议去西湖附近审批学生组织的“青年励志会”开会。励志会副会长王守业不准他们在此开会，施平不理，直至开完会并作出决议才离开。会上组成了市学联，推选施平为市学联主席。

市学联成立后，国民党封锁了所有省属学校。北平更大的“一二一六”游行消息传来，施平等一些浙大同学商量后，通过市学联号召全市学生于12月21日齐集火车站，和“九一八”那次一样占领火车开到南京去，要求国民党抗日，反对分裂华北，收复失地。市学联接受了浙大的建议。为防止军警捕人，施平要同学们20日晚不睡自己床位。果然，12月21日凌晨，大批军警特务来浙大宿舍抓人，机智的施平换上一年级同学的军装，没有被抓走。经过一番抓人反抓人的搏斗，军警还是抓了十多人。说时迟，那时快，施平安排一批同学佯攻正门，而他与许多同学趁抓人混乱之际，从学校小门出走。到火车站后，他们并不走军警严守的火车站大门，而走铁轨上了月台。此时月台一片昏暗无灯，当局早已停驶开往南京等地的北上车辆。近午，施平等人得知之江大学的同学在闸口占了一列车，但无法开过来，其他学校亦都被封锁，没有学生到火车站来。此时，教务长郑晓沧、文理学院院长李寿恒和工学院院长李熙谋都来火车站劝回。

12 月 21 日下午 2 时许，教务长郑晓沧又对学生说省政府派人来要与学生谈判，开始被学生一口拒绝。后施平与未被捕学生代表开紧急会商讨，认为一是同学阻断铁路交通长达 10 小时，影响已很大；二是同学们身上衣服被雨雪淋湿，大家又冷又饿，容易生病；三是仅浙大同学到火车站，全市统一行动无法实现；四是蒋介石派大批军警与他们对峙，动手时寡不敌众。于是，同学们提出三项条件与省政府代表谈判。

首先，省政府要承认浙大学生的行动是爱国的，逮捕学生是错误的，必须立即把被捕同学送到火车站，平安归队，省政府、省党部要对这件事承担责任，向浙大师生、员工道歉，并保证今后不到学校逮捕爱国学生；其次，承认杭州市学生联合会合法，解除对各校的封锁；最后，开放新闻自由，不得再封锁抗日爱国新闻，明天的杭州报纸要正确报道今天学生的爱国行动，若有歪曲，学生有对之处置的自由。这三条由教务长转交，如得不到圆满答复，同学们誓死不离轨道。没想到三个条件对方都同意，随后被捕的 12 名同学（都是学生会代表）被安全地送到了火车站。此时，站台上的省政府秘书长黄华表代表省政府、省党部向浙大师生员工道歉，保证今后不再发生军警入校逮捕同学的事，对同学的要求保证做到。此后，在“打倒日本帝国主义！”等口号声中，浙大学生撤离火车站返校。

同学们返校吃饭后，学生会召开全校学生大会，决定：1. 因校长郭任远和军警勾结，逮捕爱国同学，平时对学生实行法西斯专政，即日起不承认他是校长，把他赶出学校，同时把忠实执行郭任远法西斯办学方针的农学院院长李德毅赶出学校，把军训教官、学生训导员等法西斯爪牙也一并逐出学校。2. 不定期全校大罢课，要求政府抗日，撤换校长，由学生会管制学校，以保证学生食堂、水电等的照常供应；组织纠察队，把学校军训用的枪支用来武装纠察队员，阻止军警进入学校，防止坏人破坏。

1935 年 12 月至 1936 年 1 月 20 日，施平等领导的浙大学生“一二 · 九”抗日救亡运动，对国民党政府及蒋介石都产生了巨大的震动，迫使蒋介石亲自到浙大和学生谈话。蒋介石来浙大前采取了三项措施，其中第三项是在蒋介石来校前一天，教育部发来电报，说施尔宜、杨国华鼓动学潮、打乱学校教学秩序等，开除学籍。原电文由校务会贴在布告栏的玻璃框内，先看到的学生愤怒地破框撕碎，并打钟紧急召开全体同学会议。会议认为教育部破坏全校团结，镇压学生抗日救亡运动，一致决议坚决不承认教育部的错误命令，主席、副主席不能离校，应继续领导学生会工作。

1936 年 1 月 20 日上午 8 时，蒋介石召见施尔宜、杨国华。他高声说：“施尔宜，你鼓动学潮，破坏了学校正常秩序，你要马上恢复学校秩序，恢复上课！”施平回答说：“我们抗日救亡，要求政府抗战，要求政府罢免郭任远，是爱国爱校的，是全体同学的意见，要我恢复上课，我办不到。”一招不成，就另一招。他威胁施平说：“你是坐过‘反省院’的共产党，你出来了，又在这里鼓动学潮，捣乱！”施平立即打断他的话说：“我们教务长坐在这里，我自从进校以来，哪天在哪里，他都知道，可以作证，我不是共产党员，没有坐过‘反省院’，我只是一个纯洁的爱国学生。”对此，谁也不敢为假情报作伪证。此时，有人进来向蒋介石报告，学生已在大礼堂集合，请蒋院长“训话”。蒋介石借此下台阶收场，大家都向礼堂走去。

翌日，蒋介石又在西湖边澄庐召见施平、杨国华，教务长在座。施平、杨国华不约而同地采取同样的态度，不和蒋介石当面争论，只听着就是了。谈话一小时，没有新东西，但蒋介石这一次和上一次有很大改变，这恐怕与他亲自下来看看、听听有关。

畢業證書
學生施爾宜係雲南省大姚縣人現年二十六歲在本大學農學院農業植物學系修業期滿成績及格准予畢業依照學位授予法第三條之規定授予農學士學位
此證
國立浙江大學校長竺可楨
農學院院長吳福楨
中華民國　年五月　日

1936 年 5 月，浙大颁发给施尔宜（施平）的毕业证书

蒋介石与同学见面、讲话时，学生并不蛮横地一味反对他，而是希望他领导抗日，学生对他亦是有礼貌的，这对他判断与决策有好处。再说，他下来听过教授们正确的意见后，对处理浙大

问题比较稳当，没有一个学生被捕、被开除。在讲到施平、杨国华两人被教育部开除学籍问题时也不直接讲，而是说二人都是优秀青年，前程远大，在学校里要好好读书，等等。于是，在浙大一二·九运动停止后，施平收到新任校长通知返校补毕业考试，并于 1936 年 5 月拿到竺可桢校长签名的毕业证书。施平回想与蒋介石的那次谈话，实际上他已答应学生撤换校长，并按学生呼声选派新校长了；说到他们是“优秀青年”，“前程远大”，已暗示撤销开除他们的命令了。

2017 年 5 月，时任浙大常务副校长任少波（前右）看望施平（前左），并送上他的毕业证书、成绩单复制品留影

1936 年 2 月，学生抗日救亡运动走向低潮，施平总结了“九一八”以来抗日救亡学生运动没有延续与发展的原因，想把运动中的核心骨干组织起来，成立“青年大众社”，并相约一旦找到共产党即共同参加。

浙大学生会是全国高校最早提出组织“全国学生联合会”的单位之一，施平仍兼任杭州市学联主席。大罢课后，他即与北平燕京大学共同发起组织“全国学联”，并在代表大会上当选为执行委员会委员。

硝烟年代建功勋

1936 年 7 月，施平应毕业自立并解决生计了。有一天，他阅报看到中央政治学校附设的地政学院招生，培养推行孙中山土地政策的领导人才，全部公费，还发零用钱，是研究生之类。想来想去，他还是去报考并一举被录取，于同年 9 月 1 日报到上课。这所学校实行军事化管理，穿制服、打绑腿、剃光头，听号作息，还有暗藏特务监视学生言行。但不久，施平就发现大多学生是爱国的，也主张抗日。

1936 年 12 月底，施平赴浙江平湖县农民银行实习，路过杭州，就去看望浙大一二・九运动中的几位同学，突然被杭州市警察局逮捕并关进监狱。经过三次审讯，杭州市警察局找不到施平是共产党员的证据，第七天只好将他释放。警察局的人说："你思想危险，逮捕你是给你一个警告，帮你纠正思想。"

1937 年，日寇全面入侵前夕，施平借口到山西调查阎锡山的"土地村共有"，拟寻找机会渡黄河西去延安，但未成功。抗战全面爆发，施平回到南京，此时地政学院已迁庐山。同年 11 月初，施平又借口往武汉面晤离沪返滇的家人，请假离开地政学院，并通过浙大农学院的好友刘瑞生介绍到武汉八路军办事处。此时，正逢山西第二战区副司令黄绍竑奉调回浙江任省主席。黄绍竑此前曾在武汉发出"革命青年跟我回浙江打游击"的号召。刘瑞生建议施平与自己同到浙江，还可动员"青年大众社"同学共同抗日，更好地影响黄绍竑向进步方向发展。施平赞同刘瑞生的意见，并向八路军办事处请求开具返浙的介绍信。1938 年 1 月，施平在浙江正式加入中国共产党。

黄绍竑接管浙江省主席后做了两件大事，一是公布"浙江省战时政治纲领"，主张抗战到底，建立抗日民族统一战线，其精神与中共中央抗日救国十大纲领相近；二是选定浙南山区建立抗日游击根据地，作为全省游击战争的指挥基地。因 1937 年 12 月 24 日杭州沦陷后，国民党顽固派已纷纷西逃，黄绍竑意识到要抗日只有依靠共产党大力协同。他秘密向周恩来提出，希望中共浙江领导派出联络员和他秘密联系。黄绍竑建立根据地的步骤，一是由他亲自掌控的建设厅在丽水县城建立"浙江省战时物产调整处"；二是选云和、龙泉、遂昌三县试建新政；三是大量任用进步青年为各项工作骨干，骨干人员由共产党选派，施平在列。

1938 年 1 月上旬，施平到云和任中共浙东南特委委员、宣传委员，后任云和工委书记，公开职务为云和县政府民政科科长兼革命警察局局长。到云和的青年有 30 余人，除任职者外概称"乡建员"，分赴各区、乡做抗日宣传、组织和武装工作。乡建员统一由县政府乡建员室领导，施平又兼室主任；每月由县战时物产调整处付每位乡建员 2 元生活费。

施平到云和后了解到，老百姓最大的苦难是国民党“抽壮丁”。征兵数字到了乡长、保长手里，就成了他们敲诈百姓钱财的好机会。因此，抗战第一件事是改革征兵制度。施平想出“抽签制”的办法：第一步，全乡摸清适龄青年并登记造册；第二步，张榜公布，接受群众监督；第三步，召开抽签群众大会，每张签有编号，由适龄青年抽签号后并公示。日后根据征兵数对号召集兵员，人人平等。乡建员要做的另一项工作是给抗日的新兵及家属以荣誉，使之受人尊敬，有光荣感。乡建员给参军青年的家门贴上“光荣军属之家”，有条件时还可赠送慰问品，给抗日新兵戴大红花，摆酒席迎送，等等。这一改革轰动全县，黄绍竑主席还请施平去邻县介绍做法和经验。

庆元县乃山中之山，当时县内无公路，黄绍竑想在该县建成抗日游击根据地中心，派他的参谋长罗中天任县长，把他的警卫营也放在这里。

1938 年 5 月，施平调任中共庆元县委书记，公开职务为庆元县政府第一科科长兼抗日委员会副主席、县抗日自卫团副司令员。庆元的人事构成比云和复杂，进步的、落后的，革命的、反革命的都有，施平尽力谨慎行事。施平秘密召集中共有关人员讨论后，决定首先抓当地青年培训，有了骨干才能发动群众抗日运动。罗中天县长也接受这个建议，并任培训班班主任，施平任副班主任。

1938 年 10 月间，国民党顽固派开始对黄绍竑的进步政策进行反击，认为战时物产调整处是共产党的机关，逼黄绍竑撤掉冯紫岗的处长职务，并把他赶出浙江。从此，调整处面目全非，黄绍竑和共产党及进步人士联系的桥梁被打断了。同时，国民党破坏了中共地下浙江省委机关，国共之间的斗争全面尖锐化。同年 11 月的一天，施平上班后见到一封省政府发来的“绝密”公文，拆开一看，是一份“防止共产党活动”的省政府命令，正文后附了一张共产党员名单，施平的名字列在中共丽水县委委员名单中（施平离开云和回丽水的短期内，中共省委曾指定他参加丽水县委，但他还未开始工作即改调庆元）。施平看了很吃惊，没有马上送罗中天看，而是秘密带出，让中共庆元县委组织部部长金更立即照抄一份送中共省委。下午上班后，施平在公文上批了“拟即遵办”，并送罗中天阅办。

1939年2月初，罗中天出差回来没几天就找施平谈话，说出差在外听到有关他的流言，劝他辞职离开庆元……施平当即写了辞职书交给他。当晚，施平秘密召开了县委会，谈了罗中天要他离开庆元的经过，提醒大家绝不能把党员身份暴露给任何人等事宜，最后说他离开，大家不必送行，避免引人注意。

1939年2月上旬的一天，施平离开庆元，罗中天竟派自己的亲信——自卫大队长何某——挎着盒子枪来“陪送”，一直跟着施平步行两天到龙泉，看着他上了开往丽水的汽车为止。

回到丽水，施平向中共省委、特委同志汇报后，领导决定让他改做上层统一战线工作。干了半年，组织上认为施平在浙江有被捕危险，让他退到皖南屯溪地区，在国民党中央政府财政部设立的皖南办事处任统计组长，利用公开职务掩护自己。施平对“打埋伏”式的工作没有耐心，就向组织提出当新闻记者，到敌后我党领导的抗日根据地做采访工作，如愿得到新四军军部的同意。到敌后穿行采访，要经过国民党统治区，有必要去桂林国际新闻总社取得合法的新闻记者身份。1939年12月初，施平自屯溪出发，于1940年1月来到桂林由范长江、胡愈之任正副社长的国际新闻社。施平被委任为国际新闻社敌后上海工作站负责人、香港分社采访部主任。

1941年8月，施平进入新四军抗日根据地，在江苏南通地委任《江海报》总编辑。同年11月任江苏省苏中区党委调查研究室副主任、主任，后任苏中农民抗日会组织部部长。1943年1月，邹韬奋先生接到党中央邀请，施平受命负责护送邹先生从南通到淮南新四军军部，随队有医生和师警卫团副团长姜子和带领的一个加强连兵力伴行。邹先生等人3月抵达淮南，后由军部转送延安。

1945年春，施平任苏中区党委调查研究室主任等职。1946年，任中共南通县委副书记、书记兼县警卫团政委。1947年2月，任苏中九地委组织部副部长，后任民政部部长。

从《施平文集》可知，施平自1936年夏从浙江大学毕业离校起至1949年3月赴北平参加团代会前的10余年间，见证并亲历了国共两党斗争及国民党内部进步势力与反动势力的斗争。他凭借自己的智慧、胆识和无畏的精神，冲过了重重波涛，经受了生死考验，为党的事业作出了非凡的贡献。

1948 年 10 月，施平调中共中央华中工委，负责筹建华中新民主主义青年团和华中民主青年联合会。1949 年 3 月，施平率华中新民主主义青年团和华中民主青年联合会，赴北平参加同年 4 月 11 日至 4 月 18 日召开的第一次全国团代会和全国青联代表大会，紧接着又参加全国民主青年联合会第一次代表大会。会后，施平即率团南返。

1949 年 4 月 20 日，解放军大军渡长江南下，华中工委撤销。同年 5 月，施平留在苏北任中共苏北区党委青委书记兼团委书记。1950 年 3 月，调任中共苏北区党委农村工作委员会副书记，领导解放区土改工作，仍兼青委书记。1951 年 8 月，调任上海华东团工委任宣传部部长，后任中共中央华东局青委副书记，华东青年团工委副书记、代书记。

校园波涛试身手

1953 年 10 月，施平到中央高等教育部报到后，副部长刘凯丰陪送他到北京农业大学就职，委以北京农业大学副校长、党组负责人的重任。师生们听说施平是浙江大学农学院毕业的，很是欢迎，寄以期待。施平也下决心把自己未来的生命贡献给农业和农业教育。

1955 年国庆节，在天安门观礼台合影（左起：蔡旭、孙晓村、苏联专家、施平、沈其益）

北京农业大学的任务除了要培养高水平的农业科学、技术人才外，还要带动全国各高等农业院校的教学与科研工作。对施平来说，大学工作是全新的，他感到肩上担子很沉重。

经过一番学习与调研，施平得知新中国

成立后，大学里群众运动不断。施平到任时，知识分子思想改造运动已结束，在参加了学习过渡时期总路线总任务的运动、肃清反革命等运动后，他们迎来了“知识分子的黄金时代”。周总理首次提出：“知识分子已经成为我们国家各方面生活中的重要因素，他们中间的绝大部分已经是工人阶级的一部分。”他还发出“向科学进军”的号召。于是，国家科委和中国科学院牵头组织各方面科技专家编制“1954—1967 年国家科学规划”，用 12 年或更多一点时间赶上乃至超过英国。只可惜到 1957 年，这个“向科学进军”的号召和规划被砍掉了，“知识分子的黄金时代”之好景不长，“反右派”扩大化的灾难接着到来。施平不知不觉地走进了这个运动的旋涡，并贯彻执行了“反右派”扩大化的错误政策，造成了不良后果。他特向北京农业大学被错划为“右派”的师生深深地道歉！

1958 年夏，“大跃进”的高产旋风吹进北农大，施平在浪涛中随波起伏，痴过、狂过。同年 8 月，施平任北京农大代校长，全校师生下放。待他冷静下来时，头上却重重地挨了一棒，他被划为“右倾机会主义分子”，撤销一切职务，幸运的是没有被“下放劳动改造”和开除党籍。

施平从 1959 年 10 月在“反右倾机会主义运动”中被点名批斗，到 1962 年 5 月被平反恢复工作，调任中共中央华东局农村工作办公室副主任为止，共 2 年 7 个月。在华东局农办最初四年里，施平多数时间在农村工作。比起在北农大的 10 年，在农村有一种平静、愉快的安全感。那时他根本没有意识到“文革”的火焰正在脚下孕育并将破土。

1966 年 6 月，施平正在福建南平地区搞农村“四清”，突接华东局通知回机关参加“文革”运动，并接受机关干部批斗。1967 年 12 月，施平被北农大造反派揪回批斗，3 个月后被押回上海。翌年 12 月 3 日农办造反派召集批斗会后，施平被定为“反革命修正主义分子”，关进监狱 4 年零 100 天。出狱后，施平到奉贤县五七干校劳动，继续接受审查两年多。“文革”结束后彻底平反，真是噩梦一场。

1978 年 7 月 28 日，施平从中共中央华东局农村工作办公室调至上海师范大学（后改名华东师范大学）任党委第一书记。限于篇幅，仅记王申酉昭雪一事。

施平到任后，抓的第一件头等大事就是平反冤假错案。这所大学从建立到粉碎“四人帮”的22年中，冤假错案有700余件，大多发生在“文革”时期。面对全校师生员工，他大声疾呼：平反冤假错案，一秒钟也不能耽误！这是出自他切身体会的肺腑之言，得到全场经久不息的掌声。

1980年，施平在华东师大校园里与学生促膝谈心

1979年8月1日，施平接到上海师大毕业的一位研究生的来信。信中说，粉碎“四人帮”半年后，即1977年4月初，上海法院判处上海师大物理系毕业生王申酉死刑枪决，可能有错，希望查处。

施平查阅了王申酉的档案。王申酉是1945年8月生人，父母亲是从河南逃荒到上海的贫农，新中国成立后翻了身。父母亲从小教育王申酉爱党爱国。他从小爱共产党、爱毛主席，是个优秀学生，1962年以优异成绩考进华东师范大学物理系，立志要当一个科学家，为祖国社会主义建设作贡献。

施平详细阅读了王申酉的相关材料，感到王申酉只有个别观点不正确及一些语词不当，而在“四人帮”覆灭前的黑沉沉的中国大地上，他能有如此精深正确的观察、高水平的先见，是多么难能可贵。他的不少分析和预见为自粉碎“四人帮”迄今党的政策理论和实践所证实。他曾在日记中写道：“别人加给我的罪名，正是我的成就。”以上“罪状”的性质就是如此。施平在文集内直言，据此以反革命罪加以处死，实属莫大冤案。

1970年，华师大准予王申酉毕业并分配工作，但无单位接收。同年11月，王申酉被学校送到苏北大丰（农场）五七干校监督劳动。自“文革”开始至去大丰劳动四年多里，王申酉激烈的思想矛盾和痛苦，最后汇集到一个问题上：要搞清楚“文革”及中国20余年的发展，必须到马克思、恩格斯、列宁的原话、原意中去找答案。施平认为，这场学习战斗，成了王申酉人生旅程上的重大转折点，决定了他的存在和价值。

施平誊记下王申酉的心声：“‘四人帮’打倒后，我心中产生了希望。我确实从内心为这场斗争的胜利感到高兴，日夜兴奋得无法宁静……我深切地感到社会主义祖国前途光辉。……我渴望还能有机会回到社会上去……我一定一个人发挥两个人的力量，好好地为社会主义贡献我全部力量。”

施平说：“当我阅读王申酉的‘亲笔供词’和他的日记、信件的时候，情绪十分激动，这是一个多么难得的人才啊！我感动得不禁落下了眼泪。”施平翻印了王申酉的“亲笔供词”，寄给北京的几位理论界人士去评判。他们认为，在粉碎“四人帮”以前，对我们国家发展中的一些根本问题，能如此系统地提出还没有人能提出来、还没有人敢涉及的正确和基本正确的认识见解，实在是了不起的事。一位权威的政治经济学专家看了“亲笔供词”后说：“王申酉已能融会贯通马克思主义，他用自己简洁的语言谈清楚了历史唯物主义，是十分难得的。他所提出的看法和主张，正是现在我们的看法和主张，正是我们已经开始实行或尚待实行的政策。”而正是这样一位优秀不凡的好青年，却在历尽残酷斗争和折磨之后，不幸含冤长眠九泉之下了！

施平调查清楚王申酉被冤杀的情况后，在上海市委支持下，向中央纪律检查委员会提交了要求给王申酉平反的报告。最高人民法院批回上海市人民法院复查处理。施平又向上海市委常委会报告，请求给予平反。后来，以邓小平同志为核心的党中央审查后，最终作出结论，认为王申酉是一个好青年，没有死于“四人帮”横行时期，而在粉碎“四人帮”以后被处决，是不幸事件，并责成中共上海市委做好王申酉同志的平反昭雪等工作，吸取沉痛教训。

1981 年 4 月 3 日在上海展览馆电影院，上海市委书记钟民同志主持召开了为王申酉平反昭雪的全市性大会。王申酉平反事件的正确调查处理，施平功不可没！

霜叶红于二月花

施平出生于书香世家，曾祖父是明经进士，祖父是贡生，到父代家道中落。父母养了兄弟姐妹 7 人（施平正处中间是老四，有兄一、姐二、妹一、弟二）。父母辈上，不重农事，田产出租，每年收租谷数百斤。家里以酿酒、养猪、小商为业，主要靠父母操劳，因子女多，生活维艰。

1958 年，施平全家福（二排左 2、左 3 是蒋炜父母，左 4 是施平母亲，后排是施平夫妇）

1953 年，施平趁工作调动空隙之机，第一次回云南老家探亲。施平自 1926 年上省城读初中起，历时 27 年，音信全无，家里早以为他身亡，每年七月中元节都为他焚纸钱。他兄弟姐妹 7 人，除 3 个姐妹出嫁外，兄弟 4 人中有 3 人参加革命。三弟尔昌任滇黔纵队独立营营长；四弟尔福是打入国民党国防部的地下党员，曾为党立下特殊功勋而受到毛主席、周总理几次表扬；大哥尔香解放初是开明士绅，任县政府财政科科长，后受冤被镇压（当时尚未平反）。施平看到新中国成立后的大姚旧貌换新颜，贫苦农民、城市贫民分得土地和房屋，组织了农会当家作主，心中无比喜悦。他母亲年高，此后一直随施平生活至终老。施平回到北京后，被调往北京农业大学任副校长并负责党的工作，去开辟新的天地。

1931 年，施平在杭州学生抗日救亡请愿斗争中，认识了杨琳同学。杨琳系江苏丹阳吕城镇人，出身小康之家，在上海务本女子中学毕业后，考入浙大农学院。她思想进步，富有正义感，在爱国学生运动中是积极的骨干分子，参加并带领了南京请愿活动。杨琳与施平志同道合，工作中互相支持配合。在南京请愿时，国民党欺骗学生，施平和杨琳得出相同的结论：抗日救国、民族命运都只能依靠共产党，别无他路。于是，他们两人决定弃学当工人，并在工厂中积极参加各种革命活动，争取成为无产阶级先锋队的一员。他们估计上海地下党强大，许多厂里有地下党，于是决定去上海做工。

施平、杨琳到上海后，杨琳女中同学杨明洁的父母介绍他们去一家工厂，待寒假过后厂建好就可报到。于是，他们马上投身到正在掀起的支援东北义勇军及马占山抗日募捐活动的热潮中去。两人搭档四下募捐，终于筹到 200 元，并请人转给东北义勇军及马占山将军驻沪代表。募捐后回杭，学校已开始上课，但他们仍天天期待上海工厂开工。

在请愿、募捐活动中，施平和杨琳的爱情逐渐成熟，加上组成小家庭利于进厂与租房，他们决定先结婚成家。成家后，他们经受了来自杨琳老家的严厉打击。原来杨琳童年时，封建的父亲把她许给了他的金姓至交好友之子为妻。杨琳进中学后，接受了婚姻自主、恋爱自由的新思想，她没有与金姓青年一起读书或工作，也无感情。但她父亲态度不变，要女儿大学毕业后即与金姓青年完婚。当杨琳父亲得知她与施平结婚后，大发雷霆，并宣布和她断绝父女关系，不再在经济上支持她继续读大学，这使施平与杨琳本已困难的生活雪上加霜。

1934 年暑假，施平和杨琳避居庐山并休学一年。同年 10 月，杨琳已有 5 个月身孕了。二人决定，杨琳先回杭州自理休息，而施平再留下干两个月，赚点工资，为生孩子住院作好准备。同年 12 月，施平辞去庐山植物园工作，回到杭州照顾有 7 个月身孕的杨琳的生活。

一天下午，施平家里来了一个比他们低一级的同学——国民党党员钱平望。据说他父亲是残酷迫害共产党党员的浙江省“反省院”院长。钱平望跨进屋后就对二人说，国民党省党部要他来通知杨琳到“反省院”去自首，对参加共产党的事坦白认罪，争取宽大处理，说完就走了。施平和杨琳未加入过共产党，只加入过左翼文化总同盟这一群众性团体，会不会是因为那次去闸口工人区茶馆演讲的事而被叛徒误认了？他们两人焦躁不安，躺在床上东想西想，一夜睡不着。

1935 年 1 月 5 日，杨琳胎动阵痛，似乎要早产临盆了。于是，施平立刻叫来一辆黄包车，把杨琳送到省立妇产科医院。杨琳入院后，两三个小时就产下一男婴。他们早为孩子取名“施杨赤”，“杨”字是他们姓的各半组合，“赤”字是他们追求的红色，亦是他们人生的赤色种子之意，这在《施平文集》中有记录。孩子后改名叫施怀琳，因儿子出生3天，妈妈就被国民党逼死，有怀念杨琳之意。

1962年，哈尔滨工业大学毕业的施怀琳与当年北京矿业学院（中国矿业大学前身）的姜小英成家，育有二子二女。其中小儿子施一公是国际著名结构生物学家、中国科学院院士，2018年起任西湖大学校长。1987年9月，施怀琳被疲劳驾驶的出租车司机失控撞倒身亡。

施一公的妻子赵仁滨是1986年哈尔滨市理科状元，美国普林斯顿大学博士，亦是生物学家。他们相识于清华大学，真可谓志同道合的绝配伉俪。

1943年春，施平调任苏中第一地委（辖高邮、江都、宝应三县）民运部

2009年，施平四代同堂（大人左起：姜小英、赵仁滨、蒋炜、施平、施一公）

部长兼分区农抗会会长。有缘路遥来相会。施平在高邮六区夏收开始前的“双减运动训练班”上，认识了民运工作队的蒋炜。蒋炜生于1925年，是上海人，1941年16岁时在上海地下党同志的教育与影响下，离家到苏中根据地参加工作。施平和蒋炜一同到高邮六区开辟边区工作。在敌人扫荡时，她化装成农村姑娘，与群众一起活动，毫无惧色。一个上海姑娘，不怕牺牲，给施平留下了深刻印象。施平对她产生了好感。施平办了三期训练班，她都参加了。后来施平被调到地委民运部工作，他们更有机会交谈，相互了解，感情也逐渐加深。

2006年，施平、蒋炜在承德避暑山庄留影

2010年春，施平和儿子施小平合影

1943年11月，施平向她提出结婚要求。因施平年底要调回东海边的区党委机关工作，在游击战争条件下，一别就不易见面，此时结婚是好机会。蒋炜愉快地同意了。于是，二人打报告给地委书记韦一平同志，很快得到批准。自此，他们就组成了一个新家庭。

他们有了温馨的家，又有了接班人。他们育有二男三女，依年龄大小排序如下（施姓略）：小平、小炜、小明、小文、小京。而今儿女各自成家，在国内外生活。蒋炜于2017年1月去世，享年91岁。

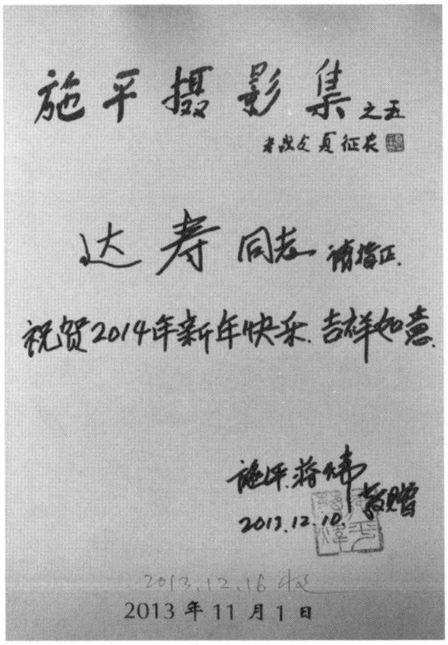

103岁的施平老人，在送给笔者的影集上题词

1985年，施平离休后，爱读书、写作、旅游、摄影，写有《知识分子的历史运动和作用》《六十春秋风和雨》《施平文集》三本书，并在前勒口上谦称自己是“土拨鼠，长着一双有力的前爪，匍匐在大地母亲的怀抱，东拨土，西拨土，种鲜花，去杂芜”。有了施平这些老一辈革命家用鲜血以至生命去“东拨土，西拨土”，才有如今富强而美丽的祖国大花园！

施平还像蜜蜂一样勤奋，采撷祖国的人文山水之花，先出了三本影集：《花卉、山水、风情》《花卉、雕塑、光影》《荷花、荷文化专辑》；2013年11月1日，他103岁生日时，又出版了两本影集：《施平摄影集之四》《施平摄影集之五》。在赠我的影集扉页上都写了几行字：“达寿同志请指正。祝贺2014年新年快乐，吉祥如意。施平、蒋炜敬赠”。

施平写下的三本书中，记录了他出生入死的革命前半生，也展示了新中国成立后他随时代而起伏的人生。他离休后，更用自己爱好的写作与摄影技艺，展示晚霞般美丽的生活。这些作品与他高大的形象一并长留人们的心中！

施平赠予笔者的影集与文集

在生活中，施平平易近人，言谈文雅，脾性温和，

从不光火。饭食上有什么吃什么，从不挑食与偏食，粗菜淡饭慰平生。这恐是他寿超百十余岁的养生之道，从而以平常心创造了浙大百廿余年校史上高寿第一人的奇迹！

2024年4月8日，杭州《都市快报》报道，吉尼斯世界纪录机构认证1912年8月26日出生于英格兰的约翰·艾尔弗雷德·廷尼斯伍德为全球在世最长寿男性，但生于1911年11月1日的施平校友于2024年6月29日前仍健在。施平校友成了世界男性中实际最高寿的寿星。

2024年7月5日，浙大党委副书记朱世强一行送别施平后与其孙施一公合影（左起：金海燕、施一公、朱世强、熊家钰、刘峥嵘、杨旭明）

2024年7月1日，施平同志治丧工作小组发出讣告如下：

中国共产党的优秀党员、忠诚的共产主义战士，原中共中央华东局农村工作办公室副主任，华东师范大学党委原书记，上海市第八届人大常委会副主任、党组副书记，上海市新四军历史研究会顾问施平同志〔享受省（部）长级待遇〕因病医治无效，于2024年6月29日11时30分在上海华东医院逝世，享年113岁。

现定于2024年7月5日（星期五）上午8时30分，在上海龙华殡仪馆（漕溪路210号）大厅为施平同志送行。

7月5日上午，浙江大学党委派出党委副书记朱世强教授、浙江大学校友总会刘峥嵘秘书长一行，另有上海浙江大学校友会50余位校友，去上海龙华殡仪馆送了花圈，并与各界人士一起沉痛悼念与送别施平同志。我和老伴谨送一只花圈，以表敬挽。

2024 年 7 月 5 日，浙大党委副书记一行与上海浙大校友一起送别施平先生后合影（第二排左 4 起：金海燕、朱世强、熊家钰、刘峥嵘、邹建伟、金煜渊、梁顺林；第三排右起：王立新、洪钢等）

龙华殡仪馆灵堂大厅庄严肃穆，施平同志静卧在鲜花丛中，遗体上覆盖着鲜艳的中国共产党党旗。灵堂横批写着“沉痛悼念施平同志”，右联是“投身革命英勇奋斗　一腔忠诚传后人”，左联是“情系教育培根铸魂　一生为党育英才”。大厅两侧摆满习近平总书记等新老领导及各界人士送的花圈。

施平先生将安眠于龙华烈士陵园。

施平先生的光辉业绩永载浙江大学史册！施先生千古！

（2023 年 4 月 8 日初稿，2024 年 6 月 30 日定稿）

向学名师成楷模

——记教育学家王承绪教授

王承绪（1912年6月—2013年11月），江苏江阴人，教育家，改革开放后我国恢复与重建比较教育学科的主要倡导人之一。1936年毕业于浙江大学教育系并留校任教。1938年公派赴英留学，入伦敦大学教育学院攻读教育学，1941年获伦敦大学教育学硕士学位和教师证书，曾任诺丁汉大学讲师和伦敦大学教育学院研究员。1947年应邀回国任教，历任浙江大学教育系教授、系主任，浙江师范学院教育系教授、系主任、副教务长，原杭州大学教育系教授、比较教育研究中心主任、高等教育研究所所长及名誉所长、联合国教科文组织APEID计划原杭州大学联系中心主任，四校合并后的浙江大学教育系教授，第五、六届浙江省政协副主席。曾任教育部国家教育发展研究中心兼职研究员、中国陶行知研究会副会长、加拿大《交流》季刊咨询编委等职。1983年荣获“浙江省优秀教师”称号。1991年起享受国务院政府特殊津贴。1993年获伦敦大学教育学院荣誉院士称号。2003年获联合国教科文组织亚太地区教育革新终身成就奖。2009年获浙江大学教师最高荣誉“竺可桢奖”。2010年获中国高等教育学会“高等教育科学研究特殊贡献奖”。

1991年春节期间，笔者（右）拜访王承绪、赵端瑛夫妇

1991年2月，是我去浙大校友总会任职后迎来的第一个春节。我与办公室同事洪保平同志带着马年的问候和羊年的祝福，向居住杭城的朱祖祥、吴耕民、陈锡臣、李寿恒、沙孟海、陈训慈、王季午、李天助、陈立、王承绪、朱福炘、徐洽时、朱学曾、史悠彰、朱良璧（陈建功夫人）等15位老校友家拜年，并采撷了他们在母校求学以至教研中的心香和真诚的情意。

这一天我们来到杭州大学庆丰村社区王承绪、赵端瑛家，发现了一个老校友家惊人相似的情景：或说书堆成山，或称书报泛滥。不是吗？在王承绪先生的客厅里，琳琅满目的中外书籍占据了半壁江山：书柜里塞了满满的书，书柜下也是书，书柜顶上还是书，直至顶着天花板。这是高校老师的家当吗?！不，这是智慧的宝库、知识的群山！

王先生把我引进里屋，说这间是他的书房。哗！真是书山内还有书山，这简直是古今中外的书的世界！我打量着被书报侵占大半桌面的写字台，除了约60厘米长、40厘米宽的桌面留给他笔耕外，桌面其余地方已被各类文件、书报占领了！

“老王成天开会、干笔头活，没时间整理，又不准我整理，真不好意思，这么乱……”一位女士一边说一边送来两杯茶。

“房小书多，天天长高，就是怕地震！”王先生的话刚落地就溅起一阵轻快的笑声。我问王先生为何有这么多书，王先生却指着刚才送茶的女士说：“她是我的妻子，叫赵端瑛，也是浙大1936届学生，她亦爱书如命呵。”我终于顿悟“1＋1＝2”的书山内涵。

1999 年 2 月，笔者（右）采访王承绪、赵端瑛夫妇

1999 年 2 月 9 日，雨霁天青，我们再次登门向王先生夫妇贺岁与采访。王先生夫妇像老友重逢一样迎接我们，并轻松愉快地讲述那些多彩的往事。同年 3 月 27 日，他们收到我们采访时摄下的照片后，特地给我打电话来说两件事：一是说自己以往拍的照片都是严肃有余，而这次交谈被机灵的摄影师捕捉到开怀交谈的瞬间，得以留下一张“笑得灿烂”的个人好照片，因此对摄影的杨捷赞美有加；二是赞美 1998 年我执行主编的《浙大逸事》一书，这本书搜集与编发了那么多浙大名家的多彩故事（也有写王承绪先生的小故事），他“和赵端瑛都认真读了一遍，爱不释手”。

而今，我将两位先生讲的一些多彩的往事，加上日后闻悉的故事，一并草成如下忆述文字，以作王先生离我们而去十周年的纪念——

志存高远学路宽

1912 年 6 月，王承绪出生于江苏江阴的一个书香门第。他 6 岁时进私塾，熟读“四书”，从小就受到了良好的教育，然而，并不宽裕的家庭经济条件无法承担那些学费昂贵的学科，于是，有强烈求学欲的王承绪选择了师范科，因为当时政府承诺大力发展小学教育，师范学校推出了免费教育政策，毕业后还能获得小学教职。这一选择让他跨出了求学的第一步。1931 年，王承绪以优异成绩毕业于江苏省立无锡中学（次年更名为江苏省立无锡师范学校），然后在其附属实验小学担任多个学科的教学，开启了长达 80 余年的教育、教学、教研之旅。

有一必有二。1932年，王承绪在无锡师范附小服务一年之后，因业绩优异，被保送至南京中央大学深造。由于中央大学易长风潮招致解散，于是王承绪借读于浙江大学，有幸走出求学的关键而充满希望的第二步。

浙江大学教育系名师荟萃。当时，比较教育是一门新课。康德尔的名著《比较教育》刚出版；庄泽宣教授教比较教育课，他已出版了《各国教育比较论》《各国学制概要》《西洋教育制度的演进及其背景》三种书。以上四种书是浙大教育系外国教育史和比较教育课的教材。同时，浙大教育系还购置了伦敦大学和日内瓦国际教育研究所的《教育年鉴》、美国哥伦比亚大学的《国际教育年鉴》，这些都成了王承绪阅读的书。

浙大教育学系有着一团队的名家大师：郑晓沧、孟宪承、俞子夷、庄泽宣……浙大图书馆的馆藏也十分丰富。当时王承绪就住在文理学院图书馆旁边，他总能“近水楼台先得月”，多读一些书，这促使他树立了学习借鉴国外优秀经验来发展本国教育事业的远大志向。书读多了，就想动手写，紧接着他就有文章陆续在《中华教育界》《教育杂志》等当时颇有影响力的刊物上发表，介绍国外新教育。文章不断被收录，更坚定了他从事教育的决心。

在浙大读书，时刻会受到求是校风的良好熏陶，让他有一种想留下来的强烈愿望，而系主任郑晓沧也深深地喜欢上了这个聪明好学的年轻人，最后说出一句“那么你留在这里吧”，圆了王承绪的求是梦。他很快确定了一生从事教育与研究的道路。

青年时期的王承绪

1931年，日本制造九一八事变，侵占我国东北，国人奋起抗日救亡；1935年12月，浙大校园又掀起了“驱郭运动”。这些事对王承绪的触动与影响都很大。1937年7月7日，日本发动全面侵华战争，成为第二次世界大战在亚洲爆发的标志。对时局的认识加深，更促使王承绪发愤学习与进取。1937年8月，战火很快蔓延至上海。同年 9 月 21 日，浙大一年级新生开始迁往浙江西天目禅源寺；同年 11 月 11 日起，在竺可桢校长亲自率领下，王承绪随浙大高年级同学迁到建德学习。在西迁途中，王承绪亲历了师生员工及眷属于逃难中避敌机、挤舟车、多步行、经风雨、受饥渴的苦难，有的还受疾病的折磨……于是，盛行一时的“科学救国”思潮又在他心中沉浮不息。

从浙大毕业不久的王承绪几经思量，决定报考公费留学生。1938 年，随浙大西迁的王承绪参加了教育部举办的全国庚子赔款官费留英考试，并一举金榜题名，顺利远渡重洋，进入伦敦大学学习，圆了一个留学梦。留学史上这一大喜事，竺可桢校长亦格外关注，还记入了 1938 年 9 月 9 日的日记（见《竺可桢全集》第 577 页）呢！“后来出国学教育，回国后教书，都是教育，有 70 年了，脑子里面就是教育，就是想着怎样把教师做好，把当教师的本领学好，把外国可以借鉴的东西都学好。”王承绪曾动情地对学生说。1939 年，王承绪在浙大时的同班同学、女友赵端瑛也赴伦敦大学教育学院攻读发展心理学，师从弗洛伊德之女安娜 · 弗洛伊德。

1939 年 9 月 1 日，德军向波兰发动进攻，随后英、法对德宣战，世界大战全面爆发。1941 年，伦敦大学教育学院疏散到诺丁汉，王承绪一面读书，一面写论文、做报告，还利用晚上时间学俄语——他希望有机会能取道苏联返国。同年，王承绪完成学业，取得了硕士学位和教师证书，俄语也学会了，但仍然没有办法回国——飞机、轮船都被军方征用了。他只好继续在伦敦大学教育学院学习与研究。

在二战致交通中断、归国无期的岁月里，王承绪攻读博士学位的同时，更是笔耕不辍。在求学期间，王承绪就与英国比较教育学界重要人物约瑟夫 · 劳韦里斯交往密切，并在比较教育研究中关注到国际组织的重要作用，在《东方副刊》上发表的《国际教育合作之前途》《国际联盟与教育合作》等文章就是例证，这些文章也都产生了一定的影响。同时，王承绪也参与了联合国教科文组织成立大会前的一些筹备工作。当时教科文组织筹备委员会秘书处的一项紧迫工作是编辑《基本教育》一书。该书由中国的郭有守任编委会主任，王承绪编写了《略论基本教育》一文，最终在 1946 年联合国教科文组织成立大会前出版。上述这些都为他促成中国与联合国教科文组织的联系以及参加同盟国教育部长会议创造了条件。

1945 年 9 月，第二次世界大战结束时，王承绪博士课基本修完，但仍差一年时间作博士论文。此时，郑晓沧教授到英国访问，住在王承绪家。郑先生表达了竺可桢校长和他都希望王承绪夫妇回国工作的心愿。那时，赵端瑛已取得硕士学位。王承绪决定放弃博士学位，一有船就回国工作。

1946 年 11 月，联合国教科文组织在巴黎召开成立大会，中国国民政府派出以赵元任为团长的 22 人代表团参加大会，竺可桢校长名列其中，王承绪、钱三强等担任代表团秘书参会。王承绪在会余写了《联合国教育科学文化组织会议的经过和观感》一文，全面介绍了会议过程和重要内容，刊发于 1947 年 1 月的天津《大公报》上。读《竺可桢日记》知，王承绪在巴黎期间多次与竺可桢校长面晤，11 月 29 日与竺校长、钱三强等一起共进晚餐，12 月 5 日陪同竺校长参观巴黎的法国高师等。

由于二战后海上交通恢复很费时日，王承绪夫妇在 1946 年暑假订好船票，直到 1947 年 1 月才有船位。他们坐上了战后英国开往上海的第一艘货轮离开了英国。因为是货轮，沿途许多港口都要停靠卸货装货，历时 3 个月才辗转到达上海，历尽艰辛。查浙大档案（1947 年 3 月 3 日）知，卅五年度第一学期新聘教授、副教授、讲师，表列王承绪为浙大师范学院教授，赵端瑛为副教授。

当时，浙江大学西迁办学七年后复员东归。尽管办学条件非常简陋，杭州物价飞涨，政局动荡，生活艰苦，但王承绪丝毫没有后悔选择回国。他始终认为，出国留学就是为了学好本领，报效祖国，这是天经地义的事，不需要特别的理由，不为名、不求利、不图享受，就像一个漂泊在外的人终究要落叶归根一样自然。

教书育人乐平生

王承绪曾对学生说：“教育对我来说是很神圣的事情，一开始学教育，是当时相信教育救国论，觉得教师这个职业很重要，我想在这个行业为国家多作贡献。我很喜欢当教师，正如孟子所说，‘得天下英才而教育之，三乐也’，我真觉得是这样的。”

1947 年春末，王承绪夫妇一回到浙大，就以带回的英国和苏联的有关书籍为教材，开设了比较教育、外国教育论著选和群众教育等课程。一年之后，王承绪兼任浙江大学教育系系主任。

新中国成立后，王承绪秉持教育兴国的理念，为教育事业勤奋工作。1952 年，随着高等教育院系的调整，王承绪走出了一条先后在浙江大学、浙江师范学院、杭州大学和新组建的浙江大学任教的轨迹。

王承绪关心社会，心系教育，积极参政议政，建言献策，为政府决策提供参考和咨询。他说：“我是从事教育学研究的，最关心的当然是科教兴国。”他的大多数课题和提案都与教育有关，如 20 世纪 50 年代后期，王承绪自编了一套“听说领先”的英语教材，指导青年教师备课，力求提高学生学习外语的兴趣。任铭善先生之子任平在《杭大新村的往事烟云》中写道，王承绪、赵端瑛两位“老学生”坐在最后一排整整两年，指导杭州第十四初级中学（现杭州学军中学）进行英语课程教学改革；又说史佩珍老师“正配合王承绪、赵端瑛两位教授进行‘标准伦敦音’的教学实验。由于教学理念新，方法先进，我们班的英语水平提高很快”。又如 1984 年，70 多岁的王承绪坐了十几个小时汽车，到丽水山区考察教育情况，还在丽水师专给当地教师讲课，并与师生展开座谈，一起为发展丽水地区教育献计献策。

王承绪先生心系天下，关心的都是教育改革与发展的大事。他于 1951 年 2 月加入中国民主同盟，历任民盟浙江省第一届委员会委员兼文教委副主任、第四届委员会委员、第五届委员会常委兼文教委主任，曾任浙江省政协第五届、第六届副主席，2011 年被评为“民盟中央纪念中国民主同盟成立 70 周年先进个人”。他前瞻性地为加强中小学环境教育、师资培养等鼓与呼。

自 20 世纪 80 年代初起，王承绪为恢复高考后原杭州大学学生先后开设了比较教育、外国教育论著选等课程，并专注于教材和专业书籍编写以及外文文献的翻译工作。除任《中国大百科全书》教育卷外国教育副主编外，王承绪还与朱勃、顾明远教授一起主持编写了新中国成立后第一部《比较教育》

教材，获国家教委优秀教材二等奖；主编了《比较教育学史》，获 1999 年全国第二届教育科学研究优秀成果奖一等奖；与他人合作主编了《中外教育比较史纲》，获 1999 年第四届国家图书奖。他另出版有专著《伦敦大学》《英国教育》等，单独或合作翻译的著作包括《教育原理》《民族主义与教育》《高等教育哲学》等。他主持翻译的“汉译世界高等教育名著丛书”是中国高等院校比较教育学、高等教育学专业的经典教材，具有广泛的社会影响。他是新中国比较教育专业首批硕士生、博士生导师。在近 80 年的教育生涯中，他治学严谨、潜心教学、诲人不倦，深受学生们的敬爱。

王承绪先生尊师重教。1990 年，为了纪念杭州太守、求是书院总办林启逝世和西湖孤山林社建社 90 周年，王承绪为浙大校友总会、原浙江丝绸工学院、杭州高级中学合编的《林社九十周年纪念册》写了前言，并与民盟盟员沙孟海等 20 多位省政协委员提交过一份关于“要求恢复林社、建立林启纪念馆”和“筹建浙江树人大学”的提案。林启是清末杭州知府，兴办了我国最早的四所大学之一——求是书院（浙江大学前身），开设了浙江最早的中学——养正书塾（杭州高级中学、杭州第四中学前身），创立了蚕学馆（浙江理工大学前身），培养了一大批掌握近代科学知识的优秀人才。后人在杭州孤山修了林启墓，建了林社，以示纪念。但在“文革”期间，林启墓遭毁，林社被占。王承绪等省政协委员连续 8 年联名提案，终使有关部门落实修复林墓和林社。

1999 年 2 月 9 日下午，和煦的阳光照进王先生家中的会客厅，我们坐在一起，共同回忆林启创办求是书院、蚕学馆和养正书塾的经过。王先生说，省政协会议期间，在他提议下，有关领导和民盟小组同志考察了求是书院遗址，将进一步商议保护、开发这一文物资源。讲到这里，王先生兴奋不已。杨捷抓住美好瞬间，于是就有了本文开头的一幕，留下了王先生永恒的微笑！

王先生身兼省政协副主席，省政协之友社、省高等教育学会、省陶行知学会理事长，省民盟顾问等多职。因此，对他来说，时间特别珍贵。据王先生学生、现任江苏师范大学教育科学学院赵蒙成教授回忆，王承绪 85 岁时仍活跃在教学一线。王承绪上课一讲就是一下午。每到下午 4 点钟，学生们都跟他说："王先生，时间不早了，今天就到这里吧，课后我们再好好看书、消化。"但他总是说："还有时间，我把这两段再讲完。"就这样，往往要到下午 5 点钟才下课。王先生至 1999 年春已 87 岁高龄，仍带 4 个博士生。特别令人钦佩的是，86 岁那年，他学会用电脑写作，每年用电脑翻译两本书，计 40 余万字。他拿出书稿给我看，无论字体择定，抑或版式设计，水平都很高。时近鲐背之年的这般学习之功力和进取之精神，正是王承绪一生向学的生动写照。90 岁时，王承绪仍然亲自到图书馆查阅资料，了解国内外教育发展的最新动态，为研究生论文选题做好前期掌握动态的工作。他批阅作业认真仔细，上课一丝不苟，乐在其中。

2005 年 6 月 4 日，王承绪（左 2）与论文答辩后的博士生合影

王承绪先生认为，比较教育在促进处于不同国家和文化背景的人民相互了解方面具有特殊的积极作用。从事比较教育研究的人应当加强国际化的训练，融入国际学术圈，成为国际型学者。20 世纪 80 年代中期至 90 年代中期，当时国际上比较教育领域的一流学者，王承绪都曾"请

20 世纪 80 年代，王承绪（中右）在教研班校友年会上

进来”讲学。每逢外国专家讲座，他都给研究生创造与专家面对面交流的机会，并要求他们一字一句地听录音，把报告整理出来，以使学生增长见识，提高英语水平。王承绪还想方设法把研究生“送出去”。除争取参加国际会议、出国交流学习的机会外，他还与英美高校开展校际合作与交流，实施联合培养博士生、学生互访学习等计划，为学生出国学习打造良好平台。王承绪亲自与国外的大学和文化教育机构联系，多次组织安排年轻教师和博士生赴研究对象国实地考察，并亲自审定考察计划方案。

王承绪先生在近80年的教育生涯中，治学严谨、潜心教学、诲人不倦，深受学生们的敬爱。他笔耕不辍，著作等身，更是爱生乐教，成为广大学子的良师益友。他一生学为人师，诲人不倦，甚至在九旬高龄仍身处教学第一线，亲自指导研究生，对人才培养倾注了满腔热忱。他既强调学生扎实的基本功，又注重学生的方法论训练，更鼓励学生提出新理论、新方法和新模式。桃李不言，下自成蹊。王承绪培养出的学生已成为高等院校、科研部门和政府部门的骨干人才，并影响了几代教育学人。

王承绪先生作出了卓越贡献，1983年被评为“浙江省优秀教师”，2009年10月获浙江大学教师最高荣誉“竺可桢奖”，2010年获中国高等教育学会“高等教育科学研究特别贡献奖”。2010年的教师节，经全校师生投票，王承绪光荣当选浙江大学“三育人”标兵。时任浙江大学校长杨卫表示，这是广大师生对先生的崇高风范表达敬意的最好体现，也是送给先生百岁华诞的最好礼物。杨校长勉励浙大师生，学习他心系国家、献身教育的爱国情怀；学习他开宗立派、求是创新的治学精神；学习他修德臻善、教书育人

2009年10月，时任浙大党委书记张曦到浙江医院看望王承绪（左），并为他颁发“竺可桢奖”

的师德风范；学习他淡泊为怀、物我两忘的可贵品格；学习他桑榆未晚、彩霞满天的不懈追求；传承和发展先生开创的事业，为浙江大学早日建成具有中国特色世界水平的一流大学而努力奋斗。

比较教育力创新

比较教育是一门较年轻的学科，法国教育家朱利安是比较教育学的创始人。1817 年他发表了代表作《比较教育的研究计划与初步意见》，至今有 206 年的历史，该书的问世也标志着比较教育研究的诞生。

我国比较教育发端于 20 世纪初，初兴于民国时期，原本是我国师范院校教育系的一门课程。新中国成立后，因向苏联学习，这门课被取消了。改革开放后，我国教育界迫切希望了解世界各国教育发展的情况，因此有必要重建比较教育学科。

据《浙江大学简史》载，1928 年 8 月浙江大学文理学院成立，1929 年 9 月起增设教育学、心理学等 4 个学系。在蒋梦麟、邵裴子和竺可桢等好校长领导下，学校十分重视办学目标的实施，其中第二个目标就是“注重教育学之研究及教育方法制度之试验，以改进浙江全省之中小学及社会教育”。当时，全校教育改革目标明确，并已初步形成风气。求知若渴的王承绪到浙大后，看到教育学系的外文图书资料非常丰富，钻研外国教育的热情和兴趣得到极大的激发。他在大学一年级时就撰写了《意大利的新教育》并发表在 1939 年第 9 号《江苏教育》上，此后又陆续在《教育杂志》《中华教育界》等刊物上发表多篇介绍苏联、波兰、墨西哥、土耳其等国教育状况的论文。王承绪毕业并留校工作后，旁听和自学了德文和法文。

1942 年初，日寇出兵缅甸，企图封锁分割中国。340 余名留英学生出于爱国热忱，为打破日寇的文化封锁，毅然创办《东方副刊》以作《东方杂志》的副刊，配合主刊大声疾呼全民抗战、争取全胜的军事战略思想等，主要向国内介绍西方学习动态。才学、交游与热心三具的王承绪从该副刊 20 名编辑委员会成员中脱颖而出，担任副刊总干事，负责统筹安排刊物各期主题、组稿联络等事宜。编委会克服缺人、缺钱和缺稿件的困难，于 1944 年 11 月至1947年1月共办20期，发表各类论文280篇。王承绪于攻博时不忘比较教育研究，利用《东方副刊》阵地，广泛介绍了当时世界比较教育的研究动态和最新成就。他在副刊发表的27篇论文中，教育类论文就达17篇之多，彰显了他的比较教育研究理念与个人才华。王先生以世界和平为目标的比较教育研究，使他后来与联合国教科文组织建立起跨世纪的联系。

1947年9月3日，王承绪教授作为中国代表团专员，参加了在南京召开的联合国教科文组织远东区基本教育研究会议。

在1958年至1978年这段多政治运动的20年中，王承绪的比较教育研究没有懈怠。他参加了杭州大学外国资料编译组，先后与南京师范大学、华东师范大学教育系合作开展《西方资产阶级流派论著选》《西方古代教育论著选》《现代西方资产阶级教育流派论著选》的翻译，这些书陆续出版，成了师范院校教育系的主要教材；又与赵祥麟合译了《杜威教育论著选》《杜威学校》等外国教育著作。

改革开放后，王承绪先生以“只争朝夕”的忘我精神投入比较教育学科重建和发展的事业之中。1979年起，王先生长期担任比较教育研究会顾问。1981年起，他又担任原杭州大学比较教育研究中心和以研究外国教育为主的高等教育研究所的负责人。在王承绪先生的努力推动下，原杭州大学教育系在20世纪80年代初就成为联合国教科文组织“亚太地区教育革新为发展服务计划（APEID）联系中心”，成了在中国设立的最早的联系中心之一。王先生80多岁高龄仍坚持出国考察，参加国际教育组织会议，了解最新发展动态，推动APEID各成员国之间合作，推动教育创新与社会发展。

1983年11月至12月，王承绪与华南师范大学朱勃教授接受国家教委委派，赴英、法两国考察比较教育，使比较教育的教材建设和科学研究受到启迪并打开了思路。就比较教育研究而言，王承绪在1980年至2005年间陆续承担了“战后英国教育研究”“各国高等教育比较论研究”“英、法、德、苏高等教育思想与制度比较研究”“发达国家高等教育政策比较研究”和“英国教育现代化研究”等一系列国家重大课题的研究工作，并在此基础上形成了《战后英国教育研究》《中外教育比较史纲》《比较教育学史》等开创性的重要学术著作。王先生还很重视引介国外比较教育的新理论、先进思想和观点。他组织编译的“汉译世界高等教育名著丛书”成为国内高校比较教育和高等教育专业的必读书目；他还翻译出版了美国著名教育家伯顿·克拉克的多部著作，使自己所在单位成为国内引介克拉克最新学术成果的中心。上述这些垦拓比较教育的工作，无疑为追随者和后研者树起了里程碑。

20 世纪 80 年代末，王承绪给回校校友讲比较教育（右 2 起：郑造桓、夏越炯、王承绪、薛艳庄、朱福炘、陈立）

1980 年至 1992 年，王承绪教授在担任联合国教科文组织亚太教育合作咨询委员会委员期间，多次出访亚太各国，研究各国教育，广交教育界朋友。王承绪在担任浙江省第六届政协华侨委员会主任委员期间，就保障归侨侨眷的权益，邀请华侨回国探亲、旅游、投资、定居，组织举办华侨后代学中文夏令营，增强他们的民族认同感等各种问题提出大量建议。为此，王承绪于 1989 年被国务院侨办、全国侨联授予“全国优秀归侨侨眷知识分子”荣誉称号，2004 年被评为“浙江省归国归侨侨眷先进个人”。

1990 年，王承绪教授赴泰国参加世界全民教育大会时提出，要让世界各国特别是发展中国家的民众都能接受普及教育。而今，我们可以告慰他的是，他参与初创并受聘担任其教育合作咨询委员会委员长达 12 年的联合国教科文组织，中国不仅自始至终参与，更有真材实料的示范。当时全球有 9 个总人口过亿的发展中国家，中国在这 9 个国家中率先普及了九年义务教育，而今已建成世界上最大规模的高等教育体系。浙江更是在“八八战略”的指引下，发挥人文优势，视教育为共同富裕和现代化先行的内在动力，更大力度地建设教育强省，率先实现基础教育均衡优质、高等教育高水平普及和普惠性人力资本提升，创新打造优学“金名片”，为教育改革与发展探路。

1986 年至 1994 年间，王承绪先生担任原杭州大学和英国萨塞克斯大学学术交流项目中方协调人。从 1986 年起，两校学术交流被正式纳入英国文化委员会的“英中学术交流计划”之中。在英国文化委员资助下，两校在学者互访、联合培养博士生、共同研究等方面进行了富有成效的交流。

2003 年，王承绪在给他颁发亚太地区教育革新终身成就奖大会上发言，右为浙大党委副书记郑造桓

王承绪先生在比较教育事业上作出的贡献赢得了国际学术界的高度肯定与认可。1993 年，王先生荣获伦敦大学教育学院在其近 200 年发展中的首批三人“荣誉院士”之一；2003 年，他又荣获联合国教科文组织亚太地区教育局首次颁发的“亚太地区教育革新终身成就奖”。对此，王先生却一再强调，这是组织培养的结果，是对集体成就的肯定。他面对颁奖词中“鉴于其在推动国际合作与交流中发挥的重要作用和巨大贡献”那句话，只平和地笑笑说：“我只做了点可以做的小事，算是纪念和鼓励吧，这是大家共同努力的成果。”

王承绪先生长期坚持“由史而入”和“借鉴中介”的比较教育研究，成果丰硕。进入新世纪后，王先生意识到大学教育将开启战略发展的新征程，教育创新变革将提上重要的议事日程。1998 年“四校合并”，组建了新的浙江大学，王承绪先生热情地支持其子王重鸣教授提出并启动的“创业教育和创业管理学科建设”。王先生鼓励说：“重鸣，你们看得很准，教育发展的新机会就是创业教育，如何建设创业型大学将是一个重要的课题。”

1999 年起，王承绪主持翻译的“汉译世界高等教育名著丛书”陆续出版，为中国学者了解和研究国外高等教育打开了重要的窗口，成为高等教育界引用率最高的丛书之一。面对新世纪全球化、信息化的挑战与机遇，他敏锐地看到了教育创新变革的新实践。2001 年，他出版了《研究生教育的科学研究基础》《探究的场所：现代大学的科研和研究生教育》《高等教育不能回避历史：21 世纪的问题》等三部个人译著，主持翻译出版了《国际高等教育政策比较研究》等著作；他将目光聚焦在（创新）创业型大学建设的比较研究上，2003 年和 2008 年又出版了《建立创业型大学：组织上转型的途径》和《大学的持续变革：创业型大学新案例和新概念》两部译著，完善了创业型大学的案例与概念，为创业型大学建设提供了可借鉴的国际经验与典型示范，为当前我国高等教育领域继“211 工程”“985 工程”之后的“双一流”建设提供了参照与镜鉴。2009 年，他以 98 岁高龄主编了收官之作《发展中国家高等教育模式的国际移植比较研究》，也使我国大步推进高等教育研究落到实处。

2005 年，时任联合国教科文组织执行局主席的章新胜看望王承绪先生（前排左起：赵端瑛、王承绪、章新胜、潘云鹤）

王承绪教授 80 多岁仍处学术盛产期，90 多岁仍亲自到图书馆查阅资料。他的学生、现任民盟中央专职副主席徐辉曾表示，先生一生有“三爱”：爱国家，爱学生，爱书籍。在一次出国访问结束准备搭乘飞机回国时，王承绪因为买的书太多导致行李超重，碰到了麻烦。经交涉，机场答应可以适当增加行李重量，但他必须放弃一些图书。但王承绪不肯，因为这些资料十分宝贵，是花了大力气才找到的，国家研究很需要，学生作论文很需要，无论如何都不能放弃。当徐辉告诉机场方面王承绪的留英经历和学术荣誉后，机场方面也敬佩一位 80 岁老人的爱国爱生情怀，破例为他放行。

2008 年教师节前夕，学生徐辉看望王承绪老师（右）

王承绪不仅学识渊博，他的爱国之心、他的高风亮节、他的至善美德也激励了一代又一代的比较教育学专家学者，他也成了后人不断效仿的楷模。在中国教育界，在联合国教科文组织，王承绪已不单纯作为一个学者被尊崇，他更是学术精神的引领者、学术思想的领导者。王先生学无止境，耄耋之年还在推动亚太地区教育革新发展服务计划，活跃在教学一线，仍处学术盛产期。

在长达 82 年的学术生涯中，王承绪将毕生精力投入教育事业，编写了新中国第一部比较教育教材，最早开始培养比较教育专业硕士和博士研究生，翻译引进国外比较教育和高等教育著述，承担全国教育科学规划比较教育领域的课题，担当国际人文交流使命和责任，构建了国内外学者相互沟通的桥梁和纽带。王承绪先生说，要提倡师生静下心来读书搞研究，要认识自己，认识这个国家和社会，了解时代对我们的要求。治学不能离开实际，要从国家社会的需要出发做学问才能摒弃名利，潜心读书、教书与研究。95 岁之前，他每天都坚持工作十几个小时，给研究生上课一上就是 3 个小时。百岁华诞之后，他仍然坚持每天读书、看报，与来访者畅谈国家大事、教育学前沿。

在王先生的影响下，天南海北的学子追随其脚步，胸怀天下，开拓创新，在中华民族伟大复兴的道路上躬耕前行，不断运用比较教育的理论和方法，提升未来教育家的组织领导力，取得了一项又一项光辉的成果。王先生为我们树立了终身学习与修身的榜样，成了我们筹建的“浙江省终身学习研究会”首位研究传承的大先生。王承绪先生当之无愧地成为新中国重建比较教育学科的奠基人之一。

温馨和谐友爱家

王承绪 1938 年出国后，一直辗转寄信给赵端瑛（1911—2007），因当时没有电话和航空信，只能托香港的朋友转寄。鸿雁飞了一年后，赵端瑛途经威尼斯，坐第一艘客轮 Count Rosoe 经日内瓦、巴黎等地，比较顺利地到了英国（而随后发的第二艘 Count Verole 却沉入了海里）。

1939 年 8 月的一天，法国巴黎凯旋门作证，王承绪、赵端瑛结为秦晋之

1939 年，王承绪、赵端瑛在巴黎凯旋门留影

1939 年，王承绪、赵端瑛婚后不久留影

好。随后，赵端瑛进入伦敦大学读心理学。生活是困难的，常有空袭警报；生活又是充实的，学业大有长进。

1947年，王承绪、赵端瑛夫妇回国，后一直留在杭州，相亲相爱地享受着生活的每一天。从采访中，可以看出他们心心相印；从王承绪爽朗的笑声和赵女士温馨的回忆中，我们明白了什么叫爱，什么叫幸福，什么叫温馨的家。因为有和谐温馨的家庭氛围，他们很快有了孩子；有了孩子，全家增添了无限的生机与快乐！

百岁高龄的王承绪先生与儿子王重鸣教授合影

近些年来，我除了看到、听到赞美王承绪夫妇为人做事的同时，亦读到不少对他们第二代、第三代的赞美之词。大儿子王重为博士毕业后，在浙江幻灯制片厂任职，他能画一手过人的美术画，令人钦佩！二儿子王重鸣教授，1949年出生于杭州，因“文革”没有上大学，但1979年被陈立先生破格招收为硕士研究生，1982年获杭州大学心理学系工业心理学专业硕士学位；1987年获瑞典哥德堡大学应用心理学专业硕士学位，同年获杭州大学心理学系工业心理学专业博士学位；2012年12月20日，浙江大学聘任管理学院常务副院长王重鸣为浙江大学首位文科资深教授。王承绪的身教潜移默化地感染着后辈，榜样无声，却有无穷的力量。两个儿子的出色表现，除了承继父母的优良基因外，还是父母教育与熏陶的结果。

不少人忙于工作而忽略了家庭，但王承绪的“全国五好家庭”却带给我们“温馨、和谐、友爱”之感。一家三代八口曾共同演奏着美妙的“家庭交响曲”，令人赞服！这充分体现在二老与小辈的感情中。二老时刻关心他们的工作与学习，特别是对两个孙女有着无微不至的关爱，而小辈也非常敬爱二老。赵教授动情地说起她住院时，两个媳妇四个多月如一日地去探望她，帮着烧饭做菜。王先生也讲述了他过生日的幸福："一家人都记得我的生日：大孙女从北京打来电话庆生，小孙女因考试不能来，她就自己做了一张贺卡，一家人都很关心。"

王承绪、赵端瑛夫妇为人低调，学问精深。赵端瑛生于浙江海宁书香门第。在王先生身处逆境时，赵教授伴随去学军中学指导教学，首开学军中学缘；后来二儿子王重鸣被学军中学人称为"泥地里走出的高才生"；再后来大儿子王重为的女儿王昱，在学军中学学业与钢琴双优等。一家三代的"学军情缘"，而今被学军中学人引为骄傲！

当问及二老在教育儿童方面有什么感受时，赵端瑛说："团结友爱，互相尊重，互相关心，这种气氛，不是言传，而是一种身教了。"王承绪也说："这个东西还是要自己做出榜样来。对孩子还是要宽松，不要强迫去学；我们从不打骂孩子。"二老都喜欢看书，这种良好的习惯在潜移默化中感染着两个孙女，她们学习很刻苦，成绩也非常喜人，后来大孙女王晟被保送到北京外国语大学，小孙女王昱钢琴过十级。这些成绩的取得与二老的关怀是密切相关的，与和谐、温馨的家庭氛围是分不开的。

2001 年 5 月，浙江大学为他们隆重举行从教 70 周年、90 华诞庆典。他们相濡以沫、风雨同行 70 多年，伉俪情深，一直以来都令人感动和敬佩。师生们多有赞美教育家王承绪，同时亦赞美赵端瑛这位优秀的心理学家、教育家。

王承绪先生一直关爱母校，亦爱校友。他积极参加母校的有关活动，1997 年母校百年校庆时，与施平校友共襄盛举后特留影纪念。

2007 年，赵端瑛走完人生最后一站。在她弥留之际，细读《古文观止》的王承绪以我国传统文人优雅高贵的口吻吟诵"落霞与

1997 年 4 月，王承绪教授（右）与施平校友于百年校庆大会后留影

孤鹜齐飞，秋水共长天一色”之句，而后进入天人合一、物我两忘的天地境界！

2010 年 10 月退休前后，王承绪每天坚持做太子功、散步，除老年性耳聋借助助听器外，心脏正常，血压不高，红光满面，每天几乎全负荷工作。

王承绪先生的一生，是鞠躬尽瘁地为中国教育特别是比较教育事业不懈奋斗的一生，也是取得辉煌成就的一生。先生虽已离开我们快十年了，但他心系国家、献身教育的爱国情怀，开宗立派、求是创新的治学精神，修德臻善、教书育人的师德风范，淡泊为怀、物我两忘的可贵品格，始终激励着一代又一代的后辈学人，而他亦是我们永远学习追随的楷模。学高为师，身正为范，王先生的一生完美地诠释了“师”和“范”的意蕴！

（2023 年 3 月 25 日定稿）

奇迹，是他的心血铸造

——记香港著名实业家查济民先生

查济民（1914 年 4 月—2007 年 3 月），字惠时，浙江海宁袁花镇人。香港查氏集团创始人，著名实业家、慈善家。浙江大学名誉教授、名誉博士。1927 年，于海宁商业学校毕业后，考入国立第三中山大学（浙江大学前身）附设高级工科职业学校染织科学习，1931 年毕业。历任常州、重庆、上海等地纺织染厂的工程师、厂长、经理。1945 年被上海工商界推选为纱布接收大员，成为上海工商界著名人士之一。1947 年举家赴港。1949 年于香港荃湾创办中国染厂，1958 年创立新界纱厂。1977 年起任香港兴业公司董事长，后兼任该公司设在英国、美国、尼日利亚、加纳、多哥、印度尼西亚等国企业的董事长。1982 年中染大厦落成，此后陆续开办百老汇制衣厂、名力集团、香港兴业有限公司、查氏企业集团和香港兴业国际集团等。1985 年任《中华人民共和国香港特别行政区基本法》起草委员会委员，1992 年任首届国务院香港事务顾问等职。1997 年，荣获中华人民共和国香港特别行政区政府颁发的“大紫荆勋章”。

一个蔚蓝色的梦，萦绕着他的青春年华，在朦朦胧胧的岁月里逐渐清晰，宛若一只精灵的雏鹭，从求是园里缓缓升起，而后舒展双翼，翔于属于自己的那一片蓝天，映成历史的永恒记忆。

——题记

一个耀眼的名字，划破时空，震撼了笔者的心灵，而后载入《浙江大学简史》，成为求是园永恒的骄傲——他就是香港著名实业家、求是科技基金会董事长、浙江大学经济学院名誉院长查济民。

1996 年 4 月 4 日，香港著名实业家查济民偕夫人刘璧如首次回到阔别 65 年的母校，我随潘云鹤校长、胡健雄常务副校长会见查先生伉俪。最后，潘校长特别介绍查先生夫妇是诗人，还说我亦是诗人，并要我回办公室取来新诗集送给两位诗人。我立马回办公室取来两本诗集相赠。查济民先生一看《星星草》诗集封面由著名书法家沙孟海题签，刘璧如夫人又见《星星雨》封面是诗人艾青题签，都赞美有加。

1997 年 9 月，笔者（右）在杭州饭店给查济民夫妇送百年校庆画册时留影

1997 年 4 月初，浙大迎来百年校庆纪念年，查济民、刘璧如伉俪来校共襄盛举。笔者忙中挤时间去他们下榻的杭州饭店看望，有了第二次握手。

2000 年金秋时节，我赴港有幸与查济民再次握手，了却专访他的夙愿，聆听他用 70 年心血写下的一串串闪光的故事——

家国，时刻在他的心中

家是国的一个细胞，家是国的一滴血。家与国紧密相连，爱家与爱国自然联系在一起。爱国可从爱家做起，爱家自然也成了爱国的组成部分。

查济民先生把香港当成自己的家，几十年来，他爱香港，为香港建设献智献心血。他关心香港回归祖国怀抱，为香港平稳过渡出谋划策。中央政府驻港联络办公室主任高祀仁先生说："查济民先生是香港著名的爱国活动家和实业家。他坚持爱国爱港的立场，从民族大义和国家利益出发，积极参与香港基本法的起草工作和香港特别行政区的筹备工作，为香港顺利回归和平过渡，以及回归后'一国两制'的具体实践和基本法的贯彻落实作出了重要贡献。他毕生关注祖国的发展强大，为国家的现代化建设尤其是科技事业倾注了大量心血。"

1990 年 7 月，香港基本法起草委员会部分成员及工作人员合影（前排左 1 为查济民）

1984 年 12 月 19 日，中英关于香港问题的联合声明正式签字后，我国花了 4 年零 8 个月的时间起草香港基本法。在美、英等国横加干预的情况下，基本法的政治部分，就以查济民和查良镛两位先生提出的"双查方案"为基础。基本法通过后，在筹建香港特别行政区的过程中，查济民先生又参与了香港特别行政区筹备委员会的工作。可见，他从爱国爱港出发，对香港回归、

1997 年 7 月 2 日，查济民荣获香港特区大紫荆勋章留影

香港的繁荣稳定及香港的平稳过渡作出了巨大贡献。因此，1997 年 7 月香港特别行政区一成立，行政长官董建华先生就授予 12 位对香港发展作出重要贡献的人士以“大紫荆勋章”，查济民先生是这首批获奖者之一。

什么是号召力？爱国、理想、人格、智慧，也许，是为人处世优秀品质的总和。在富有号召力的查济民亲率下，一批优秀技术人员争先聚集于其麾下，跟随他开创前人未曾干过的大业。这就是查济民受人尊敬、被人推崇的缘由。尽管查济民有“加减乘除”的为人原则，头衔和荣誉还是接踵加冕：

1984—1990 年任香港基本法起草委员会委员；
1992 年被委任为第一届香港事务顾问；
1993 年被委任为香港特别行政区筹备委员会预备工作委员；
1996 年被委任为香港特别行政区筹备委员会委员等。

查济民热心社会福利事业，多有乐捐赞助。他曾任东华三院总经理、北侨福利会会长、仁济医院董事局永远顾问等。

鲜花，掌声。查济民不会沾沾自喜，更没有陶醉。

荣誉，头衔。查济民一是谦让，要不他的头衔与荣誉会更多更多；二是有了头衔，他会不遗余力地去干，并干好它。这就是他几十年信守的“期增品德树威信，兼树谦勤笃实风”的人生信条，这也是他用实际言行弘扬的求是精神！

2000 年 10 月 3 日，我因飞台湾与刘奎斗先生讨论书稿，在香港停留 4

2000 年 10 月 3 日，笔者（左）在香港查氏集团采访查济民先生后留影

天，主要是参观查氏集团并采访查济民先生。查济民先生以为我带妻子去香港会多住几天，特安排愉景湾大屿岛一大套房让我住，里面的生活用品和米面、油盐、牛奶等饮料一应俱全，款待之情令我没齿难忘！

采访后参观所见，愉景湾大屿山岛如何从荒山蜕变成风光旖旎的港湾的话题自然成为一个亮点。那还得从 1977 年说起。那时的愉景湾大屿山岛尚未开发，是一片荒山，南洋王姓人氏买下它开办牧场，心想开发旅游业，但他因投资失败破产了。由于债权关系，大屿山岛有落入外国银行的风险，如是这样，会增添香港回归的难度。香港《大公报》社长费彝民对此高度警觉，他从爱国惜土出发，一方面将情况通报给新华社香港分社，另一方面动员查济民、刘璧如伉俪投资购置大屿岛愉景湾产业。

当时，查济民正在世界多地巡视他的企业。刘璧如与他通电话后，查济民出于对祖国土地的热爱与珍惜，出于对祖国安全及愉景湾美好开发价值的远见，果断排除多方角逐与干扰之困难，耗资几千万港元，把大屿岛这块尚待开发的宝地买了下来。查济民还深情地说："办好这件事，总算对得起周总理了！"

在查济民长子查懋声的兴业集团具体谋筹操办下，愉景湾大屿荒岛一期就成了香港发展最快的新型高档社区，集资建成了香港最好的高尔夫球场，球场两侧建有数十幢豪华住宅，另开辟了可容纳 8000 多人居住的新型社区，并吸引了内地和东南亚的大量投资。至 1994 年，兴业集团拥有的资本已达 75 亿港元，亦成为查氏企业集团中第二个跨国集团。

我们看到寸土寸金的香港地区内，大屿山愉景湾的 650 公顷土地像一颗璀璨的明珠，大型地块的设施中除了漂亮的豪宅与公寓群落外，还有joker地块的壮光俱乐部，是香港首屈一指的活动场所。此外，首创的大白湾人工沙滩，坐落于大屿山岛的东部海边，由从内地输入的30万立方米细沙铺成，造价2000万港元。另有愉景湾18个洞的高尔夫球场，一座由政府营办并有津贴的五层漂亮小学。在愉景湾东北部不远处还有香港迪士尼乐园。所有这些，都佐证了查济民、刘璧如夫妇近半世纪的爱国热忱与高瞻远见，令人钦佩!

香港愉景湾住宅区鸟瞰图

为了保持宁静洁净的居住环境，愉景湾禁用私家车。于是，我从荃湾乘24小时不停穿梭于愉景湾的大巴出发，在公司修建的专用车道行进，最后到达愉景湾，换乘公司迎宾用的小车登上大屿山。我站在山顶的璧如台，环顾愉景湾，依山而建的一幢幢别墅式楼房尽收眼底。

仿佛是神话，一个现代化、设施齐全且美观的大型私人住宅区代替了昔日死寂的海湾；又好像是梦游，小车在花园式的住宅区穿行，三款楼宇尽展眼前——独立花园洋房、低座楼房和高楼大厦，各领风骚，大显华彩。愉景湾自20世纪80年代初开始建造，至新世纪初共有8期发展项目，提供了

6000 个住宅单位；第 9 期、第 10 期项目也接近完成，将提供 400 个住宅单位。在世外桃源似的愉景湾，交通像血管一样，全天候畅通。除上述大巴外，居民还可搭乘高速渡轮，25 分钟就能到达中环。愉景湾还开通了一条 630 米长的私家山体隧道，连接机场岛和东涌区。配套公路长 2.4 千米，通车后，陆路交通将更臻于完善。它离东涌地铁站和香港国际机场分别为 8 千米和 12 千米，也有巴士穿梭于地铁站、机场和愉景湾之间。这就是查济民凭智慧和胆识开拓创造的大花园式民居！

奇迹，是他的心血铸造

十步之间，必有芳草；十室之邑，必有俊士。

1927 年，13 岁的查济民在出生地海宁县的商业学校毕业后，考入国立第三中山大学（浙江大学前身）附设高级工科职业学校（简称“高工”）染织科学习，其父亲查子琴喜不自禁，为将有工业人才支撑自家的门庭和大业而兴奋不已。查济民天资聪颖、刻苦学习，1931 年夏以优异的成绩毕业。从此时开始，查济民 70 年如一日，在纺织印染行业里苦心经营、开拓奋斗，谱写了一曲曲动人的篇章。

篇章一

但丁在《神曲》的最后一曲中作了祈祷，祈求上帝的帮助，想从上帝那里借到足够的能力，为后人留下圣灵的火星，能使人类把幻想转变为最优秀的成果。但丁表达了人类共同的渴望——创造。

1929 年起，查济民利用假期在上海、常州实业家刘国钧办的大成纺织染公司第二厂当学徒，那时，他也有许多旖旎的梦想。然而，他不像但丁那样祈求神灵，而是靠自己的睿智和勤奋，从一点一滴做起，兼收并蓄，一步一个脚印地前进。1935 年，查济民随刘国钧先生参加武进县工业联合会赴日本考察。是年，查济民升任大成二厂染部主任，成为厂里最年轻的技术管理人员。1936 年，他又赴日本京都染织厂实习。

应该承认，查济民干得十分出色，提升的速度也是惊人的。可是查济民面对九一八事变后祖国山河破碎的命运和前景，他决心在工作中更努力地磨炼，更快地前进。如今想来，他真像大街上的一幅富于灵感妙想的杰作：年轻英俊，血气方刚，不时瞥一眼手表，迈着急匆匆的脚步奔向下一个更大的目标。1938 年底，西迁重庆的常州大成纺织印染公司、民生公司与汉口隆昌染织公司在北碚组成大明染织公司，刘国钧任大明染织公司经理，查济民任厂长。1946 年，精明能干的查济民升任大明染织公司总经理。

1940 年，在大明染织厂门前合影（前排右 5 起：查济民、查母、夫人刘璧如）

篇章二

贫穷无温饱，落后就挨打。

抗日战争的剧痛刺激着国民的心。查济民好像时时感到历史在追赶，世界在竞赛，而中国跟外国的差距强迫国人追赶。这是一种痛苦，也是一种必然的态势，每个中国人都面临一场严峻的抉择。

查济民从日寇侵华的痛苦阴影中走出来，决定南下香港创业。

当时在英国人占领下的香港，并不像人们想象得那么繁华。特别是查济民选作中国染厂厂址的荃湾山麓，更是死滩荒山……

我踏进怡和大厦 3708 室查氏企业办公室，首先映入眼帘的是当年中国染厂创业之初的厂房旧貌。尽管低矮破旧的厂房斑驳飘摇地散落在荃湾山麓，但这是中国人自己办的一个印染厂。在当时，在这块屈辱的土地上，在厂房上标上“中国染厂”几个大字，该是多么艰难！然而，查济民做到了，并向世界昭示，中国人能办印染厂，中国能发展印染业！

有了稳健的第一步，就有第二步、第三步，查济民克服重重困难，顶住殖民统治者的重压，挺直腰板，走向印染业的更大辉煌——

1959 年，查济民在香港新界创办新界纱厂，后陆续在香港开办百老汇制衣厂、香港兴业有限公司，走纺纱、制衣和销售“一条龙”之路，而后逐步积累了发展事业的资本。

1995 年，查济民（前排中间）与尼日利亚联合纺织有限公司董事合影

1964年起，查济民的纺织业、印染业有了进一步的大发展，先后在西非的尼日利亚、加纳、多哥和英、美等国建立多家纺织和印染全能工业及其他相关工商业企业，聘用中国籍和当地员工两万余人。

20世纪80年代后期，查济民在香港拥有三家公司：中国染厂，以经营纺织印染工业为主，而今已成为国内最大的染厂之一；香港兴业有限公司，以经营地产投资与发展为主；名力集团，为香港兴业公司和其他国内外企业的控股公司。查济民出任以上三家公司的主席。1988年，他同时将这三家公司的股票在香港上市，以求更大的发展。

耄耋之年的查济民真是“老骥伏枥，志在千里”。他还将推出二白湾住宅区，总楼面面积达200万平方米的住宅和新的商业、物业用房。这三大手笔将提供2200个住宅单位，有独立花园洋房、低座楼房、中座和高座大厦，供世人选择。此外，该住宅区还将配置康乐及社区设施，如25万平方米的中央公园、室内运动场、社区管理中心及学校等。

一座更现代化、更漂亮的住宅区将在查济民手中诞生！

篇章三

多少年来，查济民倚着办公桌眺望着，一艘艘舰船，都在劈浪竞发，而楼房的背后，却像鳞光闪耀的长龙，骄傲的头俯下又仰起，向着茫茫的大海。他问大海：长龙的身后可是祖国母亲吗？大海沉默，让整座城市泊在它宽厚的胸膛上，默默地日夜思念血肉相连的祖国母亲。

改革开放的春风吹进了维多利亚湾，查济民欣喜异常。他积极参与祖国的现代化建设。近20年来，他在大陆开办多家纺织印染工厂，有多项直接或间接投资，较大的项目包括与中国建设银行合办中国国际金融投资公司，参与广东中山陶瓷厂、纺织厂，在浙江、江苏和上海开办纺织、印染等合资工业企业，投资总额达10亿余元人民币之巨，表达了一个赤子的情怀。

1999年金秋季节，查济民得悉杭州通达集团转让的消息。出于为家乡做点好事的良好愿望，他第二天就去参观了通达集团下属的杭州第一棉纺织厂。查济民说：“这是我的本行，也是容易出点力的地方，我想在这方面为国家分点忧。”许多人都为查济民这种爱国精神和振兴经济之热忱所感动。

2000 年 9 月 9 日，对通达集团来说是个难忘的日子。查济民接办通达集团的“杭一棉”签字仪式就在这天举行。在签字仪式上，他即席讲了经营管理的理论与经验：“首先，我认为领导人的品德对事业的成败有重大关系。如果领导人洁身自好，不奢侈、不腐化，这样，企业的资金就不会被浪费，职工可以建立信心。其次，是要把企业办好作为最重要的目标。无论股东、职工还是社会人士，只有理解这一点，企业才有希望，才能发生良性循环，即企业为职工，职工为企业；社会帮企业，企业帮社会。……再其次，在市场经济体制下，企业能够生存与否的指标是赚钱还是蚀本，赚钱成为生存的必要条件。为此，企业一定要全力提高效率，提高品质，节省开支，钻研新技术和新产品。勤俭节约是我们中国人传统的优良品德，只要我们善于引导鼓励，不难达到目的……”会场里响起经久不息的掌声，这是对查济民数十年为人处世的一贯作风和办事原则的褒奖。

接着，查济民动情地说：“我于 1931 年暑假离开浙大、离开杭州，加入企业工作，今年进入第 70 个年头。69 年多的工作，从没有离开过纺织行业，本着上面所说的意见，能得到社会各方面和职工们的支持，增强了我的信心。今天有幸回家乡来办一点事，也算是对家乡父老、对浙大、‘高工’师友的一个汇报和交代。”又是一阵长时间的热烈掌声。虽然谁也猜不全这掌声的多种含义，但一定有一种是对查济民勤奋、谦虚作风的首肯。

凡是和查济民共事过的人都说，几十年来，查济民一直要求自己“加法用在工作上，减法用在报酬上，除法用在荣誉头衔上”。这就是查氏企业日益兴旺发达的缘由！

科技，是他心中的奇葩

而今，我们站在历史的门槛上审视从前人手里接过来的事业，发现前人留给我们的每一件东西，都是他们对人类的奉献，包括我们看到的机器、厂房、道路，科学技术和文学艺术的成果……只是前人没有标上自己的名字，甚至一丁点儿痕迹也没有留下。这是何等辉煌而伟大的空白！

面对这些成果与空白，查济民激情难抑，真的动情、动真格了。他决心用自己的心血去浇灌开放在心中的科技之花。

早在1988年，查济民写过一首《借放翁句告儿孙》：

死去原知万事空，但悲十亿尚寒穷；
期增品德树威信，兼树谦勤笃实风。
曲巷千家齐奋发，华都百业皆图鸿；
神州经技飞腾日，家祭毋忘告乃翁！

这首诗不仅说明创立求是科技基金会是查济民多年沉淀心头的愿望，也是真诚希望后学和儿孙重视祖国科技事业发展的殷切企盼。这兴许就是求是科技基金会创办的初衷。这首诗给人一种奋发图鸿、积极向上的力量，也表达了炎黄子孙热爱祖国的赤子情怀。

查济民先生深知科学技术才是发展经济、富国强兵的根本力量。20世纪90年代初，邓小平发表南方谈话，要求加快改革开放步伐，加快发展中国经济、科技和教育，查先生认为中华振兴时机已到，决心尽力为推动中国科研事业作出贡献。

查济民在筹资2000万港元创设桑麻基金后，为奖励中国科学研究及推动中国教育事业，又于1994年初筹资2000万美元创立了香港求是科技基金会。为了弘扬浙江大学一贯奉行的求是精神，表达对母校的真情，查济民以浙江大学前身求是书院为“科技基金会”冠名，定名“求是科技基金会”。基金会由查济民任董事长。基金会慷慨解

1994年，查济民与求是科技基金会顾问合影（左起：前排查济民、陈省身、杨振宁；后排李远哲、周光召、简悦威）

囊，每年奖励有杰出贡献的科学家。同时，诚聘世界著名科学家、教育家陈省身、杨振宁、周光召、李远哲和简悦威 5 位为顾问。

1994 年 8 月 22 日，查济民与刘璧如贤伉俪亲率长子查懋声、次子查懋德、长女查美龙和次女查美庆北上首都，参加在人民大会堂举行的首届求是科技基金会杰出科学家颁奖典礼，时任总理李鹏出席大会并讲话。吴文俊、邓稼先、周光召、于敏、任新民、梁守槃、屠守锷、黄纬禄、钱人元、陈中伟 10 位科学家荣获“杰出科学家奖”（其中梁守槃和钱人元是浙大校友），各获奖金 100 万人民币。查济民在开幕致辞中说：“科学技术对于人类社会的进步是一个极其重要的因素。人们无论在文化经济还是日常生活中，都要依靠科技的知识。……我认为要改善人民的生活，使我们中国人能立足于地球之上，最重要的是提倡科学技术，求是科技基金会就是根据这个想法而设立的，其目的是奖励和培养有科学成果的人才，赞助与科技有关的教育，支持和发展与科技有关的项目。”查济民先生尊重知识、尊重人才、热爱祖国、关爱人民的心迹不是和盘托出了吗？

1997 年 9 月 17 日，查济民创设的求是科技基金会第一次回到崇尚求是精神的母校颁奖，具有特殊的意义。基金会每年向一批数、理、化、医等自然科学领域卓有成就的国内学者颁发高额奖金。基金会成立二十余年来，查济民先生已累计奖励包括“两弹一星”元勋、神舟飞船设计专家在内的 1000 多位杰出科学家和青年科技英才，着实令人赞佩！

2003 年 10 月，查济民先生应邀赴酒泉观看神舟五号飞船升空发射，他激情难抑，题诗一首。

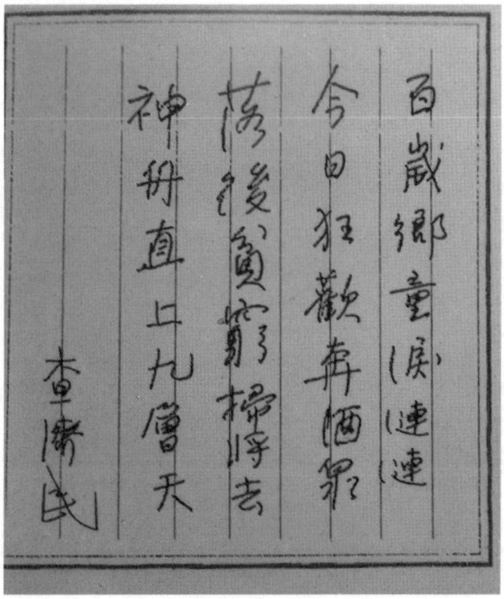

2003 年 10 月查济民题诗

查济民先生是一位艰苦创业、从不懈怠的实业家。他的人生轨迹从内地到香港，再出国到西非，最后又回国来到内地，创建的业绩十分可观。有人问他成功的秘诀是什么，他总结了五句话："勤俭是创业的传家宝，信用是创业的奠基石，管理是创业的金钥匙，科技是创业的催化剂，市场是创业的主战场。"这是查先生奋斗 70 年成功经验的结晶。他慧眼识珠，把自己创业获得的大量资金毫不吝惜地用来鼓励科技人才，是非常英明之举！

育才，是他梦中的追求

一年树谷，十年树木，百年树人。

查济民深谙这个古训的道理，除在办企业时注重在实践中培养人才外，又把关爱的触须伸向多所高等学校，为祖国培养科技人才奉献力量。

早在 1985 年，浙江省政府就率先参与创办树人大学。这是一所民办大学，省政府拨款 10 万元。要办大学，10 万元真是杯水车薪。正在办学为难之时，查济民伸出了援助之手。

1986 年春，查济民放下企业工作，百忙中来到杭州，在树人大学首任校

1986 年，浙江树人大学查济民教学楼落成留影（左 4 起：查济民、王家扬、刘璧如）

长周春晖教授陪同下，亲自察看校址、规划教学大楼等，并慷慨解囊，捐助100万美元，时合约345万人民币，用于建造查济民大厦（教学楼）。而后，他又多次到树人大学，设立查济民奖学金、查子琴基金会，奖励优秀的学生与教师。

1997年，查济民先生捐建的浙大之江校区求是堂落成照片

20世纪90年代以来，查济民夫妇多次回母校浙江大学考察访问。每次访问时，他最关心的都是母校的教学和科研。当得知母校办学经费短缺时，他乐捐400万港元，在六和塔旁的浙大三分部建造“求是堂”，于1997年百年校庆前启用，极大地改善了当时浙大分部基础部（后名为浙大之江校区）的办学条件，亦可启迪后学弘扬母校一贯倡导的求是学风。

2000年10月3日下午，查济民离港前夕，百忙中挤出近两个小时接受我的采访，不厌其烦地回答提问。此外，我们谈得最多的仍是母校的改革与发展，以及浙江大学、杭州大学、浙江农业大学和浙江医科大学合并后带来的新变化。查济民心系母校，每当谈及母校取得的一些成绩，他总是喜形于色，赞美有加。他告诉我，每当看到母校在高校排名中位居前列时，就会击掌叫好，有时还会在家中传扬。这就是求是学子的爱校情怀。

查济民先生于1992年创建了桑麻基金会。为吸引优秀的高中生报考纺织院校，他们夫妇不断加大奖金额度，增加授奖人数。1994年起，先是在天津纺织工学院设立了奖学金，接着又在中国纺织大学、浙江丝绸工学院、北京服装学院、西安纺织工学院设立了奖学金；后来为鼓励优秀教师，又增设了奖教金。为加强纺织行业的科技开发工作，1997年，桑麻基金会设立了纺织科技奖；1998年，查先生又提出设立桑麻杰出青年学者奖。桑麻基金会创办14年来，奖励基金已由基金会成立之初的200万港元增加到3000万港元，在行业内的影响逐步扩大。至2008年，香港桑麻基金会已累计奖励超过3700人次，累计发放奖金约合人民币900万元。桑麻奖已成为我国纺织界的一项热门大奖。查济民先生很重视桑麻基金的运作及评奖颁奖活动，除2006年因身体负恙由大女儿查美龙女士代表外，每次颁奖活动他都亲临指导并讲话，极大地鼓舞与激励了桑麻界的人员。查济民先生的一生，是创业的一生，为纺织的一生，求是的一生，尊重知识、尊重人才的一生，爱国的一生！他的一生激励人民奋发，推动国家富强！

查济民先生以推动祖国教育事业发展为己任，除在香港创设桑麻基金会鼓励纺织教学外，又偕夫人刘璧如支持江苏省在常州市创设刘国钧（刘璧如的父亲）职业教育中心，刘璧如还单独筹资200万美元建立刘国钧职业教育基金。这些义举，一是对父辈艰苦创业的怀念，二是为江苏纺织职业教育尽一份心力。以上各项与求是科技奖励基金等一起，每年使用利息计百万美元以上之巨，值得钦佩。

外育才，内教子。查济民偕夫人刘璧如双双扛起教育子女的重任。一是他们育才有方，二是对他们的才华耳濡目染，7个子女都很有出息，或是博士，或是教授，为推动人类文明进步发光发热。孙辈更是济济满堂，都在长辈们慈祥的目光下茁壮成长。

男人的一半是女人。查济民费尽心血操持企业这个大家，而他取得事业的成功，也是刘璧如费尽心血操持小家，达成和美的结果。

诚然，一个实业家的成功，不光要看他拥有多么巨大的财产，更多要看他如何为祖国前途与命运分忧，为祖国四个现代化建设培养人才。多少年来，查济民关心与支持祖国的教育事业，以育人作为自己

20世纪90年代的查济民夫妇

毕生的追求，应该说他是一个十足的成功实业家。1996 年至 1997 年，查济民获“浙江大学名誉教授”“北京大学顾问教授”等称号，荣获香港浸会大学荣誉工商管理博士学位、香港城市大学荣誉社会科学博士学位，又被聘任为常州工业学院名誉院长等；1999 年，被聘为浙江大学经济学院名誉院长；2004 年，被授予浙江大学名誉博士学位，荣获尼日利亚政府授予的 MFR 勋章。

2004 年 12 月，浙大校长潘云鹤授予查济民（右）名誉博士学位

2002 年 5 月 21 日，香港著名实业家、中染集团董事长查济民先生和夫人刘璧如女士到浙大城市学院访问，受到师生的热烈欢迎。城市学院举行隆重仪式，授予刘璧如女士名誉教授证书。

2010 年 3 月 29 日下午，在“求是科技奖”创立人、浙大校友查济民先生逝世 3 周年的日子里，浙江大学在紫金港校区举行了聘请查刘璧如女士为浙江大学名誉校董的仪式。时任校长杨卫向查刘璧如女士颁发“浙江大学名誉校董”聘书，并为其佩戴浙江大学校徽，浙大发展委员会主席张浚生为查刘璧如女士颁发纪念牌。杨卫说：“我们授予查刘璧如女士‘浙江大学名誉校董’荣誉称号，是为表达对璧如女士一直以来关心、支持学校建设的真诚铭谢，也是表示对查先生和查氏家族大善大爱、无私奉献精神的崇高敬意！”

历史早已证明，某些在当时影响不算太大的事件，在后来往往会产生意想不到的巨大影响。一幢大楼也好，一个奖学金也罢，对整个高等教育事业来讲似乎无甚紧要，但是它在学子心灵上的巨大投影呢？它所造成的那种好似万马竞先的态势呢？它对教育事业发展和人才培养认识的飞跃和超越呢？让未来来诠释这些问题吧！查济民先生的桑麻情、求是志、爱国心，永远激励着后学为实现中华民族伟大复兴、实现中国梦而不息奋斗！

诗词，是他的人生伴侣

1936 年 12 月，查济民与刘璧如喜结良缘。他们志趣相投，特别是步入老年后，更是都爱好诗词、旅游等。

2005 年 4 月，查济民夫妇泛舟西湖留影

查济民年轻时的兴趣是周游列国，扩大眼界，增长见闻，于是才到西非的尼日利亚、加纳、多哥等去发展纺织业，以当地人民喜爱的蜡印花布为主导产品，并将手工蜡印工作机械化，逐步发展到员工 2 万人之规模；后来又在英、美、法投资兴建化纤厂，生产产业用布。这些都与他在游历中注意考察有密切关系。他年事渐高后，开始培养其他兴趣，如侍弄园艺花草，有空还作诗词，还与妻子边游边作诗，边游边唱和，令人钦佩。他曾说：“70 岁开始学写诗，感到对人修身养性、陶冶情操有益。”他先后写有 300 首各种体裁的诗词，表达了他对祖国、香港、人民、朋友、家庭等的赤子情怀！

2004 年 6 月，海宁举办查济民夫妇诗词研讨会

中国是一个诗的国度。从以甲骨文记载的公元前 2000 多年黄帝时代的诗歌《弹歌》起，然后经反映 3000 年前我国中原人民生活的 305 首诗歌总

集《诗经》，直至1997年查济民主编、香港基本法起草委员会委员们奉献的心香大集《香草诗词》，不就是诗歌源远流长、华夏诗满家国的一个佐证吗？

谁不惊奇，著名实业家查济民、刘璧如夫妇，竟会受到缪斯的垂爱，一对俊秀、淑媛竟是一代大牌诗人！他们二位创作的千首诗词，在这泱泱诗歌国度里熠熠生辉，正如黄苗子在给二位诗人合著的诗词合集《惠联诗草》的序中所言："锦绣章句，留笔底之芳馨；才士佳人，传阛阓之嘉话。"

诗言志。"笔底之芳馨"何尝不是二位才士佳人之心迹，启迪人们之"嘉话"呢？

我亦钟爱诗词，但生于不辨平仄之家，虽在教学或工作之余草些白话诗，但对"律诗词绝"都少有涉足。1999年以来，在与二位诗人往来中，我曾奉上几本白话诗的小册子给二位。他们过奖的言辞永铭于心。他们不嫌后学无知，于1999年2月6日赐下《香草诗词》一套四册和《惠联诗草》，一直滋润着我的心田！展读玉卷，前者有江泽民前总书记赐题的"爱国热忱溢于诗赋，回归盛事共谱新篇"墨宝，有钱其琛前副总理等作序，内收香港特区基本法起草委员会部分委员的诗词1072首，其中查济民52首，刘璧如87首，可见二位诗人才情横溢。在《惠联诗草》内，前有精美的彩照插页，或伉俪倩影，或合家之欢；紧接其后是《惠时集》，内有查济民33首大作；继之是《联弟集》，刊有刘璧如的69首佳作。面对如此洋洋的金玉之作，我只有学习再学习了。我曾在酷暑时节坐专车横穿中国最大的塔克拉玛干大沙漠，在那未见人烟的600公里干热的沙海中突见一眼沙泉的兴奋之情，真难以用笔墨来形容。而今捧读《惠联诗草》等诗集，更比沙海中痛饮沁人肺腑的甘泉还要令人亢奋。

查济民、刘璧如夫妇赠送给笔者的诗集

在人气、财气两旺的大都市里，人们往往热衷于争逐金钱财富，忘却了对文化生活的追求与雕塑。而实业巨擘在掌管好国内外诸企业这个大家后，仍挤出茶余饭后的空隙，以“重兴李杜旧诗坛”的英雄气概，出智（创作经年不断）、出力（作序和改稿编辑）、出钱（包揽诗词集万册精印费等），仅此，就值得“缪斯”三鞠躬也！

以我管见，自唐始、盛于宋、迄而今的词作可谓宛若星汉，词学大家朱祖谋与词友曾在杭州西溪秋雪庵建两浙词人祠，祀张志和及以下千余词家，其中女词人仅李清照、朱淑真等数家而已。推之全国及至今，女词人也是寥若晨星，仅为刘蘅、陈翠娜、李祁、陈家庆、丁宁、沈祖芬、张珍怀、宋奕英、茅于美，还有琦君和阚家莫二位校友诗人。今读到刘璧如的精妙之词，我实是难抑兴奋之情。有人说前列 11 位是当代女词人，那么，刘璧如当为当代第 12 位女词人！

诚然，中国男性词人较多，但既是经济奇才，又是“心驰翰墨，抒发忧乐之怀；或御长风，触景而怀邦国”之词家，在神州千余年的词路上，未见履印，及今才见查济民是也！

查济民、刘璧如自 1936 年缔结鸳盟以来，在日寇侵华的艰难时日，他们宛若松梅历尽风霜而挺秀，双栖于苦难之枝而崛起，如今回看行程筚路蓝缕，而后发轫于香港，遂高扬鹏翅，大业遍及五洲，这是他们热爱生活、能写得一手好诗的泉源。

展读二位诗人的诗词，常有灵魂受洗的感觉。他们笑脸相对，轻吟低唱，都是心灵之白、浓情之露。他们寓居香港半个世纪，一天也不曾忘记香港是祖国母亲心头的香肉，自己是中华儿女。他们热忱支持中国政府，并身体力行运用邓小平同志“一国两制”谋略，推动对香港恢复行使主权。查济民在《香草诗词（卷首本）· 序言》中写道：“20 世纪 70 年代后期，我会见廖承志先生时，曾建议香港原有制度不变为善。后廖公作古。1984 年，我参加中英联合声明签字仪式观礼，触景思忆廖公，写了《赠廖晖》七绝一首：依然签约此城中，今日风光迥不同。英烈壮怀三世志，满襟涕泪忆尊翁。”读到这种由衷的真情，我的心情久久难以平静。查济民得知英国政府改变对中国的政策，由合作转为对抗后，他极为不满，在 1993 年给彭定康的诗中，讥彭是“罗马浴城鸡落汤，香港从此不宁康”，并责问英国政府“民主果为真妙药，皇家何不早推行？”以诗讽政，爱憎何其分明乃尔！

二位诗人以深厚的爱国挚情期望祖国繁荣昌盛。查济民在《满江红》中吐露心迹：“海外生涯，经历尽，酸甜几日。忧故国，民生经技，思潮难息。”他把自己艰苦奋斗的经历与中华民族的振兴联系在一起，紧接着又写：“国势方张须爱惜，自摧招致强邻入，不同心，协力正纲维，难收拾。”忧国忧民、关爱后辈以及关注祖国未来的赤子衷情，跃然纸上。

二位诗人同舟共济 65 载，一路上搏击风雨；他们情真意笃，相爱有加。查济民在《贺璧如七秩寿辰》中道：“实业名门女史才，初归天下偏多灾。故园战乱奔千里，异域兴家费剪裁。侍奉萱姑勤执礼，栽培子女尽成才。同甘共苦齐眉乐，耋庆儿孙绕膝来。”这是一幅恩爱夫妻有苦同当、有福同享的幸福图景。查济民、刘璧如夫妇有 3 个儿子、4 个女儿，依年龄次序为：

2004 年 4 月，家人在上海庆贺查济民 90 寿辰

查美龙、查懋声（男）、查美利、查美庆、查美娟、查懋成（男）、查懋德（男）。其中查懋声和查懋成是香港商界的精英人物。

毋庸赘言，二位诗人还有诸多诚对亲友、写景抒情的富有新意之作，刘璧如更有一手精妙书画技艺，有待日后一并采撷和品味。

岁月日移，诗情日涨。诗词，不也是查济民的人生伴侣吗？

采访的日子远去了，可查济民身材中等壮实，腰板笔挺，精神矍铄，声如洪钟，步履生风，稍黑透红的圆脸笑容常驻，花白的头发更露睿智的形象，在我心中却更清晰起来。谁能相信一位“双8”高龄的长者，彼时仍以“天空探月平常事，星际穿梭只等闲”的气概，亲率千军，催马扬鞭，搏击在经技疆场……相信更大的奇迹、更多的丰收还在明天！

2017年3月28日，是查济民先生逝世10周年忌日，我的思念之情难抑，特作《颂查济民师》小诗一首以纪念，收入2017年我所著并出版的诗集《星星颂》中“著名浙大校友”辑，并辅以先生的简介及照片尊容，以飨读者——

忘年缘交求是园，驻港专访更难忘。
风雨廿载梦未薄，德能双鲜多法章。
捐资助学当常事，桑梓实事毋商量。
互赠诗集寄思情，惠联诗草爱还乡。

查先生远去了，我们再无法互赠诗词，可查先生和刘先生的诗仍在我心中闪光！

（2023年4月18日改定）

抗日英雄，赤子情深

——记台湾实业家刘奎斗先生

刘奎斗（1914 年 6 月—2009 年 4 月），祖籍辽宁省大连市金州刘家屯。台湾实业家。1934 年夏，于南开中学毕业并进入南开大学物理系就读。翌年夏，赴上海考入浙江大学电机工程学系。1937 年 12 月，率 12 位同学从军抗日。1940 年夏，借所在第五军机械化部队在昆仑关大捷后休整之机，经竺可桢校长批准入浙大机械系复学，并于 1942 年夏毕业。后再度从军赴缅北抗日，建立功勋。抗日战争胜利后，任联勤总部五〇四汽车厂厂长兼技术部主任。1949 年 5 月受蒋当局诱骗与命令去台湾。1959 年，创设台湾森美工程公司，任总经理，后为董事长。1997 年 4 月，捐建浙大玉泉校区竺可桢国际教育大楼。自 1950 年初起，先后任台北市浙江大学校友会总干事，台湾浙大校友会会长、监事。2000 年起被聘为浙江大学校友总会顾问，并被浙江大学授予名誉教授称号。

2014 年 6 月是浙江大学校友总会原顾问、浙江大学原名誉教授、台湾实业家刘奎斗先生的百岁寿辰。刘先生有可能忘记自己的生日，但我们没有忘记他爱国、爱校、爱竺公、爱后学的动人事迹。我有幸参加了学校举行的刘先生百岁寿辰纪念会，并用“勤”“勇”“诚”“俭”“爱”的故事歌颂他。

2014 年 6 月，纪念刘奎斗先生百岁诞辰后在竺可桢国际教育大楼留影（左 2 起：张淑锵、陈振华、吴晨、金海燕、张美凤、陈征、李栽瑶、笔者、王立人、鲁玄九、张灿燕、顾玉林、刘艳舞、楼华梁）

勤

刘奎斗于 1914 年出生在日本强占的大连市金州区。1928 年，他的父亲调升黑龙江绥化县税捐局局长，他随之来到省立绥化二中初中部学习。进入中学后，他起早摸黑地勤奋学习，成绩有了较大的提高，但他不以此为满足，主动约了几位同学，于 1930 年春到北平补习学校读书。在补习学校里，他重点抓薄弱的英文课。暑假里，刘奎斗强压对双亲和姐妹的思念，主动留校补习英文。

同年秋，他以优良的成绩考入全国著名的中学——南开中学高中部。这一消息传回母校，师生们除了纷纷向他祝贺外，还要他介绍学习和升考著名中学的经验。不爱说话的刘奎斗，在师生们多次要求下，只是说了一句“勤能补拙”。

考入南开中学后，刘奎斗学习更加勤奋了。当年数学课用英文原版书，刘奎斗因为基础好，又常与英文好的同学联手做题，由英文好的同学翻译题目，他很快将题解出。如此合作了两个月，他慢慢就能独立翻译做习题了。最后两个学期数学会考，都取得了满分100分。他荣获9个班级第一名，获得了奖章。在课堂里，刘奎斗文质彬彬，除英语迟开花外，样样功课成绩名列前茅；在课外，他生龙活虎，特别喜欢打网球和篮球。他确是一个德智体全面发展的学生。

当高中生了，自然很高兴，但刘奎斗学习的弦丝毫没有放松。第一个月英文会考，刘奎斗抢在前几名交卷。老师批分很严格，他只得了65分。月考小结时，老师表扬了刘奎斗，于是他的学习英文的热情更高了。他不仅课内认真听讲，课外也用心朗读，每逢周一纪念周听报告，还用英文作记录，有些单词记不下，就回到宿舍借助字典补上。课余一有空，他就买来英文原版书，遇到好的段落还把它背下来，提高了英文的写作能力。到高一下学期英文期考，刘奎斗得了78分，名列年级的上游。此后，刘奎斗的功课成绩全面名列前茅。从南开中学毕业前，他有过一个美丽的梦想，企盼毕业后去美国高校深造。

刘奎斗以全优成绩从南开中学毕业后，南开中学、南开大学的老师都希望他直接免试升读南开大学。因刘奎斗基础扎实，数理化成绩特别好，老师和同学们都提议他读南开大学物理系，将来当一名科学家。

春秋更替，斗转星移。刘奎斗以极大的热情扑进了南开大学的怀抱。虽然他学习成绩不差，但越读越感觉枯燥乏味。一位好心的老乡学长直言：“像你这样的个性和特长，应该读工科大学……”刘奎斗似梦初醒，于是决心割断那个“当物理学家”的美梦，准备迎接命运的又一次挑战！

1935 年初秋，刘奎斗与求是园结下不解之缘，以优异成绩录取第一志愿——浙大电机工程学系，是年 22 岁。

刘奎斗进入求是园后，遇到的第一个难题是语言问题。1935 年前，浙江大学仅在浙江和上海招生，来校学习的多为浙江人，多讲方言。有的老师也用方言讲课，因很多学生听不懂，只好改用英文讲。由于语言难以适应，刘奎斗有几门课未能考到 80 分以上，他感到很可惜。刘奎斗坚信“勤能补拙”的道理，因课堂上老师语言一时难适应，听课效果欠好，他就多看教材及参考书，以学好每一门课。经过半年努力地听与学，刘奎斗对南方师生的讲话基本适应，学习成绩也有了较大的提高。

到浙江大学后不久，刘奎斗就听到体育部舒鸿主任特别重视体育的传闻，心里乐开了花。不久，他就被校篮球队队长李永炤看中，成了校队的虎将。此后，他无论到哪里，都对篮球不离不弃。1940 年到浙大复学后，他竟被校篮球队选为队长。那些球场上同流汗水的球友，他一辈子难以忘怀，这是后话。

1936 年浙江大学篮球队留影（后排左 1 为舒鸿、左 2 为刘奎斗）

1989 年 9 月，刘奎斗（右 3）与昔日的校篮球队员欢聚于北京

1937 年 7 月抗日战争全面打响后，学生成立抗敌后援会，刘奎斗被推选为浙大抗敌后援会和杭州市高校抗敌后援联合会主席，又任学生自治会主席。

他配合竺可桢校长，为学校防空、西迁做了许多准备工作。

1938 年 9 月，刘奎斗、程羽翔和吉上宾 3 人考入陆军机械化学校技术学员队第三期学习集训。第三期技术学员队有 34 人，绝大多数学员是大学毕业生，而刘奎斗等 3 人还是大三学生，因此，集训特别勤快与努力。集训主要课程有汽车驾驶、战车与汽车修理实习及相关学术理论课程。第三期队长唐铁成上校要求学员自治管理，学员们就成立了一个学员自治会，刘奎斗被选为主席，后又被选为篮球队队长。7 个多月的学习与实习中，刘奎斗天天起早落夜地学理论，一遍又一遍地做修理实习，不怕脏、不怕累，最后刘奎斗取得第一名，程羽翔和吉上宾分别取得第三、第六名。按机校规定，大学毕业生经机校培训，以上尉任用，而刘奎斗等三人虽培训成绩名列前茅，但仍是中尉。刘奎斗到第五军报到后，却意外被任命为上尉技士，这说明勤奋学习的汗水不会白流。于是他在以后的军旅生涯或其他工作中总是勤奋工作，努力争先！在国共合作抗日救国口号下，刘奎斗随第五军参加湘北会战。1940 年，他又参加昆仑关战役。我军大捷后，他借部队整训之机驰函竺校长要求复学，很快得到竺校长欢迎他回校复学的信。

1940 年初秋，刘奎斗转到机械系复学后，被公推为学生自治会常务总干事，负责学生会一切行政事宜。1942 年夏毕业后，他到重庆中央汽车配件制造厂任甲级实习员。

1942 年 1 月，浙大机械系学生毕业前夕合影于遵义（后排右 6 为刘奎斗）

1944年8月，刘奎斗在四川璧山军训部机械化学校任中校技术兵监时，徐庭瑶将军（老师）深知他的勤奋与能干，千方百计留他在军训部工作。后因刘奎斗要回东北探望分别十多年的年迈父母，徐庭瑶将军就以留职停薪的方式希望刘奎斗随时返回工作。

1946年3月，刘奎斗历经8年全面抗战后，回乡工作是他最大的心愿。刘奎斗随一批接收人员到了沈阳，被派到了机械组任组员。他和同组的接收委员孙文藻先生（后任机械组组长）共乘马车到沈阳最大的工业区“铁西”，察看经济部接收的工厂。因接收矿山机械的大员都在天津，刘奎斗就担负起调查摸底的任务，并先后接收了一个有几十台机器的水热式暖器（热水汀）制造厂和一个有200多台机器的矿山机械制造厂。

1946年5月初，在机校同班同学、长官部交通处副处长徐庆鑫坚持邀请下，刘奎斗再度穿上军装，出任筹备中的长官部战车修配工厂上校副厂长，徐庆鑫兼任厂长。徐厂长仍忙于交通处事宜，筹厂之事多由刘奎斗操劳。经过察看，他们决定接收沈阳小东门外一个日本机器株式会社经营的沈阳机器厂。这是一个占地10万多平方米的著名工作母机制造厂，厂内600多台精密机器已被搬运一空。刘奎斗任职此厂后的远大目标是制造汽车和战车，而制造汽车尤其是刘奎斗离开浙大后的最大志愿。为了做好接收工厂重任，刘奎斗不拘身份，与保卫人员和工人住在工厂的简陋宿舍内，废寝忘食地大干起来。他勤快工作，不到两个月便收集了有用的机器400多台。此时，徐庆鑫厂长陪联勤总部副总司令兼运输署署长希恩绥来厂视察，希恩绥看后非常满意，决定接收该厂为运输署下的一个五级厂。1946年9月，该厂初名为联勤总部运输署战车修配厂，后几易其名，到1947年8月改名为五〇四汽车厂，此时员工规模已达近千人，刘奎斗任厂长。1948年7月，装甲兵司令部成立，刘奎斗奉命去南京受训。回厂不久，他接联勤总部命令准调装甲兵司令部任技术处处长，厂里员工为一位好厂长将被调离而不安。

刘奎斗正在准备移交时，总部又收回了成命。数日后，刚从南京返厂的五〇三厂厂长陈智来看刘奎斗时提到，是他对运输署赵桂森署长说：“五〇四厂是运输署下生产力最强的一个厂，技术最重要，如果由一位不懂技术的少将去接，一定做不好。”同时，他又强调说，他不希望看到运输署最好的一个厂因刘厂长被调走而垮掉。赵署长听了后毫不犹豫地下令收回成命。军命难违，刘奎斗只有继续勤奋地干下去。好在刘奎斗先前对徐庭瑶将军说过：“我不能向联勤总部辞职，要装甲兵司令部协调同意过调后前来就职。”徐师只能怪联勤总部收回成命，而不是刘不愿前去工作。

只要是真金子，到处都会发光。在较长一段时间内，装甲兵司令部一直在与联勤总部协调刘奎斗调动之事。直到 1948 年 12 月 25 日，刘奎斗搭乘装甲兵司令部的小型飞机到南京，次日到司令部报到，才真正结束了两年多在联勤运输署的辛勤服务，重返装甲兵司令部。

抗战胜利后，刘奎斗在沈阳两年半，辛勤办厂，付出了很多心血，也学到了很多东西。他在较短时间内将空洞的大厂房装满了各种精密而实用的机具，生产出了当年一流的高精度机器。刘奎斗说，虽然白手起家，终日忙碌，血汗多流，但很值，内心的成就感使他忘掉一切苦和累。沈阳五〇四厂是刘奎斗一生中在机械设计和制造工作上发挥在校所学知识的第一个工厂。

1999 年 12 月 23 日至 29 日，我冒着零下 25 度的酷寒去沈阳采访，无论是供职于沈阳飞机制造厂的刘奎斗当年的同学程羽翔，还是在五〇四厂基础上发展起来的中捷友谊厂的领导或职工，都交口赞扬刘奎斗办厂创业的艰辛付出与勤奋，令他们钦佩不已！在五〇四厂基础上发展壮大的中捷友谊厂已是国有大型骨干二级企业、一级计量单位，是我国卧式铣镗床、数控铣床和立卧加工中心的重要生产基地和国家钻镗床研究基地，具有一流的设计、研发及制造生产能力，各种先进镗床远销 60 多个国家。刘奎斗先生得知后，激动、感奋不已！

勇

1937 年 12 月 9 日，刘奎斗代表学生自治会组织召集与他电机系同班的洪鲲、汤兰九、程羽翔、王家珍，化工系黄宗麟，土木系丁而昌和吉上宾，化学系李建奎，数学系程民德，1940 届电机系虞承藻和土木系陈家振同学，共 12 人告别师长并乘学校汽车回杭州，向诸（暨）、嵊（州）、新（昌）、宁

（海）游击总队报到，每人被委以上尉政训员。在 12 月 23 日夜杭州沦陷前，大多同学协助留德工兵中校丁怀德教官炸毁钱塘江大桥及南星桥南岸码头等，以阻敌渡江南下。

1937 年 12 月，浙大学生参加游击队 12 人留影（左起：程民德、王家珍、汤兰九、丁而昌、吉上宾、黄宗麟、李建奎、洪鲲、程羽翔、虞承藻、陈家振、刘奎斗）

参加游击队的 12 名同学中，丁而昌于行军途中失足牺牲，陈家振因中队长要害他而离队，黄宗麟累出肺病回家休息，刘奎斗等 9 人于 1938 年 9 月一同抵达长沙，畅叙游击队生活。最后，除刘奎斗、程羽翔和吉上宾 3 人决心考入陆军机械化学校技术学员队第三期续写抗战新篇章外，其他 6 名同学均回母校复学。

1939 年初秋，刘奎斗在陆军机械化学校技术学员队第三期毕业后，和李觉、徐庆鑫一起被委派到陆军第五军工作。他们三人都在机械处负责全军后勤材料补给管理事宜，李、徐两人很高兴，而刘奎斗却不太乐意这种坐办公室的工作。此时，刘奎斗正好遇上了浙大同级同学孙聘三，他在军部通信营修理所任上尉车辆技士，已获准离职回浙大复学，正需有人接替。但孙聘三凑近刘奎斗耳朵，轻声提醒："要上前线风险大……"这正合刘奎斗心意，他拉着孙聘三去见修理所主任吴中校。吴中校听了孙聘三的简单介绍后，非常欢迎刘奎斗来工作，立即报告上级请调。等调职手续办好，通信营正好要从广西全州出发到湖南参加湘北会战。刘奎斗毫不犹豫提起行李，搭车奔赴前线的通信营修理所，向吴主任报到后便开始人生第二度的战斗生涯。从徒步打游击变成参与机械化部队作战，从遇强敌即往后退变成勇往直前打强敌，都是刘奎斗的夙愿与期待！

湘北会战尚未全面展开时，日军在钦州湾登陆攻占南宁，继而侵占战略要地昆仑关，并有直趋桂林之势。昆仑关屹立于邕宁路上，群山环抱，关隘险要，历来是兵家必争之地。1939 年 11 月中旬，第五军被调往桂南，奉命全力夺回昆仑关，以阻敌北进。第五军行动迅速，在敌人立足未稳之际，步战协同作战，一举攻下昆仑关，在抗战史上写下了壮烈光辉的一页。敌人败退后，再度调集部队，陆空联合再向昆仑关反扑。但第五军固守如金汤，敌人无法得逞。

通信营是指挥官的耳目，各通信车多位于最前线，随时报告敌我动态和战地情况。为随时抢修故障车辆，刘奎斗带领一批技工住在较前方的小洞里，夜间不能点灯，只有白天无敌机时进行修护工作，生活十分危险与艰苦。1940 年 1 月下旬的一天下午，营部通知有一辆通信车在前线抛锚，刘奎斗带两个技工开着工程车前往抢救。车行近一公里，见敌机迎面飞来，刘奎斗立马把车停在路边，随即三人跳下车卧倒。紧接着敌机俯冲投弹，三人身上盖上一些泥尘，但人车无恙。三人爬起想继续开车前进，却再次听到飞机声，又连忙卧倒，又听到一阵机枪扫射。三人平安，车身木板留下了两个弹孔作为纪念。

第五军血战昆仑关，虽然告捷，但人员与装备依然损失惨重。部队久战疲惫，于 1940 年调回全州整训。刘奎斗带领全所技工将通信营车辆整修完毕。此时，有兄弟单位求助修理五辆车，刘奎斗好心接下了，老钣金工抱怨不能休息。刘奎斗说："要学硬本事，就要多动手。"经他一招呼带头，大家都干起来了，老钣金工也不好意思闲着了。刘奎斗一行人很快将五辆车修好，受到兄弟单位赞扬。此外，军械处库存有一批国外进口的引擎测试器，长期无人敢动手，刘奎斗翻译了英文说明书后修好，说明书发各单位用。他又做了一件好事。

刘奎斗在全州除了修车就是打篮球。车修得差不多了，一种回母校继续深造的渴望常在他胸口升腾。念及抗战一时不能结束，他就写信给竺可桢校长，想在暑假后复学。竺校长函复欢迎复学。于是，1940 年 8 月，刘奎斗辞职回遵义，开始第二段大学学业生活，此不续述。

1942 年底，刘奎斗接到陆军机械化学校技术学员队三期受训时唐铁城队长的来信，邀刘奎斗于星期天到他府上一叙。刘奎斗去唐府拜访后，才知他时任军政部机械化司少将副司长。一见面，他就告诉刘奎斗，此前陆军考选机械化军事与技术军官留美，他是主办者之一。当时他到处找刘奎斗，却未能如愿找到，他对刘奎斗未能参加留美考试而惋惜。他紧接着说，他已奉命出任在印度成立的机校驻印战车训练营副主任，不久远征军成立战车团，内定他是团长，请刘奎斗随他赴印受训，以便负责战车团技术之职。因为唐主任需要，又是国家抗战大事，刘奎斗慨然答应，继续他未完成的"打倒日寇，重返家园"的夙愿。不久，刘奎斗接到机械化司的中校技正任职令，他二度从军，与日寇在国外战场一拼生死。

1943 年春，刘奎斗抱着马革裹尸的壮志，再次踏上从军抗日救国之路。竺校长特杀一只老母鸡饯行，临别时紧握他双手，含泪祝他凯旋。

1944 年 3 月 3 日清晨，战车第一营开始攻击日军坚固的盟关和 18 师团司令部驻地瓦鲁班。刘奎斗率领补给连 45 辆车走在中间。中午，先头战车攻入敌阵，敌炮不断打来。刘奎斗指示补给连："当敌炮打来时，即刻下车卧倒，持枪面向侧方；在敌炮停止，前车行进时，即刻跟进。"下午 3 时，补给连一车中弹，两人死在车上，班长毛成有重伤，他背着三支冲锋枪一口气跑了 30 多米，向刘连长报告并交枪，而后闭上双眼成仁于刘连长怀中。

毛成有班长这种坚持到最后一口气的精神，使人终生难忘。

3 月 8 日下午，战车第一、第二连仍直接正面渡河攻击——敌人必迎击渡河的战车，第三连则机灵地迂回渡过那宇河，包抄直攻瓦鲁班司令部。日军被我军战车纵横扫荡，阵上顽抗的日军被全歼，多门完好战炮被虏获回队。时任连长的刘奎斗率兵冲入敌阵缴获两辆装甲车，战车第三连缴获抗战以来最大战利品——日军第 18 师团大印。此战大胜，刘奎斗荣获当局颁发的六等云麾勋章，升任营指挥部中校参谋主任。日军第 18 师团大印在呈交远征军司令部前，大家抢着盖印模，刘奎斗也盖了一个印模向竺可桢校长报喜。竺校长把瓦鲁班取胜经过及虏获大印印模公布于柜窗内，求是园顿时沸腾了。受此鼓舞，浙大又有不少学生走上抗日救国之路。

1944 年 3 月 25 日，全营战车奉命出击。刘奎斗念及过去被日机轰炸或炮击，部下也牺牲几人，心里很憋气，想充当战士，亲手杀敌。营部有三辆战车，正、副营长和参谋各一辆。刘奎斗就乘参谋战车，并坐在射手位上。营部三战车走在战一连后面投入战斗，155 敌炮不断打来，刘等三战车只好前后移动，20 余炮全未命中。是时，树林里的敌人不死就逃，故我方步兵渡河占领阵地时已无敌人。此次参战，刘奎斗以中校之职充当士兵级射手，十分危险，也十分幸运。刘奎斗不怕牺牲、勇杀日寇的精神可嘉，并将永存。

1944 年 8 月，军训部机械兵监徐庭瑶将军到印度蓝伽视察机械化学校驻印战车训练班和尚在训练中的各战车营，当时刘奎斗已从缅甸调到印度蓝伽战车训练班任教，负责指导有关战车、汽车保养方面的训练。徐兵监告诉刘奎斗："机械兵监拟送大学电机系毕业生且有实际经验者留美，专习战车、汽车设计和制造，我认为你最适合，如果你有意愿，我可保送。"这是刘奎斗第二次被领导看中留美，他欣然同意，并于同年 9 月返回重庆向徐兵监报到。后因国内战事紧急，美军事顾问团长反对送优秀军人留美而中止。军事委员会铨叙厅确认刘奎斗为装甲兵中校。在等候留美的日子，刘奎斗接受了 X 射线检查，发现左肺上端有病灶，医嘱多休息。这是缅北参战环境恶劣所致。

2000 年 9 月在永谦学生活动中心落成典礼上，杰出校友汤永谦先生含泪面对师生说:“刘奎斗学长才是真正的抗日英雄，我们应好好地向他学习！”这也是浙大师生共同的心声。

诚

1936 年 9 月 18 日晚，竺可桢校长对一年级新生谈话：“诸位到这里来，应该明了这里的校风。一校有一校的精神，英文称为 College Spirit。至于浙大的精神，可以把‘诚’、‘勤’两字来表示。浙大的前身是求是书院和高等学堂，一脉相传，都可以诚勤两字代表它的学风，学生不浮夸，做事很勤恳，在社会上的声誉亦很好。”刘奎斗进入浙大后，继承与弘扬了浙大求是精神，无论对老师还是对同学都很诚恳，也乐于助人。

1936 年暑假，全国大、专院校和高中一年级学生都有两个月的集中军训。浙江大学和之江大学 150 余名学生，正好编成一个中队，共分 9 个班。队长、副队长由军校毕业的少校担任，班长在队员中挑选。刘奎斗身体健壮、热心服务，被选为第八班班长。正值酷暑天，野外军训，个个晒得通红，汗流浃背。刘奎斗能体察人心，能宽松就尽量宽松，特别照顾体弱的同学，大家相处得很愉快，训练项目完成得很好。

秋季开学后，竺可桢校长继续实行军事化管理，但民主且人性化，教官又委任接受过暑假军训的同学担任队长、分队长及小队长，因此同学们不反对有规律的军训生活。刘奎斗被委为队长，每天早晨召集 1936 级全体同学在操场上列队，由竺校长主持升旗典礼并训话。每周的军训课，由教官制定科目，由队长刘奎斗负责操练。为做好队长工作，刘奎斗特向学校篮球队舒鸿老师请假，暂不参加校队。刘奎斗半年的军训队长工作，除受到竺校长、黄云山教官的赞扬外，也长留在队员的美好记忆中！

1937 年七七事变，日寇入侵北平，抗战全面爆发。暑假留校同学组织抗敌后援会，刘奎斗被推为主席。为了学校的安全，刘奎斗主动组织 20 余名校工进行军训，以便在敌机空袭时分布守护学校四周，留意汉奸发信号引导敌机轰炸学校。每次敌机空袭警报后，全校师生员工就进入校内山丘下的防空洞，校工们负责校园四周执勤，而刘奎斗则巡察各处。有一次警报后，师生员工分散进入防空洞，刘奎斗陪着竺可桢校长巡视校区。竺校长对刘奎斗的工作十分满意，自此建立了深厚的师生情谊。

1937级新生入学后，刘奎斗已跨入三年级。他组织迎新会，后将219名男女新同学送到安全山区西天目禅源寺攻读。

新学期开学后，抗敌后援会主席刘奎斗又被选为学生自治会主席。当时，杭州各大、专院校和中学都成立了抗敌后援会。在召开各校联席会议时，刘奎斗很自然地被选为杭州大中学校抗敌后援会主席。会议决定发表抗日宣言。刘奎斗诚对工作，特请史地系系主任张其昀教授代拟宣言，刊登于杭州各报，后又请与孙立人将军一同留美弗吉尼亚军校的齐学启讲敌我军情分析。1942年，齐老师以新38师少将副师长身份助力孙立人将军师长入缅抗日。因英军溃败，齐副师长照顾伤重官兵来不及后退被俘，日寇劝降不成，将其杀害，令人惋惜不已。

1949年1月淮海战役后，装甲兵司令部迁往上海，部队亦陆续到达上海市郊。刘奎斗得知百辆军用十轮运输车亟待修理，为赶时间，他将这批车辆外包给美国通用汽车公司代理商修理。一天晚餐后，代理商总经理赵及晋到刘奎斗家，谈好修理事宜后，突然塞给刘奎斗一个红包。他坚决拒收，并说："如果我贪财，在东北做厂长时早就有钱了，请你切嘱部属认真整修，全力赶工，修好后我可接受你的庆功餐会。"最后赵及晋说："我做业务以来，第一次遇到你这样的清官。"刘奎斗听后一笑了之。

新中国成立前夕，刘奎斗先生在蒋当局命令和诱骗兼施下赴台。不久，他遭陷害入狱近两个月。1951年3月，刘先生受屈后主动要求"解甲归民"，此后从事工业管理和国际贸易工作，曾任厂长和公司董事长之职。一靠聪明才智经营，二靠勤俭创业持家，他终于积累了一些资金。

1958年8月，森美台湾分公司"三分天下"；1959年，刘奎斗独掌森美工程公司大局，并真正走上了独立经营管理企业的道路。起初，公司靠美国森美实业公司每月给1000美元维持一切，后来调进徐绍唐管台币业务，阙如文管理跑外业务。在经营管理中，刘奎斗汲取历史故事中经营管理的经验教训，以"将相和"为鉴，坚持宽以待人，上下级在人格上一律平等，做到“求贤以用，用贤有法”，并采取一些奖励措施。因此，企业内上下拧成一股绳，全体员工工作热情很高。同时，在对外经营上十分重视企业的形象，坚持“平等相待，互惠互利，以客为尊，热情服务”的准则。因此，森美工程公司业务较多，生产红火。

在刘奎斗的苦心经营管理下，至1980年，森美工程公司不仅取得了很大的经济效益，公司规模也有了很大发展，已在台湾形成一个电机行业代理销售及维修网络。为了人才留存和公司前途发展，刘奎斗要求美国森美实业公司改变合作方式，即不要1000美元月费，希望毛利对分，美国森美实业公司予以同意。

刘奎斗诚对职工，有两项措施。一是将三人股东改为多人股东。1981年公司人员较多时，为调动多人积极性，刘奎斗等三人以较低价格将部分股权转让给同事，成为多人股东的公司。实践表明，刘奎斗是森美工程公司的优秀主管。不论股权安排还是奖金制度改革，他都考虑到了员工的利益。二是改革分红制度，即其部门年终结算，赚得愈多，分红百分比愈高，不赚者则无；只要公司赚钱，行政人员也有奖金。换言之，大家并非全为老板一人赚钱，也为自己赚钱。

1985年4月20日，浙江大学校友总会成立，此后常常收到一位校友通过北美校友转寄的匿名赠款。1990年初，我去校友总会工作，调查后发现，原来匿名捐款的是台湾浙大校友会会长刘奎斗先生。我们尊重乐捐者的意愿，正式公布捐款时不称“刘奎斗”全名而称“刘公”。

几十年来，刘先生奉行母校的求是精神，赤子之心紧系母校。早在1988年初秋，刘先生返回母校与当年打游击抗日的同学聚会，看到邵逸夫科学馆已经竣工，心中萌生了捐建楼馆的念头。在我的提议下，刘先生拟捐建一座校友楼，内设竺可桢校长纪念馆，以了却他表达对竺校长感恩的夙愿。自1993年8月14日起，他与我商讨建校友楼事宜，并要我查询邵科馆的建筑面积、总造价等。我到学校基建处查询后一一告诉他。1995年3月27日，刘先生告诉我，他决定由他独捐建造竺可桢纪念楼馆，并关照我“切勿告诉他人”。直至1997年百年校庆时，他请新接任台湾浙大校友会会长的宋晞学

1988 年 8 月，刘奎斗与浙大参加游击队的部分战友欢聚杭州留影（左起：王家珍、虞承藻、刘奎斗、吉上宾、洪鲲、陈家振）

长带来 1 万美元“先头款”，点名只能由韩祯祥会长或我接收，但仍不愿公开捐款者的大名。这就是一度得到传扬的“无名氏”捐建竺可桢国际教育大楼故事的由来。刘先生最后向母校乐捐 260 万美元建造竺可桢国际教育大楼，成为当年捐建楼款第一人。捐款后，在我再三劝说下，他才愿公开捐款者真实姓名，但始终坚持以竺可桢校长之名冠楼名。这在浙大办学史上是鲜见的！有人提议在大楼前给他树一尊纪念铜像，他只同意在楼内一隅嵌一不起眼的铜片头像，仅用 89 个字记载捐建大楼的缘由等，可见刘奎斗先生的“诚”是他一生为人的信条，与浙江大学求是精神十分契合。

2000 年 5 月，笔者夫妇与刘奎斗在竺可桢铜像前留影（左起：笔者、翁家潮、刘奎斗、沈庆垓、李栽瑶）

2000 年 5 月，刘奎斗夫妇（前排）与校友在竺可桢纪念馆前留影（左起：第二排翁家潮、沈庆垓、施雅风、竺安、杨达寿、徐纯羢、李栽瑶等；后排顾苗泉、陈茂梁、吉上宾）

俭

几十年来，刘奎斗惜时如金，从不浪费分分秒秒，而他对公私财物的爱惜，更是有口皆碑。刘奎斗抱着“打回老家去”的信念投笔从戎后，除了把自己的呢大衣等衣服给困难同学御寒外，还常常把微薄的军中补贴节省下来，寄给回母校复学的战友，助他们渡过生活难关。

刘奎斗受命去台湾后，因此前台湾长期被日本占领，经济处于崩溃的边缘，刘奎斗与夫人节俭相守，艰难度日。1951 年 3 月担任嘉义机械厂厂长后，他以厂为家，开源节流，很快使嘉义机械厂扭亏为盈，受到上司工矿公司的嘉奖。

1955 年春，工矿公司改民营后，刘奎斗离开嘉义机械厂，并接受好友的邀请，到美国森美公司台湾分公司工作，从此走上从商之路，直至退休。到美国森美台湾分公司任机械部经理后，美商老板让刘奎斗租住公房，为工作提供方便。多年来，刘奎斗过着军人般的生活，经济收入微薄。他克勤克俭，对生活要求极低，而多为大家生活着想。当刘奎斗得知美国森美台湾分公司负责人都住私房后，他不想自己搞特殊，就向老板借了 1000 美元，在天母盖了一座两室一厅的平房，将就过日子。自此，刘奎斗一心扑在工作上，并以过人的才智锐意改革，较早地利用奖金激励商贸活动，为美国森美台湾分公司积累了商贸活动的管理经验和资金。更为可贵的是，他为美国森美台湾分公司树起了一面开源节流的旗帜，受到总公司老板的嘉奖，得到分公司职工们的信赖与好评。

1959 年初，台湾森美工程公司成立，刘奎斗任总经理。1980 年 1 月，刘奎斗任该公司董事长。在他精心经营管理下，台湾森美工程公司不仅取得了很好的经济效益，公司的规模也有了很大发展，已在台湾形成了一个电机行业的代理销售和维修网络，并在众多代理商竞争中立于不败之地。这是他“开源节流”“施惠职工”经营策略的胜利。

刘奎斗再三说：“我不是富翁，只是在几十年国际商贸活动中勤俭从事，积累了一笔资金。”还说：“我运气好一点，20 多年前买下的 4000 多平方米的地块，因台北市政建设征用而升值，又得到一笔钱。我不想把积攒下的钱给子女，而是乐意献给母校建造竺可桢国际教育大楼，以便唤起后学对我们敬爱的竺校长的崇敬。”这些朴实无华的话语，不仅表达了一位老学长爱国、爱校、爱竺公、爱后学的情怀，也体现了刘先生“严于育人，勤俭持家”的一贯风范。

刘奎斗任台湾森美工程公司董事长后，随着公司经济效益提高，家庭收入也增加了。可他仍甘守清贫，过着军公人员似的俭朴生活。他不抽烟、不喝酒，将节余的薪水放入公司拿利息，而后用利息逐件添电器。为了省钱增息，他比别人迟几年享受、少一些享受。别人有了全套电器，他家没有；别人有了彩电，他仍看黑白电视等等。当然，刘先生省钱却不吝啬。他除了每年为台湾公益性事业乐捐外，每次回大陆探亲访友，总是慷慨乐助、馈赠。他送给亲人最先进的大屏幕彩电，而他自己却用一般的小屏幕彩电。他对战友关怀备至，出资给南京战友吉上宾买房，让其安居乐业，而他家墙面陈旧也舍不得花钱装饰，家具过时了，也不同意更新。

身教重于言教。多少年来，台湾电力供应充沛了，他仍十分注意节约用电，不仅使用节能灯，还做到随手关灯。而今生活条件好了，一般人家都不吃隔夜菜，可刘先生一概包揽剩余饭菜，只要不馊，吃完为止。凡是请客吃饭，一要吃饱吃好，二要不浪费。

2000 年 5 月，刘先生回母校，有一次我坐他身旁吃饭，给他夹点菜，他总要一次又一次提醒我夹得少一些，不要浪费。用餐结束了，他的碗里、盘里总是没有一点剩余饭菜，他还说这是他几十年一贯的餐饮习惯。听到、看到这些良好的生活习惯，怎能不感佩呢？

2000 年 10 月初，我赴台与刘学长商讨《赤子春秋——刘奎斗传》书稿时，刘先生怕我吃不惯清淡的菜肴，一次次动员我上饭店用餐，说什么“你写作任务重，消耗多，要吃得好一点”。面对刘先生的真诚和关爱，我除了深受教育外，又怎能离他而另就餐馆呢？10 月初台湾湿热，刘太太看我汗流满面，就开了空调。刘先生因神经末梢失调怕冷，穿着毛衣坐在沙发上或外盖毛毯躺着与我讨论书稿，令人动容。

长期以来，刘先生因神经末梢失调等原因而怕冷。2000 年 5 月，他偕夫人陈安美回母校参加竺可桢国际教育大楼落成典礼。有一天，我陪他妹妹去看他。等他午睡醒来，我进里屋去扶他，并帮他再套一件羊毛衫，突然看到羊毛衫的肘部有四五厘米大的一个洞。他不以为意，而我却不敢再看一眼，只觉心头一热，两眼湿润了。事后他太太告诉我，这件羊毛衫是她准备剪掉擦皮鞋用的，他却悄悄瞒着她带来护身保暖。在访谈时，我带去书稿，他马上取用放大镜读起来。让人大感意外的是，放大镜竟是一个没有任何装饰和把柄的凸镜。他说这种镜片既便宜又便于携带。所有这些，若不是亲眼看见，又怎能相信是乐捐巨款的实业家的真情实况呢?!

2000 年 10 月，笔者（右）在台湾刘奎斗家讨论书稿

2000 年 10 月，在台湾与刘奎斗家人合影（左起：刘士行、笔者、刘奎斗、陈安美、刘士彤）

凡是登门拜访或采访过刘先生的人，心灵都会受到极大的震撼，都会认为刘奎斗是一位求是精神的富翁，是一位高尚人格和勤俭美德的富翁！几十年来，他以勤为经，以俭为纬，编织出绚丽多彩的人生，永远值得后学崇敬、学习和弘扬！我深信，在师生心灵的回音壁上会永远回荡着这一句话：

爱国爱校爱竺公弘扬求是赤子心，
立志立功立美德好施乐善众人钦。

这是刘奎斗先生崇高形象的写照，也是师生和校友对他的褒奖！

爱

2012年11月6日，江苏省农科院原院长高亮之学长寄给我一本他著的《爱的哲学》，我摘了几句此书中所述爱的要点，宛若刘奎斗为人待人的信条：

爱是给予，而不是索取。

爱具有创造力，爱是人类创造真、善、美的强大动力。

爱发自人的内心，是对所爱对象具有喜爱、关切、爱护，愿意为它奉献，以至于愿意与它融为一体的具有理智的情感。

刘先生比我年长25岁，因同受竺可桢校长倡导的求是精神的熏陶，又同出机械系学门，我们很快成了知心的“忘年交”。刘先生平时话不多，却在给我的近百封信件中，讲了许多他亲身经历的人与事，大多已在我写的《赤子春秋》一书中记述。刘奎斗先生的大爱情怀像阳光雨露广洒大地，滋润着战友、学友、亲友、孤儿以及我的心灵，在此仅采撷几朵爱的小花与大家分享。

1944年9月，刘奎斗自印度返国暂住四川璧山机械兵监，在徐廷瑶将军安排下边工作边等候去美深造。一天，室友张海涛提议，请正在璧山读国立社会教育学院三年级的姨妹吴永智邀几位同学前来兵监聚餐，马上得到室友刘奎斗和石鸿达的响应。于是，吴永智就带了陈安美等三人前来聚会，架起了刘奎斗与陈安美爱意往来的桥梁。

在动荡难安的情势下，美军顾问团团长暂不同意优秀军人留美深造，于是刘奎斗就在兵监做点驾轻就熟的技术督训工作，也为他与陈安美从相识到相知、相爱创造了条件。他们相爱的风很快吹到陈安美的五伯父、社会教育学院院长陈礼江的耳里。这位曾任江西省教育厅厅长、教育部社会教育司司长的伯父，出于对侄女的关爱，马上叫陈安美去他家，责备她不应与军人相恋。

陈安美从未有过如此大的勇气，敢于在严厉的伯父跟前申辩："一是刘先生为人厚道，品质好；二是他毕业于名校浙江大学，学识与技术均好；三是与我志趣相投……"没等陈安美讲完，伯父满脸的疑云就散了。

此后，陈安美与刘奎斗的交往更多、更公开了。有一次，她的同学要请刘奎斗参加主题班会，陈安美也默认了。此后，全班都知道刘奎斗是陈安美的男友，亦知道他是名校高才生和抗敌英雄，都对他很钦佩。

1945 年 12 月 7 日，刘奎斗从热恋中走出来，毅然踏上回故乡的路程。陈安美告假送刘奎斗去 40 公里外的重庆千厮门码头，又一次表示毕业后她愿伴刘奎斗去东北工作，令刘奎斗热泪盈眶。

相爱，一万年不久；等待，一分钟太长!

1946 年 9 月，重礼孝爱的陈安美手捧毕业文凭，做的第一件事是向五伯父道别，感谢他对自己的指点与关爱；第二件事是与守寡的母亲及弟妹同回老家九江，上墓地向仙逝的父亲报喜，也不忘向亲邻及发小道别。尔后她轻快地登上北上的列车，于同年 9 月 13 日抵达沈阳，迫不及待地扑在了刘奎斗的怀里。

1946 年 9 月 29 日，是一个大吉大利的日子，对刘奎斗和陈安美来说，更是一个终生难忘的日子。那一天，沈阳市风和日丽，陈安美与时任联勤总部第三汽车机件制造厂上校副厂长的刘奎斗携手步入婚姻的殿堂。美中不足的是，双方父母因战乱未能到场庆贺，留下些

1946 年 9 月，刘奎斗与陈安美婚庆留影

许难以弥补的缺憾！

1946 年 10 月下旬的一天，刘奎斗接到堂兄的电话，要他马上去营口接母亲及全家。他给陈安美留下一个条子：“有事去营口，明天回。”翌日，在东北行辕工作的陈安美下班回家，看到家里聚了一屋子人，这才明白“条子”的含义。

13 年前匆匆别离，13 年后艰难重逢。而今，刘家添了一位贤淑的南国媳妇，一家人团聚，有互相问候，有欢声笑语，还有一串串难以自制的爱的热泪……爱难永在，爱当珍惜！全家相聚几个月后，为了生计，男的自谋生路，女的陪母亲夏文聪经营口夤夜渡回到日寇曾侵占半个世纪的金州故土。

1949 年 5 月 7 日，刘奎斗在去留难断时，在国民党当局命令、同事相劝下与妻赴台。想不到 1950 年 7 月下旬的一天，装甲兵司令部以“莫须有”之罪对刘奎斗抄家并拘留 52 天。于是，他决意解甲归民。

1951 年 3 月 3 日是个好日子。那一天是刘奎斗所在部队在缅北抗战大胜的纪念日，而今他又被委任为嘉义工矿公司机械厂厂长。此后，生活较安定。翌年 2 月，夫妻俩笑迎长女来到人世，取名刘璧嘉；1956 年，长子刘士行出生；1958 年，次子刘士彤来世。两子一女都是爱的结晶，而后长大成才，一家五口幸福美满。

1993 年，刘奎斗八秩大寿全家福（后排右起：刘士行、刘璧嘉、刘士彤）

刘奎斗一生薄于己、厚于人，交友诚、守信用，举正气、重人品。几十年来，他不重名利，凡事务实笃行。他的道德文章、精神美德，在亲朋好友中传为美谈；他是求是学人的楷模，在旅台人员中享有崇高的威望。他的家国情怀、云水胸襟和辉煌业绩，是母校乃至国家的一笔精神财富，应该彪炳青史，值得后人传扬与效仿。他看重同学和战友的往日情谊，两岸交流开启后，凡回母校开会或回乡省亲，他都会

2004 年 6 月，刘奎斗夫妇（前排左 5、左 4）与北京的老校友合影（前排右 5 为王宗甄，后排右 3 为戚叔纬，右 5、右 4 为陈耀寰夫妇）

挤时间去学友集中的北京小聚。

战友吉上宾著文说：“我和刘奎斗都是 1935 年进入浙大的，1936 年都参加了校篮球代表队。1937 年上海沦陷，学校迁建德后，他提出了志愿参军倡议。当时，刘奎斗和我们共有 12 人参加了抗日游击队。我们同呼吸，共患难，曾参与反攻杭州的战役。一年后，我们同去长沙，考进了陆军机械化技术学员队学习。毕业后，各自又参加了抗日工作。抗战胜利后，他去东北，担任沈阳五〇四汽车厂厂长，我在南京任该厂代表，直至 1949 年初在沪分别。”他又说，刘奎斗自律严谨，生活节俭，对大陆困难校友多给予经济支援，如对生前的楼韵午及现在病中的王、顾两位都有不同程度的经济支援，为某级友之子在美国哈佛读书给予学费支持，给住房困难的某级友大力支援，其他亲友有困难都能给予适当支持等，确是浙大校友中助人为乐的典范。

刘奎斗的小妹刘淑静写了《说说我的哥哥》一文，通篇写刘奎斗对亲友的大爱。先是说哥哥尊老敬祖的孝爱：沈阳冬天很冷，哥哥打好火炕迎接父母一家人；给先人扫墓、立牌位；给三姐生活费、买营养品，三姐过世后他去北京请人做佛事，等等。我去台北刘家讨论书稿，亲眼看到家里设有摆放父母及姐姐照片的祭台，听说常年摆着果品等，年节及初一、十五还点香祭祀。

1988 年 9 月，刘奎斗与姐妹合影于北京（左起：小妹刘淑静、三姐刘淑英）

刘奎斗注重文化学习。小妹说：“1946 年，我一到沈阳，哥哥就联系让我上大学，先进修班学习。1947 年又把我送到苏州国立社教学院图博系学习。哥哥与家中联系上后，信中表示他除扶养三姐外，愿资助第二代、第三代出国深造。……哥哥还帮助朋友的孩子上大学、研究生班等。

哥哥为人宽厚，正派无私。他是森美工程公司的董事长，其小儿子士彤是该公司部门经理。当自己因年迈退下时，并没让自己的儿子接班，连副总经理的位置也没给，而是让给自己认为较合适的人。哥哥对别人、对公共事业慷慨解囊，在台北每年向孤儿院捐款，这方面的事例多得很，但哥哥自己却节省得很……”

多年来，刘先生以“宽厚助人、乐善好施”的美德受人崇敬。他除了每年给台湾公益性事业乐捐外，每次回大陆省亲访友，总是慷慨乐助、馈赠。他还出资买房让一位困难战友安居，而我却看见他家家具陈旧背时也不舍得更新，墙面泛黄也舍不得翻新装饰。他得知亲友子女求学困难时，会毫不犹豫地伸出援手，等等。凡是听他亲人、战友、同窗叙说过或登门访谈过的人，心灵都会受到极大震撼，他们都认为刘先生是一位求是精神的富翁，是一位高尚人格和勤俭美德的贵人，永远值得我们后学崇敬、学习与弘扬！

2006 年 5 月下旬，刘奎斗夫妇在女儿璧嘉陪同下回母校，笔者夫妇去他们下榻的黄龙饭店欢聚，只见92岁的刘先生精神矍铄。久别重逢，话多情长，拍照留念。

2006年5月22日，笔者与刘奎斗夫妇（中）及璧嘉（右）在杭州黄龙饭店留影

5月23日，天高云淡，笔者夫妇与学校有关人员陪刘先生夫妇和璧嘉去西湖边一走。他们兴致很高，走了断桥、白堤一小段后，又到了拥有千年历史和传说的涌金公园。这里有个稍大的广场，中间立着世界遗产的标志。公园最好看的要数金牛出水和后面的桥，以及一手持叉的阮小七。曾经在这里，宋江和方腊起义军展开了激烈的战斗。千年已过，这里恢复了平静，成了游人观赏的公园，供人缅怀历史。

2006年5月23日，在杭州涌金公园留影（左起：笔者、刘奎斗夫妇、李栽瑶、刘璧嘉）

午休后，我们又陪刘先生夫妇去看了竺可桢国际教育大楼，这毕竟是刘先生夫妇奋斗一辈子的成果。我推着刘先生坐的轮椅，默默地在大楼前后走了一遍。当我推到楼后停下时，刘先生默念着大楼上“竺可桢纪念馆”一行字。我说在这留个影吧，他说：“2000年5月，你们给我们拍过了，等

会儿到了前面留影吧！”

回到大楼前，我们拍好照，最后又默默地离去。谁也想不到这是刘先生夫妇最后一次看大楼，留给我们无尽哀思、梦萦与怀念！

2006 年 5 月 23 日，刘奎斗夫妇与笔者夫妇在竺可桢国际教育大楼门口留影（左起：李栽瑶、刘璧嘉、陈安美、刘奎斗、笔者）

多年来，我除写了《赤子春秋——刘奎斗传》外，还写了几篇小文。每当他收到我写他的诗文，他总是来信或来电叫我多写业绩卓著的校友。每当节日来临，我们互致问候；每逢年关，他会寄来精美的贺卡，送上美好的祝愿，近 20 年从未间断。在 2009 年春节前的贺卡上，我看到他歪斜的字迹，承载着多少厚重的爱心与不老的友谊。自此一种不祥的阴云笼罩在我的心头，想不到同年 4 月 30 日，刘学长就永远离开了我们……我们将永远珍惜与铭记刘先生的赤子情怀！我们一定学习他的伟大人格与崇高品德，为早日建成世界一流的浙江大学而不息铺砖添瓦！

（2023 年 4 月 15 日改定）

爱农报国创新业

——记土壤化学家和农业教育家朱祖祥院士

朱祖祥（1916年10月—1996年11月），土壤化学家和农业教育家。浙江宁波慈城人。1938年于浙江大学农学院毕业后留校任教。1945年赴美国密歇根州立大学主修土壤化学，先辅修植物生理，后转表面化学，1946年与1948年先后获得硕士和博士学位。1948年回国，任浙江大学农学院教授，翌年兼任农业化学系主任。1952年后，历任浙江农学院、浙江农业大学土壤农业化学系教授兼系主任、副校长、校长、名誉校长、校学位委员会主任，并先后兼任中国水稻研究所第一任所长，国务院学位委员会第一、二届学科评议组成员，国家自然科学基金委员会第一、二届评审组成员，中国科协第二、三届全国委员会委员，中国土壤学会副理事长，中国土壤肥料研究会副理事长，浙江省科学技术协会名誉主席，浙江省农学会理事长、名誉理事长，浙江省土壤肥料学会理事长等职。曾任第五至第七届浙江省人民代表大会常务委员会副主任兼教育科学文化卫生工作委员会主任，第五、六届中国人民政治协商会议全国委员会委员，九三学社中央常务委员会委员及浙江省委员会主任委员、名誉主委，第八届全国及浙江省人民代表大会代表等职。1980年当选为中国科学院院士。

1990 年春，我去浙大校友总会任职后，读到《浙大校友通讯》创刊号刊登了 1985 年 4 月 20 日浙大校友总会成立的消息及其顾问名单，上有王季午、刘丹、朱祖祥、杨士林、陈立、陈伟达、钱三强计 7 位，此后他们的名字及伟绩常会在我心头浮现。1987 年 4 月，浙大 90 周年校庆时竺可桢铜像揭幕后，许多从海内外回到母校的老校友都要去观瞻并合影留念……所有这些都会撩拨我的心胸，令我难以忘怀。

1987 年 4 月，浙大 90 周年校庆时在竺可桢铜像前合影（左起：王启东、朱祖祥、王季午、陈立、徐洽时）

《浙江大学在遵义》一书更唤起我的兴趣，书中有朱祖祥教授写的《浙大农化系（组）的建制及其在西迁过程中的发展》和钱英男、赵明强写的《忆浙大农经系在贵州湄潭》两文。我从文中得知朱祖祥、赵明强教授夫妇同是随浙大西迁走完全程、患难与共、相濡以沫的校友，一股崇敬之情油然而生，很想面听他们的教诲。

1991 年春节，我和同事洪保平首次去朱祖祥、赵明强教授家拜年。他们夫妇显得很有精神，脸上挂着老年人特有的微笑，慈祥可亲。朱教授因身兼多职，当天凌

1991 年春节，笔者与同事洪保平（左一）到朱祖祥（左二）、赵明强（右）夫妇家拜年留影

晨才从学校参加活动回家，下午又要出差，但他仍笑呵呵地与我们谈论浙大的今昔，毫无倦意。这时赵教授给我们端上香气扑鼻的龙井茶，我们俨然成了贵宾。这些在我著的《浓情淡记》一书中已作了记述。我记得进门迎面是一排书架，书架上除书外，还整齐地摆放着各种各样的奖品和纪念品，其中有朋友送的鹰、中科院学部委员会送的着金石刻……历史用这些不说话的东西记录着他们的业绩，无声胜有声。

1996 年 6 月，我为主编《求是英才传》（两院院士集）征稿，收到了朱教授的文稿、照片和“广采众说，去伪存真，综合贯通，努力效实”题词。读过文稿后，我深感其业绩丰硕，并想约见采访他。朱教授却对我说：“我老了，你还是多为年轻人写写吧。”因我拜年名家多达 15 户，就把采写他的事搁下了。他年逾古稀，还主编多种国家杂志，担任多个职务，为工作几乎半年都在外奔波。这一切，朱教授一句话就全抹掉了。1996 年 11 月 18 日，朱教授因公牺牲，令我悲痛不已。在朱教授女儿朱荫湄老师支持下，至今才写此文，以作对两位老师的追念。

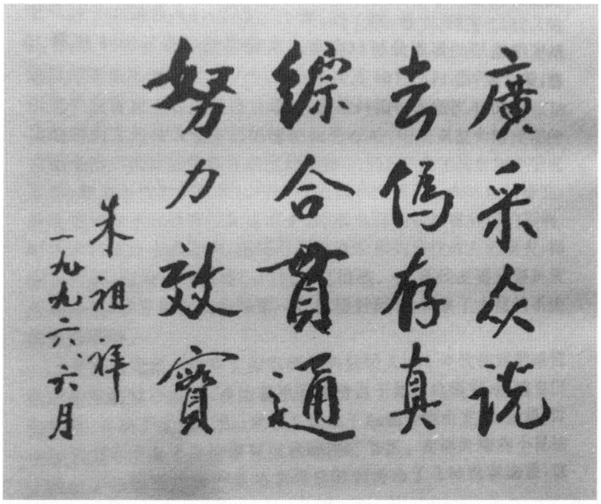

1996 年朱祖祥给《求是英才传》的题词

卧薪负笈习农学

朱祖祥 7 岁上小学，12 岁小学毕业，半年后上了民强中学，后又转读于宁波私立效实中学。效实中学的严格要求，以及优秀的教师，为朱祖祥的后续学习打下了牢固的基础。

国立浙江大学农学院分设在笕桥，1934 年因国民党中央航空学校扩建笕桥机场，农学院搬迁至华家池，全院面积 500 亩。华家池新建的农学馆大楼共有五层，承担着农学院教学、实验、办公的功能。大楼外观漂亮气派，雄伟的身姿倒映在华家池水中，十分迷人。大楼内部设施也很先进，实验室明亮整洁，铺着拼花地砖的走廊宽敞华丽，是当年杭州最好的建筑之一。除农学馆大楼外，还有设备完善的现代化温室、宿舍、饭厅、园艺场、林场、畜牧场、养蚕室、种子储藏室以及农产制造场等。华家池浙大农学院的校园像座大花园，吸引着各方的青年学生。

1934 年，朱祖祥在效实中学毕业后，因仰慕新落成的浙江大学农学院校园清幽，大楼漂亮，教师优秀，一心报考国立浙江大学农学院。朱祖祥成绩名列榜首，还被宁波旅沪同乡会授予全额“四明大学奖学金”（宁波旅沪同乡会为家乡筹办“四明大学”储备师资，从工商界募集资金以资助有志从教的品学兼优青年），年得 360 ～ 400 银元。入学后，朱祖祥学习成绩优异，在校连续三年都获全额“四明大学奖学金”。

同年，19 岁的赵明强于省立杭州女中毕业后，因羡慕华家池浙大农学院美丽的校园，亦如愿考入浙大农学院。当时农学院女生宿舍在大学路浙大校本部，男生第一年住在校本部，二年级起就搬到华家池宿舍，师生们每天乘坐校车往返于大学路校本部和华家池之间。那时学农的女生不多，各人专修课程也不同，有时来往于大学路校本部和华家池的校车中就赵明强一人，为

1935 年 5 月，国立浙江大学农学院民二七届同学合影（前排右 4 为赵明强，后排左 2 为朱祖祥）

此，她可得意呢！

青年时代的朱祖祥勤奋好学，开朗活跃，篮球、歌咏、口琴都较在行，还担任级会秘书，热心为同学服务。朱祖祥和赵明强结为伉俪，这是后话。

1935年的“一二・九”学生爱国运动，南方最早响应的是浙江大学。由于郭任远校长以及他的追随者、农学院院长李德毅强行实施军事管理治校方针，镇压进步学生，激起了学生们的愤怒，爆发了“驱郭”“驱李”运动。朱祖祥、赵明强也热血沸腾地和同学们一起高唱《义勇军进行曲》，高呼“抗日无罪！”“枪口对外！”他们参加到轰轰烈烈的斗争中，罢课游行，请愿示威。学生们发出宣誓签名书：“我今慎重签名盖章于下，负责表示，不达驱郭驱李及其同党严杨之目的，纵牺牲至最后一人，亦必坚持到底。此誓。”字字掷地有声！和一些同学一起，朱祖祥、赵明强在宣誓书上郑重地签了自己的名字，盖上章。这是何等大无畏的气概！

在这场激烈的斗争中，同学们热血沸腾，高唱着“工农兵学商，一起来救亡”，向日本领事馆、省政府示威、请愿。12月20日晚，国民党军警包围了浙大校园，闯入学生宿舍逮捕了12人，女生们闻讯连夜组织了20多人的敢死队。清晨，赤手空拳的学生兵分三路，敢死队四人一排手挽手走在队伍的最前面，带领学生们冲破军警特务的封锁，冲出校园，步行到城站会师。学生们自清晨到下午3点，饿着肚子站在轨道上和国民党当局斗争，迫使当局接受了学生提出的条件，释放了被捕学生并作了公开道歉。赵明强和好友郑蘅就是并肩战斗的敢死队成员。最后，国民党当局行政院被迫免去了郭任远的浙大校长职务，农学院院长李德毅也不得不辞职离去。

1937年7月7日，日寇进袭卢沟桥，中国全面抗战拉开序幕。同年8月13日，日寇调集海陆空军进攻上海，我方战士奋起阻击。次日，侵驻台湾的日本木更津航空大队首次轰炸杭州，战争的阴云笼罩我国东南沿海诸省。为应对严峻的时局，竺可桢校长成立以自己为主席的特种委员会，下设总务、警卫、消防、救护等9股，每个教职员必须参加一股工作。同时成立战时后方服务队，要求全体学生参加。农学院朱祖祥、赵明强是老生，都积极参加后方服务队，忙于参加防空、消防、救护等演练。

迫于战事，浙大一年级新生 219 人于 9 月下旬迁往西天目禅源寺上课。直至 11 月中旬，日寇在距杭州 120 公里的全公亭登陆后，余下师生员工才被迫乘船迁往建德梅城办学。

浙大师生员工西迁后，朱祖祥赖以求学、生活的四明奖学金中断，学业面临中断。他利用课余时间上街卖报，参加学校组织的抄写、刻印讲义等勤工俭学活动，赚到的钱加上他省下来的奖学金余款，可以用来补贴维持生活，直至完成大学学业。

1937 年冬，朱祖祥（左 3）在九江去南昌的火车上

1937 年 12 月 24 日，杭州失陷，浙大被迫第二次西迁。在竺可桢校长组织安排下，浙大师生员工及眷属，舟车与步行兼程，经兰溪、金华、衢县、江西玉山等地，头上有日机轰鸣，地上遭日寇追击，还有病魔威胁。他们风雨兼程，历尽艰辛，于 1938 年 1 月 20 日抵达文天祥的故乡江西吉安，历时 25 天，行程 752 公里。

经期末考试及休整，浙大师生员工及眷属于同年 2 月 18 日起迁往江西泰和。在泰和，浙大师生除教学、科研等外，还给当地做了三件大好事：修筑防赣江洪水的浙大堤，全长 7500 米，堤边修建浙大码头；创办澄江学校，后为江西省立实验小学；开办沙村垦殖场，安置无家可归的难民。

在竺可桢校长领导下，虽然西迁途中物质条件很差，但教学、科研等一切秩序井然，教师队伍有所扩大，招收学生数有所增加，教学质量很好。当时教育部派员在全国学校巡查，认为浙大是西迁大学中教学秩序和教学质量最好的一所学校，于是引来新闻单位及社会人士的关注与好评，连前一年竺

1995 年 12 月 13 日，朱祖祥（左）与陈述彭回到江西泰和上田村寻旧梦（萧家祠堂残柱空屋）留影

校长三请未成的马一浮先生一行也来到泰和投奔浙大并讲学。

离开泰和前，朱祖祥和 1938 届（民 27 级）同学在泰和狮石岭山麓种了一片松树，留下了永久的珍贵纪念林。光阴似箭，岁月如梭，离开泰和半世纪余后，朱祖祥和陈述彭两位院士借江西考察之便，去泰和寻访浙大办学旧址，已物是人非，令人感慨良多。

西迁教研尽心力

1938 年夏，时迁泰和的朱祖祥、赵明强因四年学业总成绩优秀，双双获农学学士学位，并留校任助教，这该是多么的不易。在原浙农大 80 周年校庆时，朱祖祥忆及当年，感慨良多，挥笔成诗："为谋战备储英才，且怒忍敌机逞凶残，誓卧薪负笈图雪耻，转辗浙西赣桂黔。"这正是他们当年生活的写照。

在西迁中，朱祖祥做了两件大事，值得永记。

一是请求学校创办农业化学系。1938 年毕业前夕，朱祖祥和毕业班几位同学，在武汉、南昌作了一番毕业调查访问，对系科设置有了一些新的感受。与农化会讨论后，徐道达、徐伯仲和朱祖祥三人，赶在 1938 年 5 月 5 日校务委员会开会前一天，分别访问竺可桢校长和农学院卢守耕院长，请求学校创办农业化学系。朱祖祥在《浙大农化系（组）的建制及其在西迁过程中的发展》（下称"农化系西迁发展"）中说："我们申述，为了战后振兴农业，对培养战后急需的有关土壤、肥料、农产制造及生物营养人才，必须大力加强农化科研。"竺校长、卢院长均表示赞许。翌日，卢院长正式提交这一议案，校务会达成了成立农业化学系的决议。这件事在朱祖祥心中已酝酿良久，一举被学校采纳，他心中无比高兴。在颠沛流离的求学途中，同学们忧国忧民，眼光远大，令人赞佩！

二是勇挑押运仪器、药品、图书资料等的重任。朱祖祥回忆说："在西迁中，全校各系仪器设备、药品、图书资料和重要档案、学生成绩单等都分别妥装于大木箱中起运。我当时曾数度参加押运工作，发现农学院的西运木箱中，属农化组的达60余箱，约占全院的一半以上。这些物品凡玻璃仪器、药品等易碎者皆一一纸包草裹，凡仪器均拆成零件编号包装，碎纸条衬垫，装好后覆油纸，加盖钉牢再编号。我们作为四年级学生，在老师指导下，以异常珍惜和忧患的心理，曾参与其事。"从中可见朱祖祥的细心、耐心，对仪器、药品的爱护。他接着又写道："这些木箱由杭州而江西，经湖南到广西，因交通费用困难，又不得不暂时堆存在阳朔中央研究院社会科学研究所新建而未用的草舍内，直到学系在宜山开学建立实验室时，又从阳朔运校。农院去阳朔就我一人。在宜山文虎小学布置实验室，启箱发现各箱仪器虽历程千里，而且频繁地车船装卸，幸而最后的破损率并不高。农化组之所以在西迁期间，能够继续进行一般实验和开展一些科研工作，也就靠这些抢救出来的设备、仪器和药品，因此，在以后实验使用时，师生们对一纸、一瓶、一滴、一克均倍加小心，爱护有如珍宝。"在举校西迁的数度押运中，朱祖祥的身份，杭州至泰和为学生，泰和至宜山最后至湄潭是教师。但不管是什么身份，他都置自己的行李与困难于度外，不怕孤单，不怕困难，不怕路远，以大无畏的勇气承担押运任务。特别是泰和至宜山的三迁途中，浙大师生及眷属已逾千人，有老有少；图书、仪器和行李已达200余吨，计2000多件。竺校长深知押运任务艰巨，精心安排，分批装载，专人押运。1938年10月23日，广州陷落，三水、西江水路混乱，学校电嘱改走衡阳一路，但先行押运同学坚持走三水。为躲敌机，同学弃船而走，幸学校追寻职员及时赶到，才将货物运到肇庆脱险，最后安抵宜山，引以教训。朱祖祥按学校电嘱路线押运，安然抵达目的地。他在"农化系西迁发展"一文中写道："1938年夏，在我刚毕业后，马当失守，我又受命押运仪器沿赣江南下，原计划越大庾从韶关南下，折向西江去桂林转广西宜山，同行者为同班同学张慎勤兄，两人即以仪器木箱平铺为床，以船为家，形影不离。赣江多浅滩，遇滩须下水拉纤、撑篙，惊险异常，却也分享了不少船家之乐。在赣江船上，我们度过了20余天相当悠闲而又悬念前线战局讯息的水上生活。好不容易船至赣州，而三水已沦于敌手，即奉命取道衡阳入桂。”在西迁途中，艰难的西迁流离使有的老师先后离去，而朱祖祥一直随校西迁，承担的任务越来越重，既要教学，又要押送仪器；头上是敌机轰鸣，肚里是饥一餐、饱一顿，生活毫无规律，受到严峻的考验。

1938年11月1日，浙大全体师生在宜山标营大草棚餐厅举行开学典礼，竺可桢校长发表《王阳明先生与大学生的典范》之演讲，说浙大正在走王阳明当年走过的路，经受类似他当年所处艰苦环境的磨难，激励师生们“自觉觉人，发扬取法乎上，立身报国的精神”。

在西迁中有的老师因种种原因离开农化组，农化组助教只剩朱祖祥一人。他圆满完成押运任务后，成天以龙江边上文虎小学教学楼内的浙大农化系实验室为家。浙大在宜山办学三个学期，全校学生略有增加，教学、科研工作井井有条。在三个学期中，朱祖祥承担农化系除农产制造课外的全部实验指导工作，还兼实验室保管、采购、担水以至打扫卫生等杂务。因为实验班级多，白天排不下，他就利用晚上或周日安排学生实验。他热心指导，恪尽职守。

1940年5月，农学院迁湄潭上课，农化系毕业班因实验室需求及课程关系仍留在遵义，实验室安置在新城新东门外小山坡上的两开间民房内。为了7名毕业生的毕业论文，朱祖祥每天上下午都去实验室指导学生。民房构造不符合实验要求，实验室又十分简陋，冷却水均用水桶往高处提水，溶剂温度又不是用电控制，朱祖祥十分担心油脂抽提时的火情风险。朱祖祥中午12时从新城新东门山上的实验室，步行去老城紫荆街离北门不远的一座私宅吃中饭，又赶在下午1时前回实验室指导实验，日复一日，落下胃病，求医无效，直至新中国成立后动手术切去五分之四的胃，才慢慢解除了痛苦。1940年全国高校评比毕业论文，浙大农化系吴志华的毕业论文获第一名，给朱祖祥以慰藉。当年任我国农业部顾问的英国皇家化学会会员、洛桑试验场研究员理查森博士路过遵义，参观农化系实验室后对朱祖祥说："你们研究问题虽不深，但对照你们的简陋条件，可以说在毅力和信念上几乎可与当年进行氧气实验的拉瓦锡相媲美。"这是给初出茅庐的朱祖祥的实验室工作最高的评价与奖赏。

在湄潭办学近 7 年中，农化系教研工作大体向四个领域发展。

一是土壤肥料，尤以土壤化学为主，其代表人物是彭谦教授，朱祖祥是他的助手。彭教授基础深厚，治学严谨，为人谦和，循循善诱，教研中坚持实事求是精神，对同学不空谈，对学生生活和为人处世、治学之道很关心，往往寥寥数语启人深思，真正起到一个导师的点拨、启发作用，为竺校长在浙大推行导师制作出示范，受到学生们的爱戴与景仰。在彭教授教导熏沐下，农化系毕业生中从事土壤化学科教事业而富有成就者不乏其人。朱祖祥在他身边当助手，时时处处受到感染，受益良多。在彭教授指导下，土壤酸度的测定对优选湄潭茶场苗圃土地起了很大的作用。另外在土壤化学方面，彭教授对某些项目测定方法的改进也有较大贡献，经李约瑟博士举荐，还在美国土壤学杂志上发表了两篇研究报告。朱祖祥作为彭教授的助手，并不过于在意这两篇论文的内容价值，而是学习他分析问题和解决问题的方法，这实实在在带动了青年后学在艰苦困难条件下自力更生地进行科学研究。

二是生物化学和人体营养，这应归功于罗登义教授的认真授课和不懈组织科研。他备课极其认真，每次讲课都有自己的讲稿。他讲课时精神饱满，条分缕析，富有系统性、启发性。他还亲自动手，一丝不苟地干实验室工作。他发表论文亦多，对贵州野生果开发贡献巨大。所有这些，无形中给多泡实验室的朱祖祥产生了良好影响。

三是酿造及农产品加工利用。当年主持这方面的教学、科研及从事实际生产者为白汉熙老师，其产品酱油闻名遐迩。

四是农药及农产品分析鉴定。这是系主任杨守珍教授开拓与指导的领域，但开拓伊始，缺少设备及多种条件，也无助手梯队，难展其才。

农化系还有一些老师，勤于职守，勇于探索，在教研上有自己的成果，在此不赘述。

朱祖祥回忆说："抗战时期，又处于工作和生活条件很艰苦的环境中，要进行科学实验而取得成果，其困难有时确实出乎想象之外。例如生活上，既无电源，又无蜡烛、油灯，甚至连照明的煤油也没有，经常只有一二根灯芯，用桐油点燃作为挑灯夜读之光源；工作上，连实验室中的加温反应或蒸馏也常需以木火小炉来代酒精灯，至于用水，则需各自提水上高梯，将水倒入贮水桶中，然后让它通过橡皮管的控制，流注于冷却管中或备洗涤之用。"浙大农化系初创 7 年，其师生在湄潭极其艰苦条件下所取得的成绩，不仅是教学和科研成果，更重要的是培育了一批有良好业务基础而又能艰苦奋斗、独立思考、勇于创新、不断进取、甘为科教事业献身的人才。

1940 年夏，朱祖祥送走毕业班学生后，就迁往湄潭农化系禹王宫工作。他与赵明强由同窗到同事，两颗年轻的心相互倾慕、彼此爱恋。他们在清澈的湄江边留下了青春的脚印，于 1941 年 7 月过上同进同出、同院工作的美好生活。

1941 年夏，朱祖祥先生与赵明强女士在贵州湄潭结婚

朱祖祥、赵明强在湄潭成家后，生活比较安定，更加努力做好教研工作，1942 年双双晋升为讲师。

20 世纪 40 年代初，农业部中央农业实验所等单位利用湄潭浙大农学院人才优势，在湄潭创办茶场。在安居湄潭朴庐期间，朱祖祥除继续担任实验指导任务外，还发扬求是学风，利用一切业余时间从事土壤化学的研究。他一心钻研土壤化学，思路敏捷，为中央茶场成功试制了具有半渗透性的粉体土壤酸度混合指示剂，并研究出按共沸原理用混合微酸液来回旋蒸馏提取土壤中有效养分的新方法，为国内外学界所广泛采用。他还在 1942 年《土壤》、

1943 年《广西农业》、1944 年《科学农业》等刊物发表了论文。

1984 年，黄宗甄学长重访湄潭茶场，该茶场负责人以感激的心情向他详告朱祖祥老师当年测定茶园土壤的事迹，而今茶园仍以测定资料为科学依据培植茶树，效益斐然。1998 年，我访问湄潭永兴茶场，茶场负责人也感恩当年浙大老师创办茶场以及研究土壤化学的功绩，这些都是朱祖祥等先辈留下的宝贵财富。

一片丹心献祖国

1945 年，由学校推荐，并经中华农学会考核后，朱祖祥以优异成绩被公费派到美国密歇根州立大学深造。在他离别战乱中的祖国前夕，中华农学会副总干事原颂周先生在重庆中华农学会附近江楼设宴话别，并赠诗一首，嘱“尚有片言君记取，农民渴望起沉疴”。原颂周先生珍惜人才，希望朱祖祥学成归来，用才智回报家乡父老的期望蕴涵诗内，也铭刻在朱祖祥的心中！探求科学的奥秘是朱祖祥一生的理想。在异国他乡，他不分寒暑，一年读两年的课程，学业和学术研究齐头并进。

1946 年 9 月，赵明强也获得密歇根州立大学的奖学金，远渡重洋去该校攻读农业经济学硕士学位。

在密歇根留学期间，朱祖祥日夜苦读，没有歇过一个寒暑假，仅三年时间就先后取得硕士与博士学位，还选修完成超过博士学位要求的学分数。

1945 年，朱祖祥赴美国前全家照（女儿朱荫湄周岁）

密歇根湖是一个美丽的湖，朱祖祥经常到湖区散步，他看到桃树生长好坏差异较大，心想：桃树营养的供给会不会与土壤黏粒矿物等有关呢？他通过精心设计，选取几种典型土壤黏粒矿物，对两种以上多离子交换吸附平衡进行了系统研究，揭示了土壤多界面多离子系统中土壤胶体离子交换吸附的黏粒结构效应、饱和度效应和陪补离子效应，为深化土壤养分平衡及土壤养分有效性理论提供了科学依据，对施肥理论提出了新建议，并先后获得了硕士和博士两个学位。这些成果被多种美国教科书引用，也为他以后的科研打下了坚实的基础。在学成归国之际，密歇根州立大学农学院土壤系系主任和他的导师还特意致函浙江大学，高度评价了朱祖祥的学业成绩和科研成就，并赞扬他在该校土壤系研究生中享有的声誉。

朱祖祥课余还担任密歇根州立大学中国同学会联络召集人，参加了不少社会活动，锻炼了组织能力，也彰显了才华。他还克服西迁途中落下的胃病之苦，刻苦勤奋地学习，最终崭露头角，深得导师的赏识与器重。1948 年 8 月，朱祖祥以全 A 的成绩获得博士学位。同年，赵明强也获得农业经济学硕士学位。

1948 年 8 月，朱祖祥在美国密歇根州立大学获博士学位

1948 年 8 月，赵明强女士在美国密歇根州立大学获硕士学位

1947 年，竺可桢校长应密歇根州立大学国际中心及国际问题研究所邀请去讲学，其间与浙大毕业的四位校友亲切交谈，并诚恳邀请校友们学成回国，

对他们寄予厚望。1948 年，朱祖祥、赵明强毕业，竺校长又来信，情真意切，再次盛邀朱祖祥、赵明强回母校任教。

朱祖祥若留在美国会有较好的工作及发展的机会，物质生活也会比战乱中的祖国优越得多，另外，赵明强毕业时已身怀六甲，朋友们劝说两位留下来，至少等腹中的婴儿生下来再回国。然而，竺校长真诚的邀约常在朱祖祥耳边回响。他们出于对祖国的眷恋、对母校的热爱和对竺校长的敬重，仍然婉谢了导师和朋友的挽留，又放弃了北京大学和贵州大学的约聘，毅然回到祖国的怀抱，回到母校浙大农学院任教。当时浙江大学经济并不宽裕，仍汇 800 元给朱祖祥、赵明强夫妇，作为他们回国的旅费。

1947 年 6 月，朱祖祥夫妇（左 1、右 1）、余文琴（左 2）、熊全治（右 2）到密歇根州首府附近的东星车站送别竺可桢校长

1949 年，朱祖祥的一位美国好友来信，并寄来两张机票，热情邀请他们夫妇去美国农业部下属的一个单位任职，条件十分优越，但朱祖祥一心要报效养育自己长大的祖国，再次婉言辞谢了邀请。自此，作为教授的朱祖祥一心在浙大母校工作，生活在美丽的华家池校园，将自己的一生奉献给他热爱的土地和事业。

为国为民崇教研

1949 年 5 月 3 日，杭州历史翻开崭新的一页。同年 7 月 27 日，杭州市军管会公布浙江大学第一届校务委员会刘潇然等 19 名委员名单。同日下午，新校务委员会公布各系系主任名单，朱祖祥被任命为浙大农学院农业化学系系主任。1950 年 10 月起，他又担任浙江大学第二届校务委员会委员。赵明强在浙大农学院农业经济系任教。

1952 年高校院系调整，浙大农学院单独成立浙江农学院，森林系、畜牧兽医系、农化系和农经系撤并，师生调入相关高校。而对浙大感情深厚的朱祖祥、赵明强夫妇仍留在华家池浙江农学院任教。朱祖祥还担任院务委员会常委，负责学院的教务工作，并陆续筹建了几个基础教研组，努力提高农学院的教学质量。

20 世纪 50 年代初，为更好地学习苏联的教学与科研工作，朱祖祥花了几个月突击学成俄语，并参加北京农大举办的“威廉姆斯土壤学习班”学习。自 1953 年至 1960 年，中科院林业土壤研究所还聘他为兼职研究员，于每年寒暑假到林土所从事研究与讲学。

1955 年，为加快农业发展的需要，学校成立了以朱祖祥为首的土化专业筹委会。经紧张而细致的工作，1956 年夏，浙江农学院土壤农化系重建成立并招生，朱祖祥任系主任，自此开启了他为土化系发展壮大奉献才智的宏伟航程。特别是在师资、教材和仪器设备等建设方面，他倾注了大量心血。朱祖祥组建一个院系十分不易，他一面筹建校舍，一面物色老师，回到家中还要在灯光下编教材。朱教授“长明灯”般地工作，为同仁所赞佩。

1956 年 9 月，土化系迎来第一批 90 名学子，看着他们喜悦的神情，看到一门门课顺利开出，作为系主任的朱教授不禁长舒一口气。他每次上课前，都会精心备课。他说过，一年年情况不同，新的内容要增加，过时的东西要删除，因此学生都很崇敬他。朱老师对学生要求很严，学生说朱老师连一个试管的卫生都要检查。朱教授还注重师道尊严，坚持为人师表。学生们都记得，朱老师一次上课时，突然面色苍白，无法掩饰的痛苦流露出来。学生们都知道朱老师的胃病又犯了。朱老师的痛就是学生的痛，大家想着下课，希望朱老师能坐下来休息一下。可是朱老师吃力地讲着，装出若无其事的样子。有几位同学实在看不过去，便主动给朱老师搬来一张椅子。朱老师轻轻地摆摆手，谢绝了。他只关心地问：你们听懂没有？等朱老师回到办公室时，已经痛得气喘吁吁，伏在桌上动弹不得。朱老师对学生深沉的爱，令后学感动不已。朱老师就是这样的一位好教师！

1958 年，浙农院土化系学生开展我国首次土壤普查，朱祖祥和同事分赴浙江各地指导，而后建立了当年全国土壤标本最多、最大的“土壤标本馆”。

1960 年 2 月，中共浙江省委决定合并浙江农学院、天目林学院、舟山水产学院，定名浙江农业大学，并与浙江省农业科学院对口进行系所合并，接受统一领导。朱祖祥不再担任土化系系主任。学校决定土化系新增土壤化学和土壤物理专业，他迎难而上，不仅给新专业上课，还指导研究生、越南留学生，加上采购设备、编写新教材等，忙得不亦乐乎。

1953 年，朱祖祥完成《土壤学》高等学校试用教材编写，经几届试用，于 1956 年由高等教育出版社出版，成了我国农业高等院校 20 世纪五六十年代的主要教材。1963 年，教育部委托朱祖祥牵头，召集北京农学院、南京农学院、沈阳农学院、西北农学院、华南农学院、华中农学院的知名专家编写《土壤学基本原理》教材大纲，农业部又聘请朱祖祥任主编，后因“文革”而夭折。1977 年，中国农业出版社又组织有关人员编写《土壤学》教材，并推举朱祖祥任主编，经有关学校试用，于 1983 年作为全国统编教材由中国农业出版社出版，成为我国 20 世纪八九十年代唯一的土壤学教科书。1988 年，该书被国家教委评为全国优秀教材。从 20 世纪 50 年代以来，我国半世纪的一代代土壤学科技人才队伍，是跟随着朱祖祥院士的《土壤学》教材而成长壮大起来的。

20 世纪 70 年代中期，朱祖祥被拿掉“帽子”，卸掉“担子”。他看书，学日语，养精蓄锐，准备继续自己心爱的教育事业。1978 年，朱祖祥以无比喜悦的心情迎来科学的春天，他决心抢时间好好干一场。此时，学校恢复招收本科生，后又

1978 年，朱祖祥教授在给研究生授课

有 7 个专业招收研究生，朱祖祥是第一批招收研究生的导师之一。

1972 年联合国人类环境会议召开，开启了全人类对环境保护问题的关注。朱祖祥意识到农业生态环境的重要性，于 1978 年果断决定在全国农业院校中招收环境保护专业本科生，并独立组建环境保护系。该系于 1983 年和 1990 年先后获得农业环境保护学科硕士、博士授予权，是全国唯一的农业环境保护专业博士授予点，为浙江省乃至全国输送了一大批环保骨干，而 20 世纪八九十年代受农业部委托举办的一期又一期全国农业环保培训班则把农业环保的种子撒向了全国各省市。

1978 年 12 月，党的十一届三中全会提出对内实行改革、对外实行开放的方针后，朱祖祥抓住改革开放的机遇，决心以国际化视野办学。浙农大以教学、科研的良好声誉吸引了国内外宾客。朱祖祥除热情接待来访者外，还推动浙农大与美国、加拿大等国十余所大学建立校际合作关系，又不辞辛劳多次出访。特别是 1981 年 11 月，他受美国联邦政府国际交流总署国际项目的邀请参加州立大学联合会年会，会后又对美国十多所大学作了 50 多天的访问。这是他自美国求学回国 33 年后的第一次独自专访，大开高校改革开放办学的视野。

1979 年 3 月，朱祖祥荣任浙江农业大学副校长，1980 年 3 月任浙江农业大学校长，同年又当选为浙江省第一位中国科学院院士。他决心在改革开放春风吹拂的高校园地里，弘扬光大浙大的求是精神。为此，他团结和依靠全校教职工，全身心投入学校的改革与发展建设事业中。在农业部、教育部和浙江省政府支持下，全校上下共同努力，建起了图书馆、环保楼和 16 幢教职工宿舍，后又在农业部支持下建起了 28000 平方米的中心大楼、种子楼和干训楼，还在教育部资金支持下建起了 3500 平方米的留学生楼，成为教育部接受外国留学生的一个基地。

1982 年 2 月，朱祖祥作为中国土壤学会副理事长率团赴印度参加第十二届国际土壤学会议，适有印度总统特别接见中国代表团。朱祖祥对印度总统说，中印两国是世界上人口最多的国家，彼此毗邻，如果两国科学界进一步亲密合作，对于发展科学技术是不可限量的好事。印度总统听后颇为动容，并赞赏了朱祖祥的谈话，展现了中国科学家的水平与风采。

1980年6月，洛克菲勒基金会农业及生命科学部部长兼国际水稻所董事会主席格雷博士为筹建中国水稻研究所事宜应农业部邀请访问中国。他是朱祖祥30多年前在美国密歇根州立大学的老同学。经多地考察后，中国水稻研究所选择在杭州富阳筹建。1981年，中国水稻研究所经国务院批准开始筹建，并列入“六五”计划大中型建设项目，投资4054万元。农牧渔业部聘请朱祖祥为筹建委副主任，他为获得洛氏基金会、联合国开发署的资助和争取世界银行长期无息巨额贷款起了重要作用。后朱祖祥又率团访问了国际水稻研究所，与之签订了长期科技合作协议。1983年，中国水稻研究所在杭州富阳正式成立，朱祖祥被农业部任命为首任所长。

1980年6月，洛氏基金会农业及生命科学部部长兼国际水稻所董事会主席格雷博士与朱祖祥校长（左）商谈筹建中国水稻研究所合作事宜

朱祖祥还通过“请进来、派出去”这一培养人才的好招，举办过3期为期一个月以上的培训班，受训者达300多人次，对提高我国土壤化学师资队伍业务水平起到了非常积极的作用。自1984年起，浙农大陆续派出年轻教师和研究生去国外攻读学位或联合培养研究生，朱祖祥积极为他们牵线搭桥。10年后，他们都成长为国内外知名科学家，其中得到国家杰出青年科学基金资助的有12位，教育部长江特聘教授6位，列入千人计划的1位。为土壤学界培养人才，朱祖祥教授功不可没。

土壤是朱祖祥一生钟爱与崇敬的事业，虽然学校公务和社会活动繁忙，但他仍积极参与各种国内外有关土壤的学术活动，为推动我国土壤学科的发展、培养我国土壤相关的青年科学工作者呕心沥血，受到国内外学界的赞誉。

1983年10月，朱祖祥从校长任上退下，任名誉校长，但他仍然关注学校的发展，关心教学、科研、研究生、留学生，并倾注了大量心血与关怀。

朱祖祥担任浙江省人大常委会副主任（1979—1993）和九三学社浙江省主委（1988—1992）期间，他和九三学社省委前主委、原杭州大学陈立校长，原浙江医科大学王季午校长和原浙江工学院邓汉馨校长等，一起为学校发展、我国教育科技事业竭智尽忠，同时也为巩固和扩大爱国统一战线，为社会主义民主法治建设，为民主党派参政议政作出了积极贡献。

朱祖祥博学多才，学术严谨，发表论文、译文等90余篇，还被特约担任《国际热带农业》（英文版，印度出版）编辑委员会委员。更值得铭记的是20世纪80年代初，农业部决定筹备编撰出版《中国农业百科全书》，朱祖祥被聘为本书土壤卷的主编。自1988年起，朱祖祥花了8年心血，组织全国数十位专家编写，全卷共分9个分支，600多个条目，计130万字。因两位副主编于1992年和1993年先后谢世，朱祖祥独挑定稿的沉重担子，经8年精心打磨，终于在1996年12月付梓。但遗憾的是，这本浸透着朱祖祥心血的农业百科全书土壤卷出版发行时，他已永远地离开了我们，没能见到自己8年心血换来的成果，令人唏嘘不已。

为了给长江三角洲可持续发展奉献良策，1996年，中国科学院学部受国家计委的委托，组织了“长江三角洲经济与社会可持续发展”大型咨询活动。朱祖祥觉得自己作为浙江籍院士，应该义不容辞地参与。院士专家考察组在圆满完成第一阶段的调研后，于同年11月中旬开始第二阶段的专题考察调研。考察组11月18日在完成对宁波的考察后，转到绍兴考察，朱祖祥在绍兴不幸因公逝世，享年80岁。80年的时间不算长，朱祖祥用自己的品德与才智努力践行与弘扬浙大求是精神的崇高形象，永远留在后学的心中！

1980年朱祖祥被任命为浙江农业大学校长时，他曾申请加入中国共产党，浙江省委请示中央，中央批复以朱祖祥的地位，他暂留党外人士身份为好。在杭州党、政、学各界700余人参加的遗体告别会上，浙江省委领导致辞，郑重宣布追认朱祖祥同志为中共党员，并对他的一生作了高度的评价。

改革开放后，同根同源的浙江大学、杭州大学、浙江农业大学、浙江医科大学人员纷纷要求合并，四校一些部门早有交流。1990年我去校友总会任职后，浙大校友总会设立竺可桢奖学金，并一度设立四校理事会，把校友捐助的基金给四校分享。更主要的是，四校有关领导，如刘丹、张浚生、陈立、朱祖祥、王启东、王季午等，都借会议或出差之便向中央有关领导或有关部门反映过四校合并的要求。朱祖祥更在刘丹生前与其作过沟通，并取得四校合并的共识。1996年春，朱祖祥去北京出席全国人民代表大会时，在有关会议上慷慨陈词。主管教育的李岚清副总理听了他关于四校合并的论述，深表赞赏。朱祖祥返杭后继续奔走，邀约省人大和省政协有关专家进行座谈，逐步形成舆论。朱祖祥四校合并的遗愿最后圆满实现，可以告慰他的在天之灵。

20世纪80年代初期开始，朱祖祥在国内外的交往较多。他在交往中只讲情谊，不愿公款待客。在水稻研究所所长任上，有一次他设家宴招待美国和日本友人，请出差杭州的黄宗甄、过兴先等老友作陪，由女儿、女婿掌勺，一桌菜质高味美，外宾吃得很开心，倍添亲切温暖。主宾亲密无间，无话不谈，收益甚大。1995年秋，黄宗甄夫妇在华家池小住期间，朱祖祥夫妇宴请，又是女儿、女婿掌勺，菜多盘大。黄宗甄发现朱祖祥端菜手抖得厉害，餐后向赵明强提起此事。赵明强叹息说，朱祖祥每天夜晚挑灯伏案，总是11时后才歇息……黄宗甄说："朱祖祥太累了，一片丹心献祖国啊！"你走了，留下数不尽的悲戚，也留下数不清的精神财富！

在科学春风吹拂下，赵明强也不示弱，带了多名研究生，为培养高级专门人才作出了出色的贡献，为自己一生的教研工作画上了圆满的句号。

1987年，赵明强与研究生在一起（右起：布瓦洛、黄祖辉、赵明强、莫里）

明理自强濡沫情

秋叶乐舞着离开枝头，回到养育过自己的根旁，引发人们几许沉思？朱祖祥、赵明强亦像秋叶一样，双双走向生命的最后一个驿站，又留给我们几多记忆？

赵明强 1915 年出生于嘉善西塘镇，是六兄妹中的老六，人称六妹。她 12 岁时外公去世，家中诸事就听舅公的意见。舅公是个封建思想非常浓厚的人，要求女孩子温良贤淑、三从四德，还认为女孩子不需要读多少书，因此，赵明强的大姐、三姐中学都没有毕业，就在家侍奉老人，定亲后就准备出嫁。赵明强不愿过这样的生活，13 岁小学毕业后，在二哥赵宪初的支持下到嘉兴县立女中求学，初中毕业后考入松江女中，半年后又转入省立杭州女中至高中毕业。中学时期的赵明强就追求独立自主，十分珍惜来之不易的求学机会，读书非常用功，活泼爱动的她还十分喜爱体育。

1934 年夏，赵明强高中毕业后，在时年从交通大学毕业的二哥赵宪初的支持下，考上了国立浙江大学农学院，成了西塘镇上大学的第二个女孩。这在当时是一件很荣耀的大事。外婆叮嘱她要争口气。她也暗下决心：一定努力读书，学好本领，以后靠自立生活。

“一脸笑容，一团和气”是赵明强给人留下的印象。在多年交往中，她也总是给我满脸的笑容。她的家人也认为赵明强具备中华民族女性的传统品德——谦和、忍让、谨慎，是脾气极好的女子。人们想不到年轻时的她却是活泼开朗、满腔爱国热情的血性“女汉子”。

大学生的生活丰富多彩，除了上课、读书外，赵明强还不怕艰辛，与几个男同学一起去杭嘉湖地区作农产运销调查。她还喜爱运动，别看她身材瘦小，个子不高，打起球来却生龙活虎、灵活机敏，篮球、排球都很拿手，还是浙大女篮的一员主将呢！

1941 年 7 月，朱祖祥与赵明强喜结连理后，赵明强过上了肩挑农业经济教研与照顾小家两副重担的生活。为了让朱祖祥出国深造，集中精力备考，她包揽了一家杂务；朱祖祥出国深造后，她一心带好宝贝女儿。在复员

1996年春节全家福

回杭州前夕，她还自己缝制背兜，笑对千山万水，并对同事说："我什么都无所谓，只把女儿背上就可以跟大家一起走了。"这种无畏的大爱情怀令我双眼模糊！赵明强笑脸背后的强大，令多少人敬佩！

在湄潭的艰苦环境中，赵明强除了出色完成教学任务外，还在社会调查基础上撰写发表了《遵义之农家经济》《湄潭之农家经济》等多篇论文。她一边凭借自己的业务实力成功申请密歇根奖学金，一边割爱把两岁的宝贝女儿托付母亲照顾，毅然赴美深造。要走成这一大步，独守家门的她该需积蓄多大的决心与毅力啊！

朱祖祥、赵明强夫妇双双在密歇根攻读研究生学位，赵明强还要照顾时发胃病的丈夫，给予他爱的关切，最终二人双双学成归来。远渡重洋时，赵明强身怀六甲，操劳奔波；回校后，她一边承担教研重任，一边养儿育女。她比男人付出了更多的心血。不幸的是，老二朱荫湖因病夭折，令朱祖祥夫妇心痛不已。

1999年1月28日，笔者到赵明强（右）家拜年时，给朱祖祥遗像祭拜后留影

55年来，赵明强笑对困难，努力完成农业经济的教研工作，当一名出色的教授，同时付出大爱，关心与支持朱祖祥繁忙的教研工作，令人钦佩！我在几次家访中，感受到朱祖祥与赵明强相濡

以沫55年的感情，他们的一生真正兑现了朱祖祥题写的“为国为民为社崇社会，求真求善求美弘文化”的箴言！

在世纪之交、迎新送旧的日子里，我带领本室同志向老浙大的几位老学长登门贺岁，其中首访的就是华家池赵明强教授家。别看赵教授在艰难的生活征途上奔跑了85个春秋，回忆起走过的浙大西迁之路却如数家珍，声音洪亮，间或伴着阵阵爽朗的笑声，足可让人放心：她一切都好！几十年来，赵明强一直辅佐朱祖祥，对他关爱有加。特别是朱祖祥荣任原浙农大校长并当选为中国科学院院士后，赵明强为之倾注了许多深情的血汗！

1999年1月28日，笔者给赵明强（左）拜年后在其寓所小楼前留影

在这迎新送旧、缅怀先人的时日，赵教授特别尊重老伴的情意，特点上陈立教授送的一对红烛，并点上三支长香。而后，我手捧三支清香向朱院士的遗像三鞠躬，并诚告四校已于1998年9月15日圆满喜合一校，朱教授和一批有识之士多年热心奔走呼号的四校合并心愿终于实现……香烟缭绕，红烛跳荡，朱祖祥院士的慈祥微笑永远在我心中珍藏！最后，赵明强教授送我们到小楼外，亲切的告别语久久地在我心中回响……

（2022年11月28日）

昆虫王国开拓者

——记昆虫学家、农业教育家唐觉教授

唐觉（1917 年 2 月—2020 年 6 月），江苏吴江城关松陵镇人，昆虫学家、农业教育家。1937 年夏，以第一志愿考入国立浙江大学农学院病虫害学系植病组，1941 年毕业后留校任教。曾任中国昆虫学会理事，浙江省昆虫植病学会副理事长，浙江省白蚁防治协会理事长、名誉理事长，浙江省农学会理事等职，并被省医药、卫生、粮食等部门聘为特约研究员和顾问。长期致力于昆虫学的教学和科研工作，在五倍子、仓库害虫、种子害虫、白蚁和蚂蚁等领域进行了开创性的研究，取得显著成绩。对植物检疫、五倍子生产和城市昆虫学的发展作出了突出贡献，是中国五倍子开发和利用的主要奠基人之一。先后获得省农业科学先进工作者称号、省科研成果二等奖、中国科学院科学技术进步奖特等奖、中国科学院昆虫学会终身成就奖。

到了浙江大学校友总会新岗位，世界各地的名人蜂拥进入我的心灵，其中就有原浙江农业大学昆虫学家、农业教育家唐觉先生。他的名字在我心中沉浮多年了，我曾于1998年去华家池专访过他；在此前后，我和他又是杭州天马经济动植物开发有限公司的顾问；再后来我是著名昆虫学家蔡邦华院士诞辰100周年纪念文集的顾问，唐先生是此文集的编委，因而我有机会看到唐先生在蔡先生门下学习与教研的更多素材。

1998年12月10日，笔者采访唐觉（右）留影

2017年4月，笔者夫妇采访唐觉后留影（左起：唐柯、笔者、唐觉、李栽瑶、唐健）

2017年4月，唐觉先生刚过100周岁不久，我和老伴再次去华家池专访唐先生。他红光满面，精神矍铄，看上去最多如鲐背之年。此后，我借出版《星星颂》诗集之便，在调研近50位百岁人瑞时，选写唐先生个人简介及一首诗，今录如下：

幼随父严治稻螟，不觉爱上众昆虫。
攀山细寻五倍子，首现角倍世动容。
巧将昆虫成标本，刁钻白蚁掌心中。
蚂蚁教授名天下，昆虫王国事百通。

今搜集学习与专访之得，草一拙文，以作唐先生仙逝三年的纪念。

流离苦学终成才

1917 年 2 月 16 日，唐觉出生于江苏省吴江县（现吴江市）城关松陵镇的一个知识分子家庭。父亲唐昌言系江苏著名教育家，创办了江苏吴江乡村师范并任校长。唐校长曾在乡村推广点灯诱蛾、摘除卵块、挖掘稻根治螟等技术。唐觉从小就受父亲的影响，颇爱农业。

1934 年，唐觉考取金陵大学附中高中部，校址在南京中山路干河沿附近。当时，学校没有学生宿舍，唐父就带唐觉去姑妈的女儿陈绵祥表姐家商量借宿。表姐在国民政府司法院工作，住在鱼市大街附近的卫巷，离校步行约 15 分钟的路程。唐觉在表姐家认识了与其同年留学日本学研昆虫的男友蔡邦华先生，后来表姐和蔡先生结成伉俪。

在南京读书时，表姐还常带唐觉去明孝陵、中山陵等名胜小游，使唐觉有机会认识了朱凤美、汤惠荪、林渭芳、梁希、陈嵘等农林名家，给他求知的心灵播下了爱农学以至爱病虫害系科的种子。

1937 年初，蔡邦华先生到杭州任浙江昆虫局局长。同年秋，唐觉考取了浙江大学农学院病虫害系植病组，到校前在杭州的表姐夫妇家住了一夜。1938 年，应竺可桢校长之邀，蔡邦华重返浙江大学任教（蔡邦华 1928 年曾入浙大农学院任教，1930 年带薪赴德国进修）。

1937 年 9 月 13 日，唐觉到浙江大学报到。因战事日趋紧张，敌机的轰鸣声和凄厉的警报声打破了杭城的安宁，浙大校园内已难平静安放书桌，竺可桢校长果断决定，浙大一年级 219 名新生于 1937 年 9 月 21 日迁往西天目山中的禅源寺上课，唐觉亦在其列。禅源寺远离杭州，莘莘学子伴着黄卷青灯共读，部分教职员与学生朝夕相处，便于教师授业解惑、交谊谈心。教师既教书又育人，在这里首先推行了于全国高校中首创的导师制。竺可桢校长还在纪念周时上禅源寺作《大学生之责任》的报告，宣扬推行导师制的好处，并期待大学生将来能做社会各业的领袖。此后，导师制就在全校逐步推行开来，这是后话。

1937 年 11 月 5 日，日寇在距杭州 120 公里的全公亭一带登陆，杭州几乎全天处于警报声中。竺可桢校长当日主持校务会决定：学生 11 日、12 日、13 日三天按二、三、四年级的顺序迁往离杭州 120 余公里的建德办学。

11 月底，浙西形势危急。竺可桢校长决定让天目山师生迁往建德与本部师生会合。时值寒冬，唐觉随禅源寺师生肩挑行李，先步行下山至鲍家车站，后舟车辗转，备尝艰辛，经 5 日跋涉才到达建德梅城，稍事休整即行上课。

在竺校长亲率下，唐觉和师生一起，本着“读书不忘救国”的精神，在课余开展各种抗日活动。最令唐觉难忘的，有建德办学期间，学生自治会主席刘奎斗等 12 名学生回杭州从军抗日的动人故事，更有竺校长亲率近千名师生员工及眷属携带 2000 箱仪器、设备和图书等物件举校西迁时，克服人力和财力的困难，帮助浙江图书馆抢运杭州文澜阁珍藏的《四库全书》(计达 36000 册，共有 160 大箱)，由富阳经龙泉，最后至贵阳地母洞秘藏，直至 1946 年又协助运回杭州的大好事。

1937 年 12 月 24 日，杭州失陷。竺可桢校长决定举校第二次西迁，并安排师生分三批从建德坐船到兰溪后转金华，换乘火车至江西樟树镇，再换船沿赣江到江西吉安。全程 752 公里，历时 25 天。在第二次西迁路途中，因后有敌兵追击，天上有敌机轰炸，浙赣线逃难之人多如潮水，一路车船紧缺，唐觉多与同学结伴步行，经受饥饿与疾病的痛苦磨难，把方便让给老师及眷属。

浙大二迁的目的地是江西泰和县，在吉安只停留了一个月，以便师生完成期末温课迎考与小休整。在兵荒马乱的年月，逃难的人居无定所，没想到蔡邦华先生与唐觉竟会在文天祥的故乡吉安相见，此时他们已成浙大的师生关系。病虫害系昆虫组人员流失，竺可桢校长邀请蔡先生填补空缺以救急，但蔡先生因已先答应去云南大学任教，只能在浙大任教一年。

1938 年 2 月 18 日，浙大又启程迁至泰和。在泰和办学的半年中，学校除开展教学与科研活动外，还组织了 20 位教授组成前线慰劳队；学生自治会组织义演，又发起募捐劳军，竺校长带头捐慰劳款，共同谱写了一曲动人的支前抗日之歌。

浙大西迁泰和后不忘民困，主要办了三件事，师生都参与其中，唐觉也不例外。一是沿赣江支流澄江修建了7.5公里长的防洪堤和码头，至今仍被泰和人叫浙大堤、浙大码头。二是在上田村开办了澄江学校，招收当地和流离逃难的子弟入学，主要由大学生上课。三是开辟了沙村附近600余亩荒地兴办垦殖场，安置逃难到泰和一带的百余名难民，并留两位浙大毕业生进行指导，帮助他们集体经营以渡难关。

1938年7月，战火蔓延至江西北部，泰和不再是可安于教研之地，竺可桢校长又去迁至重庆的教育部商请第三次迁校问题。陈立夫部长同意必要时浙大可以再次迁校，还说可考虑迁至贵州安顺。竺校长当即前往广西各地寻觅、考察新校址及迁徙路线，得知宜山（今宜州）标营可供千人办学之用。此时，竺可桢校长突接学校催回的电报，得知夫人张侠魂患了痢疾，但他万万没想到丧妻失子的巨大病灾即将降临到他的头上！

迁校是牵动全校师生员工及眷属的头等大事，迁到何地为安、国家拨款不足等两大难题始终摆在竺校长面前。竺校长忍着悲痛，经过再三调研与盘算，最后选定了广西宜山为办学地，并安排师生员工及眷属走衡阳陆路于8月中旬出发，而仪器、图书、设备及大件行李先走赣江经广东三水转入西江，最后溯流抵达宜山。因舟车辗转，线路复杂，水路行程长达1200余公里，学校最终定于11月1日在宜山开学。

浙大在宜山办学14个月余，除正常开展教研活动外，还办了不少实事，其中最大的亮点是1938年11月19日，竺可桢校长主持校务会决定以“求是”为校训，请当时已加盟浙大的国学大师马一浮写校歌歌词，又请中央音乐学院应尚能教授谱曲。1940年春起，全校师生学唱校歌。直至今日，浙大校歌已唱响全世界，还在高校校歌歌词评比中荣获第一名，这是后话。

1938年秋，浙大迁至宜山后，仍是蔡先生上课，学生私下说他课讲得好。唐觉为了不因未听过蔡先生的课而留下遗憾，经系主任破例同意，在没有学过普通昆虫学的情况下，先学习了蔡先生讲的经济昆虫学专业课。因该课程已开课月余，唐觉没有课本，只好记笔记，最终考了75.7分，作为专业课，成绩是偏低了一点，但他总算听过蔡先生精彩的讲课了。

1939 年 7 月，蔡邦华整好行囊准备出发去云南，唐觉决定送他去车站。可是连天大雨留客，龙江水位暴涨，长途汽车受阻，蔡邦华又回到学校，意欲等洪水退去再走。农学院学生会负责人得知此事，组织了一批学生去找竺校长，要求留下蔡邦华先生。竺可桢校长认为蔡邦华办事能力强而且有计划，上课又好，受学生欢迎，还可借他人头熟请到一些有真才实学的好教师，于是当机立断，让蔡先生当农学院院长。蔡邦华自 1939 年秋至 1952 年冬，任浙大农学院院长 13 年有余。竺可桢校长和蔡邦华院长是浙大校史上任期最长的校长和院长。

1940 年春，浙大农学院迁到湄潭。蔡院长因太忙，便请清华毕业的中央茶场场长刘淦芝教昆虫分类（上），而他亲授昆虫分类（下）。唐觉认为蔡师讲解条理清晰，便于复习。据唐觉回忆，四年级昆虫生态专业课的害虫猖

1941 年 6 月，浙大农学院学生在湄潭农场留影（后排右 7 为唐觉）

猕学仅他一人参加，蔡师指定参考书并提供自己的手稿给他参阅。最后，他通过考试，取得了学分。唐觉的毕业论文是蔡师指导的，题目为《贵州湄潭水稻负泥虫的初步研究》，主要收获是更正了相传的学名（正名为 *Lema oryzae Kuwayama*），以及研究了它的形态、生活史、习性及防治方法。

当年，每个系都有学会，病虫害系也有病虫害学会，是以学生为主的学术团体，全系师生均为会员，以生活上互相帮助、学术上互相切磋为宗旨。1939 年秋，唐觉大三，被选为病虫害学会主席，毕业后仍继续担任。他创办了《病虫知识》（季刊），并组织了学术活动和病虫害标本的采集制作和展览等活动。直至 1949 年，他负责学会工作共 10 年。由竺校长题写刊名的油印《病虫知识》被他保存一生，有 80 多年之久。由此可见他学会工作之出色，对刊物感情之深。

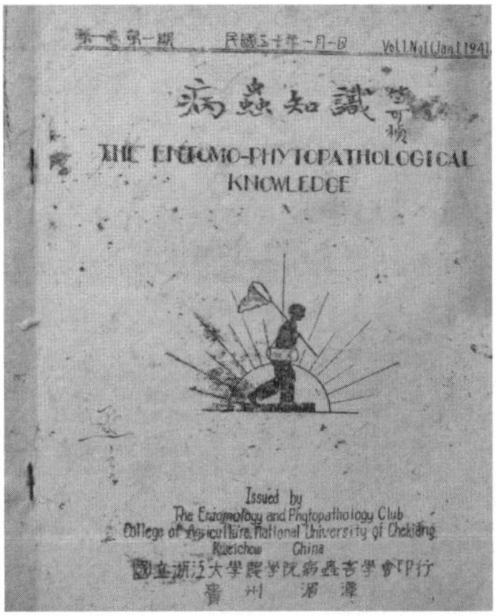

竺校长题字的《病虫知识》刊物封面

唐觉负责学会工作的 10 年里，大家像一家人一样，除学术讨论外，每年还组织送旧迎新工作。在蔡邦华院长的关照支持下，学会还组织沦陷区经济断绝的同学勤工俭学，抄写补充讲义以获得一些补贴或贷金，或者鼓励学生申请公费生等。春暖花开的季节，学会又组织老师、学生及家属采标本、做标本，后来还建了标本室，更在湄潭开过“昆虫世界”展览会，其中唐觉被指定负责展览事宜，得到了锻炼。

唐觉刻苦学习，成绩优异，获得了 1940—1941 年公费生奖学金，1941 年夏毕业留校任昆虫学助教。

抚育梁才尽心力

在流离中学习 4 年，唐觉修满 153.5 学分，超出规定 132 毕业学分的要求。唐觉不以此为满足，他每天早晨进城去听相关老师讲课，以便做好辅导工作及备好实验课。蔡师要求严格，要唐觉复习并搞懂所有学过的课程，还要他看英文课本。这样一来，每天不到午夜，唐觉是没法睡觉的。

知识无涯，学无止境。为扩大知识面，唐觉还挤时间听生物系贝时璋、物理系王淦昌和化学系王葆仁等名师的课，这对他日后的教学与科研起到了很大的助力作用。

唐觉数十年如一日地潜心于教育事业。为不断提高自身的素质，他努力从书本或科研中吸收新的知识，更是根据学科发展和教学的需要虚心学习他人的长处，并在实践中勤奋学习和工作。他适时开设了许多新的课程，以满足高等教育改革与发展的需要。

唐觉早在大学期间就十分重视知识的积累。他除学习本系基础课和专业课外，还选修了生物系学生的无脊椎动物学、比较解剖学、生物学技术、动物生理和细菌学等课程，在助教期间旁听了生物系的组织学、胚胎学以及研究生的实验形态学课程，打下了坚实的生物学基础。他还先后学习了英语、德语、法语、俄语、世界语、拉丁语、日语及意大利语等 8 种外语，得以博览群书，积累了渊博的知识。1955 年，他参加了全国农林院校教学大纲的修订，先后为本科生和研究生开设普通昆虫学、外系昆虫学（园艺系、蚕桑系）、昆虫形态学、昆虫研究法等 15 门课程。

他善于借鉴他人的长处，虚心学习主讲老师的经验。在担任助教时，他认真学习蔡邦华先生的教学艺术，以及贝时璋教授边画边讲的讲解技巧。他把这些特点结合起来，在讲授普通昆虫学时，把枯燥而难以记忆的昆虫外部形态名称及烦琐的解剖生理讲得生动活泼，得到学生的赞誉，以至于学生毕业几十年后仍对他感到钦佩！

为了给广大师生学习与探索知识创造条件，他在任教期间一直特别重视图书的选购和期刊的添设增订，经常去外文书店联系购书事宜。凡是世界各国的昆虫基础教材，包括普通昆虫、昆虫分类、昆虫生理解剖、昆虫生理生化、害虫防治及药剂学等书籍，他均予以关注选购；为了系所开展种子害虫与植物检疫科研工作，他不遗余力地搜集白蚁、蚂蚁的有关专著及增补期刊。他还担任浙农大图书馆委员会副主任，以及校学术委员会委员、系学术委员会委员。

注重实际动手能力的培养，是唐觉教学的一个重要特点。早期，他亲自开创了绘制讲课挂图的先例；在担任助教期间，他负责建立昆虫标本室，从做标本盒和标本橱开始，每天完成30个针插标本，长期的锻炼使他掌握了扎实的基本功。在抗日战争年代缺乏载玻片、盖玻片的条件下，他曾在同一盖玻片下把35只有翅蚜排列得整整齐齐，个个前后翅到位，触角分向前侧，创造了奇迹。20世纪40年代中期任讲师后，他主讲昆虫研究法一课，把内容增至17章，增加了养虫室修建原理、组织切片、摄影制铜锌版、模型制作、绘图、双筒镜的保养和清洗及文献查阅等章节，对提高教学质量起到了重要作用。

1978年，唐觉晋升为教授时已逾花甲之年。为培养研究生及接班人，他几经努力，先后培养了五倍子、种子害虫、蚂蚁、白蚁、植物检疫害虫等方向的硕士生9名。1986年，他被国务院批准为植保系唯一的昆虫学博士生导师，浙农大也成立了昆虫博士点。直至1992年底，他又先后培养了白蚁、蚂蚁和五倍子三个方向的实验昆虫学博士生3名。他对学生悉心指导，关怀备至：强调基础理论课的学习，强调国家需要和个人专长的结合，提高了学生的学习热情和就业适应能力。他牢记竺可桢校长推行的导师制，做到既教书，又育人，既重视学生的业务知识，又关心学生的德行修养，努力把学生培养成为高素质的人才。

他十分重视培训专业技术人员，从20世纪50年代起，先后为农业部种子局设立的种子训练班，农业部植保局设立的植物检疫培训班，商业、外贸、林业等部设立的五倍子培训班讲授有关课程。他一生致力于这些方面的工作，以最大努力收集资料，编写教材。他的讲解内容新颖，深入浅出，理论联系实际，如与葛起新合编的《植物检疫》，对黑森瘿蚊、高粱瘿蚊、美国白蛾等作了较详细的介绍，从而证实了新疆有黑森瘿蚊分布，并对美国白蛾作了鉴定，对推动外检起到了重要作用。此外，他拍摄了他的科研成果——第一部五倍子彩色科教片，还特意制作了一套可携带的标本。1972年起，唐觉不辞辛劳，多次深入湘、桂、鄂、川、黔等五倍子产地，翻山越岭到现场调查，

1989年4月至6月，唐觉（右7）受林业部委托，在华家池举办第二期全国五倍子生产技术骨干培训班留影

举办学习班，对推动我国五倍子的生产、植物检疫和种子害虫研究等工作作出了重要贡献。

唐觉的学生遍及全国及欧、美、非等洲，最早的弟子有吴维均、管致和、汤枋德、巫国瑞等教授和研究员。

唐觉一生撰写和翻译的学术著作论文篇数过百，但早期论文因课题属机密，仅作为内部资料刊出。

求是创新多硕果

科学研究是贯穿唐觉一生工作生涯的大事。除自幼受家庭熏陶养成爱好大自然及昆虫的兴趣外，在奉行求是精神的浙大校园里，学术气氛浓厚，全校各系科或学会都有各种学术讨论会，唐觉也常常参与其中。他又很快遇上了奉行求是创新精神的著名昆虫学家蔡邦华恩师，唐觉在蔡师身边学习与研究十余年，并自学多种外语。他学会了查阅文献及其他多种研究方法与手段，不断创新科研成果。下面简单介绍他的五倍子研究、城市昆虫研究、蚂蚁研究等及其成果，以飨读者。

五倍子研究的奠基人

五倍子生于盐麸木植物，是寄生的蚜虫被刺激后形成的虫瘿。中医认为五倍子有敛肺降火、涩肠止泻、敛汗止血以及抗肿瘤等作用。五倍子因为收敛特别是收肺气作用比较明显，用于治疗肺虚久咳、气虚自汗以及遗精等病症都有不错的效果。另外，五倍子还有固涩止泻和止血的作用，所以五倍子可以用于治疗小便尿血、消化道出血、脱肛和鼻出血等疾病。此外，五倍子外用对收湿敛疮有非常好的效果，经常可以用于治疗口疮、足癣等病症。五倍子在工业上用途极为广泛。以五倍子为原料生产的单宁酸及其系列产品广泛应用于卫生、轻工、化工、石油、冶金、食品农业、电子行业，现已成为国防、电工和尖端科研的重要资源。

唐觉在《怀念恩师蔡邦华院士》一文中说："1942 年，蔡师的五倍子研究由我接手继续做，我先在贵州湄潭学校背后城墙的盐肤（麸）木上发现有五倍子，继而在农场去塔坪的田旁也找到五倍子，但都是角倍。"此后，他就上山寻找，就这样孜孜寻觅，一年中就找到 9 种五倍子，为五倍子研究拉开大喜的序幕。

唐觉发现与采集的 9 种五倍子，包括盐麸木上当时已知的角倍蚜和倍花蚜，以及两个新种（倍蛋蚜和圆角倍蚜），另外还有一个新记录种（红倍花蚜）和红麸杨上的四个新种（蛋铁倍蚜、枣铁倍蚜、红小铁倍蚜和铁倍花蚜）。这是我国五倍子蚜虫分类上的一个突破，他与蔡师联名发表的论文刊于英国伦敦皇家昆虫学会会刊。

唐觉在调查中获得了角倍和圆角倍两种不同属种的干母栖于一处形成的共栖倍多枚。这是非常难得的标本，说明干母同期发生，成熟爆裂先于角倍，而此共栖倍的爆裂期恰在两者之间。这是一项新发现。他还在贵州湄潭探寻到角倍蚜的冬季主藓类两种，经过人工繁殖已可越冬，翌年春可人工接种干母到盐麸木上结出五倍子。于此，他也取得了重要成果。

有一必有二。第一年初觅告捷，第二年唐觉确定了重点山区、重点树林和重点倍子种类作为重点观察对象，但他在野外标上编号的倍子常被老乡采走而无果，因此，他只好进入深山野林观察。然而，深山野林常有野兽、蛇虫出没，孤身一人相当危险，如没有强烈的责任感与使命感就难以为继，但唐觉从不打退堂鼓，他常备一根木棍作防范，倘遇乡村恶狗亦可防身。

1944 年，重庆召开中国科学社和中华农学会，蔡先生将与唐觉合作的 4 篇论文摘要（3 篇后来正式发表）在会上宣读，引起了与会者的重视，得到当年农林部的经济资助。抗战胜利后，浙大于 1946 年夏复员杭州。唐觉由于分心上课并于 1950 年着手砻糠灰研究等，五倍子研究基本停止，只整理过去的研究资料和标本。

1959 年，国家科委把五倍子繁殖增产问题列入科研项目，由唐觉负责这项科研工作。他坚持实践出真知的真理，不辞艰难辛苦，亲自去浙江仙居山区蹲点调查研究。在三年困难时期，他仍坚持在观察点工作，风雨无阻，三天两头冒风雨、历艰辛，爬到 700 米和 1000 米高的山上调查，终于出色地完成了生物学观察任务，并在国内首先提出了人工繁殖增产五倍子的措施和途径。

1962 年起，唐觉在校园内进行五倍子人工养殖试验。在研究中，他搞清楚了角倍蚜全年有 6 个世代，即干母、干雌 3 个世代（第三代干雌即秋迁蚜）、性母（即春迁蚜）和有性蚜（即雄蚜和雌蚜）。在对性母发生规律的研究中，他首先发现其顺序是先淡绿色的雄蚜，后褐色的雌蚜。经解剖证实，卵巢管中胎蚜的排列次序为先雄后雌。这一项发现，在蚜虫生物学上有独特的意义。与此同时，唐觉进一步研究了秋

1990 年 5 月，唐觉在华家池盐麸木下，与徐厚梁老师观察他们人工培养的五倍子

季迁移蚜和春季迁移蚜的迁飞与生态条件，性蚜的生物学特性，生长发育与温度、湿度的关系，性蚜的保养和杂交等，提出了保养春迁蚜等待性蚜产出或等干母产出后接种上树的方法。他与老同学金成忠协作，通过同位素研究盐麸木生长和结倍后的营养物质运输积累的途径，确定各复叶的营养物质靠自身积累，各复叶间不能运输，从而明确了放虫上树不能过密，每复叶上不能超过 5 个倍子，以及改善盐麸木的修剪管理方法可延缓结倍子的复叶掉落，如采用环割可改变营养物质转移的积累，提高倍子的重量。他通过调查，找到了圆叶、皱叶（侧枝）和尖叶三种提灯藓作为蚜虫优良的冬寄主（后两者为世界上新发现的可作为寄主的种类），并在校园平地上结出了又大又多的角倍，从而明确了五倍子的产结必须具备有夏寄主、冬寄主、五倍子蚜和适宜的环境条件，推翻了端午挂倍的错误做法。

1967 年，唐觉在杭州开办了五倍子人工繁殖学习班，为五倍子生产提供了整套经验。他提出的人工繁殖方法，分为原产地和非原产地适用的两种方法，但非原产地方法同时适用于原产地。原产地提高产量的方法：1. 适时采收；2. 改进倍子处理方法；3. 积极保护和培育盐麸木；4. 对冬寄主提灯藓进行保护；5. 重视五倍子蚜虫留种工作。非原产地人工繁殖的初步方法：1. 建立和选择基地；2. 引种和接种；3. 保护过冬幼蚜；4. 人工保养性蚜和干母接种等。

20 世纪 70 年代起，唐觉重点展开了有关成果的推广应用工作。他应各主产省份商业和外贸部门的邀请，深入产地举办培训班，帮助各省份制订计划，足迹遍及广西、湖南、贵州、湖北、四川等地。自 20 世纪 70 年代后期起，他带领助手和研究生继续对倍蚜的生物学、生态学和自然界的繁殖方法进行深入的理论研究，并在杭州玉皇山和湖州德清莫干山基地确认适宜环境，人工放养倍蚜，以便扩大产地分布并可定居下来。

尽管因当时五倍子研究被列为机密课题，大量论文不能正式发表，但有关试验结果都以内部资料印发全国，如他所编写的《五倍子》（1980）及《中国五倍子研究报告选编》（1986）等材料阐明了五倍子生产的关键技术问题，对推动全国各地五倍子生产起到了重要指导作用。他主持的研究课题“五倍子及其繁殖增产的途径”于1979年获浙江省科学大会科技成果二等奖。

城市昆虫学的先驱

唐觉善于根据生产需要来确定研究项目，扎实的基础和渊博的知识使他能适应各种昆虫学的教研工作。长期以来，他在城市昆虫学的不同领域做了大量工作。

记得1939年的一天，张蕴华助教在广西宜山的东城墙上找到一个白蚁窝，这是唐觉第一次看到白蚁。在湄潭读书时，唐觉又看到了雨中从破坟中飞出的白蚁。1950年某天中午，唐觉在杭州家旁看到白蚁分群，就马上采了标本送至蔡邦华先生家，经确认是黄胸散白蚁，属于散白蚁的一种。自此，唐觉开始做杭州黄胸散白蚁分群期的预测研究，历时5年，并发表了论文，刊登在1959年《昆虫学报》上。

20世纪50年代初，唐觉从事仓库害虫等防治研究工作，得到浙江省轻工业厅的资助。他经常下仓库蹲点，调查仓虫种类和发生规律，参与各种防治工作。他采集到100多种仓虫标本，并亲自将其拍成彩色显微照片，编写讲义、教材，为各大、专院校广泛采用。

1952年抗美援朝期间，唐觉以医用昆虫专家的身份参加了反细菌战。

1960年4月，唐觉（左4）参加中科院动物所会同水电部在湖北沙市联合召开的荆江大堤防治土栖白蚁现场会留影

1958年6月，杭州市开展消灭白蚁运动，成立了“杭州市消灭白蚁指挥部”，唐觉担任顾问，编写了白蚁防治基础教材，并培训了白蚁防治人员达400多名，他还亲自参加了消灭蚁巢的活动。

“千里之堤，溃于

蚁穴。”防治白蚁非常重要。1960 年 4 月，全国八九个部委一起行动召开会议，全国各部门、各地方都派代表参加，蔡邦华代表中国科学院，白蚁防治工作者夏凯龄、研究者唐觉等也都参加。一行人在湖北沙市开会，到江陵县荆江大堤调研，最后坐船经宜昌到长江三斗坪考察长江坝址的白蚁分布情况。这次会议吹响了全国消灭白蚁的号角，影响很大。

20 世纪 70 年代初，唐觉动手研制消杀粮仓害虫的磷化钙以代替进口磷化铝。1971 年 9 月初，他在浙江鄞县农村仓库烧制磷化钙时，因吸入过多磷化氢气体而中毒，腹泻两天两夜，大量失水而未及时补液致使他脸上皮肤出现皱纹，无法恢复。但因此，他在全世界首先发现了磷化氢中毒导致腹泻的新症状，并充实于教材。

浙江于 1982 年也成立了白蚁防治协会，唐觉连任两届理事长后，荣任名誉理事长和顾问。杭州白蚁防治协会于 1983 年成立，唐觉任多届理事长后，于 2007 年卸任。

在长期的研究和教学工作中，他培养了一批从事防治种子害虫、白蚁和其他居室昆虫专业的教师和研究生，形成了一支队伍，为浙江农业大学建立城市昆虫研究中心打下了良好的基础。

“蚂蚁教授”名天下

早在 20 世纪 40 年代，唐觉就有了研究蚂蚁的心愿。他一是收集有关蚂蚁的专著，二是借出差以及坐车中途到站下车的机会，用随身携带的小瓶子采集蚂蚁的标本。唐觉 1959 年开始开展蚂蚁分类学的研究，1969 年开始承担中国科学院蚂蚁种类的鉴定工作，参加青藏高原考察

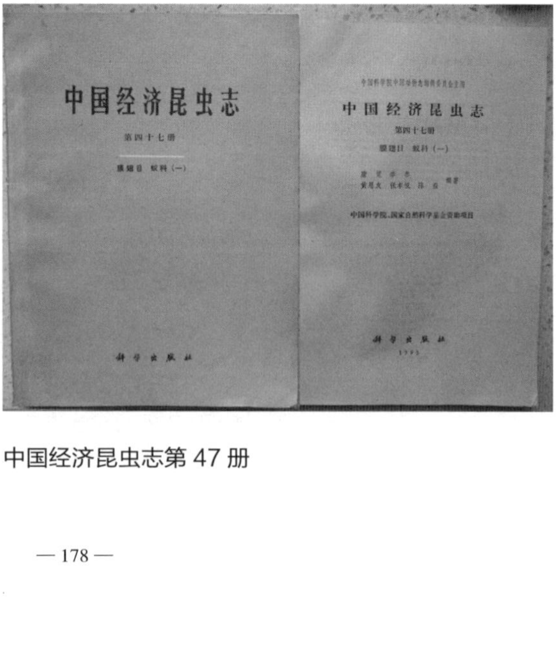

中国经济昆虫志第 47 册

的昆虫蚁科标本研制及编写，开展蚁科分类区系的研究，填补了国内此项研究的空白；1979 年，此项工作被正式列入中科院动物所计划。他主持的蚁科研究小组完成有关专著《中国经济昆虫志》蚁科第一分册，记载了 120 余种蚂蚁。该工作获得中科院 1986 年科技进步奖特等奖。

唐觉在蚂蚁研究中十分重视实际应用。1983 年 11 月，外商指控北京大华衬衫总厂出口日本的衬衫纸盒中夹有活蚂蚁，引起贸易纠纷。大华衬衫总厂请求唐觉给予帮助。他与助手仅花了 3 天时间就提供了“衬衫中的伊氏臭蚁并不生长在中国北方，商品包装中的蚂蚁只能是在日本进入”的依据，挽回了我国企业的信誉，避免了经济损失，亦显示了我国科研的实力，在国内外引起强烈反响。同年，他配制成特效低毒诱杀粉“灭蚁净”，为杭州华侨饭店和杭州中药二厂解决了蚁害问题，获省科技成果奖。

1981 年起，唐觉在全国范围内为蚁类开发做了大量鉴定工作。他组织教师和研究生，在国内率先对鼎突多刺蚁的生物学、生态学、生理生化和饲养繁殖做了大量基础工作，积累了不少宝贵的资料。唐觉于 1990 年 4 月退休后，仍为蚂蚁开发工作担任咨询、顾问工作，被群众誉称为“蚂蚁教授”。

1994 年，唐觉已近耄耋之年，但他仍自己设法筹措资金，前往巴黎参加国际社会性昆虫研究联合会（IUSSI）第 12 届年会。他在会上介绍了中国经济昆虫蚁科分册和中国多刺蚁属机器开发利用于人体保健的情况，引起与会专家的关注，获得好评。经大会主席皮尔 · 贾松的提议，唐觉代表中国向大会申请成立中国地区分会，得到大会各国代表一致通过。中国由此成为国际社会性昆虫研究联合会第 14 地区分会所在国。这一切充分表现了唐觉孜孜不倦地为发展我国昆虫学而努力奉献的精神。

50 余年来，唐觉一直以工作为重，多次放弃外出进修学习的机会，依靠自己刻苦工作的精神和顽强探索的毅力，做出了巨大成绩。他本科毕业后工作 4 年即晋升为讲师，1952 年被华东高教局批准为副教授，1978 年晋升为教授。他前后为大学生和研究生开设课程达 15 门之多，在五倍子、仓虫和种子害虫、白蚁、蚂蚁等广阔的研究领域中均取得了显著成绩。

唐觉曾任中国昆虫学会理事，浙江省昆虫植物病理学会副理事长，浙江省白蚁防治协会理事长、名誉理事长，浙江省农学会理事等职，并被省医药、卫生、粮食部门聘为特约研究员和顾问。

2017 年 10 月 11 日至 14 日，中国昆虫学会第十次全国会员代表大会暨 2017 年学术年会在厦门召开。浙大农学院昆虫科学研究所百岁教授唐觉，因其在昆虫学科研及教学上作出的突出贡献，被授予中国昆虫学会终身成就奖。同年 10 月 21 日，祝贺唐觉先生获中国昆虫学会终身成就奖的小型庆祝会在浙江大学华家池校区举行。浙江大学原副校长、中国昆虫学会原副理事长程家安教授，农学院院长、中国昆虫学会副理事长陈学新教授，昆虫科学研究所常务副所长祝增荣教授，唐觉先生指导的在杭毕业研究生代表，唐先生的部分亲友和昆虫科学研究所的师生代表，共计数十人参加了庆祝会。张传溪教授主持庆祝会。

热爱生活续缘人

抗战胜利后，浙大师生于 1946 年结束西迁办学，回到杭州。这段有着“文军长征”之称的西迁之路，在后来相当长的时间里并不为外人所知。而唐觉先生在浙大回归 36 年后的 1982 年 11 月，重新开启了那段波澜壮阔的记忆。那年，唐觉到贵阳参加全国栲胶、五倍子学术研讨会，会后应邀到遵义第二化工厂考察。随后，唐觉提出要到阔别 36 年的湄潭去看看，于是由遵义浙大校友会秘书长何柱承陪同去了湄潭，洪星副县长热情接待了唐觉教授。交谈中，洪星第一次听到 1940 年至 1946 年浙大在湄潭办学 6 年多的历史，从此架起了浙大与湄潭彼此往来不绝的桥梁。唐觉教授成了“浙大湄潭续缘人”。

1982 年 11 月，唐觉首访湄潭于文庙鼓楼前留影（中为洪星，左为何柱承）

1986 年 9 月，唐觉第二次访问湄潭（左起：姚国祥、郭文渊、张仁敏、唐觉、袁长林、洪星、张英祥、袁兴培、娄鸿、张传溪）

1986 年 9 月 28 日，应湄潭县林业局邀请，唐觉教授带着研究生张传溪再赴湄潭。其间，应时任湄潭政协主席洪星提议，唐教授向湄潭县相关部门详细介绍了浙大西迁遵义、湄潭办学的历史并合影。借此机会，洪星还陪同唐教授寻访了当年浙大师生课余经常去郊游的党家沟并留影。

1997 年 8 月初，湄潭县政府委派张正谊等一行人访问浙江农业大学合影（左起：田维宪、赵明强、陈锡臣、卓艺文、曹列锋、唐觉、陈邡、张正谊）

1990 年 4 月，唐教授又接受学校的返聘，为培养人才不遗余力。直至 1993 年送走最后一位研究生，他才退休在家，除了读书看报，就是与书法、画画为伍了。他很快成为浙江省老年大学的优秀学员，除了外出科技推广，15 年学习期间坚持出勤。他乐此不疲地学习各种书法，人物画、花鸟画、山水画，篆刻和裱画，甚至 80 多岁时还学了跳交谊舞和拉丁舞，并且各科学业都很优秀，直到 90 岁时才在老伴的再三要求下“毕业”。真是个活到老、学到老的“老来乐”！他还曾被杭州市原江干区评为“健康老人”。2015 年 2 月 16 日，浙江大学为百岁寿星唐觉教授举行祝寿会，时任校党委副书记的任少波博士到场祝贺。

2015 年 2 月，浙江大学为唐觉先生庆祝百年大寿（99 虚岁），二排右 5 起：程家安、任少波、唐觉、陈子元院士

1998 年 12 月 10 日，天高云淡，风和日丽。我和办公室杨捷同志怀着崇敬的心情去华家池专访百岁寿星——植物病理学家、农业教育家陈鸿逵教授后，又专访了昆虫学家、农业教育家唐觉教授。走进唐教授的家，映入眼帘的是用老旧衣架小夹子齐刷刷夹挂在绳索上的一幅幅足有一人高的书法未

裱条幅，把老旧家具的真面目掩藏了起来，余下的地方多被书报占领。唐师母沈葵笑呵呵拉出几把躲在毛笔大字条幅后的椅子，让我们和唐教授每人都有位置坐着聊天。我被眼前的一切感动了，深感我的上辈老师也会和我家窘况相似。然而，唐教授夫妇快乐地走着、热爱着自己走了大半辈子的路。

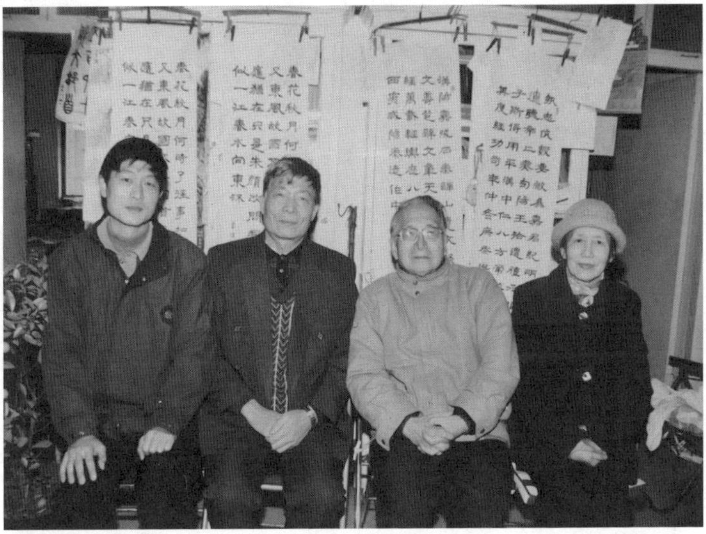

1998 年 12 月 10 日，笔者与杨捷采访唐觉后留影（左起：杨捷、笔者、唐觉、沈葵）

唐觉夫人沈葵（1923 年 11 月—2015 年 9 月）出生于江苏苏州。1947 年毕业于东吴大学文学院社会学系，获法学学士学位；1948 年 1 月筹建了国立浙江大学附属医院图书室，同年与唐觉结为同好；1952—1987 年在浙江农业大学图书馆工作；1983 年晋升副研究馆员。退休后，她还与唐先生去老年大学提升交谊舞和拉丁舞的水平。进入耄耋之年后，他们常外出郊游，拍拍照片，陶冶情操，这兴许是他们的长寿秘诀之一吧。

唐觉夫妇有一个温馨的家。他们育有一女唐柯、一子唐健，儿女各自有一个美满的家。

1948 年，唐觉与沈葵结婚照

2008 年，唐觉夫妇在杭州刘庄留影

2022 年，浙大西迁二代陈天来副教授主编了《扎根湄潭，情系浙大——洪星忆往影集》并筹资出版，用图文记录了浙大与湄潭双方往来的情景，以存友情往来之史，这也是给在天堂的“续缘人”唐觉教授的一个慰藉吧！

1958 年冬，唐觉全家福

（2023 年 3 月 12 日初稿，同年 5 月 10 日改定）

大爱无己，人所共仰

——记浙江大学名誉教授、著名美籍华人实业家汤永谦先生

汤永谦（1918 年 5 月 4 日—2013 年 5 月 29 日），浙江省鄞县（现宁波市鄞州区）人，美籍华人，著名实业家。1940 年毕业于浙江大学化工系，留校任助教。1942 年浙大化工研究所成立，为首届硕士研究生。1944 年考取全国赴美留学生，1945 年赴美，后入匹兹堡大学攻读硕士学位，又入哥伦比亚大学攻读博士学位。1949 年进入美国标准包装材料公司从事研究工作。1952 年后历任该公司开发经理、品质经理、技术经理和分厂总经理。1967 年创建特克里公司，任总裁，以出色的业绩荣获美国政府授予的“亚裔商业杰出奖”，纽约市政府授予的“杰出企业奖”。1997 年被浙江大学授予名誉教授。曾任浙江大学教育基金会顾问。

用太阳的光芒和生命的火焰熔铸的大爱，会像金子一样永远熠熠生辉。

——题记

2013年5月31日上午，浙大校友总会张灿燕老师泣告：浙江大学校友总会名誉会长、浙江大学教育基金会顾问汤永谦先生因病医治无效，于2013年5月29日9时36分在杭州不幸仙逝。噩耗传来，我和老伴潸然泪下。近20年来忘年相交的一幕幕在脑际浮现。

风风雨雨求知路

汤永谦祖籍浙江鄞县，于1918年5月出生于上海金融之家。1924年，汤永谦进入小学后，强烈的求知欲驱使他起早摸黑地读书，成绩一直名列前茅。进入名校上海南洋中学后，汤永谦门门功课都学得很好，对化学实验更是着了迷。他回忆说，办厂梦的种子是中学时种下的。由于化学成绩好，他常常帮老师做实验，学到了制作“科学酱油”的技术。在参观肥皂厂、牙膏厂时，他很有兴趣，也很认真地看。此后，一个报考化工名校以至办化工厂的美梦在他心头萌生了。

浙江大学化工系久负盛名，多年来，化工系留学生在浙大独占鳌头。1936年4月25日，著名学者竺可桢博士出任浙大校长，汤永谦更坚定了报考浙大化工系的心愿。1936年初秋，汤永谦如愿收到了浙江大学的入学通知书，而后怀着激动的心情来到西子湖畔的求是园就读。

1936年9月18日，汤永谦聆听了竺可桢校长对全校新生的训辞：“诸位在校，有两个问题应该自己问问。第一，到浙大来做什么？第二，将来毕业后要做什么样的人？”几十年来，这一训辞像鸣钟一样常在汤永谦心头敲响！汤永谦力求按竺校长提出的德智体全面发展的四个要求去做，即：“一是肯牺牲自己，努力为国，以天下为己任的精神；二是清醒的富有理智的头脑和深思远虑、不肯盲从的习惯；三是明辨是非而不徇利害的气概；四是健全的体格。”

在求是园里，汤永谦注重全面发展。他每天早早来到大操场晨练，并参加升旗仪式，聆听竺校长的晨训，然后全身心投入听课或自习。回首汤永谦风风雨雨的求学历程和艰苦创业的不平凡道路，不正是实践竺校长培养人才要求的诠释吗？

姚文琴（1917 年 5 月 1 日—2021 年 6 月 16 日），浙江杭州人，美籍华人。1937 年夏考入浙江大学教育系二年级插班生，有缘与帅哥汤永谦同一年级读书。1940 年毕业于浙江大学教育系，1948 年后在美国匹兹堡大学攻读硕士学位。曾任联合国纽约国际学校幼儿教师，是著名幼儿教育专家。

1937 年 7 月，日寇入侵北平，抗战全面爆发。同年 11 月，浙江大学师生员工在竺可桢校长的率领下开始了艰苦卓绝的西迁，途经浙、赣、湘、粤、桂、黔六省，行程 5000 余里，于 1940 年初抵贵州，在遵义、湄潭、永兴办学近 7 年。1939 年，浙江大学还在浙江龙泉建立了分校。在西迁途中，汤永谦常常忍饥挨饿，患上了胃病，但他仍把方便让给别人，把困难留给自己。他不顾身恙，抢着给本系或外系的同学搬运行李，帮助女同学更是在所不辞；在用膳时，因菜少，一桌同学只能共吃一盆菜，汤永谦的双筷总像“蜻蜓点水”一样，把菜留给他人；到了“蛮烟瘴雨”的宜山后，许多同学患上疟疾，他又如关心弟妹一样照顾得病的同学。因此，许多同学都称他为乐于助人的好学长、好弟兄。当年，生活条件极其艰苦，校舍又遭敌机滥炸，同学们发扬求是精神，白天坚持站在草棚里听课，晚上在桐油灯下，趴在床上做作业。就这样，汤永谦经受流亡求学和身负小恙的双重磨炼，留下了难以忘怀的记忆。

1942 年，汤永谦、姚文琴结婚照

1940 年夏，汤永谦毕业后，系主任李寿恒希望有两人留下当助教，同学们首推汤永谦。1942 年，汤永谦与教育系姚文琴结为秦晋之好。从此，他们携手共创出属于自己的一片新天地！

在遵义求学和任教时期，汤永谦待人真

诚，仗义勇为。他除了学业出众，篮球场上也常显身手外，还常常积极参加抗日劳军、义卖活动。他的助人为乐、为人解困分忧之举，更是为学生和同事所称颂。1942 年 1 月，浙大发生“倒孔（祥熙）”运动，曾在遵义举行游行示威，波及湄潭。国民党当局捏造罪名，逮捕了潘家苏和滕维藻。汤永谦得知后，不顾个人安危，买了两只贵州名产板鸭作慰问品，亲至桃源山监牢探望两位同学，同窗友情可见一斑。

1941 年底，汤永谦考取了化工系首届研究生。他获得硕士学位后，仍留在学校教学和办厂，用多年的心血，在浙大写下了属于自己的闪光一页。最令他难以忘怀的是竺可桢倡导的求是精神，它像一只罗盘，一直引导着汤永谦在人生的海洋里颠簸向前。

1944 年 1 月，国立浙江大学化工研究所师生合影（前排中为李寿恒，后排中为汤永谦）

1944 年，因为租借法案，中国招考了 1000 多名技术人员到美国工厂实习，汤永谦如愿以偿，去美国实习一年。1945 年 5 月初，他和本校考取的 8 个同学一起，飞越喜马拉雅山，经印度加尔各答乘船，于 6 月 20 日抵达美国。8 月中旬，欣闻长达 14 年的抗日战争取得胜利，汤永谦和国人一样欣喜若狂，主动去华盛顿的白宫打听消息，而后和华人一道参加游行，庆贺胜利，抒发爱国的情怀！

在美国的实习结束后，汤永谦进入匹兹堡大学攻读硕士学位。他一边打工，一边苦读，顺利取得化工硕士学位后，于 1948 年下半年考入纽约哥伦比亚大学攻读博士学位。1946 年，妻子姚文琴也来到美国与他团聚，并考入匹兹堡大学教育学院学习。此后，他们有了自己的新家，并共同开拓辉煌的未来！

买厂办厂终圆梦

人生的追求确像一个多彩的梦。汤永谦的梦想是办一个与民生相关的化工产品厂。他的梦从国内做到国外，做了大半生，又是什么色彩呢？这还得从求学时代讲起。

汤永谦曾对我说："学化工就是想办厂，办厂不仅可以自己出产品，而且化学产品厂只要小本经营就可以做成。"这句质朴无华的话，不仅是汤永谦圆梦美国办厂的真谛所在，也似连接他几十年实践奋斗的业绩与成果的一条金线。

岁月不老，记忆常青。

在浙大化工系当助教时，沉浮汤永谦心海多年、源自南洋中学的办厂梦发芽了。1941 年，他婉谢在上海开钱庄的表哥的经济援助，不惜变卖值钱的衣服和书籍，自筹了 300 元，在条件极其困难的贵州遵义办了中华肥皂公司。汤永谦说："当时乡下没有好肥皂，都是黄褐色的那种土肥皂，我们做的是白色质硬的好肥皂，大家都很喜欢。"白肥皂受到市场的青睐，极大地增加了汤永谦办厂的热忱。此后，他利用遵义办厂积累的资金，在广西桂林办了一家较大的化工厂，生产肥皂、香料、甘油、牙膏和皮革等多种产品。他一边攻读硕士学位，一边应用苏元复教授的生化技术改进肥皂的品质，提高了经济效益。然而，正当汤永谦为发展我国化学工业大显身手时，1943 年冬，桂林被日寇占领，新建的化工厂遭到日寇的破坏，汤永谦的办厂梦被击得粉碎。

1945 年，汤永谦到美国西屋公司化学工厂实习后，一边读书，一边工作。1949 年，汤永谦因有一技之长，顺利进入了一家规模较大的美国标准包装材料公司下属的纽约布碌仑分公司工作。这家大公司当时有 30 多个分厂，28 个分公司，布碌仑就是一家分公司。大公司 9000 多名员工中，只有汤永谦一个华人。公司的总裁不喜欢少数族裔，但是汤永谦凭着求是学子的优良素质和过人的才智，不断进取，终于得到副总裁的信赖和力荐，从技术人员晋升到管理部经理，再到技术部主任，到 1967 年成为此分公司的总经理，主管分公司的所有运营盈亏，责任重大。当问及在当时公司排外的环境下，为什么他能打进大企业的行政核心一事时，汤永谦却谦虚地说："当时公司里大多是推销人员和金融专才，我搞技术就运气一点了。"

1967 年，总公司因经营不善，决定卖掉布碌仑公司，询问汤永谦是否有意购买。知己知彼，百战不殆。汤永谦冷静地分析了工厂运营亏损的原因：一是自己刚任总经理，进厂 18 年的经验未能发挥出来；二是工厂机器陈旧，亟待更新。经过深思熟虑，汤永谦决定向一位中国朋友借款把布碌仑买下，并改名为特克里公司（Tekni-Plex，2005 年中国公司成立后称"德尼培"），他出任公司总经理，就此踏上了风险更大的创业历程。他买下公司后，凭着自己的专业才干研制开发了许多新产品，其中主要有密封盖，如药瓶盖旋开后的那层保护膜，可以防止药品潮解和氧化。同时，他凭借自己的管理经验，加强管理，做好 3 年或 5 年运作与发展计划，很快使工厂摆脱困境。特克里公司创建初期，年销售额为 230 万美元，员工最多时达 300 人。由于汤永谦重视设备的更新，公司逐步实现电脑化，提高了效率，当营业额增加一倍时，员工反而减至 250 人。

20 世纪 60 年代，汤永谦夫妇合影

1970 年，汤永谦看到了麦当劳等公司对包装保鲜材料的需求，于是当机立断，在新泽西州桑莫市买地建了第二个厂。该厂主要生产两种创新产品，一种是聚苯乙烯泡沫包装材料，用来制造盛装生熟食品的各种餐盒。它能在

4℃下充氮使鸡肉冷藏保鲜，并可直接放入微波炉加热食用。当时，特克里最大的客户是因生产鸡肉而闻名全美的普渡公司，特克里特为其生产黄色塑胶盘。普渡公司用上黄色塑胶盘后，因盘子品质好，又十分方便，于是所有鸡肉公司群起仿效，此后，“黄盘子”就在鸡肉界一统天下，甚至成为其代名词。普渡公司总裁法兰克·普渡在年度表彰庆功会上，对其他供应商只给一块小奖牌，而对汤永谦则颁发了一块其亲笔写有“谢谢您对品质的执着”字样的大奖牌，并和汤永谦合影留念，以示对汤永谦工厂出产产品的信赖。此后，不少大公司，如葛来斯公司、美国石油公司和美孚公司等都加入了做鸡肉盘子的竞争，但产品品质一直比不上特克里。“我们之所以做得比他们好，一是原料好，二是严格控制产品的质量。”这是汤永谦沉着竞争、以质取胜的秘诀。新厂生产的另一种产品是药用氟烃膜包装材料，它能满足药物愈来愈高的无毒、密封、防潮、防氧化和取用方便的包装要求。由于这种薄膜品质好，许多药厂指名争购这种材料。因此，在同行竞争者如林的情况下，汤永谦的工厂脱颖而出，最终成为全美药膜包装材料唯一供应厂。这些新产品价廉物美，当时在美国尚属首创，改变了沿用多年的包装方式，获得了很大成功。

1978 年，汤永谦到斯坦福大学进修商业管理。课程很多，汤永谦每天都学到凌晨三四点钟，掌握了不少企业运作和商贸经营的知识，为企业改革与发展积累了理论知识。同年，特克里公司销售额升达 3000 万美元，汤永谦以出色的业绩荣获美国政府授予的“亚裔商业杰出奖”和纽约市政府授予的“杰出企业奖”。1984 年后，公司的一位大股东过世，其他股东也因年纪大而告退休，汤永谦又贷款买下所有的股份，从此，特克里公司就成了汤永谦的私人企业。汤永谦以更昂扬的斗志，踌躇满志地迎接第二次创业春天的到来！

1990 年，汤永谦新建厂的药品包装膜一枝独秀，两年就收回了全厂的投资。1992 年，公司的销售额猛增至 4500 万美元，是公司创建初期的 20 倍，员工却减至 220 人，生产效率提高了 16 倍，产品质量也一直稳居同行之首。经过汤永谦 25 年如一日地拼搏、开拓，特克里公司从一家默默无闻的小公司跻身于美国最大的100家包装材料公司，居第50位。1993年5月，特克里公司名列《新泽西商业专刊》评选的年度成长最快的50家私人企业，居第40位。同年7月，汤永谦成了杂志《包装印刷与制作》的封面人物。

1994年，汤永谦得知宾夕法尼亚州的人力和土地便宜，办新厂可减税的信息，就想把自己的两个厂迁建宾州。此时，由摩根银行、日本富士银行投资的MST收购公司提出优惠条件购买特克里公司，并愿意按汤永谦的拟定计划在宾州设厂。汤永谦审时度势，念及自己年岁日增、忙碌大半辈子的实际及抒发爱国爱校情怀的需要，忍痛卖掉自己一手创建的工厂。然而，工厂卖掉了，汤永谦从董事长位置上退下来了，但工作没有退，仍受聘于原厂当顾问，替厂方把老主顾的关系网连接起来，继续散发企业家的光和热！

爱国爱校抒真情

真情若火，无论何时都在燃烧；真情似金，无论何地都会闪光！汤永谦爱国爱校的赤子真情何尝不是如此呢?

汤永谦自离开祖国那天起，从未割断对祖国母亲和母校浙大的思念！他把自己的命运系在祖国的兴衰荣辱上，常为想更多地报效祖国和母校而叨念。

改革开放后，我国青岛啤酒远销英美等发达国家，颇受外国朋友的欢迎，但是青岛啤酒因瓶盖密封性不好，影响保质期，是出口道路上的一个“拦路虎”。美国啤酒商得知汤永谦掌握密封技术，能生产同类优质产品，便来找他。汤永谦急青岛啤酒之所急，千方百计为青岛啤酒厂出谋划策，并无偿地送上一套瓶盖成套设备，以便从根本上解决啤酒瓶的密封问题。当汤永谦听到中外商贾的赞扬声和青岛啤酒厂的感谢声时，他显得很平静，只是谦虚地说：“我总算为祖国出了一点绵薄之力。”

汤永谦先生十分重视对母校人才的培养。20世纪90年代中期，汤永谦积极参与竺可桢教育基金会（北美）的筹建工作，从创办到发展期间付出了许多心血。他带头向基金会乐捐5万美元，被推选为基金会首任会长。1996年7月，在北美浙江大学校友会西雅图年会上，汤永谦说：“回顾自己的人生历程，我最幸运、最关键的是进了浙江大学。我们海外学子都希望浙大名誉好，每人都要做一点提高母校声誉的工作，特别希望大家在竺可桢教育基金会乐捐一点，以便集腋成裘，鼓励后学，使考北大、清华的学生都来报考浙江大学……”一席话，赢得了全场雷鸣般的掌声，也撩拨着我的心胸，令我久久难以平静。

说起北美浙江大学竺可桢基金会，按当年美国联邦税务局法规，5000美元以下列为“公众捐款”，5000美元以上为“特别捐款”；公共慈善团体收入内，“公众捐款”不得少于三分之一，“特别捐款”不得多于三分之二。因此，他吁请校友们多多个人乐捐，以便他更多地作“特别捐款”，为母校多作贡献，真可谓用心良苦。

在1996年西雅图年会上，校友会理事会决定在求是园捐建“求是鹰”纪念碑文化景点（在第三教学大楼南隅），预想乐捐5000美元。汤永谦得知个人捐款不足后，慷慨解囊3100美元，为顺利建成求是鹰纪念碑作出贡献。我们把乐捐者名字和款项刻在花岗岩底座纪念碑的背面，以资传扬。

在我与同事离开西雅图前，汤永谦先生问了我有关校友捐建大楼的情况，他似乎有给母校捐建大楼等项目的意向。我们回校后，与汤永谦夫妇一直保持联络。

1997年是浙大百年校庆纪念年，纪念活动全年都有安排。同年9月中旬，汤永谦、姚文琴夫妇首次回母校参加第二拨百年校庆活动，于是我们有了第二次握手。18日，学校领导在邵逸夫科学馆二楼小会议室召开了小型欢迎会，顾伟康副校长主持会议，我亦参加。

1997年9月18日，顾伟康（右2）、王立人（左3）、笔者（左4）在邵逸夫科学馆与汤永谦夫妇（左1、2）商议捐助永谦学生活动中心与化工系奖教金、奖学金事宜，在场还有邱济真（右1）、汪大翚（右3）、李伯耿（右4）

在这次会上，汤永谦先生首次公开表达了捐赠200万美元建造浙江大学学生活动中心，并捐赠100万人民币作为化工学院奖学金基金的意向（1998年11月，化工学院汤永谦、汤永年基金会正式成立，乐捐200万人民币）。学校领导邀请他任化工学院基金会董事长之职，他谦虚地说：“捐点款是应该的，任董事长不合适。”经再三诚请，汤永谦任浙大化工学院基金会副董事长。

1997年9月18日，浙江大学化工学院成立典礼暨汤永谦名誉教授授予仪式会场

求是园聚会后，汤永谦夫妇取道北京回美国。在与北京老校友聚会时，汤先生透露了自己“为支持母校办学，宁愿卖了自己心爱的工厂，表示一点自己的心意”的大愿。当我听到从北京传来这个消息后，我的心久久地难以平静，汤先生那高大的身影又浮现在我眼前，并长留我的心中！

汤永谦、姚文琴夫妇首次回母校参加校庆时，看到改革与发展后的求是

1997年9月18日，潘云鹤校长授予汤永谦名誉教授证书

1998年，永谦学生活动中心奠基仪式

园一派欣欣向荣的景象，心潮澎湃。为了加强团队意识的培养，加强学生组织、领导才能的训练，并与校内外进行更多的交流及娱悦身心，汤永谦先生最后决定捐资240万美元建造永谦学生活动中心，内设文琴文艺活动室，以对文艺才华横溢的姚文琴与汤永谦相濡以沫、共创辉煌的人生经历作一个纪念。1997年9月18日，浙江大学授予汤永谦“浙江大学名誉教授”称号，以示对他的崇敬。

2000年9月，汤永谦、姚文琴伉俪再度回到母校，参加永谦学生活动中心落成庆典。在省、校领导与千余名师生及海内外校友同喜共庆的大会上，汤永谦只字不提自己的辉煌业绩，而是赞美刘奎斗学友两度从军抗日的英雄事迹，真诚感谢母校的培育之恩。他几度哽咽，一串热泪洒在求是园的热土上。许多师生和校友都双眸湿润，响起一阵经久不息的掌声。这兴许就是对汤永谦半个多世纪浓缩的爱校、爱学友之真情的褒奖！

2000年9月15日，汤永谦在永谦学生活动中心落成典礼上讲话（右起：孙优贤、潘云鹤、汤永谦、阮忠训、汤永年、梁树德）

2000年9月16日，汤永谦（右2）在永谦学生活动中心给浙大学生作报告（右1为张浚生）

为了母校浙江大学有更大发展，早日跻身世界一流大学的行列，2000年，汤永谦捐资166万美元建设浙大数学研究中心大楼，资助引进数学人才；同年，创设“汤永谦学科建设发展基金”，每年支持 20 万美元，10 年共捐 200 万美元，企盼母校在学科建设上取得更大的成就。2001 年，乐捐 300 万元人民币，建立浙江大学文琴艺术总团，使浙江大学的文化生活更丰富多彩；同年，又捐赠 100 万元人民币，设立“浙江大学城市学院汤氏教育基金”。鉴于汤永谦对家乡捐资办学的巨大贡献，2001 年，浙江省人民政府授予他“爱乡楷模”荣誉称号。

2001 年 6 月 8 日，姚文琴第一次来到浙大幼儿园，为大家介绍了国外幼儿教育的办学模式和课程设置，并教导老师们要尊重孩子，注重调动孩子们的学习兴趣，创设宽松的环境，因人施教，由此迈开了与浙大幼教“共育幼儿”的第一步。2003 年汤永谦、姚文琴捐赠 6 万美元设立“浙江大学幼教研究发展基金”，支持相关专业的访问学者以及浙大幼儿园的三位正副园长先后到美国优秀幼儿园交流学习。幼儿园园长出访，这在全国还是第一例。2003 年，姚文琴被浙江大学聘任为幼教中心名誉主任。

2006 年，汤永谦、姚文琴捐赠 25 万美元设立“永谦讲座教授”项目基金，以便聘请世界最优秀的教授、学者到浙大来讲学，好让更多在校的学弟学妹们听到这些优秀教授的讲座，使学生受益面更广。

2010 年，汤永谦夫妇决定捐赠 200 万美元，用以建造“永谦化工大楼”。当年，汤先生在姚文琴老师的陪同下，躺在病床上给母校签下了 10 张支票，每张 20 万美金。2013 年汤先生去世前，还叮嘱要继续支持浙大化工学院的建设。2016 年，姚文琴决定追加 280 万美金，支持化工大楼等的建设。汤永谦夫妇对母校及母系的大爱令人泪目。

以上 9 项，总捐资额达近一亿元人民币。

2011 年 5 月，汤永谦先生和学校领导们一起为永谦化工大楼奠基。永谦先生生前对大楼建设非常关心。2013 年先生去世后，汤氏基金会继续对大楼建设给予关心和支持。2021 年初，大楼交付化工学院后，学院及时组织了实验室装修工作。2022 年 8 月底到 9 月上旬，学院组织实施了向紫金港校区整体搬迁的工作，到 2023 年 4 月底，完成玉泉校区办学大楼的全部腾退任务。这标志着浙大化工实现了从玉泉时代向紫金港时代的新跨越。

回首汤永谦艰难的创业历程，离不开他的夫人姚文琴始终不渝的全力支持。姚文琴出身于书香门第，她四十年如一日在联合国国际学校从事儿童教育事业，谱写了属于她自己的闪光一页。

姚文琴和汤永谦一样，也是浙江大学的骄傲，受到万千学子和校友的尊敬与传扬！文琴艺术团成立之后，凭借着较高水准的演出质量和表演效果，已经走出校园、走出国境，甚至去到联合国演出。在姚文琴学长的帮助、支持下，艺术团曾多次赴香港、台湾等地及美国、俄罗斯、德国等国演出。2006 年，正值联合国成立 61 周年之际，艺术团进入联合国达格·哈马舍尔德图书馆礼堂，进行了一场具有中国民族特色和充满大学生生活气息的高水平演出，开创了中国高校学生艺术团进入联合国演出的历史！姚文琴学长曾在采访中甜美而骄傲地回忆："文琴艺术团到香港、台湾等地演出，是我带队；到联合国演出，也是由我介绍给观众。"

2006 年，浙大文琴艺术团赴美高校及联合国哈马舍尔德图书馆礼堂演出后留影

"永谦"是汤先生的"金名片"，也是他一生为人处世的准则。1996 年夏，我与汤先生在西雅图第一次握手后，我们的交往变多了。我先是写了《汤永谦印象》（见《浙大校友》1998 年上期）和《汤永谦：永无止境的爱》

（见《浙大逸事》）两文，2000 年，我趁他们回国参加永谦学生活动中心落成仪式之机，再次作了专访，写下报告文学《把生命的火焰塑形为爱》，刊于我著的《俊彦跫音》一书内。我觉得以上这些都不足以表达汤永谦一生的业绩，于是在采访之后，我认真提出为他写一本文学传记的想法，汤先生颔首允许了。我高兴极了，一夜辗转反侧，构思着书的提纲。没有想到，他返美前却对我说："浙大人才济济，为我著书不合适，应多写写浙大的科学家……"此后，我仍不死心，多次想借赴美省亲之机专访他，总因他太自谦，加上彼此工作忙，未能完成我的心愿，有些遗憾。

2000 年 9 月 16 日，笔者与汤永谦（右）在永谦学生活动中心前合影

汤永谦 95 个春秋，姚文琴 104 度年华，二位先生功成名就，我深感敬仰。他们夫妇捧着一颗爱心来到人世，不带一条草根而去。他们夫妇"忙到没有时间看报、看电视，更别说生育孩子了"。他们了无牵挂，一心乐意多为国家、为母校尽心尽力。

大爱无己，人所共仰。谦逊、博爱的汤永谦、姚文琴先生爱祖国，爱母校，一生践行与弘扬母校的求是创新精神，值得后学学习与崇敬。汤永谦先生病重期间曾提出心愿，因他学在浙大，

2013 年 6 月 2 日，汤永谦追悼会前，张浚生看望姚文琴

长在浙大，一辈子离不开浙大，希望能回到祖国、回到故土，永远长眠于母校身边。而今，汤先生夫妇都回归故土，长眠于杭州华侨陵园。他们拳拳的爱国之心和浓浓的求是之情，将永远铭刻在浙江大学师生和校友心中！

年轻年迈鹣鲽情

1990 年初，我去浙大校友总会、浙大校友联络办公室任职，有缘认识并交往到更多的知名校友，汤永谦、姚文琴夫妇就是我较早与之神交并多次握手的两位。几十年来，汤永谦、姚文琴鹣鲽情深，为大写意的人生留下了许多深情的故事。

刚到总会，我就在《俊彩星驰》一书内读到北美校友会曹竹轩学长写的报道《实至名归——汤永谦获奖》。文中写道，汤永谦先生在美国走进工厂凡 30 余年，一举荣获“地区杰出亚裔商业年度奖”，汤先生却说：“今日成就，应归功于贤内助姚文琴的支持，及老朋友的协助。”汤先生一语道出了对妻子的爱戴。

1937 年 11 月，杭州抗战形势危急，浙大举校西迁建德后，大部分学生与家里失去联系，生活十分拮据。汤永谦说：“在建德一个月吃饭只要三块六，但菜很少，我们主要靠辣椒下饭。我偶有父母寄一二百块钱过来，就与几个同学一起用。”汤永谦与同学情同手足，同甘共苦，在抗战烽烟中一路追随竺可桢校长西迁，最后到达贵州遵义、湄潭求学。

1940 年，汤永谦、姚文琴同届毕业。姚文琴听从竺可桢校长的安排，跟随胡健人在湄潭创办浙大附中，而汤永谦则留校担任助教。两位年轻人相知而相爱，相爱而相守。1942 年，汤永谦和姚文琴喜结连理，并宴请了竺可桢校长。竺校长在日记中记下：“应姚文琴、汤永谦夫妇之邀赴宴。”对于自己的名字排在汤永谦名字的前面，姚文琴回忆起来，幽默地说：“那个时候，我比汤永谦出名，校长不先写我还能写他？”从中也可体察到他们感情的真挚。

1949 年新中国成立，身处大洋彼岸的汤永谦、姚文琴夫妇无法方便地回到祖国。他们在纽约租了一套不大的房子，以校友聚会的方式消减对祖国、

20 世纪 50 年代末，汤永谦、姚文琴夫妇合影

对母校的思念。这样年复一年地相聚，慢慢地变成了约定俗成的浙大同学会。1976 年 9 月 4 日，汤永谦、姚文琴联合一批在北美的经历过 20 世纪三四十年代西迁的老校友，在纽约注册成立了北美浙江大学校友会，为漂泊在外的求是学子建立起了一个温暖的“家”，成了最早的极少数海外浙大校友会之一。1985 年 4 月 20 日浙江大学校友总会成立后，世界各地浙大校友会成了一个大家庭。

1990 年金秋，我筹办 1940 届、1941 届毕业 50 周年校友返校聚会活动，为能见到许多神交的老校友而兴奋不已。这些人中预计就有美国汤永谦、姚文琴夫妇等，我天天企盼他们的到来。

1990 年 10 月 17 日至 22 日，是浙大 1940 届和 1941 届毕业 50 周年返校同学盛大聚会日。返校同学及眷属计 78 人，其中学长 68 人，年纪最小的已 70 周岁，最年长的为 80 岁。虽然校友总会只有我和同事洪保平两人，另返聘年已古稀的郑老师坚守办公室接电话，但因会前的周密策划与安排，聚会还是很成功，校友们都很满意。

会后，我读到汤永谦、姚文琴夫妇发自美国的信说：“我牙床发炎开刀后疼痛得厉害，很难吃东西，要 6 周才能愈合好……我同文琴商量好，决定不来参加了，附上 500 元美金支票一张，作为捐助此次聚会之用……”同窗情谊可见一斑。

浙大 1940 届、1941 届老校友金秋返校成功聚会的消息像安上双翼般传向世界后，应各地校友会值年校友的要求，浙大校友总会每年依次举办 1942 届、1943 届、1944 届、1945 届等校友毕业 50 周年金秋返校聚会活动。会后，校友对总会好评如潮，令人感动不已！更意想不到的是，1995 年北美浙大校友会时值主席郭以莲学长、1996 年北美浙大校友会时值主席周宗汉学长念及校友总会人员服务好，两度签发邀请函，欢迎我去北美参加校友年会。1996 年春，冯宗道、谭大年、张天定、孙常炜四学长又念及总会经费拮据，发起募捐以助我来回川旅之资，汤永谦先生是乐捐最多的一位，因此促成我 1996 年去美国参加北美校友会西雅图年会，有幸与汤永谦、姚文琴学长第一次握手，令人难以忘怀！

笔者在 1996 年 7 月 2 日北美校友会年会上，讲解浙大校史与浙大各地校友会组建情况

北京浙大校友会原副会长戚叔纬教授同黄宗甄编审曾发起创办《求是通讯》内刊。在各地浙大校友会十几个刊物中，该刊创办时间长，稿件质量好，深受校友喜爱。戚教授说："汤永谦夫妇很重同学情谊，他们收到北京老校友编辑出版的《求是通讯》内刊后，主动支持 10 万美金给老校友作办刊及活动经费。"这本刊物办了 48 期，直至老人年高又无人接办为止。

2001 年，浙大一个毕业生被哈佛大学录取为研究生，当时他资金困难，便自己写信给汤永谦夫妇。他们知道以后，马上鼓励他到美国去，并答应给予资金支持。

从以上例子可见，几十年来，汤永谦、姚文琴夫妇不仅资助了学校九大项目，而且资助了无以计数的小项目及个人。这种广施济人的美德，令人敬佩与感动！

2005 年，文琴艺术团在台湾演出，姚文琴专程从美国赶去台湾陪同与指导。当时，到高雄机场接机的人从门口往里看到，她一个人从行李传送带上吃力地拎下一只大箱子。一位 88 岁的老人家，独自一人长途飞行已经很累了，还要自己拎着大行李，真令人感动与敬佩！

姚文琴这么多年每次回母校，没有一次要学校安排人员去机场接送，食宿也都不麻烦学校，而是由她亲属帮助办理。学校多次向她提出意见，有一次她还不高兴了，说道："回馈母校是我的责任，但作为一个学生我不能去麻烦母校。"

姚文琴对学校很慷慨，但是自己却非常节俭，那么高龄了，每次回来都是坐经济舱。她说经济舱和商务舱相差很多钱，我把这个钱省下来能做很多的事，还可以帮助学校。这便是她的为人准则。姚文琴是一位非常乐观的女强人。2021 年 1 月和 5 月，已 104 岁的寿星姚文琴两次给学校发来视频，挂念的还是学校好不好，大家好不好。谁能想到 2021 年 6 月 16 日，她永远地离开了我们。

汤永谦、姚文琴夫妇的大爱影响着我们所有的浙大人，也更加激励着我们热爱祖国，热爱母校！而今，他们像一盏高挂求是园的仁爱慈善的明灯，永远照亮着求是学人的路！

（2023 年 5 月 5 日改定）

附　文

汤永谦的最后两个月

姚文琴

在美国佛罗里达州的 Tampa（坦帕），你觉得不舒服，我送你去医院，看了医生。医生没有更好的诊治方法，只说用 Hospice（安乐疗法），问我们是要去医院，还是要在家。我说："在家。"于是我又把你接回家了。好心的邻居带你去看另一家医院，你在那里住院检查了一个星期，也没有好的结果。

我们决定离开佛罗里达，可是我们要选择是回新泽西州的家，还是回中国。我们想，一样要坐飞机，还是回国好。我们好不容易才找到并定下空中救护车——有医护人员随时看护的医疗专用飞机。飞机于4月1日起飞回中国，慢慢地，我们飞回杭州，飞了40个小时，一共是三天两夜。

4月3日下午6点到杭州机场，浙大校长助理张美凤以及办公室诸位安排好了浙大医学院附属第二医院的救护车，浙二医院的陈副院长和医生护士来接机，把你送到浙二医院。在那里，你住了58天59夜。我每天早上9点钟去陪你，晚上9点钟离开。

在医院里，王建安院长领导各科的主治医生为你诊治，24小时特别护理无微不至地照顾着你。可是会商诊治无效，因为你的胃弱得不能也不要吃，喉咙衰弱得不能也不想吞咽。你不吃不喝，只靠点滴和注射营养，没有办法过正常的生活。你是器官衰退，无医也无药可救，只有求上帝保佑。果然你没有痛苦，只是昏睡了你最后的两个礼拜。

你躺在医院特护病房的两个月里，有多少高官、善友、书记、校长、老师、同学以及你我的家人来探望!!! 为你祈祷!!! 可是留不住你。在5月29日上午8点30分，你还是离开我们了。你长眠了。

告别会场，数百个花圈，排列两厢，庄严肃穆。各界领导、浙大师生、校友和亲朋好友都依依不舍地来为你送行。浙江大学——你的母校，为你举办了一个非常隆重庄严的追悼会。

我把你送回杭州——你的母校所在地，病在浙大医院。现在，你安详地躺在楠木棺材里，盖得厚厚的，封得紧紧的，深深地埋在你母亲的近旁。在现在的中国很难有如此的安排，因为你是爱乡爱国的模范，有亲朋好友、浙大母校师生和其他很多我们知道姓名或不知道姓名的人们的努力，经过很多的奔波，才都办到了。

2013年6月3日为你安葬。永谦，你安眠吧!

（刊于2013年《浙大校友》第2期）

天下降冰，业绩昭著

——记著名冰川学家、地理学家施雅风院士

施雅风（1919年3月21日—2011年2月13日），笔名厦峰、蒲良，江苏海门人。著名冰川学家、地理学家，中国冰川学的奠基人，中国冻土学和泥石流研究的开创者，被誉为“中国现代冰川之父”。1942年毕业于浙江大学史地系，1944年获浙江大学硕士学位，1980年当选为中国科学院学部委员（院士）。施雅风一生致力于冰川学和地理学研究，领导和促进开展冻土学与泥石流的研究，在发展中国地貌学、干旱区水文学、青藏高原综合科学考察、第四纪气候和环境变化研究等方面作出了突出贡献。

一封珍藏爱意与祈愿的玉函从南京钟山脚下飞到了西子湖畔，传到了我的手中。一看这熟悉的笔迹，就知道是著名冰川学家施雅风的来鸿，顿觉一股暖流在胸中涌动……

新世纪以来，每逢岁末年初我都会收到施雅风的贺岁信，内除贺卡外，还有向亲友们通报一年工作回顾和来岁目标展望的材料。他的《2003 年回顾》，读来令人感动与敬佩，特别是最后一段："精力衰退，特别是耳聋加深，思维尚佳，即进入 85 岁，有信心再工作 5 年。"掩卷之余，我的心屏上像放录像似的映出了他 85 个春秋编织的闪光足迹——

务农世家，求学明志

1919 年 3 月 21 日，一个小生命伴着春风的脚步来到新河镇附近的一户务农世家。施登清、刘佩璜夫妇给小儿子取名"雅风"，祈盼他如春风一般给施家带来吉祥。施登清夫妇育有 6 个孩子，因疫病仅剩施雅风及大姐施文熙和哥哥施成熙三人。施雅风从小聪明可爱，5 岁就上学了，9 岁进入距家几里远的一所完小念高小。

1932 年夏，施雅风的父亲因病去世，母亲独撑家园。母亲刘佩璜虽然识字不多，但经常鼓励两个儿子多读书，求上进，为人要勤奋、诚实，要以爸爸为榜样，多行善事，多作义举。

九一八事变后，日本帝国主义占领东北三省，国人"天下兴亡，匹夫有责"的呼号深深地烙印在施雅风的心灵上。他的哥哥每周寄来邹韬奋编的《生活》周刊，给他以"担负起天下兴亡"的正面教育。初中二年级时，施雅风才意识到求知报国的重要性，于是刻苦用功读书。1934 年初中毕业时，他地理考了 98 分，历史得满分，总分名列全班第 2 名，考上了江苏省立南通中学和浙江省立杭州高级中学。最后他选择离家较近的江苏省立南通中学读书。

日本侵华激发了施雅风学习地理课的积极性。他暗暗立下志向，还写信给哥哥表明长大后当地理学家的决心。他一边用功读书，一边积极参加"史地研究会"等兴趣组织，写了《战时中国的生存线》等文章，以连载方式发表在南通市《五山日报》上。他受到了很大的鼓舞。同时，他自发地组织同学下课后晚饭前打篮球，大大增强了体质，对以后工作产生长远的影响。

1937 年，施雅风如愿考取第一志愿浙江大学史地系。因抗战爆发，施雅风入学即开始了颠沛流离的求学生涯。1938 年 1 月，他随校来到江西樟树镇，看到报上登有国民政府军事委员会招收青年战地服务训练班学员的消息。他认为战地抗日比读书重要，于是独自一人去南昌报名加入训练班，而后在湖南、江西与安徽做抗战宣传工作，后因未能上战地服务而告退，于 1938 年 9 月回到时迁广西宜山的浙大复学。从此，他刻苦自励，学习用功，不是在教室听课，就是上图书馆自习，至大三结束已学完大学规定的学分。

2008 年 3 月，在江苏省浙大校友会举办的施雅风 90 华诞祝寿会上，施雅风喜接大学成绩单

1940 年春，学校迁到遵义后，浙大的学术氛围日益浓厚，史地系同学也有读书报告会，施雅风每次都积极参加。他还作过《嘉陵江下游阶地与河流发育》的读书报告。

在遵义、湄潭办学时期，有不少不定期的学术讲座。如竺校长组织过“徐霞客逝世三百周年纪念会”，除他讲《徐霞客之时代》外，张其昀、叶良辅、谭其骧、任美锷、黄秉维等教授都作了报告，施雅风都认真地听。1942 年 12 月《徐霞客先生逝世三百周年纪念刊》出版，施雅风又认真地读了一遍。

浙大史地系师生学术与人文思想活跃，创办有学术刊物《史地杂志》《史地研究所丛刊》《思想与时代》。这些施雅风都喜欢阅读，他从中汲取史地新知，了解学术研究前沿动态。特别是《思想与时代》，1941 年 8 月 1 日由浙大部分教授联合西南联大及成都、乐山等地部分教授创刊后，每月出刊一期，其宗旨为“重时代思潮和民族复兴之关系”，其目标是“科学时代的人文主义”，施雅风从中汲取了有益的营养。

施雅风除积极参与组织系里的史地学会活动外，还参与同乡会、读书会，阅读一些进步书刊。史地学会于 1938 年 4 月在泰和创办，是个全系学生参与的组织，经常请知名教授来作学术报告，有时也举办时事座谈，讨论抗战形势。史地学会定期出版《时与空》壁报，作为同学们练笔的园地。施雅风是个“笔杆子”，除了写作外，还参与一些编辑工作。总之，遵义是施雅风专业知识长进的福地，亦是施雅风革命思想启蒙的福地！

在大四一年中，施雅风自带生活用品，坚持每天步行三四十里到野外考察，掌握了遵义市附近地区地质地貌的大量第一手资料，写出了长达 6 万字的《遵义附近之地形》毕业论文，得到指导教师叶良辅教授的赞许。论文在著名的《地质评论》杂志上发表，还得到教育部的奖励。通过毕业论文的撰写，他初步掌握了在大自然中进行科学考察研究的方法，受益匪浅，为以后从事冰川研究打下了坚实的工作基础。

在遵义市近郊为期 3 个月的地质地貌调查，使施雅风懂得了许多，尤其是认识了当年的社会，了解了真正的底层百姓的生活。施雅风痛恨国民党的腐败，他除了接近进步同学，参加进步社团活动外，课余时间还主动去黑白文艺社小图书馆借阅进步书刊阅读，从中了解共产党的政治主张，从而把正自己的政治航向！

1940 年，浙大成立了研究院，招收两年制、三年制的研究生。研究院设有史地研究所，该所分为地形、气象、人文地理和历史 4 个组。各名校学生纷纷报考，施雅风经叶良辅教授荐举免试进入本校研究院学习。

1942 年初秋，在任美锷教授指导下，施雅风拉开了他为期两年的研究生学习的帷幕。他和陈述彭、杨利普、赵松乔一起做遵义土地利用的调查。他们利用比例尺为 1∶50000 的遵义地形图，实地调查水田、旱地、森林、荒地、房屋和道路等，并用红、蓝铅笔在地形图上一一标出分布范围；同时，访问当地群众，了解农作物种植、灌溉、施肥、亩产等情况，也一一做好记录。跟随任教授参加过实地调查示范培训后，施雅风和赵松乔一组，负责遵义南部鸭溪附近的土地利用调查。

1940 年暑假，施雅风在贵州桐梓地质实习留影（左起：刘之远老师、蔡钟瑞、施雅风、杨利普、赵松乔）

1943 年起，为解决生计问题，施雅风无奈地写信给曾教他自然地理学课的黄秉维教授请求帮忙。此时，黄教授已调至资源委员会经济研究所工作。黄秉维教授念及师生情谊，让施雅风用一年时间搜集整理华中区水文资料，撰写报告，这报告可以当作浙大研究生论文。如果施雅风承担这个任务，经济研究所可以让他以助理研究员的名义拿一年的工资，他搜集资料等所需要的差旅费可以实报实销。

在重庆搜集资料及写研究生论文时，施雅风结识了各类科技人员，向他们学习了不少东西。在地质调查所图书馆，施雅风还看到了向往已久的图书或未见过的新书，学术视野大开。在搜集资料基础上，施雅风认真统计分析，最后写成了 4.3 万字的《华中区水理概要》。这篇论文系统地论述了长江中游干支流的水流量、泥沙、水位涨落随季节变化的情况。黄教授对这篇从大量原始材料中统计分析和总结提炼而得出的研究成果比较满意。在黄老师的全力运筹下，全文分成前后两部分，分别被推荐到重庆出版的《经济建设季刊》

《经济统计季刊》发表。施雅风在浙江大学求学6年半，常常受到名师奉行求是精神的熏陶，实现了业务与思想双丰收。

心向太阳，忘命传信

在浙大西迁时期，施雅风不仅亲身体验了颠沛流离的生活，更有机会看到劳苦大众的悲惨命运，受到了革命思想的启蒙。特别是竺可桢校长倡导并身体力行的求是精神，像一盏雾海夜航的明灯，启迪浙大师生们追求真理不光是做学问，还要端正政治思想态度，要不怕困难，不畏险阻，要有坚韧不拔、不屈不挠的精神。在大学里，进步学生运动蓬勃开展，进一步打开了施雅风观察和认识旧社会本质的视野。他感受到国民党政府的腐败没落，认识到只有中国共产党才能领导人民打败日本侵略者，使中国走上民主富强之路。施雅风动情地告诉我："在浙江大学学习的那几年，我在多方面受到了教育和启迪，应该说是培养我成长的黄金时期。"

在校期间，他还有幸结识了早在1938年就加入中国共产党的地下党员吕东明。在多次交往及一同参加调查的过程中，施雅风受到了吕东明的革命思想的熏陶。1944年，施雅风硕士毕业，来到重庆中国地理研究所任助理研究员。1946年，因建设岷江电站需要，施雅风有机会去川西进行社会调查，又一次看到了贫雇农受压迫和剥削的血淋淋的事实，思想上受到极大的震动。施雅风来到重庆工作后，更有机会阅读到中国共产党出版的《新华日报》《群众》等进步报刊，还读到毛泽东的《新民主主义论》《论联合政府》等著作，从此心悦诚服地接受中国共产党的政治主张。

1993年10月，浙大毕业的部分地下党员在北京吕东明家合影（前排左起：陈耀寰、施雅风、张启忠、吕东明；后排左起：吕东明夫人匡介人、陈耀寰夫人刘赓书、施雅风夫人沈健）

科学时代社是由中共地下

组织领导、进步青年科学工作者组成的科学团体。1945年初，在当时国民党统治的战时首都重庆，浙江大学毕业生吴作和、金礼南等7人发起建社，积极参加和支持科学界的爱国民主运动，一直到1950年底在上海结束。

1947年初，施雅风在南京参加科学时代社南京分社工作。在这国民党统治最黑暗、最残酷的时期，施雅风向吕东明提出了入党申请。吕东明对他说："入了党，你就是一个职业革命家了，要一切服从党的安排，赴汤蹈火，在所不辞，你能做到吗？"施雅风坚定地表示："能做到！"

在敌人军警严格控制的心脏地区干革命，被人称为"把头颅挽在裤带上"，十分危险。有一天，吕东明传达党组织的决定，要求施雅风以中国地理所助理研究员的公开身份，从事搜集敌人机密情报的工作。在吕东明的具体策划和指导下，施雅风置个人安危于不顾，缜密细致地做好党外情报对象的工作，向党中央有关部门传递了许多很有价值的对敌斗争情报，为解放军顺利渡过长江以至全中国的解放作出了一定的贡献。

1949年初，震惊中外的辽沈、淮海、平津三大战役结束后，中国人民解放军将横渡长江。在这两军对峙的关键时日，施雅风等不断向上级地下党输送机密情报。南京下关电厂是国民党政府在首都的一个重要战略单位，中共地下组织和解放军指挥部都想尽快得到下关电厂的情况。施雅风找到浙大时的同学吴士宣，他是下关电厂的工程师。施雅风向他提出要求后，不下几天，吴士宣把探听到的各方面内部情况写成一份详细情报，藏在身上安全地送到施雅风手里。党组织看到这份情报后，认为有重大价值，并要施雅风传话对吴士宣进行表扬。1949年初，千百艘木帆船运载百万大军，横渡几里宽的长江。中共地下组织要施雅风搞到长江一带的天气预报资料和一套南京附近地区大比例尺地形图供解放军渡江使用。施雅风即通过国民党政府中央气象局的束家鑫校友搜集天气预报记录，施雅风每三天送交一次，一直坚持了三个月，直至解放军进南京才停止。至于南京附近地形图，施雅风则请中央地质所顾知微帮忙。顾知微冒着被发现的危险，悄悄借出地图，晒了好几十张蓝图。上级组织收到蓝图后，说任务完成得好，图先放到施雅风家里等通知。哪里知道国民党军队不战而退，南京4月23日就解放了，晒制的地图未用上。中共地下组织还让施雅风从外国人办的英文报刊上摘译中文报上没有的军政消息，及时提供给领导以作分析形势参考。施雅风忘命传信，功不可没。

天下降冰，开拓创新

1990 年初，我来到浙大校友总会主持日常工作后，很快与著名冰川学家施雅风有了多次晤面与握手。他中等身材，高高的额头显露出机敏与睿智，浓眉间蕴含着刚毅与幽默，可掬的笑容十分近人，一副长者的形象令我难以忘怀。1996 年 3 月，施雅风收到我寄给他的《求是英才传》(两院院士集)征稿信，很快寄来了他的小传和题词。读了他的小传，我深为我国冰川研究的开拓者和奠基人的闪光业绩而骄傲；看了他的“实事求是，探索创新，团结合作，勇攀高峰”题词，我激动的心久久地难以平静。2000 年 5 月 21 日，施雅风送我一本他签名的新著《冰川的召唤》，给我讲了几十年前结下并难以割舍的冰川情。

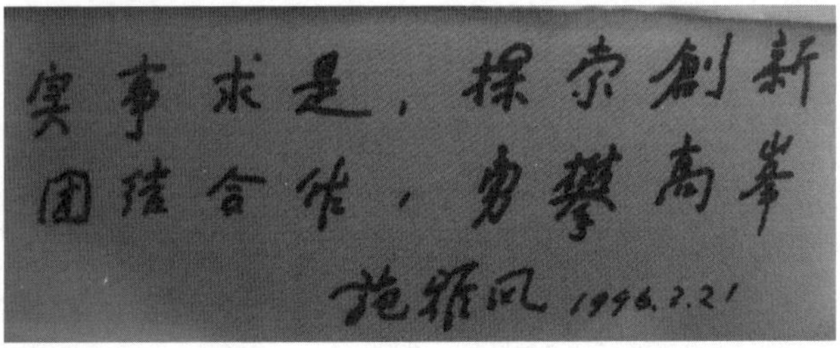

施雅风题词

南京解放后，施雅风结束了秘密的地下工作。他参与创办《地理知识》杂志，担任中国科学院地理研究所所务秘书。1953 年，施雅风调往北京，参与《中国自然区划》研究任务之中国地貌区划编写工作，并兼任新建的生物学、地学部副学术秘书。1957 年 6 月，施雅风和两位年轻同事到甘肃河西走廊考察，准备翻越祁连山西段而进入青海柴达木盆地。经过寸草不长的戈壁荒漠，施雅风深感严重缺水制约着大西北的经济发展，心中不禁产生一种必须改变现状的强烈责任感。经过两天的跋涉，马厂雪山的奇景展现在他们眼前：一条洁白晶莹的冰川，镶嵌在海拔近 4500 米的山体上。次日一早，施雅风一行 4 人骑着马和骆驼向马厂雪山进发，走了整整一天才到山脚下，住进了牧民的蒙古包。第三天一早，他们沿着冰川融水溪谷徒步攀登，直到下午 5 时，才到达海拔近 4500 米的冰川，于是抓紧考察记录和拍照。他们 6 时许就开始原路返回，直到晚上 12 时才回到山下的蒙古包。

第一次与冰川面对面，施雅风的心久久难以平静。他躺在蒙古包里，脑海里翻腾着一个问题：祁连山有那么好的冰川水源，西北却有大片大片的干旱荒漠，这是为什么？答案只有一个：西北干旱缺水，水、水，无价之宝的水！应该把冰川水好好地利用起来。从此，他爱上了冰川，几十年如一日，从未改变！

1958 年，施雅风主持建立了中国有史以来第一支高山冰雪利用考察队，施雅风任考察队副队长。施雅风等人以“开发高山冰雪，改变西北干旱”的豪言，带领 100 余人向祁连山进发。险峻巍峨的祁连山绵延千里，冰峰雪岭，矗立在河西走廊的南边。他们先集中到一处较易接近冰川区的地域练兵。7 月 1 日，队员们穿着长筒胶鞋，手持登山冰镐，经过艰难跋涉，奋勇登上了 4950 米的黑大坂山北坡冰斗的冰川进行详细考察。在欢呼登上冰川之余，他们向中国科学院发电报报喜，并建议将这条冰川命名为“七一冰川”，作为庆祝中国共产党成立 37 周年的献礼。

1958 年，冰川考察队在祁连山冰川上行进，倒数第二人为施雅风

冰川考察初战告捷，施雅风发扬“开拓创新，连续作战”的精神，分兵 6 队进一步对祁连山深入考察。当时设备简陋，没有登山靴，就穿高帮套鞋；没有轻便的鸭绒服，就穿粗布老棉袄；没有精密的仪器，就用手摇钻和罗盘；没有完整的地形图，就靠自己观察和航片判读；队员们缺乏考察的基本知识，就以能者为师，互教互学。在施雅风带领下，6 个考察小分队对祁连山东起冷龙岭、西至柴达木北山的 10 个冰川区、32 个冰川群、125 个冰川组、941

条大小冰川，进行了全面的考察，考察队不仅描绘了冰川的形态、类型和分布，还估计了储水量，进行了人工融化冰雪的试验，最后在施雅风主持下撰写了多达43.6万字的《祁连山现代冰川考察报告》。这是新中国第一部较为完整的冰川考察报告。

1958年，施雅风（左）与队友在考察祁连山冰川时奋力攀登冰川谷壁留影

1962年，施雅风克服我国经济面临暂时困难带来的影响，安家兰州，并主持组织了天山山系的冰川考察研究。在乌鲁木齐河源冰川和水文方面的考察研究中，他对冰川物理特征要素、从冰川到河流直到渗入地下的水文形成和转化及消失规律等进行观察研究，特别是在1964年考察了地球上14座海拔8000米以上的高峰之一——希夏邦马峰。和队员们登上现代雪线以上、海拔6200米的山头时，他45岁。对希夏邦马峰的考察，成了施雅风等人3年后对世界第一高峰——珠穆朗玛峰和西藏地区大规模科学考察的前站。1964年，施雅风和同事们编写了《希夏邦马峰地区科学考察初步报告》；与谢自楚合写了《中国现代冰川基本特征》一文，获中国科学院优秀成果奖；与季子修合写了论文《希夏邦马峰地区冰川的分布和形态类型》《希夏邦马峰北坡冰川的冰塔林及有关消融形态》；又与崔之久、郑本兴合写了《希夏邦马峰附近的山文和水系》等多篇论文；还

1964年，施雅风（右）正在跨越希夏邦马峰的冰桥

和同事们编辑出版了《乌鲁木齐河冰川与水文研究》《青藏公路冻土初步考察》两本论文集。

经过多年的筹备与磨难，1965 年，我国第一个冰川研究单位——兰州冰川冻土沙漠研究所正式成立，施雅风担任实际主持所务的副所长。1966 年初夏，为完成成昆铁路定线的突击任务，他带领 10 余个同事到西昌地区调查泥石流可能对成昆铁路产生的危害并寻找预防办法。不久，“文革”席卷大地，施雅风被单位电报催回，受到不应有的“冲击”。直到 1973 年，冰川洪水冲毁连接中国与巴基斯坦的喀喇昆仑公路主排水道上的一座桥梁，经中巴双方协商同意，才由施雅风带领一个考察组踏上巴基斯坦国土，对这条长 59 千米的巴托拉冰川展开考察研究。在考察中，施雅风等人克服了物质生活条件上的困难，多次排除危及生命的意外险情，最终圆满完成任务。经过细致考察与精确计算，施雅风主持提出了比较经济的喀喇昆仑公路巴托拉地段修复的建议，从而确定中巴公路通过方案。公路按建议方案施工后，经多年考验，最终证明冰川的前进，冰面的增减和运动、速度等，都与考察组的预报基本一致。考察组回国后，1976 年，施雅风与同事合写了《喀喇昆仑山巴托拉冰川考察与研究》的科学总结，于 1980 年出版。专著的主要部分在《中国科学》上用中英文发表并在国际会议上宣读后，受到中外著名冰川学者的好评。1982 年，此项成果荣获国家自然科学奖三等奖。

几十年来，施雅风爱冰川，与冰川结下了难以割舍的情缘。除了前述书著、论文和成果外，施雅风还和合作者提出了我国西部山区多次冰期划分、没有发生过高原大冰盖的意见；从侵蚀和堆积特征、冰期气候和环境条件论证庐山、黄山等中低山区不存在第四纪冰川，其研究成果《中国东部第四纪冰川与环境问题》以及主编的《中国冰川概论》均获中国科学院自然科学奖二等奖。他不遗余力地推动与组织中国冻土学的建立与发展；倡导并参与泥石流研究，为成昆铁路通过西昌泥石流区定线提供了科学依据；参与推进青藏高原隆起对自然和人类影响的综合考察研究，为解决乌鲁木齐市的缺水问题作出了贡献，获中国科学院科技进步奖二等奖。他还致力于全球变暖对水资源、海平面上升和自然灾害影响的研究，较早提出了 20 世纪中国北方气

1993 年 5 月，施雅风（左 1）、李世杰（左 4）、郑度（右 1）在贡嘎山冰川考察

候暖干化、海岸带灾害加剧发展的认识，主编出版了《气候变化对西北、华北水资源影响》《中国全新世大暖期气候与环境》等专著和论文集，获中国科学院自然科学奖一等奖。施雅风还撰文宣传中外前辈科学家的成就和品德，如他特别崇敬竺可桢先生，曾撰文论述竺可桢对中国科学与教育的杰出贡献。他曾撰写中国地理、冰川、泥石流等相关科普性文章，先后主编和参著专著 10 多部，各类文章近 300 篇，曾任《冰川冻土》杂志主编。这些成果中，都倾注了施雅风的一腔冰川情！

1980 年，施雅风当选为中国科学院院士，并被聘为中国科学院地学部副主任。他兼任多所大学的教授，担任中国地理学会理事长、国际冰川学会理事、英国皇家伦敦地质学学会国际第四纪协会名誉会员等多种社会职务。

尽心育才，解囊助学

长期以来，兰州的工作和生活条件比北京、南京等城市差一些，搞冰川研究的人才难以引进，因此，施雅风立足西北自己培养人才就成了当务之急。这包括提高中高级科技人才的业务水平，大力培养研究生，派遣青年科技人员出国学习新理论和新技术等，以实现在 20 世纪末科技人员的更新换代。

施雅风识才、爱才，关心青年科技人员的成长，一边悉心指导，一边压任务、压担子。1960 年，谢自楚从莫斯科大学毕业回国，施雅风就要他负责天山冰川站工作，并对他精心培养。谢自楚被任命为冰川学科组组长后，施雅风让他阅读冰雪队成立以来所有的考察资料，并让他在第一次冰川冻土学术会上作中国冰川分类的主题学术报告。会议结束后，施雅风又要他将冰川特征和冰川分类及区划两篇文章合并，写出一篇有分量的文章来。谢自楚一遍一遍地写，施雅风一遍一遍地改，最后写成《中国现代冰川的基本特征》一文发表在《地理学报》上，并于 1965 年获得中国科学院优秀成果奖。1981 年，经施雅风积极争取，谢自楚有了去澳大利亚南极站考察与研究的机会。出国前，施雅风让他去西安外国语学院学习英语，还给他配备了高级的摄像机和照相机，又从所里并不宽裕的经费中拨了 5000 美金作为考察时补充器材之用。谢自楚出国后，施雅风还不断地指导他考察研究。此后，施雅风还每年派出一位学者与澳方合作考察研究，既培养了人才，又出了成果。在施雅风悉心培养下，1984 年 3 月，中国科学院正式任命谢自楚接任冰川冻土所所长，施雅风为名誉所长。

“文革”后，施雅风重新走上领导岗位，第一件事是提高科研人员的业务水平，特别是加强青年科技人员的培养。他制订制度，为在职人员提供脱产或半脱产的学习时间，尤其注重他们的外语学习。他特地聘请了一位英语翻译人员到所里来任教，大大提高了科技人员的外语水平。改革开放后，所里尽管经费困难，还是先后派黄茂桓、康尔泗、程国栋、徐教祖、朱元林等骨干出国进修。

1979 年起，冰川冻土所建立了硕士生、博士生和博士后培养制度。20 世纪 80 年代初，施雅风开始培养硕士生，后又指导博士生。

在培养学生时，施雅风先摸清学生的基础知识水平，特别是外语水平，然后根据每个学生的特点，因材施教，看学生哪方面薄弱，就让他们补这方面的课：有的学生外语差，就送出去专门学英语；有的地理专业的学生地貌方面的训练差，施雅风就设法创造条件，让他多去野外走走看看。施雅风一贯注重科技前沿的信息，发现好的文章，就推荐给学生阅读，还指导学生粗读和精读文献的方法，使学生受益无穷。

学术会议是国内外专家学术交流的重要场所，施雅风总是积极参加各种学术会议。在听学术报告的几天中，他总是争取坐在头排，非常专心地听报告、做笔记，并认真提问，同时又启发随行的同事和学生也这样做。撰写学术报告也是提高学生学术水平及写作能力的好方法。施雅风要求学生一定要过学术报告这一关，例子不胜枚举。

施雅风认为，要指导好研究生，导师应具备两个条件：一是导师要德才兼备，这样才能言传身教；二是学生做的论文题目，导师要有较深入的研究，这样才能真正起到指导作用。

1983年，姚檀栋成了施雅风的第一个博士生。他与姚檀栋第一次讨论学习计划时，就推荐了一大批阅读文献，并让他每周进行一次口头与书面的学习汇报。施雅风会认真批阅书面汇报，并在下一次口头汇报时与姚檀栋一一分析讨论。这种研讨式的传授方式使姚檀栋终身受益。施雅风指导姚檀栋做博士论文时，让他跟随自己一同对乌鲁木齐河进行了考察研究，并结合课题专门研究河区一带的气候、冰川和径流的变化，弄清三者之间的定量关系，其论文发表在《中国科学》上。

20世纪80年代，施雅风指导其培养的第一个博士生姚檀栋学习汇报留影

在指导秦伯强做青海湖课题时，为了弄清青海湖水位下降的确切原因，施雅风亲自和他一起计算青海湖水量的收支账。施雅风一边计算，一边讲解注意事项。结论出来后，施雅风又教他如何写论文，不光帮助修改内容，还帮助修改格式。就这样，施雅风把他一步一步地引进科研大门，写出了高质量的论文。施雅风还鼓励同事和学生去报奖，并指导他们如何报奖及需要注意的技术要领。

施雅风对研究生考核更严格，比如中期考核时亮黄牌、毕业论文答辩时预先提出不能通过的比例等，实例不胜枚举。正是因为这种认真和严格，他才培养出了一批优秀的学生。施雅风是一位伯乐式的人物，他有洞悉“千里马”的眼力。经他选拔培养，一批显露头角的年轻科研人员已活跃在相关研究领域，其中有一批青年学术骨干入选中科院海外杰出人才，有5人在中科

20 世纪 80 年代，施雅风（坐者）与博士生合影

院各研究所担任正、副所长，有著名科学家、中科院院士程国栋和秦大河，工程院院士丁德文，还有他亲自培养的研究生李吉均和姚檀栋院士等。施雅风语重心长地说：“一流的人品，二流的才能，可以出一流的成果；人品不好，即使有一流的才能，连二流成果也出不了。”在勉励大家在打好专业基础、增长才干的同时，他还注重研究生和青年学者品德修养的提高。他的训诫成了崔鹏等一批青年科技人员的座右铭。总之，施雅风在科学领域树起了一面旗帜，在他的身后，数以百计的青年学者成长起来，形成了群山般的中坚力量。这些人接续传递着中国冰川冻土事业的接力棒，成为冰川冻土事业的骄傲。

20 世纪 90 年代，施雅风的科研经费并不宽裕，却为博士生杨保配置了一台电脑，为他学习前沿科学知识创造了条件。杨保说：“每当科学研究遇到瓶颈时，老师的指点就会从脑海中闪现，令人眼前一亮，豁然开朗。他传承于我的，不仅是知识，更是一种科学研究的思路，一种求博、求精的方法，一种严谨的科学态度，这将使我终身受益。”

长期以来，施雅风重视年轻人的培养教育，在工作岗位上总是将自己博学才智毫无保留地传授给年轻人；同时，他尽自己的努力提供良好的硬件设施，为年轻人多出成果保驾护航。1997 年，他荣获何梁何利基金奖，从 15 万港元奖金拨出 2 万捐给南京地理与湖泊所图书馆，以便添置更多新书刊以哺育新人；又拿出数万港元支持《中国冰川与环境》一书的出版，和年轻的同事一起对中国冰川学的发展作一次阶段总结，为后人提供精神食粮。

施雅风对生他育他的故土充满感恩。他目睹、听闻老家农村读书人不多，而这是家乡的父老兄弟负担不了孩子的读书费用之故。1970 年，施雅风到甘肃省康乐县景古乡劳动，那是个贫困地区，失学的孩子多，他心里很不是滋味。

施雅风深知教育是根本，一直关心与重视中学教育。早在 1997 年，施雅风就给老家树勋乡树勋中学捐助 5 万元人民币，设立以父母名字命名的“施登清刘佩璜纪念奖励基金”，每年提取利息作为奖学金，奖励学习成绩优秀但家里经济困难的学生。后来，他得知基金每年利息少，又多次追加资助，2004 年起每年增补 2 万元。很多学生获得奖学金后，都写信给施雅风表示感谢。2006 年，树勋中学请施雅风为学校题词，他很快将三个题词传真给了学校：“树勋名校，服务家乡；求真务实，再创辉煌。”“培养学生，志趣宽广；爱祖国、爱人民、爱科学，做新中国的桥梁。”“交友农民，联系实际；改善环境，减轻负担；提高文化，发展生产；为社会主义新农村建设，做有力贡献。”这些题字都体现了施雅风对教育的期待，对祖国未来的期待。

从 1997 年起，施雅风曾多次到树勋中学颁发奖学金，为全校师生作精彩报告，与获奖学生座谈。施雅风鼓励师生一定要广泛阅读书籍，并多次向学校图书室赠书。他强调读书要有自己的见解，学生一定要有自由的思想。施雅风还特别注重德育，强调一个人要有优良的品德，并告诫师生一定要实事求是，不唯书，不唯上，求真务实，实实在在做人；爱祖国，爱人民，爱科学，实实在在为人民做事，为祖国的繁荣富强努力奋斗。

施雅风读初中时的启秀中学已改名为麒麟中学，并成立了高中部。2006 年，施雅风应邀回麒麟中学参加百年校庆，为学校题了词并作了精彩的演讲。翌年起，他每年给母校乐捐 1 万元，以当年名师陈倬云的名义设立奖学金。2008 年，他再

2006 年 10 月，施雅风大妇在麒麟中学百年华诞庆典上颁发奖学金后与获奖学生合影

次回母校作报告并向师生寄语："求真务实，开拓创新；人才第一，教育根本。"这幅珍贵的墨宝，是施雅风几十年做人做事做学问、培养创新型人才的真实写照与感受，成为学校师生的座右铭。

除了以师长名义设立奖学金外，施雅风还资助过家境困难的学生李林、黄海龙等人。后来，李林当上海门一所学校的老师，为家乡教育事业出力，施雅风为此感到很欣慰。

2006 年 4 月，施雅风获得 2004—2005 年度甘肃省科技功臣奖。按省里规定，60 万元奖金中 20 万元由施雅风本人支配。他得知景古乡景古小学校舍破旧，影响正常教学秩序的信息后，就将自己的 20 万元奖金全部捐给景古小学，与其他资金一起用于修盖一幢两层的教学楼，学校特命名此楼为"雅风教学楼"。2007 年 9 月，他冒雨参加了"雅风教学楼"的剪彩仪式。当看到孩子们在他捐助的崭新的教室里上课时，他感到很欣慰。

2009 年开始，施雅风还为康乐县品学兼优但家庭贫困的高中女生设立了救助金。施雅风每年从他的科技奖励基金中拿出 2 万元，共救助了 40 名高中女生，圆了这些女孩子上高中的求学梦。他这种助教为乐、无私奉献、心系教育事业的光辉形象，永远留在我们心中。

大爱竺公，亦爱家人

20 世纪 60 年代初，聂荣臻同志就说过："像竺可桢这样的科学家，应该给他出个文集。"此后，中国地理学会着手编辑《竺可桢著作目录》，但不幸的是，这件好事未能做成。

1977 年初，施雅风联合 10 多位地理学界和气象学界的学者，如黄秉维、叶笃正等，写信给科学院领导方毅和李昌同志，建议编辑《竺可桢文集》。建议批准后，由施雅风负责组织编辑。

编辑组以 20 世纪 60 年代中期编撰的初稿为基础，进一步收集资料作补充修改，有人寄来竺可桢早年没有公开出版的著作；竺可桢的博士论文，是施雅风托人从美国哈佛大学复印后寄来的。但由于受到时代的影响，有些文章未能入集。

1979 年，《竺可桢文集》出版，受到许多国内外学者的关注与好评。1981 年，科学普及出版社出版了《竺可桢科普创作选集》。这本选集共收录竺可桢的 29 篇文章，其中竺可桢亲自撰写的《德国气象学家韦格纳（1880—1930）小传》油印文稿是施雅风保存下来的。

施雅风主持编辑出版的《竺可桢文集》（1979 年版）只收录了竺可桢三分之一的文章，不能全面反映其思想。此后，他又编辑出版了《纪念科学家竺可桢论文集》和《竺可桢日记（1936—1949）》（前 2 册）等书。

为给《竺可桢文集》写一篇关于竺可桢生平的综述性文章，施雅风向竺师母陈汲索要了 1936—1974 年竺可桢日记、照片、书信和手稿作参考。这对他来说是一次极为宝贵的学习与受教的机会。施雅风深有感触地说，读了竺公的文章和日记，自己的思想获得了一次净化。竺可桢日记的篇幅很大，施雅风等决定摘选其中的重要内容先予出版，于 1990 年之前由科学出版社陆续出版《竺可桢日记》后 3 册。

1984 年，北京中国科学院举行了竺可桢逝世 10 周年纪念会，此后，京外各地纪念竺可桢的活动很多，如浙江大学竺可桢铜像揭幕（1987 年 4 月），后又有竺可桢诞辰百周年纪念会（1990 年），竺可桢诞辰 120 周年纪念会（2010 年），竺可桢逝世 20 周年纪念会、逝世 30 周年纪念会，等等。我大多有幸参加，并在某次活动中结识了施雅风。他有请必到，并在会上讲话或写赞颂竺可桢的文章。北京召开竺可桢逝世 10 周年纪念会后，科学出版社出版了《竺可桢逝世十周年纪念会论文报告集》，浙大举行竺可桢百年华诞纪念会后，浙江大学出版社出版了《竺可桢百年诞辰纪念文集》等，施雅风都写了纪念文章，以表后学的心迹。

2010 年 3 月，施雅风在江苏省浙江大学校友会举办的纪念竺可桢校长 120 周年诞辰大会上（左起：李如恒、黄正义、施雅风、张直中、陈子辰、王定吾、吴晨、何春晖）

在北京举行的竺可桢逝世 10 周年纪念会上，成立了“竺可桢研究会”，经一致推选，施雅风担任理事长，并决定成立《竺可桢传》编辑组，由黄继武担任组长，施雅风为第二章《教学十年》提供资料素材。该书于1990年由科学出版社出版。

2000年纪念竺可桢诞辰110周年会上，叶笃正、黄秉维、施雅风和陈述彭等10多位院士提出倡议，要求增订出版《竺可桢文集》。中国科学院同意后，由院学部办公室拨了5万元启动费，仍由施雅风牵头组织。施雅风召集原编辑班子骨干开会商议，大家认为应出《竺可桢全集》。经过施雅风、沈文雄、樊洪业的联络，组成了阵容强大的“全集”编辑委员会，路甬祥院长担任主任，施雅风为第一副主任，樊洪业任主编，并由上海科技教育出版社承担出版任务。

2001年3月，路甬祥院长主持召开了《竺可桢全集》编委会全体会议。会上，樊洪业主编汇报了编辑计划。此后，施雅风全身心投入工作。

2004年，《竺可桢全集》前四卷出版，受到读者的欢迎与好评。施雅风以兴奋的心情通读了竺可桢1916—1928年的文章，并在《科学时报》的“再读竺可桢”栏内发表了文章，就竺可桢创新创业的开拓精神，启迪民智、普及科学知识的热情及摒弃旧传统等方面加以颂扬。

至2011年12月，22卷的《竺可桢全集》已经出齐。施雅风没能看到完整的全集，就于同年2月13日离开了我们，令人惋惜！这套全集内容厚重深广，我也自购了一套学习并珍藏，以表对两位伟人的敬意！

多年来，施雅风在学习竺可桢践行与弘扬浙大求是精神的同时，还不遗余力地颂扬竺校长的崇高品德。早在1978年，施雅风就在《地理知识》上发表了《科学工作者的榜样——记我国卓越科学家竺可桢同志》一文。1981年，施雅风又在《冰川冻土》上发表了《竺可桢与冰川研究》。1986年《浙大校友》创刊后，施雅风在第二期上发表了《南高东大时期的竺可桢教授》，翌年为《地理研究》《南京师范大学学报》和南京大学《高教研究与探索》所转载，受到读者广泛好评。2004年，施雅风为《竺可桢全集》作了序，同年，又为《科学时报》写了《激励学者报国、创新、前进的动力》一文。近30年来，施雅风以不同内容撰写了颂扬竺可桢的文章近20篇，虔诚之心可见一斑！

大爱母校及师长，亦爱家人及亲友，这是贯穿施雅风生活的可贵品质。

几十年来，施雅风没有忘记母校浙大的求是精神，亦从未忘记师长的培养，一心为母校的锐意改革与创新多作贡献。母校有什么大小事，他想方设法解决；母校有什么会议通知他，他拨冗前来参会。如母校创办地球科学系，施雅风除参加座谈会外，还提了不少有益的建议。20 世纪 90 年代初，我主持编写《浙江大学简史》，每写好一稿，就寄给他审阅。他总是有错必纠，令人感动。

施雅风关心与支持母校校友总会及江苏省校友会的工作，多年来，他担任校友总会理事，担任江苏省浙大校友会名誉会长。除积极参加校友会组织的活动外，他还爱读总会的《浙大校友》、北京老校友主办的《求是》、江苏省浙大校友会主办的《校友通讯》等内刊。他工作再忙，一收到刊物也会马上抽时间阅读，有时还给刊物撰稿和捐助办刊费。

2000 年 1 月 16 日，四校合并后的浙江大学校友总会成立，施雅风从南京赶来参加大会，并被推选为理事。过了几个月，他又来母校参加 5 月 20 日举行的竺可桢诞辰 110 周年纪念会，在会上作了发言，并为《浙大校友》写了《竺可桢和西部地区开发》和《感人最深的竺可桢精神》两文。同日，他还参加了竺可桢国际教育大楼的剪彩典礼等。

2005 年 5 月，费巩铜像落成典礼上，笔者（左）与施雅风（中）、倪士毅合影

2005 年 5 月浙大校庆期间，学校举行了费巩铜像揭幕典礼暨《费巩文集》首发仪式，已是 87 岁高龄的施雅风积极参加，并接受了学生

记者的采访。

施雅风与沈健因缘相识、相知、相爱，最后终成一家。

1944 年秋，施雅风于浙江大学史地专业研究生毕业后，到重庆北碚中国地理研究所工作并担任助理研究员。他于 1946 年随中共地下党员吕东明考察三峡库区到南京工作，兼做好地下情报工作，并于翌年加入中国共产党。

1948 年端午节，对施雅风和沈健两个素昧平生的年轻男女来说，注定是个终生难忘的日子。那一天，沈健哥哥的浙大同学沈文彩——施雅风的大学同学兼同乡——有意请沈健妈妈、沈健和施雅风同席进餐过端午，畅叙浓浓的乡情。沈文彩与沈健一家，乡情加族情，亲如一家。沈文彩有心为两个年轻人牵线搭桥，于是施、沈两人很快“邮门”大开，自此，鸿雁往来不断。

1948 年，沈健从上海立信会计学校毕业，在蚌埠治淮堤复工程局做财务工作。因父母在南京，她几乎每周回南京，上苍为两个热恋的年轻人留下任由交往的一小片天！

沈健老家在海门和合镇，离施雅风海门新河镇较近，两人交往中共同话题自然更多。沈健比施雅风小 7 岁，施雅风认为年小易接受新事物，自己从事地下党工作更能得到内助。交往中，施雅风发现沈健关心政治，经常读进步书刊，这样，两人的共同话题自然更多了。

1948 年冬，施雅风和沈健有了订婚意向。经中共地下组织审批同意后，二人登报订婚，沈健把自己心爱的手表送施雅风作纪念。因地下党工作风险大，施雅风不敢提结婚之事。

1949 年 8 月，南京教育局介绍沈健去一个小学管事务，自此，她正式参加革命工作，并于 1949 年 10 月加入共青团。1950 年 2 月 18 日大年初二，施雅风和沈健才结为秦晋之好。

1950 年 2 月（春节），施雅风与沈健结为伉俪

自此，施雅风、沈健夫妇喜事不断。

1951 年大女儿建生来到人世，二人期待大至国家、小至家庭自此开启的美好新生活。1953 年春，施雅风、沈健调北京中国科学院工作。1954 年，二女儿建平出生。施雅风夫妇生活安定，住处离风水宝地景山公园不远。许是紫气钟情施家，1955 年冬的一天，施家喜添一个男婴，施雅风早给儿子起好名字“建成”，寓意深远。

2006 年元旦，施雅风夫妇与儿女合影于南京（后排左起：施建生、施建平、施建成）

二女一男三个小孩，长大后都很有出息。1976 年，施建生被甘肃省邮电局一家工厂推荐进入甘肃省工业大学学习三年，后仍回原厂工作。1973 年，施建平由甘肃省炼油厂推荐去上海化工学院（现华东理工大学）学习，毕业后到兰州化学物理所工作。1974 年，施建成高中毕业后，到敦煌附近的农村劳动锻炼。1975 年施建成回兰州，被分配到气象局工作。1977 年恢复高考，他考进兰州大学地质系。进入大学后，施建成努力学习，成绩出众。1985 年 9 月，兰州沙漠所送他去美国加利福尼亚大学圣巴巴拉分校深造，他于 1987 年获硕士学位，1991 年获得博士学位，后来成家并定居美国。他学术上多有成就，兼任中国科学院遥感应用研究所研究员、国家特聘专家（2009 年中组部千人计划入选者）、遥感科学国家重点实验室主任。他不忘祖国，每年回国工作几个月。

1960 年，施母因病永远离开了她疼爱的施雅风。美国比尔 · 盖茨说：“世界上最不能等待的事情，莫过于孝敬父母。”施雅风因工作太忙，在母亲晚年时未能在身边照顾；母亲去世时，他又因开会未能为母亲尽孝送行，留下深深的遗憾！

1960 年夏，施雅风夫妇从北京迁到兰州。二人在黄河母亲边上听了 25 年涛声呼唤后，至 1985 年才叶落归根，回到江苏南京，并接受中国科学院南京地理与湖泊所研究员的聘书。当年，他们夫妇只能带一个孩子回南京。大女婿是兰州人，一家人无意回南京；而二女婿是杭州人，他很乐意回南方。于是，施雅风夫妇决意带建平一家回南京。自此，施雅风、沈健夫妇一家开启了更美好的生活。

此后，施雅风深情怀念他的科研团队，冰川、冻土、泥石流等学科的开拓和发展，都是他求是创新精神的结晶！他所体现出的无私奉献、不断创新、勤恳实践的精神，值得科学工作者特别是年轻人学习。施雅风爱亲友，亲友也爱施雅风。

2008 年 3 月 14 日，我驰书敬贺施雅风 90 华诞。同月 23 日，他即回信向我致谢，并寄来一张江苏省浙大校友会等为他 90 华诞祝寿时拍的戴红帽的照片，还在照片的右上角亲笔写上了“达寿学兄：深深感谢你的祝贺！”在玉照右下方，有一首“雅风自题”诗：

人生九十不稀奇，常念亲恩师友谊，
求是创新唯贡献，异日西归少憾遗。

施雅风先生普洒的大爱像阳光一样永远温暖着我们的心，也永远照亮我们前行的路！

2008 年 3 月，江苏省浙江大学校友会庆祝施雅风 90 寿辰（左起：王定吾、倪明江、施雅风夫妇、张美凤）

施雅风给笔者的自题诗照片

（2022 年 12 月改定）

不畏劳苦攀科峰

——记加拿大华人物理学家杜成春校友

杜成春（1922 年 3 月 27 日— ），浙江东阳夏源村人，物理学家。1945 年毕业于浙江大学电机系后，进入重庆资源委员会工作。1949 年 5 月上海解放前夕赴台工作。1962 年得到长期科学发展委员会资助去美国康州大学留学一年，获硕士学位。1968 年获得加拿大麦吉尔大学奖学金，从事弹性表面声波的铺覆导波的研究，1972 年获博士学位，其成果为欧美学术界所赞许。1979 年进入普惠公司任高级工程师，负责飞机引擎测试仪器的设计与研究。

“有缘，我们真有缘。”每当我和杜成春、厉志莲夫妇相聚时彼此都会如是说。

1995 年 10 月 8 日 至 12 日，正是丹桂满城飘香的时候，1945 届 160 多位校友和家属（北美、台湾地区有 21 位）阔别重逢，相聚浙江大学求是园。我和杜成春、厉志莲及其小儿子杜嘉迪有了第一次握手。因我老家在义乌，与杜成春夫妇老家仅数十里之遥，一见面听口音就互称“老乡”。

1995 年 10 月 10 日，杜成春、厉志莲夫妇和儿子嘉迪（右 2）与笔者和女儿杨昀（左 1）在玉泉合影

此后，我们更是信件、邮件和电话不断，追忆各自的流年。今就把往日与杜成春夫妇的交往感受整理成文，以飨读者。

漫长学路勇奋进

杜成春于 1922 年 3 月 27 日出生于浙江省东阳市南乡夏源村的一户农家。此地处于浙东丘陵，村临钱塘江支流（南江）分支的荆溪北岸，风光美如仙景。杜家四代同堂，但从他祖父开始三代单传。他有过两个哥哥，但都在数岁时因病夭折。父亲名福棠，为人精明，日常管理农事，农忙时亦下田劳作。母亲陈彩球体弱但坚强，承担家务，十分辛苦。祖父在世时家里较富有，父亲雇有一个长工，另雇一个小童看牛。家里人少，白天只剩年迈的祖父母。在这样的环境中成长的杜成春，从小便养成了一种沉默的个性。祖父景松，从杜成春懂事起就不管农事，而是热心于公益，如建造凉亭、添置祠堂的灯彩用具、管理村中祠堂祭祖等，还在初有汽车时去上海买回用汽油的抽水机，供村民抗旱用。祖母张氏主管家事，农忙时也参加劳作。在祖父影响下，杜成春儿童时便产生了一种热心公益事业的思想。在国外，杜成春虽然工作繁忙，但他利用周末等休息时间，经常到政府设立的中文学校里做义工。

1928年，杜成春上初级小学。1915年新文化运动后，小学的启蒙课本采用白话文，但杜成春在其祖父督促下，下学后还接触了一些旧书籍，如《唐诗三百首》《幼学琼林》等，无形之中练就了一身扎实的古文功底。小学时期，便爱看《薛仁贵征东》《薛丁山征西》及《说岳金传》等旧小说，为他日后的文学修养奠定了基础。

1935年，在东阳中学就读的杜成春与妈妈合影

1934年，他进入县城的东阳初级中学。在当年，13岁上初中的年龄是很小的，加上沉静的个性，他和同学不大合群，因此刚开始很不适应学校里的生活。每逢周末，他便趁机到城里的大娘姨家逗留。表兄藏书丰实，爱看书的他便如饥似渴地阅读起来。在此期间，他凭原来的古文功底，阅读了《儒林外史》《聊斋志异》等大量文学小说，从中汲取了大量文学方面的知识。1937年秋，他以优异成绩考入金华高级中学，不久，抗日战争全面爆发，金华也难逃战火的洗礼。1937年底，日寇炮火轰炸金华，城内高级中学被迫停课。在这战火纷飞、随时都有生命危险的日子里，杜成春仍坚持读书上课。学校迁到哪里，他便跟到哪里，最后在武义县的俞源结业。

1941年，杜成春毅然放弃他从小便喜爱的文学，选读了浙江大学设在龙泉分校的理工科专业——电机，成了他一生的转折点。当时，抗战正进入相持阶段，形势非常紧张。杜成春读了两年后，校方决定集体经福建、江西、湖南、广西，向贵州遵义总校迁移。一路上的艰辛难以想象。山城里的浙大，却有一番喜人天地。在竺可桢校长主持下，学校师资齐备，教学仪器俱全。杜成春深深懂得学习机会的难得，4年间加倍刻苦，除了努力学好本专业知

1945 届浙大电机系毕业生合影（第二排右 4 为杜成春）

识外，还尽可能地学习其他相关课程，尤其是较深地钻研了物理学科。经过 4 年的艰辛努力，他顺利地通过了毕业考试，被分配到重庆的资源委员会材料处工作。1945 年 8 月，日本无条件投降。当年冬天，他便和同事一起乘船沿着长江，出三峡，过武汉，来到南京。1946 年，杜成春被分配到上海从事材料试验等工作，从此，他的一生便和仪器测试结了缘。

1949 年 5 月，杜成春因缘赴台探望女友，谁知竟遭羁留而无归。杜成春为了生计，到处求职，先后在台南工专和海关工作。1956 年，他凭着在浙大获得的良好专业基础，进入台湾联合工业研究所（工业仪器室）工作，由此对物理产生了浓厚的兴趣。这项工作对他来说如鱼得水，他不仅出色地完成了，还在超音波器具及半导体方面的研究取得了一定的科研成果。台湾《核子科学工程》《无线电》等期刊上都报道了他的一些科研成果。

1962 年，杜成春由于成绩显著，获得科学发展委员会的资助，带薪留职去美国康涅狄格大学留学深造，一年后就获得了物理硕士学位。这很不容易，此次进修使他日后在物理研究工作上如虎添翼。

1968 年，为进一步充实自己的理论知识，杜成春又做出惊人举动——辞去原来待遇丰厚的工作，只身到加拿大麦吉尔大学，接受电机系主任项目下有奖学金的研究工作。经过整整 4 年共 1400 多个日日夜夜的埋头研究，杜成春终于在 1972 年率先解开了当时科学界的一个热门研究问题——弹性表面声波的铺覆导波（Overlay Guides for Elastic Surface Waves）的普遍式，树立了弹性波动解答的里程碑，并因此获得了博士学位。此后几年里，他一面致力于探求如何将该研究成果应用于实际，另一方面时时关心故土，在理论上探讨了中国科技不发达的原因。1979 年，他在台湾某刊的海外副刊上连续发表了《中外有别》《续中外有别》（上、下）等文章，精辟地阐述了自己的观点。

1972 年，杜成春在麦吉尔大学领取博士证书

据有关文献记载，自 1887 年英国雷利爵士发现半空间体（half-space）的表面波动后，花了整整 60 年的时间，科学界才完全解出平板（plat）的复杂波动特性，又过了 10 年，才解出分层半空间体（layered half-space）的波形，又过了几年解出长方形棒（rectangular-bar）的波形。由于波动问题难度大，且受到各方面条件限制，研究每向前迈进小小的一步，都要付出常人难以想象的时间和精力。

杜成春所要研究并解答的弹性表面声波的铺覆导波，也就是将上述长方形棒铺覆在半空间体的基础上，让表面波随长方形棒而传送。当时，欧美几个著名的大学对此课题已做过大量研究并获得一定的成果，但都是在特殊情形下的近似值，而杜成春的解答却是一个普遍式：式中如使棒和基的材料相同，其结果和英国皇家学院的研究相合；如将长方形棒拉得很高，结果和纽约布鲁克林理工学院的报告相合；如将棒压薄，结果与美国贝尔实验室之薄膜模型相合；如将基础加固，结果和麻省理工学院的成就相同。因此，他研究出来的普遍式为各界所接受，树立了弹性波动中另一解答的里程碑，其完整的系统性报告 1973 年发表在美国权威期刊《IEEE 声学与超声学学报》

（*IEEE Transactions of Sonics and Ultrasonics*）上。当时，美国斯坦福大学的奥特教授正写完《固体声波学》一书，立即对此添加了叙述、报道。

对弹性表面声波的铺覆导波的解答，不仅树立了该课题解答的里程碑，且在这方面的成功研究，增强了他向新的科学领域挑战的决心。

和美家庭利事成

1986 年 8 月 1 日，杜成春百忙工作之余，在报纸副刊上发表《缘分》一诗：

在无垠广大的空间里
要选着在一处
在无限悠长的时序中
要订下同时的一瞬
让两条迥异的轨迹
相交在四度时空的点
是极小的机率
却是极大的缘分

那一笑中闪烁出的情愫
是缘
是人生曲线的原点
成长续来的是分
这才是延伸的曲线
轻描淡写地
可以是蜻蜓点水式的短划
留下西厢的一段情
缠绵悱恻的
可以是婉转曲折的叠线

细语出夜深人静时刻
生生世世长相守的密誓

这是一首爱情科学诗。杜成春巧妙地运用数学、物理知识描摹了热恋情侣彼此的真情。

2010 年 3 月 10 日，杜成春又特地寄给我一份《因缘忆记》的手写复印稿，约有 7000 字。他从“缘在浙大”谈起：在浙大龙泉分校求学时，他主动帮插班同学考试作弊，遇见了贵人陈仲和教授，陈教授默默阻止了学校作出开除他的处分，让他逃过人生一劫。到遵义读书后，他又因缘遇上贵人，帮他消解与士兵的冲突，帮患上猩红热的他求得唯一一支 606 针剂，使他一针康复，免遭因病休学的劫难。

此后，每次见面或通信，我们谈得最多的都是“缘分”的事例，除我们二人的相识、相知外，更多谈及杜成春与厉志莲的相识至相知的故事，他不仅写在信里，还写在书中，把妻子喻为“仙女下凡”来，可见他对妻子的满意与尊重。

1928 年 8 月 4 日，厉志莲出生于东阳塘村。她周岁余即丧父，与母亲和长 9 岁的胞兄三人共同度日，从小过着富裕闲适的生活。1948 年于杭州师范学校毕业后，厉志莲赴台观光并探望好友吴菊英，随即进入台湾纺织公司工作，因时局大变而留台，未返大陆。1950 年 6 月 10 日，她与杜成春结为秦晋之好。1951 年 1 月，杜成春因受前上海同事在台湾的牵累，被台当局抓进黑牢长达 10 个月。1951 年夏，大女儿文玫出生月余后，厉志莲才打听到丈夫的下落，并克服种种困难，每周送两次食

1950 年夏，杜成春、厉志莲在台湾新婚

物去探望，陪他艰辛渡过逆境。

1952年1月，杜成春进入台北海关统计室工作。1956年7月，杜成春进入新竹近郊的台经济主管部门下属的联合工业研究所工作，受到研究所所长的青睐。6年间，他从助工升至工程师兼任代理工业仪器研究室主任，还主动自学了电磁学和近代物理，并结合工作学习相对论，为进一步深造打下了基础。

杜成春在《琐诗杂文小集》中赞美妻子说："莲在母兄宠爱下、娇生惯养中长大，没想到婚后却能负起一切家务及教养子女的责任，使我得能专心于学业和工作而无后顾之忧。为求子女有较好的求学环境，她鼓励并促使我向北美求深造。1968年，我获麦吉尔大学电机系奖学金来加拿大攻读博士学位，谋求发展。1970年，她携文玫、嘉恒、嘉迪三个子女来加相聚，半年后她申请到补助的英、法文会话课程各20周；自1972年起，她在一家电子公司工作了14年，后因健康欠佳而离职。"从中可见厉志莲的眼光与能干，令人钦佩！

事实正是这样，每当杜成春处于人生的关键节点，厉志莲都会伸出"忘我"的援手。除台当局清洗异己扩大化，把杜成春关禁闭，厉志莲克服种种困难去探望，宁可自己挨饿也要给丈夫送食物外，杜成春研究工作取得成果并去美国深造后，厉志莲也大力支持，让他集中精力做学问。1968年，正当杜成春在单位工作得风生水起时，厉志莲目光远大，为了孩子的未来，敦促杜成春出国深造。1970年，厉志莲又克服种种困难，带三个未成年的孩子自从无冰雪的舒适之地去半年冰雪的加拿大定居，安排好孩子的学习与生活，并重新学习年轻时不太喜欢的英语，创造条件找到较理想的工作，同时支撑起家庭半边天，让杜成春安心做学问。经过四年坚持不懈的努力，杜成春在知天命之年攻克物理学的世界难题，荣戴博士桂冠，其中一半是厉志莲的功劳！

1979年，杜成春进入普惠公司任高级工程师，负责测试仪器的研究和设计。普惠公司是加拿大一家著名的飞机引擎制造的公司，在美国等许多国家设有分公司。杜成春利用自己丰富的理论知识和实践经验，自行设计了许多

2000 年，杜成春夫妇金婚在加拿大留影

飞机引擎方案，是该公司必不可少的高科技人员。他直到 1991 年才退休，比该公司规定的退休年龄推迟了四年。

杜成春的一生是在辗转颠沛中度过的。求学浙大、转赴台湾、远迁加拿大是他一生的三大转折点。在加拿大，他具备的能力得到全面发挥，在科技上取得了显著的成果，在文学上发表了许多颇有见地的文章，这与妻子的大力支持是分不开的。杜成春多次真诚地对我说："妻子一生全心全意为我、为子女操劳费神，三个子女都已知礼成长，是她带来了一家的幸福！"

乡情校情家国情

浙江地处我国东南沿海，历史上就有大量的浙江人离别故土，迁居世界各地。在异国他乡谋生的浙江籍同胞，发扬中华儿女勤劳勇敢、聪明能干的优秀品质，历尽艰辛，奋力拼搏，在各自事业中获得不同的成就。他们虽然远在海外，却始终眷念着养育过自己的故土，纷纷返国观光探亲，为祖国建设献策。

杜成春在《20 世纪 90 年代三次大陆之行追记》一文中写道："侨居北国，每当夜深人静，缕缕乡愁，不招自至。家乡的景色，融入祖国的壮丽山河；温馨的亲情，牵连着游子的思念。故 20 世纪 90 年代的三次返国旅游和探亲，除开主题报道之外，翻阅当时记下的择日记录，会不禁引发无穷的相思情绪。"

1991 年，杜成春退休了。1992 年 9 月 8 日，他首次偕厉志莲回大陆观光、学术交流和同学聚会（厉志莲 1985 年携两公子曾回大陆观光与省亲），首站选北京，主要由黄晞、戚叔纬接待。行程所至北京、济南、泰安、西安、南京、苏州、上海和杭州，为时共计10周。在观光之余，他在北京理工大学、北京航空航天部三〇四所、西安飞机公司及母校浙大等单位参观并作学术报告，将自己多年的学术成果与研究心得奉献给大家，受到一致好评。

1992年10月3日夜，杜成春夫妇离北京西去西安，后下南京、杭州。10月24日回母校浙大，由顾伟康副校长和级友何志均接待，28日还在三分部作了表面音波学术讲座。11月2日离杭州去上海，11月16日自上海虹桥机场乘飞机返加拿大。

回加拿大后，杜成春写了《大陆旅游纪略》一文（刊于《浙大校友》1993年上期）。杜成春又在《游大陆会级友》一文中说："此行达到了许多目的：一是游赏故国名都，着重在北京，兼及西安和南京。二是上中山陵鞠躬，这是一直以来的心愿之一。三是重点在杭州，既可参观浙大母校新貌，又因杭州是我俩初识之地，西子湖的浓妆淡抹如旧，如今半世纪之后，旧地重游，刷新了许多温馨的回忆。四是在各地可以会见阔别后的同学和级友，回忆1945年毕业时，个个雄姿英发，如今都到退休时刻，又有缘相聚在一起，实是难得的佳事。"以上也可从一个侧面反映了他的友情、校情和家国情怀。杜成春颇感慨地说："隔离了半个世纪，得能重晤亲朋，再见大好河山，兴奋和欢乐之情，正如所谓的孺子投怀，实在是无法形容言说。"杜先生这次回母校，我不知他夫妇行止，未能相见与接待，深以为憾。

1995年10月，杜成春偕夫人第二次返校，参加浙大1945届校友毕业50周年聚会活动，并与小部分校友作新安江黄山之游，我有了安排活动以及服务的机会。首次与杜成春校友相见，彼此都有相见恨晚之感。1945届活动情况，校友们从不同角度写了回忆记述文章，刊于《浙大校友》1995年下期，此不赘述。自此，我们夫妇与杜先生夫妇结下忘年友情，至今已29年矣！

1998年6月15日，杜成春偕夫人第三次回国，参加浙大1945届机电校友举办的"贵州聚会，遵义寻梦"活动，并随戚叔纬等校友在北京中转坐火车赴贵阳，一切由安毅夫级友安排。6月19日，旅游序幕揭开。众人游过龙宫、黄果树等诸多名胜后，6 月 22 日乘大巴抵达遵义，寻访办学旧址。杜先生夫妇未去永兴，后与戚叔纬乘火车去重庆，转游长江三峡，直达武汉。6 月 30 日，与戚叔纬夫妇等分别飞至杭州小住。我们再次在西子湖旁相聚，杜成春夫妇还给我带来一瓶红标签苏格兰威士忌酒，我谨以西湖龙井茶答谢。7 月 9 日，杜成春夫妇回东阳厉志莲老家塘村祭拜其父母及胞兄墓，后会见三朝村中母系表亲等人。翌日，乘车去 4 公里外的夏源村杜先生老家祭祀祖墓。7 月 13 日，辞别众亲友返杭，7 月 24 日飞经北京，7 月 26 日飞回加拿大。

大陆三次之行很圆满。

最令人难忘的是 2003 年，我与老伴在加拿大伦敦儿子家小住期间，经杜成春夫妇多次真诚电邀，我们前往蒙特利尔杜家拜访。在杜家小住 5 天，他们天天以自制美味佳肴招待。除杜嘉迪驱车陪我们去加拿大首府渥太华和魁北克游览外，我们天天与杜先生夫妇同吃同住同畅谈。我听到他们家乡生活与海外求学、工作的许多故事，回杭后就在《诗文缘》内写了《情系故土》一文，紧接着又写了《一撮乡土寄深情》一文，刊于我著的《书有缘》内。

2003 年 9 月，笔者、李栽瑶夫妇（右 1、右 2）在蒙特利尔杜成春、厉志莲家欢聚

在杜成春家，我看到不少富有中国特色的家具，包括木匠之乡——东阳的桌椅、木箱等。有一天，我坐在他的写字桌前，看到一只普通的花瓶，我把花瓶拿在手上，往里一看，竟装了半瓶泥土。后来得知，这是杜成春从故乡悄悄带到国外的一抔土，留作永久的纪念。杜成春曾对我们说："我们已在故乡初建墓园，百年后将在故乡安息。"爱乡爱国之情可见一斑！

杜成春夫妇育有一女两子，都学有所成，各自就业成家，第三代更是人丁兴旺。2003年，杜成春夫妇送我们一张全家福，嘉迪后来才成家，故其妻Gail未在照片中。

2001年杜成春合家福（前排左起：孙女杜琳、厉志莲、小外孙石亮地、杜成春、孙子杜德立；后排左起：大儿嘉恒、大儿媳叶慧君、小儿嘉迪、外孙女石倩如、女儿文玫、外孙石恩地、女婿石以瑄）

2003年9月底自加拿大返杭，我们即收阅了杜成春的《琐诗杂文小集》。全书分"新诗集""旧诗词留痕""论文与杂文"三大部分。无论哪一部分，都有集科学性、文学性和趣味性于一文的篇什。最撩拨我心灵的是该书第一篇中《故乡的泥土》一诗：

这是故乡的一撮泥土
飞过重洋
到达异乡
如今——
我定居时
珍藏在案头瓷瓶
我行走时
飞驶在北美的平原上

土的化学
到处相类似
土的物理

到处无差别
用眼
辨不出特别色彩
用鼻
闻不出特别气息
啊！要用心
才能领会出
这故乡的泥土
特有温馨
特具颜色
因为它——
经过亲朋的
耕耘和踩踏
渗着祖先的汗和血
（此诗曾刊于1981年3月23日台湾某报海外版副刊）

杜成春热爱家乡故土的情怀蕴藏诗中。多年来，杜成春作诗不辍，曾给我邮来一些文学味儿、科学味儿都浓郁的诗，有的就被选登在《浙大校友》上。在《琐诗杂文小集》一书的《童年追忆》中，除了对长辈亲人的赞美外，他特对家乡田园、黄泥山丘等景色作了描写，游子的恋乡情怀也都跃然纸上。

杜成春爱母校、爱校友，写了不少回忆文章，除了对所崇敬的陈仲和老师、治病的606针剂深表感恩外，还写了特别有新见的《从逻辑谈浙大校训》一文，引录如下：

浙大的校训“求是”，简明之至。“求是”两字可说是属于哲学层面的术语，虽简明，但包涵极广，可以管天管地管人又管事。如今自从再铸辉煌的百年校庆主题起，加上两字成“求是创新”，其真实含义却值得讨论。如果认为求是和创新对等，在今日科技挂帅的时代里，创新实在太重要，于是在求是之外得加上创新；但这在“求是”之外的创新，在逻辑上讲，本身就非求是了。这样似乎不合适。实际上这“求是创新”应该是“校训求是，着重创新”的意思。“求是”是校训，固定不变的；至于着重处，以后因人因时可以改变或加添。例如加上“破旧”，甚之加上“科技大革命”（但愿浙大有这一天）等等。经过这样的注脚解释才在逻辑上说得通。任何名词加在求是的上下，都会发生这样的弊病；但成语“实事求是”则可，在这里的“实事”是形容词，它限制了求是的境界，指出只需管事，别管其他。（原载于2002年北京浙大《求是通讯》第29期）

到加拿大至今，杜成春曾用笔名在《世界日报》副刊等发表诸多文章和诗作。他的诗从理性出发，以科学入诗，别具一格。在文章中，他就如何使下一代传承中华优秀传统文化及科学为什么不先发达于中国作了深刻的阐述。他认为除了将下一代送入中文学校学习中文外，最好是在家庭里讲中文，保留用中文讲话的才能，以便延续中华文化传统。

杜成春根据自己多年在中国和西方生活中的观察及亲身体验，撰写了《中外有别》一文，就中西文化差异进行了多方面的比较与阐述，生动活泼，令人信服。

他首先选“简而巧的筷子”和“繁而易的刀叉”作比较。老外惊讶中国人用工具（筷子）之简和运用之巧；而中国人嫌老外刀叉多而规矩繁但用之易。在日常生活中，中国人喜欢以最简单的用具进行技巧的万能应用，比如中国人用筷子夹肉排、吃面条甚至捡蛋等，都得心应手，而西方人则用刀叉，且不同类型的食物有不同类型的刀叉。事实证明，中国人即使是初次吃西餐，刀叉也用得相当自然。中国人用刀叉嫌麻烦，但他们忽略了要掌握用简的工具作巧的应用，其间须经过多长时间的训练才能达到。杜成春认为，正是国人这种简而巧的思想，束缚了他们开创进取的精神，停滞于原有的水平。而西方人恰恰相反，为了求得方便再方便，就不断地改革与创新。第一次工业革命的炮火是英国首先点燃，是西方人先制造缝纫机而代替了针线，是西方人先有汽车、轮船而代替了旧有马车和帆船，是西方人先有日新月异的枪炮而代替了刀箭，等等。

杜成春还从“艺术化和企业化”“工农商和商工农”“从总到细和从细到总”等方面进行观察。这些方面都是中外有别，他都用实例作了科学的对比，读者细品后一定会得到有益的启迪。他认为，要想工商业获得发展，赶上世界水平，须学会将一切事“企业化”。发展工商业有如胡适所说，是“滚雪球式”的，要广泛吸收他人的资本，资本愈多，发展愈快，利润也就愈大。因此，须将一切事“企业化”，否则将处处受制于别人。

杜成春认为，对商的重视程度如何，将决定该国工业发展水平的高低。他认为，任何国家的发展离不开商，对商的重视程度在很大程度上决定了该国工业化的程度。但是，每一个国家则须以“工”（最好），或以“农”为后盾。

杜成春还认为，发展经济，不仅要挖掘国内市场，而且还要勇于开拓国外市场，但中国人在这方面却一而再、再而三地失去机会。国人须清楚认识到，从事工商业发展的方法和修身处世的道理是不同的。他指出，当今之世，要修身治国，应该随时注意与他人、他国比较，敢于正视自己的不足，采取吸收他人、他国之长处。

杜成春在《科学为什么不先发达在中国》一文中，就当时中国科学落后于西方发达国家的境况，作了深刻的阐述，精辟地指出在当今世界，要修身治国，应该随时注意采取他人长处，为中国科技的发展指明了一条大道。他还著文热情歌颂了中国最伟大的发明——二进位计数法。他进一步阐明，中国上古时有“阴和阳”的哲理二单元，后由阴阳到八卦，更演绎成六十四重卦，这是百分百且不增不减的二进位计数法，是当代计算科学最完美的基石，令欧美计算机权威及逻辑学者崇拜得五体投地！然而，当时国人只注重指南针、火药、造纸术和印刷术四项技术发明的实际应用，而忽视了纯数学的二进位计数法，直到计算机科学发展成熟的今天，才显示出其伟大性来。

总之，细品杜成春的许多诗文，就有一股清新的家国情怀撩拨心胸，令人钦佩！

我在浙大校友总会任职 10 年，除了收到杜成春的书信、稿件外，还会收到他对《浙大校友》刊物的捐款。在我们的交往中，杜成春讲得最多的是不忘母校的“求是精神”，说这是他人生的指路明灯。他在浙大龙泉分校和遵义各两年的求学生涯中，最难忘竺可桢校长慈父般的音容，也忘不了同窗好友的互相砥砺，忘不了母校名师的教导……每当杜成春夫妇回国观光与省亲，都不会忘记看望同窗好友。他们聚在一起忆旧话新，常会忘了吃饭睡觉，常会忘了自己是年过八旬的老人……

2005 年是杜成春毕业 60 年，杜成春早早企盼同学聚会日子的到来。早在 2003 年我们在他家相聚时，他一边嘱我将校友聚会列入校友总会工作计划，一边驰书同窗好友何志均和戚叔纬两位教授，表达他与校友相聚的真切愿望。

2005 年 9 月 18 日中秋佳节之际，百余位白发苍苍的长者从全球各地来到浙江大学，其中 1945 届机械、电机、化工、土木、数理、化学、文学、农学等学院和系所的 60 余位老校友在毕业 60 周年之后，再次回到母校温馨的怀抱相聚，浓浓的离别思念之情溢于言表，眉宇间漾开了对今日母校宏大发展的欣慰与骄傲之情。旅居加拿大蒙特利尔市的杜成春校友也偕妻携子参加了这次活动。

2005 年 9 月 20 日在浙大玉泉校区校门口合影（左起：笔者、杜成春、厉志莲、李栽瑶、杜嘉迪）

9 月 19 日上午，老校友们在永谦学生活动中心听了常务副校长倪明江教授的报告后，又参观了竺可桢纪念馆。9 月 20 日，坐船游览杭州西湖新景区后，参观紫金港校区。9 月 21 日，参观浙大之江校区，游览钱江新城等。这次活动，《浙大校友》2005 年下期作了详细报道，何志均、杜成春、戚叔纬等 60 名校友还为紫金港校区绿化建设捐助了 8150 元人民币。

在本次活动中，我也随校友总会工作人员一起陪同老校友参加了多半活动。杜成春夫妇及小儿子嘉迪参加年级校友活动后，嘉迪先回加拿大，而杜先生夫妇留在杭州亲友家小住时日。10月13日，杜成春夫妇来寒舍做客，并合影留念。在食堂简单用餐后，我又陪他们去何志均学友家小聚留影。10月19日，老伴陪杜先生夫妇作绍兴一日游。10月24日，我们陪同杜成春夫妇游了杭州杨公堤、龙井山园等地，并在校园内外合影，留下永久的纪念。

2005年9月，1945届部分学友欢聚灵峰山庄（右起：万迪秀、杜成春、笔者、陈耀寰、姓名不详、支德瑜、王启东及夫人、刘长庚、安毅夫及夫人、姓名不详、刘赓书、严刘祜、姓名不详）

2011年10月5日，我们随儿子一家三口去加拿大蒙特利尔布朗国家公园观赏红叶，特地先往杜成春、厉志莲夫妇家拜访欢聚两天，留下许多难忘的记忆。

2005年10月19日，笔者（左）与杜成春夫妇在龙井留影

2011年10月7日，我们与杜成春夫妇在蒙特利尔市杜家相拥分别，回国后，一直用邮件和国际电话保持联系，从未间断。2020年12月23日，在本年圣诞和2021年新年即将到来之际，除了敬贺节日外，我和老伴又写邮

件向杜先生夫妇问好请安。同年12月30日收到杜先生的邮件贺卡。这是将届期颐之年的寿星又一次亲自给我们发的邮件。

2011年10月15日，在加拿大蒙特利尔杜成春夫妇家合影（左起：马薇、厉志莲、杜成春、笔者及孙子杨一帆、李栽瑶、杨胜）

此后两年多来，因新冠疫情横行，我们虽未互通电话和邮件，但彼此仍牵挂对方的起居与安康。2023年元旦将临，我叫旅居美国的儿子杨胜打电话向杜先生夫妇贺岁并问候。几经周折，2023年2月20日，杨胜才传来杜先生夫妇安康无恙的信息。忆及先生夫妇七秩有余同甘共苦的生涯，我喜不自禁，特草《贺杜先生期颐华诞》小诗一首记之：

才男靓女同乡配，故园离乱心壮怀。
卧薪深造奔万里，加国兴家同心栽。
互敬互爱守一生，栽培桃李乐成材。
松柏长青寿而康，期颐庆孙多喜来！

期颐之年花絮多

2024年3月2日，已逾百岁的杜先生发来邮件，询问《现代宇宙学》责任编辑等情况，我查询后于同年3月5日回复。

近些年来，为延续与杜成春夫妇之间的友情，我们很想与他的下辈取得联系，至2024年4月11日，我如愿加上杜成春的女儿杜文玫及她先生石以瑄博士的微信。石博士原是重庆大学访问学者，近些年与深圳等多地公司合作研制半导体芯片、太阳能电池等课题，延续杜成春夫妇支持中国科技发展

2024 年 4 月 1 日杜成春全家福（前排右起：石慧丹、杜成春、厉志莲；后排右起：石恩地、石亮地、Katie、石倩如、石以瑄、杜文枚、叶慧君、杜德立、杜琳、杜嘉迪、Gail、Jeannie、蓝之均、杜嘉恒

的爱国情结。

杜成春、石以瑄两位电机学博士对物理学都有浓厚的兴趣。他们不约而同地发现爱因斯坦提出的相对论有瑕疵，不过杜成春专注于狭义相对论，而石以瑄探讨广义相对论，他们各自阐述自己的观点与见解，但若没有万全的理论与实验基础，都不会轻易公布于世。我们拭目以待！

杜成春一直重视强身健体。他自 22 岁起就打坐冥想，以纾解远离故土去遵、湄求学的焦虑。1962 年，他在美国留学打坐时，觉得自己像一瓶水，而今他打坐，仿佛自己融入了浩瀚无垠的宇宙中。杜成春在 35 岁时又学了陈氏太极拳，每天坚持练拳，这兴许是他期颐之年后至今还能如常读书、看报、写论文的健康保证。

几十年来，杜成春作息正常，起床、吃饭、睡觉都是定时，晚上还吃点坚果，几十年从未改变。他有一位贤淑的夫人厉志莲辅助、持家与陪伴，一直把她喻为“下凡的仙女”，二人生活无忧，心情舒畅。这恐是他们健康、快乐生活并长寿的缘由！

百岁人瑞多请保姆照顾饮食起居，然而杜成春、厉志莲夫妇却坚持自理。厉志莲到鲐背之年后，开始健忘，烧饭烹调会忘关火，火警铃响过几次，但百岁高龄的杜成春谢请保姆，或亲自下厨自制简单饭菜，或借助手机自叫外卖，更有三名子女及孙辈经常送饭菜上门，一日三餐依然丰盛多样。

2022 年 3 月 27 日杜成春百岁寿辰庆生留影（后排左起：杜嘉恒、杜文玫、杜嘉迪）

新冠疫情期间，厉志莲跌了一跤，外孙女石倩如博士坚持独自一人在医院陪护外婆，直至出院后在家陪护两周，确定外婆安好后才回她自己家。

杜成春、厉志莲夫妇膝下人丁兴旺，孩子们品学双馨，尊老爱幼，一家人其乐融融。我谨祝杜成春、厉志莲夫妇健康长寿，再长寿！

（2023 年 2 月 25 日初稿，2024 年 6 月 30 日改定）

求是至诚，创新无间

——记计算机科学家、教育家何志均教授

何志均（1923 年 5 月—2016 年 6 月），原籍浙江余姚，出生于上海。浙江大学教授，计算机科学家，教育家。1945 年毕业于浙江大学电机工程学系；1960 年创办浙江大学无线电工程学系并任系主任；1978 年创办浙江大学计算机科学与工程学系并任系主任；1983 年创建浙江大学人工智能研究所并任所长。从教逾 60 年，先后培养了数以千计的电子学和计算机高级专门人才，为我国的人工智能、计算机图形学、计算机辅助设计诸学科的创立和发展作出了开拓性的贡献。曾任第三届国务院学位委员会计算机学科组成员，中国计算机学会理事暨人工智能模式识别专业委员会主任，浙江省计算机学会第一届至第五届理事长。1987 年获首届浙江大学教师最高奖——竺可桢优秀教师奖。

半世纪前，何志均老师的微笑就深深地植入我的心灵。2012年7月下旬，我和老伴去拜访何老师夫妇，送了一本我写的《山水缘》游记，并告知何老师同级学友戚叔纬已于去年仙逝的消息。那时，何老师还能推一把轮椅在家走动，也常坐在电脑前写点什么。2013年4月初，戚叔纬夫人在其子戚一陪同下，回南方祭扫祖墓，我们又一同在何老师家共话友情。

2012年7月29日，笔者（左）专访何志均夫妇留影

2013年4月7日，欢聚何志均家（左起：戚一及其母、薛艳庄、何志均、笔者）

2022年初秋，我和老伴李栽瑶再次专访何教授的夫人薛艳庄教授时，何老师离我们而去已6年多了，然而他那慈祥而宽厚的微笑依然常在我梦里梦外显现，于是，我决意苦对手机小小的荧屏记录下他的音容笑貌，也记录下他在教学与科研中的光辉片断，留在母校百廿余年的浩瀚史海中，以飨广大读者。

逶迤曲折求学路

何志均于1923年5月13日出生在上海一个清贫的知识分子家庭。父亲大学肄业，有较好的中、英文基础，先后在上海多家公司、商行任职。母亲上过中学，年轻时担任过几年家庭教师。何志均于1928年入读上海万竹小学。1932年，日寇侵犯上海，何志均随家避居租界，只得休学在家，其间读了许多书，包括《三国演义》《水浒传》等古典小说和一些常识书本。他复学时，语文、算术成绩一直到毕业都保持在全班前两名。在上海万竹小学举行的知识统考中，四年级的他考出六年级的水平。1935年，何志均进入上海中华职业学校商科读初中。初三时，他接触到平面几何，为它的逻辑构架和推理的严密所吸引，于是脱离课堂进度自学，不到一学期就学完了全书。在初三余下的时间里，他学完了高中全部数学课程——平面三角、立体几何、代数和解析几何。1937年，日军大举侵犯上海，何父生病失业，全家迁回原籍余姚乡下，只留下何志均独自寄宿于上海舅父家生活。1938年，他进入上海大公职业学校高中机械科。高中一年级，他在课外自学了大学理工科微积分和微分方程两门课程的英文版课本，并顺利地做完了习题。高二、高三时，他继续自学大学的普通物理、高等代数和高等微积分等。1941年毕业后，他进入上海工业专科学校电机系，就读仅半年，日军偷袭珍珠港，并占领上海租界。上海工业专科学校不愿受日伪政府管制，自行停办。何志均经上海交通大学理学院院长裘维裕教授介绍，到浙江大学龙泉分校继续就读电机系。当时龙泉疟疾流行，生活极为艰苦，微薄的贷学金只够他勉强吃饭。由于当时龙泉分校只办到二年级，何志均于1943年夏转到在贵州遵义的浙江大学电机系电讯组继续读三年级。他利用浙江大学藏书较丰富的图书馆，自学了德国理论物理和电动力学的课本。王国松、钱钟韩、蔡金涛等名师讲课各有风格，何志均受益匪浅。何志均回忆起青少年时代的学习，深感走的是愉快而曲折的路。

1945年夏，何志均在浙江大学以电机系电讯组第一名毕业后，到昆明中央无线电厂担任甲种实习员，半年后应聘回校，在电机系任助教，开始了在浙江大学逾 60 年的教学生涯。

创建双系育英才

在教育事业上，何志均白手起家，创建了浙江大学无线电系和计算机系两个新系，并使之在短短数年内达到国内较高水准。

1952 年，浙江大学被调整为单纯的工科大学，翌年素负盛名的浙江大学电机系电讯组连同师生被调整出去，何志均作为青年教学骨干留在浙江大学电机系，担任电工理论基础课教学工作，并兼任系教学秘书 3 年。1956 年，他受浙江大学任命，兼任新成立的科学研究科第一任科长，协助科研副校长推动全校科学研究。虽然行政工作繁忙，但他仍面带微笑地承担了超过专职教师工作量的教学任务，讲授理论上有很大跳跃性的苏联教材。由于具有深厚的理科基础，他讲课被学生赞为“概括精练、逻辑性强”。同时，他又开设了工业电子学、高电压工程、计算装置等新课。有时一天连上 3 门课 6 小时，他依然能微笑地面对学生。

1957 年初，浙江大学电机系筹建无线电技术专业。何志均提出立即成立一个“先行班”的方案，通过“先行班”开展各个教学环节，包括新课、新实验的开设等。1958 年夏，“先行班”学员毕业，根据国家急需，大部分毕业生被分配到全国重要单位。何志均又从电机系三年级的优秀学生中挑选了 10 名左右提前毕业作为助教。他还动员电机系青年骨干教师阙端麟、姚庆栋、周文、陈启秀共同改行，在电机系内再办起电真空、半导体、自动远动等专业，并立即招生，完成了无线电系的构架，最终于 1960 年从电机系独立出来，正式成为无线电工程学系。何志均担任系主任，并兼任无线电专业教研室主任，上述青年骨干分别担任其他专业教研室主任。

1958 年起，何志均身兼无线电系系主任、无线电技术专业负责人、浙江大学科研处（筹）负责人兼学报主编，工作十分繁杂，但他仍把大量心血倾注在年轻教师和学生的培养上。何志均除担负无线电技术专业的脉冲技术等重要专业课外，还一手抓无线电技术专业学生实习基地的建设，另一手抓无线电技术专业的师资队伍建设。在实习基地建设方面，他不辞劳苦，亲自去上海、南京、武汉、成都等地，求助自己的同学和学生，在上海亚美电器厂、上海无线电十四厂、南京714厂、武汉716厂、成都766厂和杭州电子仪表厂、杭州邮电器材厂等工厂建立了浙大无线电技术专业的固定实习基地。

在教师队伍建设方面，他想尽办法成功引进了哈佛大学毕业后在英国贝尔通信公司工作的微波、电磁场专家张毓昆老师，聘请了从美国回国的通信专家邓汉馨老师以及在国内某通信工厂担任工程师的无线电发送设备专家戚贻逊老师等。同时，何志均呕心沥血，把大量精力倾注在年轻教师的培养上。在培养年轻教师时，他有一整套科学而严格的计划。顾伟康在1963年毕业留校任教后，何志均老师首先约他作了言简意赅的谈话，近60年前的谈话情景，顾伟康至今回忆起来仍觉清晰与亲切。何老师要他努力过好“科研关、实验关、助教关和英语关”。当年，一般大学生第一外语全是俄语，而无线电专业英文参考文献更多，学生必须自学补上英语这一课。

在何志均老师的严格要求下，许多青年教师一步一个脚印地从助教做起，在自学专业英语、带学生下厂实习或毕业设计中锤炼自己，还参加了多项科学研究项目，得到全面的锻炼，很快成长了起来。顾伟康教授回忆说：“在何老师领导、培养下，我的教学水平提高得也很快。改革开放年代，我较快地成为博士生导师，承担了重大的科研项目，并先后获得了包括国家级和部委级在内的多个奖项。总之，我的成长轨迹贯穿着何老师对一名年轻教师的关爱。”

2003年9月，顾伟康（右1）与何志均夫妇合影于张家界

何志均带头讲无线电技术基础课时，广阅中外文专业书刊，认真编写了《无线电技术基础》讲义，有些章节还在教研组内做学术讲授。听课老师深感讲义内容充实、推理严密、逻辑性强，为年轻教师树立了榜样。

在何志均老师亲力亲为下，1966 年，浙江大学无线电系教学质量在全国高校同类专业中名列前茅，培养出近千名优秀的专业人才，毕业生受到社会的广泛好评。中科院院士、著名航天专家、嫦娥探月卫星总设计师、火星探测工程总负责人叶培健，就是浙江大学无线电技术专业毕业生的杰出代表。

20 世纪 60 年代初，何志均主持研讨 ZD-1 第一代电子管计算机留影（左起：叶澄清、陶欣、何志均、蒋霞雯、周肇基等）

世界上第一台计算机诞生后，撩拨着何志均的心。1957 年，富有前瞻意识的何志均在筹建无线电系的同时，就考虑追踪世界最先进的科学技术：先调 1954 级的周肇基提前毕业，并派他到北大进修并参与当时我国最早的北大红旗计算机的研制。1958 年，中国科学院计算所研制成功中国第一台小型电子管通用计算机 103 机（八一型），标志着中国第一台电子计算机的诞生。何志均加快谋划，于 1961 年抽调周肇基、蒋霞雯、陶欣和林茵组成无线电技术专业中的计算机专门化小组，负责指导 61 届毕业班叶澄清等 10 位学生研究计算机技术。此后，何老师又把研究小组作为创办计算机系的骨干力量。自此，叶澄清 40 余年追随何志均老师，走上计算机教学与科研之路，直至 2002 年退休。当年毕业设计要求十分严格，毕业设计论文评审及主持答辩均请外系权威教授。到叶澄清教授主持系务工作时，硕博论文评审答辩仍采用何老师倡导的办法，形成良好的传统。

办好计算机系的关键是建立一支优秀的教师队伍及管理队伍，何志均除培养本土年轻教师外，又从著名高校、研究院所多渠道引进各种人才充实教师队伍，使计算机系很快形成一支博采众长的力量。何老师的超前意识还体现在研究生的培养上。1978 年，学校开始恢复招收研究生，计算机系无论师资力量还是设备条件都较困难，但何志均突破常规，招收潘云鹤、王申康、孔繁胜、朱淼良、高济等首届研究生。他们毕业留校后，都成了计算机系的领军人物。

何志均在创建新系中注重师资队伍的建设，并放手让各人发挥专长，为新系的茁壮成长起到关键作用。何老师是一个伯乐式的人物，凭借过人的学识与胆识，他培养了浙江大学潘云鹤和吴朝晖两位校长，培养了潘云鹤、陈纯和吴朝晖三位院士，令人钦佩不已！

在建系过程中，何志均也重视实验设备等物质基础的建设，千方百计通过多种渠道引进国外先进设备。如 1979 年，他参加党委书记、副校长刘丹领队的 8 人赴美访问团，大家节省住宿、伙食费用，买回一台当时最先进的 Cromemco 微机，满足潘云鹤等多名研究生歇人不停机地做硕士论文的需要。

1981 年，何志均在派出一批骨干去承担学校建立计算中心任务的同时，决心集中 10 万元人民币经费筹建系计算机实验室，并购 4 台 Cromemco 微机以满足本科教学的需要。为购机，大家齐心协力想办法，打破常规。1982 年上半年，4 台 Cromemco 微机到校，配有多种语言，并拉了 16 个终端，可同时供 16 个学生上机用。这 4 台微机不仅可供毕业班学生以及后续各届学生教学使用，还可开展人工智能等应用软件的开发研究，争取到国家科委、电子部及国家自然科学基金的项目，出了成果又可反馈设备的更新、扩充与提升，形成良性循环。此事使我校计算机系成为全国少数拥有先进计算机的高校之一，也为学校争取全国重点 CAD 科技攻关课题提供了强大的实验条件优势，进而为创建 CAD & CG 国家重点实验室打下了坚实的物质基础。

关于创建 CAD & CG 国家重点实验室，何志均决定在北京召开论证会。这一独特做法，为会议安排增加了许多困难，但可请来更多国家有关主管部门的领导，中国科学院计算所及清华、北大、华北计算所等顶级专家等莅临指导，影响更大，受到不少名家的称赞。这为我校建成 CAD & CG 国家重点实验室及以后申请国家“七五”重点攻关课题和 CAD & CG 重点学科打下了坚实的基础。

何志均重视研究生培养。开始硕士生导师只有他一人，在他的鼓励与支持下，导师队伍逐年扩大。他把研究生的培养和学科建设、科研开展结合起来，不断取得骄人的成绩，终于在 1986 年，浙江大学计算机应用技术学科被国务院学位委员会批准为博士授予点，何志均也被批准为博士生导师。到 1988 年，在学科组票选重点学科时，这一博士点已位列全国前十。

勇拓人工智能路

何志均创建了浙江大学人工智能研究所，开拓了中国的人工智能、计算机图形学、计算机辅助设计等学科的发展，并取得了科研上的重大突破与经济上的重大效益；退休后又帮助浙江大学向美国出口大型软件，在国际合作上迈出了重大的一步。

从 1978 年招收第一批硕士研究生开始，何志均就把培养的研究生作为科研攻坚力量，并一届又一届地继承和发展以前的成果，形成了由博士、硕士和高年级优秀大学生组成的攻坚梯队，完成了几项重大任务。

何志均对最新研究领域具有极为敏锐的感受、分析、判断和吸收能力，因而能够始终追踪国际新兴学科。同时，由于他具有丰富的学术经历和广博的知识，能把握学科发展方向，在组织科研工作时能既注重学科的理论发展，又注重实际应用和经济效益，因此他所从事的研究总能走在学科的前列。

何志均把首批招收的研究生方向确定为人工智能，同时也把该方向作为计算机系科研的长远方向。因为他在博览了当时所能得到的外文文献之后，留意到计算机科学和思维科学结合的人工智能学科，该学科在国外经历了 20 多年艰苦的理论研究阶段后，方开始其实用的过程，而在国内尚是空白。他为研究生开设了人工智能、机器定理证明、模式识别和 Lisp 程序设计等课程，在国内率先带领研究生开垦这一处女地。他为研究生确定了学位论文研究方向——专家系统，强调专家系统的发展在于应用，在于为社会作贡献。当时国际上所有的专家系统都只能在大、中型计算机上进行研究和开发，何志均却在中国普遍只拥有 8 位微型计算机的基础上，对专家系统的设计方法进行了研究。从 1981 年起，他先后指导研究生成功研制出一批实用的专家系统，分别应用于农业、探矿和轻纺工业。特别是 1982 年，他指导的研究生潘云鹤成功研制出“智能模拟彩色平面美术图案创作系统”，经国内美术家和人工智能、计算机、自动化等多方面专家鉴定，被评为“我国首创，达到国际先进水平”。1985 年，美国卡内基 · 梅隆大学著名教授、诺贝尔奖和图灵奖获得者 H.A. 西蒙参观该系统后，写下了“我所知道的最好的计算机美术系统”的评价。这是中国第一个应用于生产的专家系统，后在地毯、墙纸、印染、刺绣等行业内得到广泛应用。此后何志均又继续指导新的研究生林峰，应用潘云鹤的成果进一步开发出“立体感美术图案创作系统”。这一系列计算机美术的研究，获得了国家科技进步奖二等奖。

1982 年，何志均于计算机系内成立了人工智能研究室，并于 1987 年将之升格为人工智能研究所，自己担任所长至 1990 年 6 月止。

进入 20 世纪 80 年代后，专家系统在国际上正处于大发展阶段，此时产生了一些亟待解决的问题：需要研制出许多建造专家系统的软件工具，使建造一个专家系统所需的人力、时间、资金缩减到原来的几分之一；需要解决许多人工智能上的基础技术问题，加快开发第二代专家系统，以取代不能解决许多较复杂问题的第一代专家系统。于是何志均带领他的研究生转向专家系统开发工具的研究。他指导的硕士研究生童学军和杨涛分别于 1986 年和 1987 年在国内首先研制出两个具有国际先进水平的第二代专家系统开发工具，他们所写的两篇论文均为国际人工智能最权威的学术会议——国际人工智能联合会议（IJCAI）于 1987 年在米兰召开的第八届年会所录用，两人还得到大会程序委员会主席聘任，各担任一个小组的主席。这些成就引起了国内人工智能学界的瞩目。此后，人工智能所开发了更多的专家系统工具，其中与中科院数学所联合研制的一项获得国家科技进步奖二等奖。

何志均从国际计算机技术的发展动向得到启示，认识到计算机辅助设计和计算机图形学将对推动中国工业的发展产生巨大作用。他于 1982 年选定计算机辅助设计及计算机图形学作为第二个重点、长远的研究方向，并将现代的人工智能技术、图形处理技术与计算机辅助设计及计算机图形学的研究相结合，研制出一批具有国际水平的软件。研究生张宁在他的指导下，于 1985 年成功研制出“二、三维图形生成显示软件包”，在图形裁剪、真实感

1983 年，人工智能初创人员在花港观鱼公园合影（左起：崔健、潘云鹤、朱淼良、俞瑞钊、王申康、何志均、董金祥、黄桐兵）

图形处理技术等方面达到了当时的国际水平。1986 年，浙大计算机系承担了国家机械委“七五”重大攻关项目“VAX 系列（UNIX）机械产品计算机辅助设计支撑软件系统的研究”，这标志着何志均和石教英等教授领导下的计算机辅助设计及计算机图形学的研究已达到国际水平。国家计委于 1988 年在浙江大学建立了国家级计算机辅助设计与计算机图形学重点实验室，从此，该实验室成为国内的重要研究点。与此同时，何志均将人工智能技术、图像处理技术和计算机图形学相结合，用于解决国民经济中的重大关键问题。他指导的博士生陈纯经过 5 年的艰苦努力，于 1989 年成功研制出“丝绸印染 CAD/CAM 系统”，达到了当时国际领先水平，并在生产中获得了极大的经济效益。

由于国家机械委“七五”重大攻关项目的成功，何志均在国家 863 重大课题“CAD/CAPP/CAM 集成系统软件研发项目”竞标中也获得成功。由此，他和董金祥把 CAD 的研究引向了更高一层的计算机集成制造系统（CIMS）研究。除了原有 CAD 需要进一步提高以跟上当时国外先进水平外，CAM 与专家系统相结合的 CAPP 都需要新开辟，更先进的工程数据库和许多不同大型软件集成技术也需要研发。何志均让他的 10 多位博士生分别承担这些重大项目，并由 40 名硕士生组成庞大的研发团队。经过 4 年的艰苦奋斗，“CAD/CAPP/CAM 集成系统软件”于 1997 年研制成功，达到了国际先进水平。何志均团队开发的 CAD 系列软件在 400 多家企业中得到应用，并获得国家科技进步奖三等奖，为我国自主知识产权的软件开发与产业化发展作出了巨大贡献。而他们为工程数据库研发的新型的 OODB（面向对象数据库）的原型，也接近国外 OODB 的指标，由此，浙江大学又朝着数据库研究这一国际软件界的重要分支上迈进。此后，团队在董金祥的带领下，持续不断地研究并取得成果，成为国内数据库研究的一支重要力量，承担国家“863”在这方面的重大相关项目。

何志均认识到，他当时所瞄准的国外同类产品又有了很大的发展，学校科研应该和国外企业在开发上密切合作，只有这样才能缩小差距，并能与世界的发展同步前进。为此，他积极寻找与世界上软件业最发达的美国企业合作的机会。经过多年艰苦的努力，终于，浙大计算机系由他牵线与美国第一大共同基金服务公司——道富银行达成合作。他让杨小虎、周波、孙建伶、李善平带领学生组成精干团队，于 2001 年底成立浙江大学道富技术中心（以下简称“技术中心”），由潘云鹤校长和何志均担任中方理事。技术中心接受了一个道富认为很艰难的任务，但仅仅几个月，技术中心就很好地完成了软件的开发，并让道富银行投入金融交易的实际应用，创造了很高的效益，由此消除了道富银行对浙江大学存有的顾虑。此后，新任务源源不断，而加入技术中心的浙江大学学生，每年以近翻一番的速度增加，由初始时的 15 人增加到 2005 年底的近 200 人。2003 年 8 月，美国 CIO 杂志以《一朵 IT 奇葩在中国开放》为题对技术中心进行了专门报道。科技部亦于 2004 年春召开会议，以推动中国软件对欧美出口的事业。何志均拓宽了人工智能的应用领域，深入基础进行创新研究，在学术上也作出了杰出的贡献。

何志均待人诚恳，宽厚包容，平易近人，能够凝聚大家共同奋斗。他视野开阔，思想开放，勇于接受新事物。他全身心投入教学和科研工作，成绩卓著。他是第三届国务院学位委员会计算机学科组成员，中国电子学会第一、二届理事，1978 年至 1999 年中国计算机学会理事，中国计算机学会人工智能与模式识别专业委员会主任，浙江省计算机学会第一届至第五届理事长等。1987 年获首届浙江大学教师最高奖——竺可桢优秀教师奖。

八方弟子赞师恩

十年树木百年人，老师恩情比海深。

在何志均仙逝近两年时，《何志均老师纪念文集》由浙江大学出版社出版。在这本文集中，何志均的几十位亲友、同事及弟子都著文纪念这位志宏前瞻、博学多谋、求是创新、睿智品优、严己宽人、无私奉献的仁慈长者，略作述录如后。

浙大前校长吴朝晖院士在《一生学习的榜样》一文中写道："何先生是计算机界的一代宗师，亦是我人生的楷模，30 年来，先生的教诲、关心和帮助一直伴随着我的成长发展，他那高尚的人格、大家的风范、卓越的见识更是指引着我砥砺前行。"接着又说："何先生爱生如子，时刻不忘师道初心，对学生的成长倾注了大量的心血与无私的关心。先生非常提倡科教结合，支持本科生参加学术会议和研讨班。至今我仍然记得，在先生的鼓励下，我在本科三年级就参加了科研工作，并经他推荐，我作为学生代表，在 1987 年 12 月有幸参加了国家'863'计划信息领域启动时的战略研讨会。先生非常重视学生创新能力的全面培养，引导学生在科研实践中获取真知。至今我仍然记得，1988 年我刚进入先生门下攻读硕士，先生便让我担任学术骨干，并负责工作站智能系统开发工作。……先生非常重视学生的课程学习，为学生指导前沿的学术方向。至今我仍然记得，20 世纪 90 年代初，在先生的鼓励和支持下，我继续攻读博士学位，当时通信不便，尽管先生已年近古稀，却仍然不辞辛苦，顶着炎炎烈日，亲自到宿舍与我讨论博士课程的选择……"

从中可见，何志均像一个园艺师，用自己的心血把一棵不起眼的苗木，通过耕耘、浇灌、施肥，培养成参天大树！

中国工程院院士陈纯崇拜何志均老师“顶天立地”的学术研究之道：既追求科学研究的高水平，又强调技术的落地应用。何老师实事求是、创新创业的精神一直对后学有着很大的影响。陈纯院士回忆说：“1986 年，我又在职报考了何老师的博士研究生。读博期间的主要工作是完成国家经贸委和浙江省计委下达的‘计算机丝绸花样设计、分色处理和制版自动化系统’的攻关项目。当时中国的纺织业是出口创汇的第一大产业，纺织印染厂多且规模大，但长期以来花样设计和图案分色工艺落后，完全靠人工绘制，直接影响了当时主要靠来样、来料加工的我国丝绸及其纺织品在国际市场上的竞争力。该项目是要开发一个集计算机系统、图像图形处理系统、光鼓扫描输入和印花激光制版机于一体的全新装备，国际上没有可供借鉴的开发经验和软件系统，几乎所有的一切都要自己设计……在何老师指导和鼓励下，经过整整四年的艰苦工作，系统于 1989 年底完成开发，达到了国际领先水平，在人工智能技术及应用上有较大突破。何老师又督促我踏踏实实进行系统的产业化开发，后来该成果在全行业全面推广应用，实实在在创造了巨大的社会效益和经济效益，我也因此荣获浙江省十大科技新星和第三届中国青年科技奖。”

董金祥深情地说：“计算机系成立后我就担任了系里的科研和研究生秘书，从此受何老师直接指导和精心培养。这是我一生的大幸。他渊博的知识、超前的创新思维和无私的忘我工作精神、高尚的人格品质，深深地影响着我，我能有今天全因有缘遇见何老师这样一位好导师。”董金祥又说，1978 年何老师招收计算机系第一批硕士研究生后，十分重视教材的

1998 年，何志均与人工智能方向的 5 位硕士研究生合影于西湖旁（右起：孔繁胜、朱淼良、何志均、潘云鹤、高济、王申康）

建设，特别重视引进外文原版教材。何老师借美国访问考察之便，买回美国著名大学计算机系采用的教材给本系研究生和本科生用。何老师十分关注浙大图书馆外文书库中计算机类英文原版书，除带头用英语原版教材上课外，还要原学俄语的董金祥等年轻教师也用英文原版教材，促使年轻教师在本科或研究生教学中迅速提高英语水平。后来，董金祥通过了国家高校出国人员英语水平考试，有机会获得国家公派访问学者资格去美国南加州大学计算机科学系进修，后又获得包氏基金资助去加拿大科学院进修。这些全得益于何老师对董金祥施压式的精心指导。

1978 年，何志均首批招了潘云鹤等 5 个硕士生后，他不仅精心培养，还关心这批拖家带口的学生及其家属的生活，尽力把一个个学生家属安排借调到浙大，使学生们安心学习、工作。接着，何老师为学生们争取到奖学金资助，让他们一个个都去国外学习进修。学生们学成后，顶住国外优厚待遇的诱惑，婉谢国外导师的挽留，全员回国效力，并在各自岗位上挑起科研、教育的大梁，填补人才短缺的断层，使浙大计算机系得以稳定发展，也为当今计算机系站在国际同行前沿奠定了基础。

在新系、新学科创办过程中，何志均是个名副其实的伯乐，其最大的特点是不拘一格选贤才、用能人。1970 年春天，正在临安浙大五七干校劳动的何志均被派往临安县城指导“有线广播载波化会战”，结识了从杭州去临安插队的初中毕业生毛德操，自此，他们成了相识至相知的忘年交。何老师发现毛德操有一定的无线电知识，更可贵的是他对科学知识有强烈的渴求和超强的自学能力，于是就鼓励他系统地学习无线电知识，学好英语以至读英语原版书。1977 年恢复高考后，何志均知道毛德操因年龄关系无法招进浙大本科深造，但仍常鼓励他自学计算机知识，还将在美国访问时买回的几本名校原版计算机教材让毛德操翻译。后来，计算机系果真用上了毛德操翻译的《计算机系统结构》和《数字逻辑与计算机组成》等教材，这是何志均能把毛德操调进浙大的重要缘由。

毛德操到浙大报到前夕，何志均叮嘱说：“到了浙大以后要发挥自己动手能力强的优势，如果偏重理论，系里谁都比你强。系里目前迫切需要的正是能动手的人。”这些话，毛德操如座右铭一样牢记一生并加以践行与发扬光大。此后，毛德操继续受到如父的何志均老师的教诲与关心，继续刻苦学习，一步一个脚印地参加计算机机房的建设与科研。当毛德操有了较大进步并取得较大成绩时，何老师先是将毛德操破格从工人提拔为助理工程师，后又晋升为工程师，后来又破例让一个只有工程师职称的人去给本科生以至研究生开课。再后来，在系里正需用人之际，何老师从长计议，又让毛德操于1989年去美国攻读硕士学位，热情地给他写推荐信等。毛德操学成回国后，很快成了浙大计算机系的栋梁之材，成了一名著名计算机专家、教授，并任浙大网新高级顾问兼研发中心主任、北京共创开源软件有限公司执行副总裁。毛德操教授说：“事实上，何老师关心和鼓励的也不只是我，系里的年轻教师，他几乎量体裁衣地向每人推荐学习材料，也鼓励他们自由发展。”何志均老师是关心爱护下一代人的楷模，也是善待包容同代人的典范。即使是对他有所冒犯的人，他也大度包容，公平对待。正因如此，人们对何老师的爱戴也不同一般，计算机学院从教师到员工再到学生，对何老师的离去都很悲痛，至今有的老师还会一边忆说一边双眼饱含泪水……

浙江省计算机学会首任秘书长门素琴深情地说，自1979年何志均老师一手创建了浙江省计算机学会起，他连任四届理事长，后又被学会推举为终身名誉理事长；他尽力发挥学会科技人才群体优势，每年在全省范围内举办青少年计算机程序设计竞赛，经常进行优秀软件评选、计算机学术论文评选，从中发现并培养计算机优秀苗子，以学会名义向省及国家推荐跨世纪人才，其中就有计算机系跨世纪杰出人才如陈纯、吴朝晖、庄越挺等，充分显示何志均培养年轻一代的高尚品德和伯乐精神。

20世纪80年代初、中期研究生童雪军、杨涛、曹学军、王卫宁等追忆敬爱的导师何先生时，说了几个他爱学生的感人故事。1987年夏，童雪军和杨涛的论文被在意大利米兰召开的世界人工智能大会采用，二人受邀担任小组论坛的组长。在当年系里科研经费不富裕的情状下，何老师为给学生创造与发达国家同行学习与交流的机会，当即向国家教委打报告，要求把自己从国家教委派的代表团中除名，换上童雪军和杨涛。国家教委得知后，破例在代表团中增补了童雪军和杨涛。出国前，何老师嘱两位学生带些方便面和压缩饼干以供大家会间代餐，以便省下生活补贴费买大会资料及计算机设备，令人敬佩不已！学生们还说："作为人工智能早期的领导者，他对机器学习、大数据应用研究和进步特别感兴趣。如很多老一辈科学家一样，他对研究抱着非常认真的态度，这一直影响着我们。1992 年他出访美国，在到新泽西州立罗格斯大学做浙江大学在人工智能方面研究的学术报告前，他非常认真地准备了讲稿，并在宿舍里预讲了数遍，让我们提意见，不断来回修改细节。他所考虑的是怎样把浙江大学计算机系在人才、技术、发展上最好的一面展示在国际同行面前，为浙江大学创造更多的机会站立在国际科技前沿。"研究生们还说："我们在国外留学和工作期间，他一直跟我们和别的研究生保持着邮件联系，关注着每个人的进步，每年都会把浙江大学计算机系的进展及他的期望转达给每个海外学生或访问学者。他一直激励我们不仅要致力于尖端科技方面的研究，更重要的是要做有影响力的研究，把我们所学的知识和技能转化成对社会有益的应用。即使退休后，他仍继续关心鼓励我们。"何老师生活俭朴，平易近人，在美国考察交流时，不住酒店，挤住学生公寓，这样不仅节省差旅开支，更有时间与学生们交流。

在人工智能研究所，何老师每个月都会安排一次活动，或交流聚餐，或出游观光。胡立毅老师著文说："1988 年的一天，何老师带所里的人去杭州城里的便宜坊餐馆吃饭，我因事未去。当晚 9 点多，住在同楼楼下的陈纯老师来敲我的门，给了我一只大纸袋并说：'何老师看你今

1982 年，董金祥与何志均合影于花港观鱼公园

天没有去吃饭，叫我带一盒烤鸭回来让你尝尝，里面还有其他几样菜。’那个年代，在杭州吃烤鸭可是件了不得的事。”2003 年，计算机学院为学院创始人何志均老师办寿宴，大家吃完寿面，都高兴地把盛面的碗带回去收藏，一些弟子说，这还有“不忘何老师给我饭碗的寓意”。胡立毅老师说：“何老师除了给我一个饭碗，后来他还给了我一个茶杯。……何老师每年都会托人带茶叶给我和他在美国的亲戚朋友。”胡老师又写道：“每逢新年，何老师都会写一篇三四页纸的年终总结，附在他给亲友学生的新年贺词的信件或邮件后，告诉大家过去一年他所经历的要事。……近几年来何老师健康状况欠佳，薛老师让他叫一个学生来帮助输入电脑，但何老师一直坚持要亲自来写自己的经历和感受。每年读着何老师的长信，我都很感动，能感受到他做事的坚强毅力、与疾病斗争的巨大勇气和对生命的无限热爱。”

美国道富（浙江）公司董事长兼总经理柯杰瑞（Jerry Cristoforo）在《感恩与怀念》一文中有关于 1986 年他对何老师初见印象的刻画：“他身材魁梧，满头黑发，国字脸，宽宽高高的前额显示出智慧的宝藏，浓浓的眉毛下闪烁着一对深邃的黑眼，宽宽的鼻子、厚厚的嘴唇体现出敦厚善良的美德。”岁月荏苒催人老。2013 年 4 月的一个上午，何老师最后一次来到道富公司参观访问，柯杰瑞极富深情地记下了当时的情状：“虽然他努力不让疾病的痛苦写在他的脸上，但是苍白消瘦的脸，高高耸立的颧骨，凹陷的双颊，爬满了深沟似蛛网般的皱纹，失去往日光辉的双眼，蹒跚的步履，这一切的一切，都说明他身体虚弱已久。……是啊，为浙江大学计算机事业的发展呕心沥血，终日操劳，通宵达旦，夜以继日，浙江大学计算机系自创建以来哪项重大的事他没有操过心？浙江大学与道富公司的合作从开始、深化到成熟，哪件事他没有深思熟虑？……了解了道富杭州发展的现状和愿景，看到年轻一代‘码农’的成长和代码技术的提高，何教授的皱纹舒展开来了，脸上露出了久违的笑容，双眼也变得炯炯有神了，不时闪烁着智慧的光芒。随后我们就谈起了老话题，计算机、软件、合作、发展、人工智能、当今世界计算机发展的方向、如何创新等，一谈到这些话题，他就笑，眼睛里就射出快乐的光芒，脸上也洋溢起对事业热爱的春风来。咳，他早已解甲归田，沉甸甸

2003年12月27日，庆祝何志均八十寿辰合影（左起：陈纯、何志均、薛艳庄、汪益民）

2013年4月，何志均夫妇参观道富杭州公司（左三起：柯杰瑞、何志均、薛艳庄）

的担子也已经交给了年轻人，但是这担子还搁在他的脑子里，永远留在了他的心里！……我常想，我们失去的朋友不是长眠在地下，而是深藏在我们心中，他永远陪伴着我们！”

何志均电机系同学郭以连校友的牵线帮忙，为浙大计算机系的国际合作架起了桥梁。2001年底，何志均带领杨小虎、孙建伶、周波等10余名师生走上了产学研的合作之路，至2018年，浙大与道富已为道富杭州和网新恒天两家企业培育人才超过5000人，使之成为国内外有一定影响力的企业。杨小虎博士深情地说：“综观何老师一生事业的发展，创办浙江大学无线电系、计算机系、人工智能研究所、道富技术中心……一般人做了其中一件事，就足以自豪，但何老师做了这么多，真正体现出他是一位伟大的远见者、开拓者和奠基人。而且，他每次开创的新事业都会改变一大批人的命运，给大家打造广阔的发展空间，在国内外产生了广泛而深远的影响。”

计算机学院前党总支书记汪益民说：“从1941年进浙江大学求学到2016年离世，何志均老师在浙江大学度过了75个春秋。1945年7月，他在浙江大学以电机系电讯组第一名的学习成绩毕业；新中国成立前夕，他曾在白色恐怖中不顾个人安危，利用实验室掩护中共浙大地下党的革命活动；1953年光荣加入了中国共产党；1960年和1978年何老师在浙江大学先后主持创建了无线电工程学系和计算机科学与工程学系，并在短短几年内就令两系取得飞速发展，进入国内先进行列。他几十年如一日，循循善诱，诲人不倦，为祖国社会主义现代化建设培养了一批又一批优秀人才。”

2013 年，何志均与柯杰瑞合影

千百学子，万语千言，汇成一句话：师恩崇高，师恩难忘！在写作中，我的耳边仿佛时时响着何志均老师吹响的新时代号角，这号角声激励着师生们奋起向前，奋斗不息。他那脚踏实地、勇于开拓、默默耕耘的工作作风，不忘初心、求是创新的精神，犹如春风雨露不断地滋润后学的心灵；他那“老骥伏枥，志在千里”、无私奉献、甘为人梯的美德，像一盏高挂的明灯，永远照亮后学前行的路！

志同道合积善德

新中国成立之后，全国人民都全身心投入祖国建设的热潮中。1956 年在浙江省的一次党员会上，浙大何志均和原杭大薛艳庄相识。后来在他人牵线下，二人于 1959 年结为秦晋之好。他们育有一个女儿，有个幸福的小家。

薛艳庄于 1930 年 11 月出生，浙江瑞安人。她的父亲薛祀光（1900—1987），早年留学日本九州帝国大学，获博士学位。1928 年回国后，任中山大学法学院院长，为教育部部聘教授。抗日战争胜利后，被聘为国际法庭顾问，在审判日本战犯中作出了重大贡献。1947 年，以自身在法律界的声望和影响，据理力争，迫使国民党当局释放在“反饥饿、反内战”学生运动中被捕的 28 名中共地下党员和进步师生，为此被国民党当局列入黑名单。他

2013 年 11 月 18 日，陆汝钤院士看望何志均夫妇（右起：王新宇、吴朝晖、陆汝钤、何志均、薛艳庄、金芝、杨小虎）

2022 年 9 月 20 日，笔者夫妇专访薛艳庄（中）后留影

毅然离开中山大学，返回故里，当年即受聘为同济大学法学院院长。新中国成立后，他历任厦门大学教务长、武汉大学和湖北大学教授，从事高教事业达 45 年，给薛艳庄带来了良好的影响。1952 年，薛艳庄在华东师范大学加入中国共产党，并于生物系毕业，一直在原浙江师范学院、原杭州大学任教授职，从事教学、科研和党政领导工作。任教期间，主要从事动物生理学和生物物理学的教学和科研工作，先后对西湖水质、家鱼繁殖等课题进行专门研究，曾获省政府嘉奖。1980 年至 1992 年历任原杭州大学副校长、校长、党委书记。1992 年至 1998 年任原杭州大学校务委员会主任。1988 年至 1998 年兼任浙江省政协副主席、党组成员、提案委员会主任等职。

何志均、薛艳庄夫妇生活俭朴，关爱师生，特别关心进城务工的人员。2003 年，何志均在 80 岁寿辰之际，打算与夫人薛艳庄捐助 1000 万元成立慈善教育基金会。筹备组因无运营慈善基金的经验，征得两位捐款老师同意，

2015年5月，女儿一家给何志均庆生留影

将基金分两期各500万元进行资助，并按两位老师的意愿，为基金会取名为“浙江省云惠公益基金会”（“云惠”两字不与任何个人名字相关联），并于2015年7月在浙江省民政厅注册成立。在云惠公益基金会理事会运作下，而今，按捐助发起人何老师和薛老师的意愿，云惠励志成长奖学金和云惠成长助学金两个项目已资助近100名困难学生，资助额达60余万元。

云惠公益基金是何志均老师为社会留下的重要遗产。“基金会现在运作良好，大家都很负责用心。”薛艳庄老师说。云惠基金初期的主要资助对象是进城务工人员子女，重点关注孩子受教育方面的经济困难。薛老师说，基金会现正考虑拓展范围，将为罹患先天性心脏病的婴儿提供资助。

在薛艳庄眼中，丈夫的善意和爱心颇为内敛，表露出来时往往让她惊讶。几年前，何志均读《钱江晚报》，看到一位外来务工者生重病无钱治疗，他就自己走到报社，留下2000元钱。钱未及转到，病人已经去世了，老乡们坚决把钱退回来，薛艳庄这才知道丈夫做的善事。

2017年7月，云惠公益基金会新一届理事会成立，基金会将公益的触角延伸到医学救助和浙大西迁之路的助学活动，并希望有更多仁人志士投身公益，以告慰何志均老师在天之灵，把两位发起人高举的公益旗帜传递下去！

江苏省农科院原院长高亮之校友送过我一本《爱的哲学》，书中认为爱具有创造力，爱是人类创造真、善、美的强大动力！不是吗？耄耋之年的何志均、薛艳庄夫妇，持续做着公益事业，令人感动。

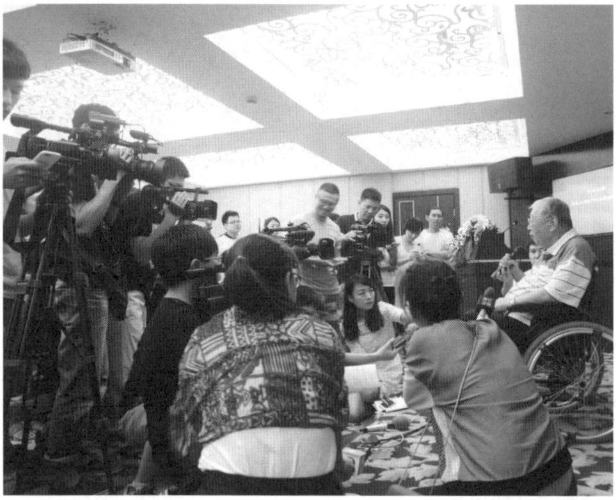

2015 年，云惠基金会成立仪式上，何志均接受媒体采访

2005 年 9 月 21 日，1945 届校友返校活动，笔者与何志均（中）、戚叔纬（左）在六和塔浙大之江校区合影

在与两位老教授的交往中，我深感他们把爱的阳光还洒向了同学会、校友会。2005 年 10 月，何教授所在的年级迎来毕业 60 年返校欢聚，虽然比 1995 年毕业 50 年返校欢聚人数略少，仍有百余位白发苍苍的耄耋学友及眷属从海内外赶来母校欢聚，何志均教授自然成了东道主。他笑对困难，有条不紊地做好一切服务工作，受到学友的赞扬。2015 年秋，何教授又想尽办法，与年过九旬的几十位学友及眷属在线上聚会，传递了爱的正能量，创造了我校有史以来最高届次、人数最多的学友聚会活动。

1999 年 8 月，薛艳庄教授带领我们一行人参加四校合并后的香港浙大校友会成立大会。除参加生动活泼的大会活动外，薛教授还带我们参观了不少单位，拜访了不少多有爱心的名人，直接或间接地传递了捐资助学的大爱之心意！

2005 年 10 月 13 日，笔者（右后）陪同参加 1945 届校友返校活动的旅居加拿大校友杜成春夫妇（前后排左）拜访何志均留影

老子《道德经》中“大音希声，大象无形”之句，意即越大的成就往往越穿透悠远，越大气度的人往往越包容万物。2018 年 6 月 7 日，出自雕塑家潘锡柔教授双手的何志均塑像落成，表证何志均教授的光辉人生将永久淋漓尽致地诠释着老子的名句，让后学景仰！

2018 年 10 月 28 日，何志均先生铜像落成揭幕典礼，夫人薛艳庄（二排右 10）、女儿何朗清（三排右 10）与学院新老领导、院友和学生代表合影

（2022 年 10 月 12 日初稿，2024 年 6 月 30 日改定）

药理济世乐新篇

——记药理学家池志强院士

池志强（1924 年 11 月—2020 年 1 月），浙江省黄岩县（今台州市黄岩区）人。药理学家，中国科学院上海药物所研究员。1949 年毕业于浙江大学药学系。1959 年获苏联列宁格勒儿科医学院副博士学位。毕业初期担任浙江大学药学系助教。1953 年起，任中国科学院上海药物所研究员，长期从事药理学研究，在抗放射损伤药物、神经系统药物研究方面成绩突出；早期从事血吸虫病化学治疗、锑剂解毒研究，采用二巯基丙磺酸钠解锑毒有显著疗效；研究放射损伤化学防护，找到一些对实验动物有防护作用的药物，并对其防护作用原理进行系统研究；从事分子神经药理的研究，特别在强效镇痛剂、阿片受体的分离纯化及选择性配体研究领域有一定影响。1978 年，任中科院上海药物所副所长；1983 年，任中科院上海分院副院长。1997 年当选为中国工程院院士。

池志强的故乡浙江黄岩位于风景秀丽的海滨，一条弯弯曲曲的澄江自西向东横贯全区，最后至三江口与灵江汇合后注入东海。在这条母亲河的滔滔江水滋润哺育下，黄岩蜜橘闻名世界，每当深秋季节，两岸金果盈枝，江上帆船穿梭，呈现一派繁荣的景象。

2001 年 11 月，池志强在家乡的橘林中留影

“誓举红旗黎明前”

母亲是子女的第一任老师。池志强的母亲是个有文化的家庭老师，其子女都得到了良好的教育。她对子女从不打骂，而是循循善诱，使子女养成自觉学习的习惯。母亲与人为善、以邻为友的生活作风，也时刻熏陶着子女幼小的心灵，使池志强从小养成与人友善、关心他人的良好品质。

池志强从小喜爱读书，兴趣广泛，爱动脑筋，多有幻想。每当夏夜来临，他常与小伙伴一起识别天空的星座，讲述嫦娥奔月的故事，憧憬未来遨游茫茫的太空！在小学三四年级时，他如饥似渴地泛读了多部中国古典小说名著，为以后进一步求学深造以及做学问打下了深广的文学功底。

每当读书怠倦之余，池志强倚窗凭眺远山九峰，侧耳细听青山飞瀑，还有高耸的双塔、山村的炊烟……在这样一幅如诗若画的美景中长大，他养成了健壮的体魄，陶冶了随和的性情，培养了宽广的胸怀。

进入初中学习后，时值抗日战争爆发，学校被迫迁至山区，家里也因父亲工资收入大减而陷入困境。为了缴纳继续求学的费用，家里只好靠借贷典当度日。艰苦的求学生涯使池志强养成了吃苦耐劳、勤劳朴素和奋发进取的生活作风。他亲历了敌机轰炸县城、百姓四处逃难的情景，更激发了他对国民党政府腐败无能和日寇横行的痛恨，为他以后激发爱国热忱、投身革命打下了深刻的认识基础。

池志强在黄岩初中毕业后，考入从海门搬迁至仙居深山广度寺的省立台州中学。为了躲避敌机轰炸，沪杭一带的许多中学老师也纷纷逃难来到时迁仙居的台中，其中不乏名校的教师骨干，台中教学水平因此得以提高。在深山庙宇里学习，条件十分困难，连化学课也无法由学生动手做实验。幸好来了一位化学老师，讲课生动有趣，注重启发式教学，并用顺口溜的形式帮助学生记住一些化学规律，还给学生演示一些有趣的示范实验。所有这些，都像磁石一样吸引着池志强的心，使他对化学产生了浓厚的兴趣，并为他以后进入浙江大学化学系继续深造奠定了基础。

1942 年，池志强高中毕业时，许多知名大学均已内迁。经济拮据的他无法筹措旅费和学费，于是只好辍学当一名小学老师。他节衣缩食，一年后积累了一些资金，并于 1943 年以优异成绩考入浙江大学龙泉分校化学系，成为一名公费生开始学习。由于家有兄弟姐妹 5 人，仅靠父亲不高的薪金难以维持生活，因此他一边刻苦学习，以优秀成绩保持公费奖学金，一边在节假日里当家庭教师，以维持自己的日常生活开支。当时龙泉分校设在龙泉芳野，吃住都很艰苦，教学条件十分简陋，就连化学实验中加热也是用炭炉子，冷凝则是靠一根玻璃管外包铁皮作为冷凝管，再用两只木桶装水放在高处，以上下置换供应冷凝水。学习条件虽然艰苦，教师们仍认真教学，同学们也刻苦学习，保持较高的教学和学习水平。

1945 年 8 月，抗战胜利，全国人民满腔热情地投入战后重建工作，浙大龙泉分校也迁回了杭州。因浙大校园受日寇破坏，满目疮痍，需要整修，学校让学生借读厦门大学一年。在这求学关键时期，他只好又一次辍学回到家乡，当上了黄岩中学灵石分部的化学、外语老师，挣一点微薄的薪水供弟妹读书，并积攒回杭复学的路费。

1946 年回杭复学后，池志强看到广大人民缺医少药的痛苦，意识到药学系毕业后谋生的道路更为宽广，于是他决心克服困难，转到 1944 年新建的药学系学习。由于药学系是 5 年制的，重视实验教学，要求学生基础深厚，更重视学生独立工作能力的培养和动手实验操作的训练。在教师的严谨作风影响下，池志强在学习与实验中积累了科学研究的方法，获得了一些初探科学奥秘的乐趣，树立了进一步从事药理科学研究的自信心。1949 年秋，池志强作为浙大药学系首届毕业生毕业，成绩名列第一，留校当了张其楷教授的药化助教。

在浙大求学期间，池志强受到求是精神的熏陶。他一边刻苦学习业务知识，一边积极参加学生爱国运动，在“反饥饿、反内战”斗争中站在第一线；在护校迎解放斗争中，在中共地下组织领导下，担任了浙大应变委员会安全部负责人，负责全校的安全保卫工作。由于池志强积极带头参加学生爱国运动，经中共浙大地下组织负责人之一的谷超豪介绍，他于 1949 年 1 月加入了中共地下组织。

1998 年 11 月 18 日，笔者采访池志强后在浙大校门口合影（左起潘祖仁、池志强、笔者）

1998 年 11 月 18 日，池志强回到母校浙江大学，经由他的同乡、留校时的同事、高分子化工专业潘祖仁教授引荐，我采访了池院士，并在浙大玉泉校区大门口合影留念。

2004 年是池志强 80 大寿之年，当年一同考入浙江龙泉分校的著名数学家谷超豪情不自禁，写下了《祝贺志强同志八十寿辰》三首诗，其中第一首为：

芳野相识六十年，斗室共吸桐油烟。
学海汹涌投身去，誓举红旗黎明前。

这首短诗，清晰地勾勒出他们同窗苦读、并肩战斗直至与全国人民一起高举红旗迎解放的动人场面，展示了池志强革命、学习双丰收的情景。

奋力半纪勇争先

1949 年 5 月 3 日杭州解放后，百废待兴，干部奇缺，池志强毫不犹豫地服从党组织的安排，于 1951 年夏离开了心爱的教学与科研岗位，到省文化局负责科学普及与浙江省科学技术协会的组织管理工作，先后担任过社会文化科和电影科等科长之职，学会了做一行、爱一行、专一行，并养成努力创造工作新环境、开创工作新局面、安心完成新任务的习惯。

1953 年 7 月，池志强响应中央让专业技术人才归队的号召，来到中国科学院上海药物研究所工作，从此开始他长达半个多世纪的药理研究新航程，并用自己的聪明才智和生命年华写下了一曲曲攻关夺隘、攀登科学高峰的动人凯歌——

曲一：抗血吸虫药物及锑剂解毒研究

20 世纪 50 年代初，我国血吸虫病在长江流域广泛流行，病情十分严重。毛泽东于 1958 年 7 月 1 日作七律二首，其中第一首就是血吸虫泛滥的写照：“绿水青山枉自多，华佗无奈小虫何！千村薜荔人遗矢，万户萧疏鬼唱歌。坐地日行八万里，巡天遥看一千河。牛郎欲问瘟神事，一样悲欢逐逝波。”为了尽快消灭血吸虫病，中央建立血防办，大力推动血吸虫病的防治工作。上海药物研究所急国家之所急，投入大批力量寻找新防治药物和锑剂毒性解毒的研究。池志强以初生牛犊不怕虎的姿态，受命于危难之时，师从丁光生教授，挑起血防新药筛选及锑剂毒性解毒的研究。他与伙伴们将合成的二巯基丁酸钠用于解锑毒的研究，很快取得显著的效果。

1955 年 7 月，池志强奉命去苏联留学，先在上海外国语学院参加留苏选拔考试。他幸运被录取后，于同年 9 月初赴北京俄语学院留苏预备部学习至翌年 5 月，并获得“优等生”的称号。1956 年 8 月 8 日，池志强离开北京去莫斯科。同年 11 月，他进入世界上唯一的儿科医学教育和科研机构——苏联列宁格勒儿科医学院学习，并在卡拉西克院士指导下，以苏联发明的新型二巯基丙磺酸钠与我国研制的治疗药物吐酒石的解毒作用、吐酒石的毒理及其不同年龄受试者差异表现等为研究课题。经过夜以继日的苦心研究，他证明了二巯基丙磺酸钠对吐酒石的解毒有显著效果，并证明二巯基丁二酸钠仍比二巯基丙磺酸钠更优。

1957 年在列宁格勒，池志强与导师卡拉西克（中）、秦伯益（左）合影

1957 年 12 月，池志强于苏联南方乌克兰留影

其间，池志强还兼任中共列宁格勒市中国留学生党总支书记。1957 年 12 月，在当年苏联基辅召开的关于含巯基化合物在医学中问题的科学讨论会上，他宣读了论文《二巯基丙磺酸钠对吐酒石之解毒作用》中的部分内容，并借假日之机在苏联南方乌克兰作了观光。

1959 年 10 月 9 日，池志强完成研究课题，并写成论文《不同生长期的小白鼠对吐酒石的耐受性》。他的一系列研究成果发表在苏联药理学与毒理学杂志及巯基类化合物研究专著上，不仅受到导师的赞许和同行的瞩目，于答辩后荣获医学副博士学位，而且为推动我国血吸虫病防治工作的进展起了一定作用。

曲二：电离辐射损伤化学防护的研究

电离辐射损伤化学防护研究是放射生物研究的一个重大课题，涉及国防安全。20 世纪 50 年代起，许多国家实验室争先研究。为了在我国尽快开展此项研究工作，上海药物研究所成立了第五研究室，并要求池志强完成副博士学位答辩后在苏联有关电离辐射研究室访问学习半年。从 1959 年 11 月中旬起，池志强在列宁格勒参观了实验医学研究所、放射医学研究所、输血所等所的放射生物学实验室后，于12月底来到莫斯科，相继考察了医学科学院劳动卫生职业病所和药理及化学治疗所等多个单位的放射生物学实验室。其间，他还参加了一期由列宁格勒放射医学研究所主办的放射医学短训班，并经考核获得了证书。在莫斯科四个半月的学习研究中，掌握了放射物质在体内代谢的研究方法及促使放射性元素加速排泄药物的研究方法，对于放射线对抗体作用之若干指标的研究方法有了初步认识，对苏联药理学研究的整体情况及其研究方法进行了较详细的了解，等等。这对他回国面临的新工作有助益，他也对新工作充满期待。同时，他接受国家科委的委托，担任我国访苏代表团的陪同翻译工作，直至1960年6月随同代表团回国。

回国后，他顾不上休息，立即与第五研究室同仁一起全身心地投入研究试验，在生物胺、巯基化合物等方面合成、筛选了数千种新的化合物。从中找到的如432、947和1759等药物，经在小鼠、犬、猴等动物上试用，被证实具有电离辐射损伤化学防护作用。这项成果在接受鉴定并交有关单位备用的同时，他和同事们乘胜追击，又在防护药物作用机理研究方面进行了深入的探讨，经大漠深处核辐射试验动物的测试，发现其具有用药量小、有效剂量范围宽、效价稳定和重复性好等优点。1759的研制成功是原子辐射损伤防治药物研究的里程碑，池志强及其研究室同仁圆满地完成了国家的任务。

曲三：强效镇痛剂及阿片受体结构功能的研究

阿片类镇痛剂，以吗啡为代表，其临床应用已有上百年的历史，但由于吗啡具有较严重的毒副作用及成瘾性，因此寻找新的强效镇痛剂成为国际药理专业人员研究的热点。在广大研究人员努力下，新的镇痛剂不断被发现，20世纪60年代初，比利时保罗·扬森合成芬太尼强效镇痛剂就是一例。要在众多镇痛剂基础上寻找一种新的强效镇痛剂实非易事。1970年初，池志强迎难而上，毅然承担了这项艰巨任务。他带领同事们在查找分析有关镇痛剂的文献基础上，大胆地提出进行芬太尼结构改造系统的研究，决定在苯吡啶的吡啶环三位上引入一个甲苯，使原有化合物成为3-甲基芬太尼，将镇痛效价提升 10 倍以上。初战告捷，大大激发了科研组同仁的攻关热情。池志强又带领同事们乘胜追击，以 3-甲基芬太尼为基础合成大批衍生物，从中找到羟甲基芬太尼（OMF），其镇痛效价比吗啡高 6000 ～ 10000 倍，成为当时世界上最强镇痛剂之一。

20 世纪 70 年代，池志强（中）在实验室

“文革”冰消，科学春天来临，池志强心潮澎湃，决心把失去的时间追回来，努力赶超世界研究水平，对羟甲基芬太尼的药理特性进行研究。从应用研究转向基础研究，必须付出更多的心力，更需多学科知识及深广的药理知识。经与同仁的日夜钻研，他最后证明了羟甲基芬太尼是一个高选择性、高亲和力的μ型阿片受体的激动剂，并得到美国科学院院士 A. 戈尔登施泰因教授的重复验证，其验证的结果发表在美国分子药理学杂志上。池志强在创新设计科研思想的指导下，找到了较为理想的高效镇痛剂，受到国际同行的瞩目，并于 1986 年被选为阿片类研究领域唯一的国际学术权威机构——国际麻醉剂研究会的执委会委员，成为我国在该组织的第一位执委，此后每届，中国均有一席委员。一分耕耘，一分收获。羟甲基芬太尼的研究成果于 1987 年荣获中国科学院科技进步奖二等奖，1991 年荣获国家自然科学奖二等奖。

面对鲜花、奖证、荣誉、掌声，池志强没有沾沾自喜，他说：“羟甲基芬太尼的研究不能以获奖为结束，而必须进一步地深入研究。”他在分析了羟甲基芬太尼的结构中有 3 个手性中心、8 个立体异构体的特征后，提出进一步研究羟甲基芬太尼立体异构体与受体结合的选择性及生物活性差异的课题。经过细致的分析研究，在合成并比较了 8 个异构体药理特性的基础上，池志强发现 F9202、F9204 号构体镇痛活性最强，对μ型受体选择性最高，这已得到美国科学家的验证。同时，池志强还带领科研人员对 F9202、

F9204 的成瘾机理作了进一步探索，也取得了可喜的进展。在此基础上，池志强领导的实验室还对 8 个羟甲基芬太尼立体异构体进行结构功能修饰，使药物更符合临床应用之要求，其研究成果于 2002 年荣获上海自然科学奖二等奖。

除羟甲基芬太尼一类的镇痛剂研究外，池志强还带领科研人员开展多种镇痛剂研究，都取得了可喜的成绩，其中氮杂二环壬烷衍生物研究荣获 1992 年中国科学院国家自然科学奖三等奖。自 20 世纪 90 年代起，池志强领导的实验室紧追国际先进实验室，在μ型阿片受体纯化成功的基础上，在制备足够数量 P 受体蛋白、建立μ型阿片受体的高表达系统及采用 SF9 昆虫细胞为表达系统等国际公认难题方面进行攻关研究，也取得了一定进展。为了阐明μ型阿片受体三维结构，在未获得足够蛋白的情况下，池志强的实验室与兄弟实验室合作，用计算机模拟构建了μ型阿片受体的三维结构，还预测了羟甲基芬太尼与μ型阿片受体可能的结合位点。总之，池志强领导的实验室从发现羟甲基芬太尼到取得一些有一定国际影响的成果，共发表了 150 多篇论文，表明了坚持创新指导思想、把握正确研究方向、发扬团队精神和开展多方合作的重要性。我特作《颂池志强》小诗一首以表对他的敬意。

1998 年，池志强与韩济生院士（中）、秦伯益院士（右）共同主持阿片类成瘾戒毒香山科学会议留影

乡音少改认黄岩，作意欢娱澄江边。
橘乡游子多新梦，一霎青春催志鲜。
药理研究拓新途，血吸虫药遂人间。
镇痛新剂显奇效，为民造福荣誉添！

"讷于言而敏于行"

20 世纪 50 年代与池志强一同赴苏联留学并荣获副博士的秦伯益教授回忆二人同窗共学时说："我感到老池学业上功底很深，基础扎实，持重老成，'讷于言而敏于行'，有大聪明，而且总是与人为善，乐于助人，是一位可以倚重的长者。"虽说这不是池志强为人处世及崇高品格的全部，但几十年一以贯之的"讷于言而敏于行"，也是十分可贵的，今择数例以述之。

例一：他既是一位开拓创新的科学家，又是一位教书育人的教育家

自 1978 年恢复招收研究生以来，池志强一肩挑起繁重的科学研究及管理工作，另一肩又挑起培养人才的工作，已有 21 位硕士、博士在他的指导下从他的实验室学成毕业，分赴国内外工作。在池志强 80 大寿来临之际，许多研究生或著文述怀，或用电话、电子邮件表达感恩。他们在池志强实验室里，不仅在专业知识、科研作风上得到培养，更在如何做人、报效祖国的思想境界上得到诸多熏陶。他们广布海内外，纷纷用自己的创新业绩来报答导师对自己的栽培。特别是池志强指导的硕士研究生王峰，因成功完成μ型阿片受体的纯化工作而破格直接荣获博士学位。王峰的脱颖而出，与导师的悉心指导是分不开的。王峰深情地说："在美国的 25 年间，也曾有不少的诱惑或者说是机会，可以放弃专业去纯粹地赚钱，但每每想到池老师，我就能心无旁骛地在生命科学这条路上继续走下去。现在回想总结起来，我认为当时药物所的研究生培养方法非常有效。这是一个建立在中国科学院模式基础上的教育体制，主张通识教育，思想宽容，学术自由而严谨，这种教育风格在池老师的身上得到了最充分的体现。他思路开阔，知识渊博，经常鼓励我们要踏踏实实地做科研，要多观察、多分析、多思考、多总结，不要人云亦云。池老师是我所见过的最善于开发学生潜力的科学家，他会花很多的精力让你充分了解所做课题的背景和目的，从而激发起学生们的学习兴趣。但他并不告诉你下一步的具体实验该做什么或怎么做，而这些恰恰就是研究生最需要的自我磨炼之处。在透彻理解课题背景现状及目的之后，研究生应学会

独立思考，学习各种基本实验手段，学会如何独立完成实验方案的设计，同时也学会如何以团队的精神与同仁互相学习、互相帮助。”

要问池志强培养研究生有什么与众不同的过人之处，他实验室的接班人刘景根研究员总结了三点：第一，研究生工作上严格要求；第二，学术上悉心指导；第三，生活上非常关心、照顾。这样可以使学生很快成长，老师做到这点是很不容易的。

后来，池志强年事渐高，但仍积极参加学位委员会的工作，关心药物所人才队伍的建设，为培养人才不辞辛劳，殚精竭虑，深受青年科技人员的爱戴和景仰。特别是在引进人才工作中，他做了大量工作，选拔与起用了优秀青年科技人员接替自己的实验室工作，使科学研究事业后继有人、平稳过渡与发展。

例二：他既是一位善于把握方向、瞄准科技前沿的领导，又是一位乐于组织管理的长者

池志强有一张工作日程表，尽管这张表一再扩容增目，但仍排不下他超负荷的工作。几十年来，他身负沉重的科研任务，更有名目繁多的领导职务。自 1953 年回到科技战线后，他担任过的主要党政职务有：留苏时任列宁格勒市中国留学生党总支书记；1978 年至 1982 年任中科院上海药物所副所长；1983 至 1988 年任中科院上海分院副院长，分管科学研究和外事工作；1989 年被选为上海市第七届市政协常委，兼科技委主任；1993 年被选为上海市政协之友社名誉理事，兼科技组组长；2003 年改任政协之友社名誉理事；2004 年被选为上海市欧美同学会名誉理事等。他还兼任《中国药理学报》《中国药理通讯》和《中国处方药》等多种杂志编委。此外，他是中国国家自然科学基金委生命科学与中科院生物局、生物学部共同主办的《生命科学》杂志的创办人，自 1988 年至 2000 年任主编，2001 年起任名誉主编。

在池志强迎来 70 寿诞时，研究室同事和研究生们买了花篮向他祝寿。在池志强步入 80 高龄之际，中国科学院上海生命科学研究院、上海药物研究所等单位除了举行隆重祝寿会外，还编辑出版了《池志强论文集》和《池

1994 年，池志强（中）70 岁生日时与全室科技人员及研究生在实验楼前合影

志强论文选集》，数十名同学、同事、学生以及友人纷纷著文志贺，赞颂池志强是一位善于把握方向的好领导，也是一位乐于组织管理的长者。

几十年来，他兼任多种职务，身居高位，但待人一贯亲切随和，从不以“老领导”自居；他有光荣的革命历史，但从不以“老革命”示人；他生活俭朴，淡泊名利，从不计较个人得失。1997 年，他被全所研究员投票推选为两院院士候选人，同年 12 月荣当中国工程院院士。他心里很平静，认为这是全所同志支持与努力的结果。他从领导岗位退下后，仍继续关心所里的工作，经常提一些很好的建议，如陈凯先所长的国家重大项目就是池志强提出的建议。总之，所有这些“讷于言而敏于行”的举动，大大增强了实验室以至药物所的亲和力、凝聚力。这是多年来药物所以及池志强个人事业成就的一个重要基础。

例三：他既是一位重视当今的智者，又是一位放眼未来的谋士

“他山之石，可以攻玉。”大凡事业成就者，都是在做好自身工作的同时，

注重向他人学习。池志强的成功科研之路，也是如此开拓与行进的。改革开放的春风吹拂大地，他积极参与和开展国际学术交流，或学术访问，或学术会议，或学术讲座，并慰问留学人员。他以自己的高水平研究工作和真诚合作的友情博得了国际同仁的信任、支持与友爱，特别是他的许多研究成果得到国际权威实验室的验证与认同，有力地推动了实验室研究工作的进一步深入开展。他带团去欧洲慰问留学人员，用自己的切身体会感染留学人员，鼓励他们学成后回国效力。

1985年，池志强（站者）参加国务院慰问团慰问留学生合影

进入新世纪后，池志强虽然从多个领导岗位上退下来，但他以科学发展观的思想为指导，根据生命科学的发展趋势，结合药物所的实际，积极倡导蛋白质组研究，为本所建立和应用该技术出谋划策，倾尽心力，显示出一位老科学家站在科学发展前沿，放眼未来，并不断与时俱进的精神风貌。他不忘浙大求是精神的熏陶，关心母校，百忙中挤出时间来母校讲学，为母校学科建设与发展提出了许多宝贵的意见。师生们纷纷称赞他既是一位德高望重的智者，又是一位关爱母校的谋士！

当池志强步入朝杖之年时，我除了祝愿他在科学事业上再谱新曲外，也借丁光生先生之句以表心愿：院士耄耋庆遐龄，志强频添海屋筹！

族亲关爱传家风

池志强祖籍浙江黄岩，出生于浙江湖州。黄岩池氏是望族，据《黄岩池氏宗谱》载，池志强的天祖池凤翔曾任黄岩镇总兵标下左营把总。1810年（嘉庆十五年），池凤翔巡海遇盗，英勇搏斗后殉国。其子池建功世袭云骑尉，因抗击英军有功，官至玉环参将。后续两代仍出武将。一家四代六武将，于是存世住宅被冠以“将军第”之名。经池氏族人考证，“将军第”三字非御笔手迹，“文革”期间一直以水泥涂封，因而未遭破坏。池志强7岁回黄岩祖宅居住，他回忆：“每年到了过年的时候，我的家里都要把老祖宗这些将军的画像展出来，这是对我们的一个爱国主义教育。”

父亲池云于黄岩中学前身清献书院毕业后，16岁进入南京陆军测绘学校，毕业后在长兴煤矿任职。池云早年参加孙中山先生同盟会，后又加入国民党。母亲何宗淑，浙江湖州人，出生在税务职员之家，念过私塾，是个有些文化的家庭妇女。

池云夫妇先后育有五个子女，池云36岁时才有第一个儿子，喜出望外，为其取名志强，以寄心志，为国图强。志强排行第三，上有两个姐姐志诚、志立，下有弟妹各一。

1931年8月，池志强的祖父池子明病故。池子明育有三男三女，池云居大。按乡风，男儿老大继承家业，主持家政，于是池云一家迁回老家黄岩的“将军第”。1937年底，池云自南京调回杭州，任浙江省民政厅第四科科长。

自池志强的高祖池建功署理泉州提督建造“将军第”后，占地几十亩、有屋百余间的祖宅一直为池姓后裔数个池姓大家所居住。因社会动荡、民生凋敝，若有族人遇到贫病交加的情况，大家庭里多有嘘寒问暖、解困援助。池志强考进黄岩县立中学时，正值父亲减薪，全家勉强糊口，池志强及其弟妹三人的学费就是父亲出面向姑妈等族亲借贷的。抗战胜利后，池志强在等待浙大龙泉分校回迁杭州期间，经同住“将军第”的婶婶介绍，才得以回母校黄岩县中当教师。可以说，池志强是在族亲的关爱帮助下长大的，因而养成吃苦耐劳、勤劳朴素和奋发进取的生活作风。在池志强的印象中，母亲不仅有文化、有涵养，也很开明，不重男轻女，鼓励孩子发扬自己天性。两个姐姐给池志强的印象是奉献和包容。1936年，家庭生活困难，为了能让三个弟妹继续上学，大姐、二姐决定辍学，找了个小学老师的岗位，一个岗位两姐妹分教，一份收入刚够吃饭花费。1943年初夏，池志强和大姐池志诚同时考取浙江大学龙泉分校。不巧父亲突然病故，全家顿时断了财源。大姐料理完丧事后，考虑到小弟、小妹还在念中学，大妹远赴福建念音乐专科学校，大弟刚考进浙大龙泉分校公费生，她作为长女，有责任把家撑起来，于是毅然放弃自己深造的机会，继续当小学老师，以微薄的薪水维持全家的生活。

1945 年，池志强的庶母病故，大姐在温州教书，二姐去了解放区，家中弟妹在上中学。池志强决定休学一年，回黄岩找了一份教师工作，支持弟妹学习与生活，毅然挑起家庭重担。在那个家难国破的年代，生活极其艰苦，但一家人之间有着一股浓浓的兄弟姐妹情。有了这种互相关爱、包容奉献的精神，一家人安渡难关。

1953 年春，池志强与胡文瑛结婚照

因缘相识、相知、相爱，池志强与胡文瑛婚姻确是如此。1948 年 7 月，胡文瑛于上海圣约翰大学植物生产系毕业后，进入华东人民革命大学学习，1949 年 9 月成了浙江省金华县人民政府民政局农林科的一员。1951 年 1 月，浙江省科普协会成立，浙大谷超豪任科协工作组组长、省文教厅文化事业管理局科普科科长，他调浙大药学系池志强到该局，任科普协会浙江分会常委兼业务部部长。胡文瑛调任浙江省科普协会干事，同年底任浙江省文化局社会文化科科员，是池志强的部下。他们工作上交往多，生活上互相关照。两人逐渐走近并建立感情，并于 1953 年春结为秦晋之好。直至 2013 年 2 月 9 日，池志强忍痛与爱妻告别，一甲子的互敬互爱画上句号。他们夫妻恩爱，关爱子女，邻里和睦，热心助人，用工作、生活中的平凡点滴诠释了家与爱的真谛。

池志强、胡文瑛夫妇育有一对优秀的儿女。儿子池洪于 20 世纪 80 年代初出国深造，先读人类学硕士，后攻语言学博士；女儿为照顾二老留在国内。池志强夫妇工作特忙，妻子起早买好菜，再把中餐饭菜烧好，两个孩子放学回家自己热饭菜吃。孩子上中学后，四个人衣服各人自己洗，减轻了胡文瑛的负担。

池志强子女成家后，很快有了第三代。俗话说“隔代亲”，池志强也不免俗。他百忙中会挤时间与孙子和外孙相伴。许是受家学的影响，孙子池翔在美国博士毕业，读的专业是生物学；外孙陈曦早在初中时，就参加了青少年科技创新赛，研究题目为“可吸入粉尘颗粒物对大鼠肺部病理影响的研究”，与外公专业较近，得到了外公指导与帮助。2011年5月，陈曦的论文获上海市英特尔青少年优秀论文奖和发明创造一等奖，被评为“上海青少年明日科技之星”。后来，他在武汉大学也念生物学，与外公的交流更多了。

2003年，池志强全家福（前排左起：胡文瑛、池志强、外孙；后排左起：儿媳、孙子、儿子、女儿、女婿）

池志强兴趣爱好广泛，除专业书外，他青少年时爱看古典小说，后来看的书刊更多，同事、学生讨论当下流行的书，他都能插上话。人们都说，是他的博学与善学孕育出了人生的精彩！池志强还是一位热心人，2002年5月在北京出席院士大会时，恰逢母校台州中学百岁华诞，他约与会的五位院士校友向母校祝贺，以表心迹。

2002年5月，正在北京出席院士大会的五院士校友（左起：陈洪渊、闻邦椿、池志强、吴全德、徐世浙）合影，以贺母校台州中学百岁华诞。

（2023年5月2日改定）

人工合成胰岛素的逐梦人

——记生物化学与分子生物学家张友尚院士

张友尚（1925 年 11 月—2022 年 12 月），出生于北京。生物化学与分子生物学家。1948 年毕业于浙江大学化工系，之后在湘雅医学院、北京大学医学院、兰州医学院从教。1957 年考入中科院生理生化研究所攻读研究生，1961 年毕业。1964 年赴英，在剑桥分子生物学研究所及伦敦生物物理研究所进修，1966 年回国。1979 年晋升为中科院上海生化所研究员。1979 年至 1987 年任中科院上海生化所副所长。1987 年至 1990 年任分子生物学国家重点实验室主任。先后在瑞士苏黎世高等工学院、澳大利亚路德维希癌症研究所、英国国家医学研究院、英国约克大学担任客座教授、科学顾问、访问教授等职。2001 年当选为中国科学院院士。

约80年前，他对化学情有独钟。

后来，2009年6月27日，在贵州湄潭县文庙内举行的浙江大学西迁遵湄办学70周年纪念大会的主席台上，他用“浙大剑桥，交相辉映；湄江剑河，源远流长”16个字，表达他对哺育他成长的母校的感恩之情，顿时掌声雷动，经久不息。这位耄耋之年的长者，就是当年在浙大化工系求学、今已享誉国际生物化学界的张友尚院士。在湄潭会间，我们除一同开大会、座谈会外，还一同参加纪念林植树活动。有缘与张友尚一同种树，抬水浇水，还听他在会余讲了求学与研究工作等情况，我受益良多，而今记忆仍在心底闪光。

2009年6月27日，张友尚（中）在浙大西迁遵湄办学70周年纪念大会主席台

2009年6月27日，在浙大西迁遵湄办学70周年纪念大会后，笔者与张友尚（左）种纪念林留影

在名校内求知

1925年秋一个普通的日子，张友尚出生于北平一个书香门第。他的父亲张孝骞是湖南长沙人，当时是著名的北京协和医院内科医师。

张友尚是张孝骞夫妇的长子，从小接受良好的家庭教育。1931年，张友尚进入孔德小学读书。该校由著名教育家蔡元培任校长，注重培养学生的品德与学业。张友尚懂事较早，学习刻苦，成绩优异，为后续学习开了一个好头。

1937年夏，适值张友尚小学毕业，张孝骞应母校召唤，准备回长沙湘雅医学院任教。就在那时，日寇全面侵华开始，南下的平汉铁路靠北的路段已被切断，于是他们一家只能乘火车北上到山西大同，转乘敞篷汽车越过雁门关到太原，再乘火车沿正太路到石家庄，然后沿平汉路转至粤汉路回到长沙。同年初秋，张友尚考进了雅礼中学。雅礼中学是雅礼－中国协会（Yale-China Association，由耶鲁大学毕业生组成）和湖南教育界人士于1906年创办的，是湖南乃至全国的名校。初一的学生学习《孟子》，英语课则采用美国的中学课本，并由耶鲁大学毕业生直接讲授。学校注重学生德智体全面发展，体育设施齐全，篮球、排球、足球和游泳等场馆一应俱全，学校足球水平更是闻名遐迩，所有这些都为张友尚的全面发展提供了条件。张友尚虽然只在雅礼中学上了一年初一，但是在中英文方面已经有了良好的开端。一年后，日军进攻武汉，长沙岌岌可危，日本飞机不时来轰炸，于是湘雅医学院决定西迁贵阳，张友尚也随父母于1938年夏乘汽车沿湘黔公路抵达贵阳。张友尚先就读于达德中学，但时间很短，不久后考进从南京迁来的中央大学实验中学。这又是一所闻名遐迩的中学，校长由中央大学校长罗家伦兼任。五年的中学教育使他在数理化和中英

1945年，张友尚（前排右1）与中学同学合影

2000年，张友尚（右4）与高中同学合影

文等各方面打下了坚实的基础。在中学里，张友尚对化学产生了浓厚的兴趣，并开始做起进入化学王国干一番事业的梦。

1943 年中学毕业后，他考进了全国知名的浙江大学化工系。抗战期间，浙江大学从杭州辗转西迁到贵州，工学院和文学院在遵义，理学院和农学院在湄潭，一年级新生都在永兴。永兴是沿着公路的一个赶场小镇，来自四面八方的浙大学子使这个小镇骤然热闹起来。一年级新生都生活在这个小镇，虽然各个系上课不在一起，但是相互之间仍然有不同程度的了解，如大家对物理系的高才生李政道都不陌生。大学一年级的老师水平都很高，大多是教授，如教微积分的钱宝琮、教物理的束星北、教化学的储润科和教体育的舒鸿（奥运会首位中国裁判）等。一年级结束后，化工系学生赴遵义就读。抗战期间的生活很艰苦，为了减轻家庭负担，张友尚利用课余时间勤工俭学，除替学校印英文讲义外，还做过英文家教。浙大化工系一直全国驰名，拥有众多知名教授，系主任李寿恒教化工原理，苏元复和周庆祥教工业化学，秦道坚教有机化学，等等。张友尚动情地告诉我，在浙大学习的五年时间里，除了化工专业知识有较大长进，他更加难以忘怀的是竺可桢校长倡导与力行的求是精神及其人格风范。而今竺校长提出的“两个问题”——“第一，到浙大来做什么？第二，将来毕业后做什么样的人？”仍常常萦绕在他的心头，成了他继续前进的不竭动力！1948 年夏，张友尚于浙江大学毕业。

1948 年张友尚毕业照

在大师间成长

张友尚的父亲张孝骞是中国科学院首批学部委员（院士）之一，张友尚耳濡目染，受到良好的影响。

张友尚作为化工系的毕业生，按常理应该到化工厂去工作，但因当时谋

1949 年，湘雅医学院求真读书会会员合影（后排右 4 为张友尚）

事不易，对口的永利宁厂不得其门而入，他只好回长沙老家，改行到湘雅医学院做助教。当时，任邦哲教授刚从美国密歇根大学 H.B. 刘易斯的实验室学成回国，到湘雅医学院任教。从此，张友尚在任教授指导下转习生物化学。生物化学是一门源于医学院的医学基础课，是第二次世界大战前后在欧美发展很快的一门交叉学科。经过一段时间的刻苦学习，张友尚逐渐对生物化学产生了浓厚的兴趣，特别是在学习了剑桥大学鲍德温的新著《生物化学的动态方面》（*Dynamic Aspects of Biochemistry*，这本书是 H.B. 刘易斯送给任教授的）后，张友尚对生物化学的新进展有了进一步了解。

1950 年初，张友尚受湘雅医学院指派到北京协和医学院生化科进修，师从主任威廉 · 阿道夫，并于 1948 年回到北京与父母团聚。张友尚在协和医学院进修的身份是观察员（Observer）。观察员可以利用协和完善的实验室和图书馆，但是没有生活费，张友尚没有计较，而是踏踏实实地工作，如饥似渴地向名师学习。1951 年夏，他到北京大学医学院生化教研组做助教，主要工作是管理二年级的生化实验和协助刘思职教授编写教材。

1954 年夏，张友尚服从组织分配到兰州医学院任助教和讲师。去兰州前，他曾到北京生物制品所周光宇先生的实验室学习电泳、层析等技术。在他离开北京时，北医生化科的同事到车站送别，并赠送他苏联小说《远离莫斯科的地方》。那时，他也有远离北京、依依惜别的感觉。在兰州，生化和化学的教学合在一起，张友尚主要担任生化的教学，也自己安装一些实验仪器。在兰州医学院，教师来自全国各地，大家和谐相处，关系很好，为张友尚业务知识的增长和动手能力的提高创造了良机。

自 1948 年转学生物化学后，张友尚踏入了生命科学这一全新领域。在 8 年教学实践中，他虽然三易其地，四从名师，但在不同单位的教学及实验中都得到了锻炼，为以后的科学研究打下了坚实的基础。

在难题丛创新

1956 年，周总理发出“向科学进军”的号召，中国科学院开始面向全国招收研究生。张友尚长期以来有志于生物化学研究，于 1957 年考入中科院生理生化研究所蛋白质专业，师从曹天钦先生研究蛋白质科学。

新中国成立后，高等学校以教学为主，研究工作比较少。1957 年 3 月到生理生化所以后，张友尚才真正全身心地投入研究。在进入实验室以前，他必须听 3 个月生化训练班的高级生化课和实验课，如果考核不及格就会被淘汰。那年他 32 岁，已过而立之年，和大学刚毕业就进入生化所的人相比，他的科研起步时间已经晚了近 10 年。当时，曹天钦先生在肌肉蛋白方面的研究正在蓬勃地开展，顺着导师的方向继续前进应该是事半功倍的。然而当张友尚开始研究肌肉蛋白不久，1958 年，“大跃进”的浪潮席卷了全国。全所科研人员在破除迷信、解放思想的号召下，中断了原来的课题并改行研究振奋人心的重大课题。在这种时代背景下，科研人员提出了蛋白质人工合成的课题。当年化学结构中已知的蛋白质只有胰岛素。胰岛素有 A、B 两条链，彼此通过二硫键相连。张友尚会同杜雨苍、鲁子贤等参加了天然胰岛素拆合的研究，即将胰岛素拆成 A、B 链，然后看 A、B 链能不能重新结合成胰岛素。杜雨苍敢于打破常规，将三个二硫键同时拆开，重新接上后出现了

5% 左右的胰岛素活力。研究工作走出可喜的一步后，下一步要解决的难题就是如何把 5% 重合成的胰岛素与 95% 的杂质分离。这个难题落到了张友尚的身上。1959 年夏，张友尚正在漕河泾农场从事为期 3 个月的劳动。劳动还没有结束，他就被调回所内解决这个难题。对张友尚而言，这是一个挑战，也是一个机遇。那时，分离纯化蛋白质的方法远远没有现在这样先进。他尝试采用离子交换柱层析等办法，都遭到失败，但他没有泄气，而是在总结失败的教训后，又苦思冥想，寻找新的方法。后来，他利用纸层析的一种溶剂——酸性仲丁醇，在试管中萃取。这个方法不仅简单，而且不需要特殊设备。萃取后，张友尚发现部分纯化的粗产物的胰岛素活力有明显的提高。为了进一步纯化，他乘胜前进，采取了透析结晶的方法，终于在显微镜下看到了晶莹透亮的胰岛素结晶。此时，张友尚像中年得子一样激动，并与同仁们一同分享喜获成果的快乐。能够从部分纯化的产物中得到结晶，说明重合成的胰岛素具有与天然胰岛素同样的空间结构，这解决了一个悬而未决的大难题，那就是：我们好不容易人工合成的胰岛素，即使其化学结构完全正确，会不会是一个不具有天然胰岛素空间结构的变性蛋白？天然胰岛素拆合的成功决定了胰岛素人工合成的路线，使胰岛素的合成化整为零，即从合成整个分子简化为分别合成 A、B 两条链。同时，胰岛素拆合工作本身也揭示了一个重要原理，那就是蛋白质的化学结构或一级结构决定其空间结构，或者说蛋白质空间结构的信息包含在它的一级结构之中。遗憾的是，在公开发表的胰岛素拆合文章中，他们没有提出上述原理，而美国的克里斯蒂安 · 伯默尔 · 安芬森在核糖核酸酶的拆合中却提出了上述原理，从而使他获得了 1972 年的诺贝尔化学奖。当结晶牛胰岛素全合成论文在《中国科学》上发表后，国际科学界十分惊讶，因为人们很难想象这样重要的工作是如何在科学还不很先进的中国完成的。

在胰岛素拆合工作胜利完成以后，张友尚攻克难题的信心大增，于是与他人合作，对烟草花叶病毒不同毒株的比较、沙眼病原体纯化等国内学科前沿的课题进行潜心研究，都取得了阶段性成果。1961 年，他通过了研究生毕业论文答辩，并获得了中国科学院郭沫若院长签发的毕业证书。

1964 年秋，在英国进修的张友尚（左 1）与在英国做访问学者的杨士林（右 2）等合影

1964 年，张友尚被选送到英国剑桥分子生物学实验室进修。这个实验室举世闻名，被认为是分子生物学的发源地和诺贝尔奖的摇篮。在那里，他主要是利用电子显微镜研究肌肉蛋白的收缩，导师是英国皇家学会会员休 · 赫胥黎。研究论文完成后，导师要他在《自然》（*Nature*）杂志上发表，但是根据当时的规定，他单独完成的工作应该在国内杂志发表。张友尚回国后就遇上“文革”，因此，他花费近一年完成的研究论文很遗憾始终没有发表。

为了回国后开展 X 射线晶体衍射的工作，张友尚用两三个月的时间收集了烟草花叶病毒蛋白外壳晶体的衍射图像，并从中获得了新的结构信息。这项研究是和阿龙 · 克卢格等三位英国学者共同完成的。克卢格是英国皇家学会会员，于 1982 年获诺贝尔化学奖。这项研究的论文于 1966 年在《自然》上发表。1966 年初他回国时正赶上“文革”，不久他就被隔离审查，一直到 1970 年才回到实验室，1972 年 9 月又去奉贤五七干校劳动了 5 个月。因此，他在英国利用电子显微镜、X 射线对肌肉蛋白和病毒蛋白所做的研究已无法继续，令人十分惋惜。

1971 年，王应睐所长被邀请去英国参加纪念胰岛素发现 50 周年的学术会议。为了参加会议，生化所于 1971 年夏组织包括张友尚在内的科研人员利用半合成方法研究胰岛素结构与功能的关系，并在短期内获得了结果，发现了胰岛素的活力片段——去六肽胰岛素。从那时起，生化所成立了胰岛素研究组，张友尚是首任组长，研究内容包括胰岛素的结构与功能及胰岛素的作用原理，结构与功能方面由他和朱尚权负责，作用原理方面由顾嘉琍和冯佑民负责。胰岛素结构与功能研究工作曾获 1978 年全国科学大会奖和 1978 年中国科学院重大成果奖，作用原理研究工作曾获 1991 年中国科学院自然科学奖二等奖。此后，张友尚又获得了中国科学院自然科学奖三等奖、中国科学院技术进步奖三等奖等。

1975 年后，张友尚等人多次到山东兖州肉联厂，利用磷酸钙凝胶吸附的新方法生产猪胰岛素。由于新方法不需要减压浓缩设备，因此有利于就地取材，就地生产。同时，他们在实验室还利用新方法制备不同种属的胰岛素。“文革”结束后，张友尚迎来了科学的春天，并在胰岛素研究中取得了新的成果。张友尚等人利用酶促半合成方法得到了去六肽胰岛素的结晶，文章发表在 1981 年《自然》上。

1982 年，中英双边生化会议代表合影（后排左 2 为张友尚）

1987 年起，张友尚集中精力研究胰岛素的基因工程和蛋白质工程，在加拿大籍华人苏琼华的帮助下完成了人胰岛素在酿酒酵母中的高表达，随后又通过甲醇酵母的高密度发酵完成了人胰岛素的超高表达，还和国外研究所实验室开展一些合作研究。在此基础上，张友尚等人还研究开发了一系列单

1986 年，张友尚（站者）在国家重点实验室验收会上作汇报

体速效胰岛素。由于张友尚在胰岛素研究中不断创新，参与了胰岛素的人工合成，2001年当选为中国科学院院士。

1989年，张友尚（右站立者）在路德维希癌症研究所实验室合作研究

在研究中育人

张友尚除自己用心投入研究工作，硕果累累外，还注重在科学研究中带好团队，指导年轻人搞科学研究。张友尚科研成果突出，对学生言传身教，受到多方好评。例如，中国科学院生物化学与细胞生物学研究所原副所长阮康成在张友尚院士八十华诞祝辞中说："张友尚院士是中国著名的生物化学与分子生物学家。他克服重重困难分离、纯化与结晶的重合成胰岛素，表明重合成分子具有与天然胰岛素分子相同的三维结构，为胰岛素人工合成作出了重要贡献。"又如中国科学院生物化学与细胞生物学研究所的评语："张友尚院士知识渊博、博闻强识，交谈中经常能够引经据典。张友尚外语造诣非常高，生化与细胞所投诸国际刊物的学术论文，不少就是经过他的润色，变成了流畅通行的学术表达，为研究成果走出去作出了重要贡献。半个世纪以来，张友尚院士的科研创新为中国生物化学与分子生物学事业的进步、为生化与细胞所的发展发挥了重要作用。"

1979年1月5日，经中国科学院批准，张友尚晋升为研究员。1984年1月13日，国务院批准上海生化所生物化学专业为第二批博士学位授予单位及专业，张友尚为指导教师之一，自此拉开了张友尚在百忙的科研中又兼任教学工作的序幕。同年5月，复旦大学生物系聘他为兼职教授。1985年，张友尚担任上海生化所第二届学位评定委员会副主席。

1986年，张友尚招收了第一名硕士生冯佑民。至2010年指导硕士生张威和李璐娟止，他一共培养了范利等博士毕业生 5 人，硕士毕业生 8 人。张友尚指导研究生有以下几个显著特点。

一是学生应以兴趣为动力，自己主动研究为主，课题大方向都围绕胰岛素的结构与功能而展开。虽然研究大方向与他的研究大方向一致，但他并不限定学生的具体研究内容，而是让学生根据自己的兴趣选定。他只在选题方向上做些指导，具体该如何做，则要求学生自己去摸索；学生研究过程中碰到难题，他再进行指导。兴趣是最好的老师，每个人都有自己的兴趣与特长，应让学生在研究中充分施展出来。

二是严格要求，一丝不苟。上海生化所制定的研究生培养目标中，提到要培养“具有三严（严肃、严格、严密）作风和较强的事业心”，以及“具有从事研究或独立担负专业技术工作的能力（硕士）”或“具有独立从事科学研究的能力（博士）”的研究生。张友尚是严格按此标准要求学生的。有一次，有一个学生拿着论文初稿去找他，他看后，对学生论文中的一些小细节进行了严厉的批评：“你这个“PH”中，p 要小写，而 H 要大写，你怎么两个都这样写?！还有标点符号也有不少不对！”学生答道：“张老师，我还没有正式写文章呢，就随便写写给你看看而已。”“这叫什么话！什么叫随便写写？你这么不认真？就这样来浪费我的时间？”张友尚仍严厉批评。经历这件事后，这名学生很怕张老师。但张友尚早已忘了这件事，反而对学生的进步热情鼓励或表扬，学生才放下心来。

张友尚指导研究生的风格可能是受他的导师曹天钦先生以及国外学术研究风格的影响。曹天钦毕业于英国剑桥大学生化系。国外学生都是凭自己的兴趣研究，导师对学生指导很少，也不干预学生研究，曹天钦教授就是这样指导张友尚的。这种指导方法，对基础好、动手能力强的学生是很适合的。张友尚根据自己的学习与科学研究经历来指导学生，反映了张友尚希望“学生能像他那样，根据自己对科学研究的强烈兴趣而刻苦钻研”的良好愿望。

虽然张友尚对学生严厉有加，但他的内心却很关爱学生。他尽可能为学生争取更好的研究环境，尽力推荐学生到国外实验室去做研究。我读了他与学生通信的内容，深切地感受到师生之间的深情厚谊。导师对学生的严厉，其实是对学生的爱。在读期间，不少学生认识不到这一点，等走上工作岗位，才深切体会到导师的良苦用心，明白“严师出高徒”的含义。

张友尚还做了不少兼职育人工作，如任复旦大学、同济大学、东华大学等兼职教授，或讲课，或指导科学研究。特别是2006年4月，张友尚受聘为东华大学“双聘院士”后，对东华大学生物所的学科建设和科学研究产生了很大的推动作用。东华大学在松江新校有专门的实验室与科研经费，张友尚就在那里成立了“蛋白质与多肽”研究小组，购买了必要的仪器设备、并招收了博士后陈婷。在张友尚指导下，经过两年多时间的研究工作，研究小组发表了一些高水平论文，有2名硕士生毕业，陈婷也受聘升任副教授。

1981年，张友尚（站立者）在中美蛋白质学术讨论会上做报告

张友尚还开展了一些学术讲座、科学论坛及科技咨询，为青年学子做好引路人。张友尚还是积极的学术会议的组织者和报告者。如1990年开始的中国国际多肽学术会议，是在我国成功合成胰岛素的老一辈科学家和相关领域的一些世界著名科学家（如诺贝尔奖获得者梅里菲尔德教授）的倡导下创办的，两年一届，已成为与“欧洲国际多肽学术会议”等齐名的多肽领域的国际盛会。张友尚在生前每届会议都参加，并做学术报告。张友尚参加或主持的学术论坛会等很多，在此不作赘述。

张友尚利用开会、座谈讲自己的研究心得，给人以启发。他还到学校、科研机构为学子们做学术报告，把自己的研究方法、研究成果无保留地传授给年轻人，受到大家的好评与尊敬。如2009年5月10日上午，张友尚在湖南农业大学做学术讲座，他从中国生物化学与分子生物学发展起源开始，讲到中国的生化学科起源于医学，并由吴宪开拓了生物化学领域。随后，他从蛋白质的变性与复性，蛋白质的一、二、三、四级结构，牛胰岛素的一级结构人工合成，胰岛素分子的折叠及烟草花叶病毒的解聚等方面，讲述了他长期从事生化领域的研究。

2017 年 10 月 18 日下午，92 岁高龄的张友尚在医学遗传学国家重点实验室第六届委员会第三次会议结束后，为学子们做学术报告。报告以合成胰岛素为例，通过介绍胰岛素的合成路线、重合成胰岛素的纯合与结晶，为同学们详尽解释了蛋白质和多肽在体外的合成原理。

在欢笑里生活

1925 年 11 月 2 日，张友尚出生于北平南池子胡同的书香门第。他的父亲张孝骞毕业于湘雅医学院，荣获学习成绩第一名和毕业研究论文第一名两块金牌，后获得美国康涅狄格州政府授予的医学博士学位，是我国现代医学先驱、内科医学家及医学教育家。张孝骞于 1955 年当选为中国科学院首批学部委员（院士），曾任中国医科大学副校长等多个职务，并在全国医学工作会议上得到毛泽东主席接见。张孝骞具有中国知识分子爱国、忠诚、刻苦、积极进取等许多优秀的品格。他医德、医风高尚，医技精湛，是我国医学界的一代典范。1917 年，张孝骞与长沙附近农村一户富裕人家的女儿周淑莲结为秦晋之好。周淑莲受过良好教育，天生丽质，相貌端庄，性情温顺、善良。张孝骞与周淑莲相敬如宾，相濡以沫，一起走过 69 个春秋，成为医学界的一段佳话。

1997 年，张友尚（右）在参加协和医学院纪念张孝骞 100 周年诞辰活动时，与弟弟张友会夫妇在父亲张孝骞铜像前合影

张友尚自出生至去浙江大学读书前，一直与严父慈母生活在一起。虽然张孝骞工作繁忙，很少给子女专门讲做人的道理，但身教重于言教，在耳濡目染中，父亲

严于律己、艰苦朴实、奋发向上的行为对他产生了潜移默化的影响。周淑莲是贤妻良母，对子女关爱有加，子女们有什么委屈，都可向母亲倾诉。因此，家显得格外温馨与和谐，欢乐的笑声自然充溢于家中！

张友尚有两个姐姐、一个弟弟。大姐张友端清华大学毕业后去英国留学，1950 年在剑桥大学获博士学位，1954 年回国，在中国科学院上海生物化学研究所工作，成就斐然。后张友尚也进入上海生物化学所工作。

二姐张友善毕业于父亲就读与任职的湘雅医学院，后定居美国，在一家医院主持放射科工作。

1981 年，张友尚（后排左）和二姐张友善与父母合影于北京家中

弟弟可能受父亲影响更多，他也毕业于湘雅医学院，后历任中国医学科学院肿瘤研究所所长、研究员，在医学上多有建树。张友尚的姐弟都很出色，大家在学习阶段生活在一起，互相影响，互相帮助，共同进步。特别是火车头似的大姐张友端，把学校的严格要求、良好的学习方式与习惯带回家里，影响弟妹。从学习到生活的方方面面，她都给予指点、帮助，并率先垂范，给全家营造良好的氛围，张友尚兄弟俩自然受益更多了。

提起张友尚小家的生活，那更是多姿多彩。1952 年，张友尚与上海海员医院病理科的毛曼霞结缘成家。毛曼霞对病理工作精益求精，备受赞誉，被评为上海市“三八红旗手”。她在家里是贤妻良母，为使张友尚全身心投入工作，她包揽了所有家务，对张友尚的饮食起居关怀备至：在家时准备的是他爱吃的菜，出差时为他准备好必需的保健药；换洗衣服都会洗净后收拾整齐；他晚上回家迟，要等他回来再休息。张友尚有时出国访问，毛曼霞也陪同前往。路上，他不让毛曼霞拿重行李，不让她受累。在国外，怕她中午一个人吃不好，张友尚每天都要陪妻子吃饭。毛曼霞生病住院，他天天去医院看望，还带 DVD 给她看，使她倍感温暖。

1954 年，张友尚与毛曼霞在北戴河留影

1954 年出生的张友尚大女儿张绍曾受祖父的影响，从小就对医学有兴趣，可是初中未毕业就遇上“上山下乡”。1977 年恢复高考，张绍曾硬是补学高中课程，在父亲的帮助与鼓励下，如愿成了“文革”后的第一届医学大学生。后来，她在美国取得博士学位，留在美国一家医院工作。

1964 年，张友尚去英国前与毛曼霞和大女儿张绍曾留影

二女儿张绍晖毕业于上海大学电信工程专业，于 1987 年进入上海电信公司工作。与父亲在同一城市工作，张绍晖除了请教父亲一些事外，更有机会多照顾父母，有时还带孩子探望父母，让父母多享天伦之乐。

张友尚兴趣广泛，他喜欢拉京胡、看电影、唱卡拉 OK、游泳和旅游等，还喜欢看各类书——古代的、现代的、学术的、娱乐的，家里到处都堆满了书。他博闻强记，许多古诗词都能背诵如流。一遇到节日，生化所搞联欢活动，他还会拉京胡助兴。后来，张友尚年纪渐长，但心态依然年轻。他不仅对新电影感兴趣，社会流行的新玩意儿，他亦会去尝鲜，如新流行的跳舞毯，他会与孙女一起玩。

2004 年 11 月 2 日，生化所在安亭别墅举行晚宴，庆祝张友尚八十华诞。党委书记李小骝等领导发表热情洋溢的生日祝辞并向张友尚院士送上鲜花、蛋糕及礼品。大家纷纷发言，对他几十年在科学研究、学科建设、人才培养等方面作出的贡献给予高度评价，举杯祝他身体安康，福如东海，寿比南山！

2023 年 4 月 20 日，我修改补充好张友尚的文章，到网上查核一下他的出生日期，想不到一同跳出他于 2022 年 12 月 23 日走完最后一个人生驿站，我低头含泪沉默良久，取下书架上我著的《星星颂》一书，翻至第 209 页，含泪看着他笑容可掬的照片，轻轻地念了两遍书中的诗——

幼小心灵熏书香，名校名师品学长。
秋风红豆梦里思，难题丛中新途创。
人工合成胰岛素，不断续写新篇章。
难忘湄潭同植树，喜看树树成栋梁！

天堂的张友尚定会为“树树成栋梁”而高兴吧！

（2023 年 4 月 30 日改定）

报国宏志展才华

——记国家最高科技奖荣获者谷超豪院士

谷超豪（1926 年 5 月—2012 年 6 月），浙江温州人，著名数学家。中国共产党党员，中国民主同盟盟员。2009 年度国家最高科学技术奖获得者。1948 年毕业于浙江大学数学系；1959 年 6 月，获莫斯科大学物理—数学科学博士学位。1980 年，当选中国科学院学部委员（院士）。1982 年 1 月，任复旦大学副校长；1988 年 2 月，任中国科学技术大学校长；1999 年 8 月，任温州大学校长。主要从事偏微分方程、微分几何、数学物理等方面的研究和教学工作，著有《数学物理方程》等专著。研究成果“规范场数学结构”“非线性双曲型方程组和混合型偏微分方程的研究”“经典规范场”分别获全国科学大会奖，国家自然科学奖二等奖、三等奖。

2021年是中国共产党百年华诞的大喜之年。在学习党史时，我们怀着崇敬的心情怀念一代代共产党的优秀儿女，因为有他们抛头颅，洒热血，前赴后继地为革命大业作出牺牲与贡献，才有我们今天的小康幸福生活。在浙江大学120余年校史长河中，也涌现了许多优秀的地下党员，如邵飘萍、陈望道、陈敬森、宋侃夫、邹子侃、胡乔木、施平、李晨、许良英、谷超豪、李景先、吴大信等等，在此特别记述中共少年地下党员、国家最高科技奖荣获者谷超豪院士攀登微分几何和微分方程（简称“双微”）两座数学高峰的闪光业绩。

“只盼江海清”

中山春草绿，铁鸟恨无情。
抗敌效微力，报国托童心。
青田险滩急，瓯海骇浪深。
万苦不言苦，只盼江海清。

这是谷超豪于1990年为母校温州中学所写的一首诗歌。然而要真正理解诗的高远意境、深刻内涵，还得把岁月的双翅拉回到50多年前。

谷超豪5岁入私塾读书，两年后，即1933年，进入温州瓯江小学，从二年级开始读起。瓯江小学在当时的温州是一所很优秀的学校，师资力量很强，教师培养学生不单是传授知识，还要让学生对人生志向有所选择。谷超豪在这里接受了很好的启蒙教育。当年，日寇加紧对华侵略，学校领导讨论后便把爱国救亡知识贯穿到课内外的学习任务中。据谷超豪回忆，当时教历史的沈义箴老师在课上着重讲述了中国近百年来被侵略、受欺凌的历史，谷超豪的少年居所成了同学们了解鸦片战争、甲午战争、八国联军入侵北京、袁世凯签订二十一条、九一八事变、一·二八事变等近现代中国屈辱史的地方，学生们小小年纪便建立起了挽救民族、重振祖国的坚定决心。

谷超豪性格文静，聪慧过人，对各门功课都有兴趣。数学、语文、历史、地理、自然等课程，他都学得很好。别看他平时很文雅，不太爱说话，也不大喜爱运动，但到了课堂上，他的脑袋转得可比一般人要快多了。当时的老一辈人都有些迷信，认为刮风下雨都是神的旨意。他上学后看到老师在自然课上做实验、讲原理，知道雨是水蒸气凝结而成的，雷电是阴电荷和阳电荷接近后放电形成的，自此，他再也不相信迷信传说了。看到大人们求神问卜，他都会走过去，小大人般地给他们讲科学知识，俨然一个小小学问家。

抗日战争全面爆发后，谷超豪先后进入温州联立中学和温州中学就读。他学习非常努力，样样功课成绩优异。1938 年 2 月，他免试转学至温州中学初中部。受哥哥谷力虹影响，他阅读了《大众哲学》《通俗经济学讲话》《十万个为什么》等书，并加入“九月读书会”，曾任小组长。

谷超豪进入温州中学后，学校陆续汇集了不少回乡的大学老师，凝聚了雄厚的师资力量，尤其是数学和物理两门学科。这对谷超豪来说真是如鱼得水。他的语文、社会科学、数理的基础是很扎实的，每次考试，他的成绩都名列前茅。他不满足于课本知识，还看了不少课外书，如刘熏宇的《数学园地》，其中介绍了微积分和集合论的初步思想，使他初步了解到数学中无限的 3 个层次——循环小数、微积分、集合论，这使他对数学产生更浓厚的兴趣。直至 1943 年秋高中毕业，谷超豪前后一共读了 5 年半中学。

1939 年，谷超豪的父亲病故。此时，日寇飞机肆无忌惮地对温州狂轰滥炸，温州中学的前身中山书院内的中山和春草地两个校内小景及其附近的初中部房舍全部被炸毁。面对这种惨景，谷超豪再也无法压抑心中的怒火，第一次离家参加了抗日宣传队。同年，“九月读书会”扩充为“五月读书会”，谷超豪为骨干成员。在宣传队里，他积极写壁报，演街头戏，张贴标语，在抗日洪流里经受锻炼与考验。是年，谷超豪不满 13 岁。

1990 年夏，温州中学校庆将届，谷超豪回首往事，百感交集，其诗句“中山春草绿，铁鸟恨无情”，自然流注笔端。这充分表达了他强烈的爱国情怀。

当年，在革命志士谷力虹的帮助下，谷超豪参加了多种革命活动。他除了认真阅读进步书刊外，还是温州中学“五月读书会”的活跃成员，多次上山或到野外去开会，学习革命理论，商讨抗敌救国的大事。为了躲避敌机的轰炸，温州中学于1939年夏被迫迁校到青田水南，师生的生活更为艰苦。1940年3月，谷超豪经冯增荣介绍，在青田县宣誓，秘密加入了中国共产党，成了一名光荣的少年共产党员。他一面求学，一面冒着白色恐怖的风险，奔走于温州和青田之间。“青田险滩急，瓯海骇浪深”，既是自然风光的写照，又是借物言志，暗喻革命工作的艰苦和危险。

1950年，在济南与哥谷力虹（右）、嫂林悦会面时留影

1942年7月11日，温州再度被日军占领，谷超豪隐至茶山避难。是年秋，日军撤退后，温州中学迁回温州市区，谷超豪继续学习，并任中共温中支部组织委员。1943年1月，中共温中支部书记何生被捕，谷超豪与组织关系中断。所有这一切艰难困苦，谷超豪都凭着“万苦不言苦”的坚强意志克服了。同时，他用江海一样的热情，江海一样的胸怀，怀揣抗敌救国和发展科学的大志，对前途抱有热切的希望。后来，抗战取得胜利，温州欣欣向荣，母校蒸蒸日上，祖国繁荣富强，这不就是“江海清”吗？

“激情浙水边”

1943年秋，谷超豪告别了亲人、战友，跋山涉水，来到了龙泉芳野的浙大分校求学。听闻自己已受到国民党的注意，他只好隐蔽起来，先集中精力学习数学。

抗战胜利后，浙大龙泉分校率先复员杭州。谷超豪在刻苦学习数学专业知识的同时，和同学共同创办了“求是学社”，并担任负责人。他秘密组织同学阅读《新民主主义论》《论联合政府》和《整风文献》等进步书籍，坚决反对国民党挑起内战、企图消灭共产党的野心，推动杭州市大中学生的反内战运动，参与组织了“六一三”反内战、保卫政协决议大游行。

1946 年暑假，谷超豪和同乡同学在温州成立了“大、专学生暑假联谊会”，向中学生宣讲时事，极大地激发了中学生的反内战热情。当时，一艘外国商船非法驶入瓯江，当地政府视而不见，是谷超豪和联谊会成员四处奔走，严正抗议，才终于把商船驱逐出港。这件事得到了浙南中共党组织的重视，就这样，谷超豪与已中断联系 3 年的党组织又联系上了。他喜出望外，更是浑身有劲。1946 年下半年，他担任浙大总校学生自治会数学系代表，后兼秘书，参加学生抗议美军暴行的游行。

1990 年，在浙江大学原农学院于子三纪念碑前（左起：朱帼英、谷超豪、田万钟、李文铸、楼宗汉）

1947 年，谷超豪参加“五二〇”反饥饿、反内战学生运动，任罢课抗议委员会主任秘书，并参加进步组织华社。1947 年 10 月 29 日，浙江大学学生自治会主席于子三被国民党杀害，全校师生悲愤万分。此后，全国掀起了声势浩大的抗议运动，全国学联发表《告全国同胞书》，国际学联也于同年 11 月 11 日发来信件，对浙大师生表示亲切慰问和声援。浙江大学学生自治会在这次运动期间进行改选，谷超豪当选为浙大学生自治会理事，任副常务理事（后当选主任秘书），负责于子三事件的司法斗争。1948 年 4 月，谷超豪重新参加中国共产党，同年 10 月转正。

谷超豪进入浙江大学后，更感受到这里是求学做学问的好处所，于是把学校作为锤炼自己的大熔炉。当年的数学系，师资阵容强大，陈建功的复变函数论、苏步青的综合几何，都像磁石一样深深地吸引着他，使他对数学的兴趣与日俱增。1947 年暑假起，谷超豪开始修一门特殊的课程——数学研究：由老师指点论文，学生自己读书、读论文和作报告；每个学生最多参加一个方向的数学研究。因谷超豪成绩好，被苏步青和陈建功老师特许参加几何和分析两个方向的数学研究，这是史无前例的事。苏步青布置谷超豪读 J. 道格拉斯有关变分反问题的论文，这是一块“硬骨头”。拿到论文后，谷超豪先把论文全文抄写下来，然后顺着逻辑，耐心地读下去。除了参加政治活动外，他把整个暑假时间全都用在了读论文上。功夫不负有心人，他终于读懂了那篇长达几十页的论文，最后在苏教授主持的论文讨论班中顺利过关。几十年过去了，谷超豪还眷恋苏教授那种从严从难要求学生的“大松博文”训练法，这种方法除了使自己知道论文中闻所未闻的困难的数学内容外，还找到了阅读困难论文的方法、树立了信心，真是一举多得。

1948 年夏，谷超豪大学毕业，苏步青选他当助教。当时，谷超豪从事地下党工作，加入了中国科学工作者协会杭州分会和科学时代社，执行党组织安排的团结科技工作者、迎接解放的任务，同时在浙大和李文铸等人发起成立“求是科学社”、组织科普报告等活动。随着解放军胜利南下，杭州中共地下组织市委领导成立了一个党小组，专门从事保全杭州市的科技机构工作以迎接解放，谷超豪任小组长。他们积极开展工作，依靠广大科技人员，使杭州许多科技、工业单位都安然无恙。从南京暂迁杭州的雷达研究所也拒绝了反动政府南迁的命令，在杭州解放时宣告起义。尽管地下党工作很忙，但谷超豪并未放弃学习数学，而是继续听苏步青、陈建功两位老师的课。

1949 年，在中共杭州市委领导下，科协工作组成立，谷超豪任组长；同年 4 月，谷先生推动国民政府国防部雷达研究所起义；同年 5 月下旬，科协杭州分会新理事会成立，他任理事、秘书，主持日常工作；科协党支部成立，直属市委，他又任书记；同年，他参加中苏友好协会，为浙江分会发起人之一，并任杭州分会理事。

1950 年 1 月，谷超豪兼任浙江省人民政府文教厅文化局科普科科长；同年 8 月，参加中华全国第一次自然科学工作者代表大会，为全国科普协会发起人之一；同年，完成第一批较系统的科学研究工作，写成《隐函数表示下的K展空间》等论文，在《中国科学》《科学记录》上发表。

1951年4月10日，谷超豪作为中国科联代表团成员，赴布拉格参加第二届世界科协代表大会；同年6月3日，当选为中国数学会杭州分会理事兼秘书；同年8月，因患肺结核，到北戴河疗养，担任中科院休养所管理员；同年9月，回浙江大学任教，担任中共浙大总支统战委员；同年12月，加入中国民主同盟，任杭州市委委员，并发展苏步青、谈家桢等加入中国民主同盟。

1990年，浙江大学校庆前夕，谷超豪写下《祝母校浙江大学校庆》一组诗，其一为：

寂寞山城夜，激情浙水边。
学子愤国事，师母愁炊烟。
弦歌终不辍，江潮更无闲。
不畏古怪多，秧歌堪流连。

这是谷超豪以"求是精神"为指针，一边求学，一边参加革命的真实写照。

2004年12月15日，我收到谷超豪院士信函及介绍池志强院士的复印资料，还有他给池院士八秩大寿写的《祝贺志强同志八十寿辰》诗三首。信中建议我采写池院士，并委托我查找他早年在《浙大校友》和《杭州党史资料》上发表的文章，我尽快一一照办。经过几天的努力查找，我在《浙大校友》上查找到《回忆邵浩然同志》一文和《悼戈华》《追念子三同志》两首诗，在《杭州党史资料》上找到他的《策动雷达研究所人员起义前后》《解放战争时期浙大学生运动的一些回忆》两篇大作，当即复印后寄给他。他收到后十分高兴，来函向我致谢。2005年6月27日，我收到谷超豪寄来的他的《奋斗的历程——谷超豪文选》一书。见到我为他查找的他的5篇大作全刊于大著内，我心头一阵欣喜，查找时所遇到的困难与劳苦一扫而光。

“寻思求百通”

杭州解放后，谷超豪参加解放军、中共地方武装和地下党会师大会，并在中国科学工作者协会杭州分会和中华自然科学联合会杭州分会工作。谷超豪任科协杭州分会理事、秘书，主持日常工作。杭州科协党支部成立后，直属市委领导，谷超豪任支部书记。他虽然工作十分繁忙，但仍然坚持不懈地去听苏步青老师的课，并对课程中讲到的K展空间产生浓厚兴趣。

勤奋和创新意识是成功的必要条件，有了这些，就会不停地钻研，获得自己的创造。谷超豪听到苏步青讲K展空间的子空间理论尚未建立后，心潮翻卷，一有空闲便想子空间如何做出来。经过几天的冥思苦想与演算，得到的结果和他的预测相同。苏步青见到他独立创新的结果，喜出望外，帮助他把成果写成中英文论文在《科学记录》杂志上发表，后来还作为一章写进了苏步青的《一般空间微分几何学》一书内。谷超豪对K展空间的表达方法与众不同，正是他“解题岂一法，寻思求百通”诗句的一个印证！

热爱是最好的老师。谷超豪诗曰：“人言数无味，我道味无穷。”

1951年，谷超豪借《人民日报》五四社论发出“革命青年要向科学进军”号召之机，辞去科联党组书记和科普工作的行政职务，回到了浙江大学的教师队伍。

1953年，谷超豪随苏步青来到复旦大学，专心致志与“图形和公式”打起了交道。由于教学与科研成绩突出，1956年，谷超豪出席了全国先进工作者代表大会，并作为主席团成员之一受到党和国家领导人的亲切接见。

1957年，谷超豪赴莫斯科大学力学—数学系进修，仅用两年时间，就在无限连续变换拟群的理论研究方面取得了突破性的成果，于1959年6月荣获物理—数学科学博士学位。这是一个非常高的学位，我国只有极少数人荣戴这顶桂冠。他的博士论文《无限连续变换拟群》被认为是继20世纪伟大几何学家E.嘉当之后该领域的第一个重要推进。

自20世纪60年代起，谷超豪把目光集中到偏微分方程的研究及其攀登人才的培养上来。经过5年一步一个脚印地攻关与攀登，他在双曲型和混

1959 年，莫斯科大学校长、数学家彼得洛夫斯基（右）院士祝贺谷超豪取得成就

1959 年，谷超豪在莫斯科大学科学博士论文答辩会上演讲

合型方程的研究方面取得了世界领先的成果，受到了世界同行专家的重视与好评。

1974 年 6 月，物理学家杨振宁又一次来到复旦大学访问。谷超豪、胡和生等人就规范场问题与杨振宁开展了合作研究，并联合发表了《规范场理论的若干问题》等论文，对经典规范场的数学理论的发展作出了突出的贡献。尔后，谷超豪又对波映照、对混合型极值曲面和孤立子理论倾注了不少心力，并有较大的建树。20 世纪 90 年代中期，他担任国家攀登计划项目非线性科学的首席科学家，在非线性科学方面不断取得新的成果，使这门新兴的交叉学科走在世界先进水平的行列。

1988 年，谷超豪夫妇共同钻研数学难题

生活中的谷超豪喜欢爬山。一首“上得山丘好，欢乐含苦辛，请勿歌仰止，雄峰正相迎”，正是他不断攀登数学高峰时的艰辛与欢乐的真实写照。他深有感触地说：“研究数学就像爬山，努力地翻过一

个山头，会发现眼前一亮：前面的景色多美啊！往上看又见叠叠的山峰。只有不断地攀登，才会有更广阔的视野，才能看到更美的风景。”

几十年来，母校的求是精神似一盏明灯，照亮谷超豪攀登的路，他在“寻思求百通”思想指导下，心怀创新的浓厚兴趣，在一般空间微分几何、齐性黎曼空间、无限维变换拟群、双曲型和混合型偏微分方程、规范场理论和孤立子理论及线性科学等方面都取得了系统的成果。特别是他在偏微分方程和规范场理论方面的研究成果，引起了国际数学界的重视，并荣获国家自然科学奖二、三等奖各一项，国家科技进步奖一等奖两项。他研究并解决了超音速飞机机翼绕流等数学难题，成果比国外早10余年。他在正对称方程组和混合型方程研究方面取得重要成果，首次提出高维、高阶混合型方程的系统理论，并在高维时空孤立子理论研究方面取得重大成果，受到国际同行的称赞。

谷超豪在国内外发表了130余篇数学论文，并应邀在美国、墨西哥、法国、意大利、日本、英国、苏联、保加利亚等国家举行的10多次国际学术会议上作报告。曾担任过我国举行的第二届、第六届国际“双微”会议和非线性物理会议的组织委员会主席以及6种会议论文集的主编。他总结了规范场的研究成果，写成专著《经典规范场理论》，并被世界著名的《物理学报告》以整期篇幅转载。另有英文专著《可积系统中的达布变换》(*Darboux Transformations in Integrable Systems*)，由施普林格出版社出版。他撰写、主编的专著和教材有《齐性空间微分几何》《孤立子理论与应用》《数学物理方程》等

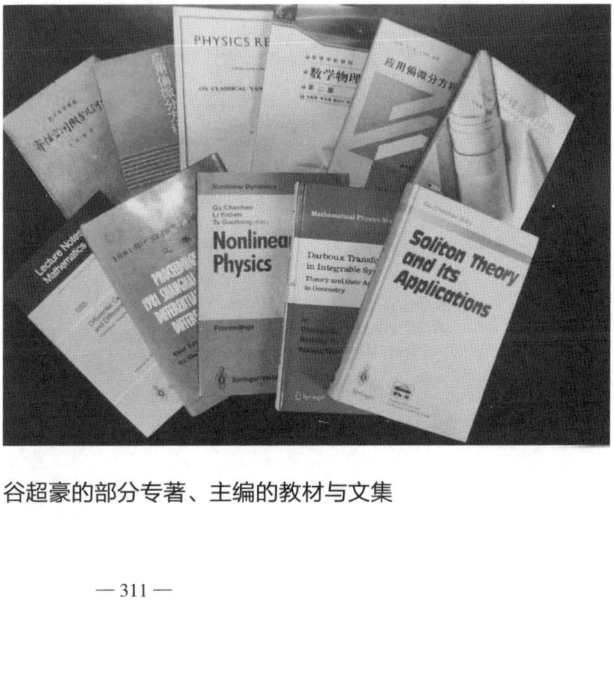

谷超豪的部分专著、主编的教材与文集

1996 年，谷超豪获柏宁顿孺子牛金球奖（杰出奖）

7 种，另写有科普读物 4 种。1978 年，他写的《规范场的数学结构》荣获全国科学大会奖。

鉴于谷超豪在数学上的杰出贡献，他在 1980 年被中国科学院评为院士，1994 年当选为国际高等学校科学院院士，1995 年荣获第二届华罗庚数学奖和何梁何利基金奖，1996 年获得柏宁顿孺子牛金球奖（杰出奖）。2002 年，他又荣获了上海市的最高科技奖——科技功臣奖。1992 年，他应邀参加法国科学院院士大会，法国院士肖盖称他具有“独特、高雅、深入、多变的风格”，是“一位向难题进攻并解决难题的偏微分方程专家”。在 2002 年国际数学家大会上，国际数学家联盟主席帕利斯教授把谷超豪列为培育中国现代数学之树的极少数数学家之一。这些都是国际著名专家对他为中国、为世界的科学事业作出卓越贡献的真诚褒奖！科学家和爱国者，谷先生人生历程的两个主要身份；微分几何、偏微分方程和数学物理及其交汇点，谷超豪在当今核心数学前沿最活跃的三个分支上，都曾作出重要贡献，令人钦佩！

1990 年初，我去浙大校友总会任职后，就与谷超豪、胡和生夫妇多有往来。1996 年初秋，谷超豪为我主编的《求是英才传》题写了“坚持求是精神，力攀科学高峰”12 个字，这正是他几十年科研生活的真实写照！

2001 年，我任浙江省科普作家协会科学文艺创作委员会主任时，发起内刊《浙江科学文艺》创刊并担任主编，谷超豪百忙中作了题词：“文理结合，普及科学知识，提高文艺修养，促进精神文明和物质文明并行发展。”这句题词，极大地鼓舞了科普作家们的创作热情。

谷超豪的业余爱好是思考问题、解决问题。他还喜欢古典文学，尤其是诗歌。他认为与数学有规律一样，诗歌的对仗也是一种规律，非常优美。他在茶余饭后创作了不少诗歌（收入《奋斗的历程——谷超豪文选》的新古体诗就有 42 首之多）与科普文章，被人赞誉是一位“文理双优”的科学家。

2007 年，谷超豪星在天翱翔

2009 年正值祖国母亲 60 华诞大喜之年，10 月 20 日，经国际小行星中心和国际小行星命名委员会批准，紫金山天文台于 2007 年 9 月 11 日发现的 171448 号小行星在复旦大学被命名为“谷超豪星”。这是继吴健雄、李政道、谈家桢、赵九章等 8 位校友后，第 9 位浙大校友获得以自己姓名为小行星命名之殊荣。同年，谷院士荣获国家最高科技奖。消息传来，我赶写了一篇《报国坚斗志，盛世展才华》的报告文学，刊于 2010 年《浙大校友》第三期上，以表我感佩的心迹。

2010 年 1 月 11 日上午，北京人民大会堂张灯结彩，隆重集会，党和国家领导人胡锦涛、温家宝、李长春、习近平、李克强等出席会议，为 2009 年度国家最高科技奖荣获者谷超豪、孙家栋两位院士颁奖，奖金 500 万人民币。自 2000 年设奖以来，至今已有 16 位科学家荣膺该奖，其中叶笃正、徐光宪、谷超豪为浙大校友。他们是浙江大学百廿余年办学史上杰出校友的代表，我在 2017 年出版的《星星颂》诗集中，用照片、简介和诗歌对他们作了介绍，今选刊写谷先生的诗如后：

谷超豪荣获 2009 年度国家最高科技奖

少年立志逞英豪，求是何畏头颅抛。
进步书籍当粮草，江海澄清是目标。

微分几何寻思通，孺子牛奖领风骚。
抚育精英毋闲空，新蕾令人竞折腰。

这是我对谷先生平生“寻思求百通”的诠释与赞美！

“新蕾化新丛”

2005 年，谷超豪（右）与学生陈恕行教授在一起

谷超豪牢记导师苏步青先生这句话：“谷超豪只有一点没有超过老师，就是没有培养出像谷超豪似的学生来。”但在谷先生看来，自己有很多不如苏老的地方，认为苏老这句话意在鼓励自己好好培养学生。谷超豪说：“选择做教师，就是选择了责任和奉献。”于是，他给自己定下了“三不”原则：“不压制年轻人的想法，而要鼓励年轻人敢想敢做；不压制年轻人的发展，鼓励年轻人能够发展自己的研究方向；不挡年轻人的道。”谷先生是这样说的，也是这样做的。谷超豪不仅以他卓著的科研成就享誉国内外，还悉心培养指导青年教师和学生，并造就了一支教学科研梯队。谷超豪生前共培养了 30 多名博士、硕士研究生，其中包括有陈恕行教授参与、涉及多个研究分支的一支充满活力、高水平的研究队伍。此外，他培养的多名硕、博研究生在数学界崭露头角，成为中国数学界的骨干，如李大潜、洪家兴、穆穆等中国科学院院士 6 人、中国工程院院士 3 人。数学所教授陈恕行不会忘记，谷老曾带着他们过了一个“革命化的春节”——整个寒假期间，谷老组织一批上海本地的同学每天到办公室里进行学习和研究。“谷老话不多，但是他每天在那里研究，我们也就跟着

他去学习，这就是身教。”陈恕行如是说。谷超豪直接指导的博士生中，有两人的论文获得全国优秀博士论文奖，其中就有他的许多心血。

谷超豪在担任复旦大学研究生院院长、副校长及中国科技大学校长的5年间，行政工作极其繁忙，可他仍坚持不脱离教学和科研，取得管理、育人、学术成果三丰收。鉴于谷超豪在培养人才方面作出的贡献，1993年，他被评为全国教育系统劳动模范。他还兼任许多社会职务，担任过中国数学学会副理事长、国务院学位委员会学科评议组数学组召集人、上海数学学会理事长、中国民主同盟杭州市委委员等职。此外，他还是第三、第六和第七届全国人大代表，第五、第八、第九届全国政协委员，第八、第九届全国政协常委，为国家参政议政奉献心力。

2005年，谷超豪已80岁高龄，仍带着3名研究生。因为研究工作繁重和身体欠佳，无法给学生更多指导，他常常对学生说“抱歉”。但这声声“抱歉”的背后，却是老先生坚持每个星期至少有两个半天与学生进行讨论，甚至给一些学生“开小灶”，正应了“春蚕到死丝方尽”的名言。而这是不少比谷超豪年轻许多的博导都无法做到的事。

谷先生最关心的是年轻人的学术成长问题。在晚年，他审阅某些青年教师的科研成果时，总是觉得不太满意。他常常为这些事一晚上睡不好，脑子里翻来覆去地想：原因何在？如何改变？ 2010年1月，谷先生获得2009年度国家最高科学技术奖。当时，他给党和国家领导人写了一封发自肺腑的信，提议依托复旦大学建设“上海数学中心”，希望“为青年人的迅速成长创造良好的条件，着眼于学生的培养，着眼于数学学科杰出人才的培养，构造和稳定一支具有高素质的创新人才团队，营造一个真正依科学规律办事的数学研究平台”。谷先生离世前，因病重已近失语，没有留下只言片语。可当陈晓漫与吴泉水两位教授带来喜讯——他建言设立的上海数学中心获批筹建时，谷先生一下子睁大了眼睛，张开嘴发出“哦哦”的回应声。那天，谷先生特别激动，直到客人走了很久，他仍睁着眼睛，挣扎着想说话，不愿休息。在谷超豪身边工作了12年的秘书虞彬的记忆里，那是老人最后的声音。

2010年，谷超豪先生向时任国家领导人致信提议设立上海数学中心，由国家和地方共同出资建设高端数学研究和顶尖人才培养机构。2011 年 12 月，教育部和上海市人民政府联合正式批准依托复旦大学建设上海数学中心；2018 年 8 月，上海数学中心大楼落成并投入使用。若天堂的谷先生有知，亦该高兴了吧!

谷超豪热爱家乡，每当回温州老家，都乐意与亲朋好友说地道的家乡话，十分平易近人。他关心家乡教育的改革与发展，提议创办温州大学，并从 1999 年 8 月 19 日起，担任温州大学首任校长。2006 年 6 月 23 日，谷超豪出席新温州大学揭牌庆典大会并讲话；同年，卸任温州大学校长职务，并将 7 年里温大支付的 140 万元薪金全部捐给了温州大学，为贫寒学子设立奖学金，赤子之心可见一斑。

谷超豪说，他最难以忘怀的是竺可桢校长倡导并身体力行的求是精神。每当捧着爱心回到浙江大学，他不是为母校的改革与发展出谋划策，就是用自己的革命经历、学业才智去滋润求是园里众多求知者的心田。多年来，他担任浙江大学校友总会副会长之职，我们更有缘领受他爱国、爱校的衷情!

谷超豪写过一首《咏太阳花》：

偏怜人间酷暑中，朝朝新蕾化新丛。
笑倾骄阳不零落，抚育精英毋闲空。

这不仅是谷超豪几十年艰苦奋斗、攻关创新风格的注释，也是他勤育新人、呵护精英，使人才辈出的写照！我们深信，在谷超豪等老一辈著名科学家抚育下，“朝朝新蕾”一定会绽为“新花丛”，香飘万里……

复旦大学还设立了“谷超豪奖”，以纪念谷超豪教授对数学事业的杰出贡献，激励青年数学工作者投身数学事业、努力做出具有创造性的数学研究工作。2013 年 5 月 15 日，复旦大学举办了首届“谷超豪奖”颁奖仪式。

博爱常青树

孙中山先生说：“博爱，吾人无穷之希望，最伟大之思想。”今对谷超豪及相关人物互动时的博爱作一小记。

温州高盈里，一条短而僻静的小巷，一棵参天的广玉兰下，便是老式的农家院落谷氏宅第。1926 年 5 月 15 日，一个男婴呱呱坠地，小巷顿时欢声一片。这个小男婴在谷家男孩中排行老二，上有哥哥超英（后改名力虹），于是，父母顺理成章地为他取名超豪，企盼兄弟二人长大后成为“英雄豪杰”，好为国家争一口气。

因谷超豪的叔叔患病早逝，谷传声、陆仲祯夫妇就把儿子谷超豪交给没有子女的婶母抚养，俗称“过继”。婶母把这个侄子视作命根子，关怀备至，谷超豪也成了她孤单生活里的唯一欢乐。婶母悲天悯人的性格对谷超豪有着潜移默化的影响，使他从小便养成了善良、纯真、助人为乐的良好品质。

在父亲谷传声、生母陆仲祯和庶母胡玉香的儿女中，谷超豪排行第四，

20 世纪 90 年代，谷超豪与亲人合影（后排右起：谷超豪、嫂林悦、兄谷力虹、四弟谷超俊、三弟媳陆兰聪、五妹谷月霞、三妹谷月卿；前排为他们的后代）

他有大姐谷素莲，二姐谷仲莲，三哥谷超英，五弟谷超志（1927 年出生），六妹谷月卿（1929 年出生），七妹谷月婵（1931 年出生），八弟谷超俊（1933 年出生），九妹谷月霞（1933 年出生），余不多赘。

20 世纪 90 年代，谷超豪与七妹谷月婵（右）、八弟谷超俊（左）合影

众所周知，谷超豪平生钟爱数学，数学亦成就了他的爱情之梦。

1950 年秋的一天，谷超豪在系图书室学习，同学胡和生找他讨教苏步青先生给她布置的数学论文。她已问了几个老师，都未弄清楚。谷超豪拿回家读懂后约胡和生讨论，她就搞明白了，十分高兴。自此，两人彼此都有好感，亦成了他们 7 年爱情长跑的起点。

谷超豪、胡和生因共同的喜好、共同的理想和追求而相识、相恋、相爱，直至 1957 年结婚，此后几十年里一直携手奋战在数学教学与科研的第一线，成了数学王国里不可多得的一对情深伉俪。

“社会主义需要数学！”毛泽东曾这样对谷超豪的恩师苏步青说。在苏步青教授的推荐下，1957 年，30 岁的副教授谷超豪前往苏联莫斯科大学，开启了为期两年的留苏生涯。

当时，谷超豪希望趁着这个千载难逢的机会学习更多知识。他辗转于两个讨论班之间，每天工作十一二个小时，甚至在妻子胡和生前来探亲之际，这对伉俪也是双双扎进图书馆里，体味着数学的“浪漫”。他们废寝忘食地埋头在英文、俄文原版学术专著里，还抓住机会与微分几何学家 H.K. 拉舍夫斯基教授进行学术长谈，获益良多。

在刻苦钻研下，谷超豪不断取得新的成果，每隔两三周就做一次学术报告，还写出好几篇论文公开发表在苏联和国内的杂志上，深得同行赞赏。

1959 年，多名苏联教授都希望谷超豪申请莫斯科大学的博士学位。当年，苏联的博士论文工作量很大，谷超豪花了很多的时间才完成。最后，年轻的谷超豪以 29 票全票通过了论文答辩，被授予物理—数学科学博士学位，成了第一个在莫斯科大学作博士论文答辩且被授予博士学位的中国人。

数学成就了谷超豪的爱情之梦。都说成功的男人背后有一个女人，但胡和生却发展了这个定理：与丈夫不仅在生活上相濡以沫，在事业上更是携手共进。她是中国数学界唯一的女院士，也是第一位走上国际数学家大会诺特讲台的中国女性。

1991 年，胡和生当选为中国科学院院士，谷超豪欣然为妻子赋诗《贺和生》以表祝贺（见后《数学巾帼竞风流》一文）并抒胸臆，数学大师的诗意人生跃然诗间。

1996 年 5 月，复旦大学数学系师生为谷超豪 70 诞辰举行祝寿会，得意门生洪家兴博士（2003 年当选中国科学院院士），特送花篮庆贺。

1996 年，洪家兴博士（左）祝贺谷超豪 70 岁生日

谷超豪回温州，喜欢坐火车。车子过了青田站，他就站起来往窗外看，乡情很深。他每次回温州，都会主动联系亲族，大家坐下来用温州话聊一聊天，十分亲切。他的亲人说，谷超豪最喜欢笑，让人感觉特别和蔼可亲。对于家族的晚辈，他经常会在本子上写几句话送给他们，

大多是教育他们要好好学习、好好做人等等。

2012 年 6 月 24 日，苍天落泪因超豪！

那天，我自加拿大回到阔别一载的祖国怀抱，一路雨雾伴行，难舒双眉。回家读《浙江大学报》知，我国著名数学家、教育家谷超豪校友因病于当日仙逝，顿时，止不住的老泪洒湿了报纸……我良久才平复心绪，往昔交谊的情景像电影般在眼前呈现。

20 多年来，我们交往不断。1991 年，我主持编写并统稿的《浙江大学简史》(一、二卷)，每一稿都寄谷先生审阅，不久就收到他的改本；1995 年，我主编两院院士集《求是英才传》，向谷院士约简介稿及手迹，他很快按要求寄来了材料，并题写了“坚持求是创新，力攀科学高峰”墨宝，抒发了他平生勇攀微分几何等数学高峰的心迹。

自 1985 年 4 月浙江大学校友总会成立起，谷超豪连任两届总会理事；自 1992 年总会第三届理事会起，他一直任理事、副会长。他关心与爱护母校浙江大学，母校校庆或有校友座谈会，他总是拨冗参加。

2001 年秋，我收到谷超豪、胡和生、李大潜主编的《文章道德仰高风——庆贺苏步青教授百岁华诞文集》，他们除承担繁杂的主编工作外，还都写了庆贺苏老百岁华诞的专文，师生情谊甚笃。

2001 年冬，我采访了谷院士夫妇。不久，我得了面神经瘫痪症，双目泪流不止，难以动笔。谷院士得知后，写来大函让我休息，还寄来贺卡，上书“祝你早日康复，新年快乐！”此后，我感动的心难以平静，强忍病痛完成谷院士夫妇的两篇报告文学，如期收进我著的报告文学集《俊彦跫音》内，受到谷院士夫妇的嘉许好评。

2006 年春，我又写了《春风教化沐神州》一文，刊于我著的《书友缘》一书内，并配上多张照片，以表我对谷先生伉俪的敬意！

谷超豪校友院士离我们远去了，但他的光辉业绩、崇高品德和大爱情怀却永远在后学心中闪光！在缅怀之余，我谨献上忘年情谊的几片心香，以资永存！

2018 年 11 月 23 日上午，中国共产党优秀党员，中国民主同盟优秀盟员，著名数学家、教育家，国家最高科学技术奖获得者，复旦大学原副校长、中国科学技术大学原校长谷超豪院士铜像揭幕仪式在复旦大学江湾校区隆重举行，给后学留下永久的纪念！

2018 年，谷超豪铜像揭幕仪式

（2023 年 4 月 23 日改定）

闪耀科学星天的巨星

——记中国工程院原副院长、科幻大师潘家铮院士

潘家铮（1927 年 11 月—2012 年 7 月），浙江绍兴人。水工结构和水电建设专家，科幻小说作家。1950 年 8 月于浙江大学土木工程系结构力学专业毕业后，在钱塘江水力发电勘测处工作。1987 年 1 月加入中国共产党。1980 年当选为中国科学院院士；1994 年当选为中国工程院首批院士，并被推选为中国工程院副院长。1954 年后，任上海水力发电勘测设计院、水电部十二局勘测设计院工程师、设计总工程师，水电部规划设计管理局副总工程师等职。1979 年后，任电力部水电总局副总工程师，水利水电规划设计院、水利水电建设总公司总工程师，水利电力部总工程师，能源部水电总工程师等职。1993 年后，任电力工业部技术顾问、长江三峡总公司技术委员会主任、中国工程院副院长、国家电力公司顾问、国家电网公司高级顾问等职。历任政协第八届、第九届全国委员会委员，国务院学位委员会委员，中国大坝委员会主席，国务院三峡工程质量检查专家组组长，国务院南水北调工程建设委员会专家委员会主任。一直从事水力发电建设工作，主持了中国几十座大坝的设计与建设。

2012 年 7 月 13 日，一颗情系大坝的心脏停止跳动了！一颗闪耀科学星天的巨星陨落了！我怀着绵绵的悲情，谨以此文表达对潘家铮校友的怀念与追慕。

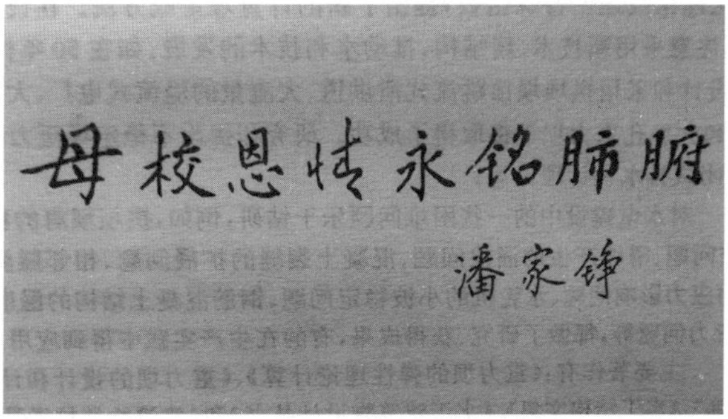

潘家铮题字

1990 年初，浙江大学前校长路甬祥交给我主持编撰《浙江大学简史》的重任，有幸与多位两院院士等著名科学家神交。1991 年夏，我以浙江大学校友总会的名义发出编写中国科学院和中国工程院院士集《求是英才传》的征稿通知，不久就收到潘家铮院士的生平业绩材料及照片、手迹。他的墨宝是“母校恩情永铭肺腑”。此后，我们鸿雁往来不断。

2003 年 4 月 14 日，潘家铮院士给我寄来两本他著的精装书——《春梦秋云录》和《偷脑的贼》，扉页恭正地写有“达寿学兄惠存　家铮赠于北京”两行遒劲的字，我被深深地、久久地感动了。一口气拜读完他的自传性散文集《春梦秋云录》，我又被他高超的文采震撼了！

在《春梦秋云录》“序一”里，原水利电力部部长、中国工程院院士钱正英写道：“一位热爱文学的人，居然成为大坝专家，可见其经历之不寻常。潘家铮同志的成长道路，和我们很多同志大不相同……”让我们来共同解读这位传奇人物不同寻常的经历吧。

曲曲折折求学路

1927 年 10 月 19 日，潘家铮生于浙江绍兴一个破落的书香门第，由富有“民俗才气”的祖母一手带大，她用数不尽的山歌或灯谜启蒙潘家铮幼小的心灵。于是，潘家铮从小就在心田里种下了喜爱诗词的根苗。

在小学五年级时，为躲避日寇，潘家铮随父逃到海滨马鞍村。古板、封建的父亲，整天将他关在楼上背四书五经等古文，但小家铮却乐于寻摸古诗和古典小说，憧憬将来成为一个诗人。他如饥似渴地读着古典文学名著和诗词，凡是县城书市上能找到的诗词和小说，无不寓目。后来，他又补读了许多外国古典文学名著。

在海滨山村避难两年后，潘家铮断断续续上学至初中二年级。1942 年 5 月，日寇大举进攻浙东，潘家铮与几个同学一起过上了流亡的求学生涯，最后，求学梦彻底破灭了。因钱粮双绝，他一路“叫花”，一路行走，才回到父母身边。

1944 年初秋，潘家铮忍受不了在敌占区当“良民”的屈辱，毅然到抗日游击区舜阳中学当文书，为师生刻写钢板蜡纸。半年后，他又到一个乡村小学当教员，是年 17 岁。在中小学供职期间，他除了自学数学等知识外，仍与诗词形影不离，并写出不少好诗，如《山居偶成》：

两三篱落夕阳边，疑是桃源洞里天。
芳草如烟迷小径，落花似雨点幽泉。
一声樵唱青峰下，百啭莺啼绿柳前。
最爱白云深锁处，问津到此总茫然。

读了此诗，舜阳诗社的诗翁们都点头称是，将诗收入《舜阳诗抄》之中，并吸收潘家铮为舜阳诗社小社员。

抗日战争的胜利，开启了潘家铮进一步自学的大门。他忍痛暂断诗词的创作，重新捡起几何、代数、物理和化学等。经半年夜以继日地刻苦学习，潘家铮人轻了 10 斤，但学业长进极大，居然一举考取高中毕业的资格。他出于对文学的热爱，决心报考浙江大学中文系，却遭到饱尝人文之苦的父亲的反对，于是只好填报浙江大学航空系的志愿。他进入浙大航空系学习后，偶见报载一名留学航空博士因找不到工作而自尽的消息，金字塔般的航空梦在他心中坍塌了，于是大二时又违心地转学土木工程系。从此，潘家铮与水电业结下了不解之缘。

四年的大学生涯，潘家铮是在学运高潮和解放战争中度过的。在社会动荡中，他只能见缝插针地汲取知识营养。乡贤竺可桢奉行与弘扬求是精神，罗致名师，学风严谨，言传身教，虽乱不变，影响深远。在这优良校风的大熔炉里，他珍惜分秒，刻苦学习，孜孜以求，最后终成大学问家。

安排河岳换新天

1950 年 7 月大学毕业后，潘家铮经钱令希教授推介，来到杭州燃料工业部，任钱塘江勘测处技术员。他从 200 千瓦的金华湖海塘水电站的设计和施工工作做起，一步步学习和掌握水电开发技术。同时，他还夜以继日地进修数学和力学知识，注重将国内外书本和资料中的知识应用于实践，又从工作实践中吸取经验、找出问题，逐步形成自己独特的设计思路。

1954 年元月，他奉调到北京水电总局，但仍继续从事浙江黄坛口水电站的设计工作。黄坛口水电站位于浙江衢州乌溪江上，装机容量 3 万千瓦，是浙江的头号水电工程。由于地质、水文资料不足，黄坛口左岸坝头（西山）滑坡，因此电站建设遇到挫折，走了弯路。潘家铮凭借深厚的数学、力学基础知识，对滑坡进行分析，并对重力坝、土坝、引水系统以及厂房等水工建筑物的应力分布作深入研究，写出了《木笼围堰的理论和设计》《双向弯矩分配法》等多篇专业论文，发表在学术刊物上，引起了国内同行的关注。

1955 年初，潘家铮奉调到水利电力部上海勘测设计院，任技术员、工程设计副总工程师等职，前后长达 18 年。血气方刚的潘家铮勇挑重担，主动在设计院内办起了学术讲座，发表了许多独到的见解和设计、分析方法，给更年轻的人员进行系统的业务“充电”，受到好评。此后，他将讲稿整理成一套“水工结构应力分析丛书”，对推动我国水工结构设计水平的提高起到了重要作用，深受全国水利工程师特别是基层同志的欢迎。

1956 年，潘家铮参加了广东流溪河水电站的水工设计和海南东方水电站的修复工作，又有一系列的创新。特别是流溪河水电站的设计工作中，他基于对坝址良好地质条件的认识，首开先河地采用双曲溢流拱坝新结构，首次提出并解决坝头稳定性分析问题，并解决了坝体冷却等一系列难题，从而使我国第一座高78米的双曲拱坝于1959年胜利建成，开创了我国薄拱坝建设的先例，对以后的泉水拱坝（高80米）、紧水滩拱坝（高102米）、东江拱坝（高157米）和二滩拱坝（高242米）等的设计产生了深远的影响。40余年的运行和多次溢流的考验证明，他的创新设计是正确的。1958年，他在中苏朝蒙四国水利学习会议上，就流溪河拱坝设计中几个主要问题提交了有分量的论文，得到与会专家的一致好评。

新安江水电站位于浙江省建德市（原建德县）钱塘江支流新安江上，总装机容量66.25万千瓦，坝高105米，是我国第一座自行设计、自制设备并自行施工的大型水电站。1957年，潘家铮出任新安江水电站设计副总工程师，1958年至1960年兼任现场设计组组长，常驻工地，具体领导工程设计与施工技术工作。在工作中，他创造性地将原设计的实体重力坝改为大宽缝重力坝，并采用抽排措施降低坝基场压力，大大减少了坝体工程量。他善于集思广益，采用了坝内大底孔导流等许多先进技术，从而使新安江电站在短短三年内建成投产，单位千瓦投资仅690元。新安江水电站的顺利高速度建成，为我国水电事业树立了第一座丰碑，大大缩短了国内外水电技术的差距。周恩来总理在1959年4月视察水电站工地时，曾亲笔写下“为我国第一座自己设计和自制设备的大型水力发电站的胜利建设而欢呼！”的题词，高度评价了电站的建设成就。

20世纪60年代，潘家铮（左1）与同事合影于新安江大坝前

潘家铮创新的宽缝重力坝成了国内广泛采用的坝型，此后为古田一级、

丹江口等10余座大坝所采用。所有这些，都凝聚了他的智慧和血汗，承载着他的创新功绩！此后，他又参加了乌溪江、富春江、长江北口潮汐电站和钱塘江潮汐电站的设计、规划和科研工作。

1965年初夏，他响应党中央支援三线建设的号召，奔赴荒无人烟的雅砻江和大渡河，负责锦屏、龚咀、磨房沟等水电站的勘测和设计工作。他在给夫人的临别赠言中写道：

萍踪莫问几时还，巨任加肩岂等闲。
壮士耻谈儿女事，英雄定破利名关。

37岁的潘家铮壮心炽烈，要把自己的全部智慧献给奔腾咆哮的雅砻江。他骑着马，经几天翻山越岭来到雅砻江后，即和同事们深入“千山鸟飞绝，万径人踪灭”的处女地，冒着九死一生的危险踏勘水电资源。在工作中，有多位伙伴“出师未捷身先死”，令人唏嘘！面对如此恶劣而危险的环境，他化悲痛为力量，扎根大山，写下了30余篇论文，出版了《水工结构计算》《重力坝的弹性理论分析》《重力坝的设计和计算》和“水工结构应力分析丛书”等学术著作，近两百万字，迎来了他设计生涯中的黄金时代。

1966年，就在潘家铮事业如日中天之际，“文革”改变了他的命运。他被打入“牛棚”，承受了难以想象的肉体和精神的痛苦折磨，但他对祖国、对共产党以及对水电事业的热爱并未因此消减。在接受批斗之余，他仍偷偷钻研理论，思考技术问题，总结工作中的经验教训，企盼为祖国开发水电宝藏再作贡献。他始终坚信，祖国的水电宝藏一定会得到开发，终有一天，他还会回到水电战线的岗位上，继续为祖国作出自己的贡献。

1970年6月22日，潘家铮与家人泪别，再次踏上去锦屏山磨房沟的道路，做复工后的设计工作。这是他“立功赎罪”的好机会。他说：“当我重新回到锦屏山上，我长久地亲吻这块我认为永难再到的土地。我终于又有了为水电事业献身的机会。”于是，他再次全身心地扑在工作上，和战友们共同努力，不到一年半时间，就使这座在“文革”中惨遭破坏、满目疮痍的工程竣工发电，创造了一个奇迹。

1973 年春，潘家铮被北京水电部对外司从四川“借调”到部里工作，参加了国内外许多水电站的设计和审查工作。1975 年和 1976 年，他两次前往阿尔巴尼亚的菲尔泽和喀麦隆的拉格都参加水电站设计审查和指导工作，两座水电站很快造福于两国人民。

1993 年 4 月，潘家铮在锦屏山上

1996 年 6 月 25 日，潘家铮在跨世纪的三峡工程工地留影

党的十一届三中全会的春风驱散了极左路线的云雾，潘家铮得到平反，并于 1978 年 3 月正式调京，出任水利电力部规划设计总院副总工程师，后又晋升为总工程师和水利水电建设总局总工程师，1985 年出任水利电力部总工程师，成为水电系统的最高技术总负责人。此间，他参与规划、论证、设计以及主持研究、审查和决策了很多大中型水电工程。1986 年，中共中央和国务院责成水电部聘请各行各业共 412 名专家、学者对三峡工程进行重新论证，时任水利电力部总工程师的潘家铮出任论证领导小组副组长兼技术总负责人。

几十年来，潘家铮踏遍了祖国的山山水水，较大的大坝工地上都有他的足迹和汗水。他以精湛的技术、丰富的经验和过人的胆识，创造性地解决过无数技术难题，提出过许多重大建议，作出过不少关键性决策。如 1990 年

7月，他代表三峡工程论证领导小组和全体专家，向党中央、国务院以及各界领导汇报历时三年之久的论证成果。他言辞恳切，以大量深入的科学分析为依据，综合阐明建设三峡工程的必要性、迫切性和可行性，得到领导的充分肯定，为三峡工程开展初步设计和最终获得全国人大通过奠定了基础。

在修建三峡工程的过程中，潘家铮言辞诚恳地说："要建成一座工程，必须有愿意为之献身的人。如果三峡工程需要有人献身，我将毫不犹豫地首先报名。我愿意将自己的身躯永远铸在三峡大坝之中，让我的灵魂在晨曦暮霭之中，听那水轮发电机的歌唱，迎接那万吨船队的来往，直到千秋万载。"

潘家铮身居高位，先后担任水利电力部总工程师，能源部水电总工程师，国家电网公司高级顾问，国务院学位委员会委员，中国大坝委员会主席，长江三峡工程开发总公司技术委员会主任，国务院南水北调工程建设委员会专家委员会主任，全国政协第八、第九届委员会委员等诸多职务。他在承担更多、更重的任务后，除了继续研究具体技术问题之外，还思考中国水电建设的全局问题。多年来，他十分注重新技术、新成果的研究应用与推广，较早成立了电算机构，主持开发设计软件包，开发 CAD 技术及专家智能系统。他注重水电工程质量，曾出任质检总站站长。他注重培养新生力量，还在不少高校兼职讲课、带研究生，并和钱正英等领导发起成立中华电力教育基金会。他善于向他人学习，多次去日本、法国、美国、加拿大等10余个国家考察水电及建坝技术，推广国外先进技术和好经验。

1989年7月8日，潘家铮（前排右1）出席在丹麦哥本哈根举行的第57届国际大坝委员会执行会议

60年来，他刻苦钻研技术，设计成果浩瀚。他设计的流溪河水电站是中国第一座坝顶泄洪的薄拱坝。

2002 年 7 月，潘家铮（中）在三峡二期工程验收时与同事合影

2003 年 8 月，潘家铮（右 1）视察百色枢纽工地留影

新安江水电站是中国第一座自行设计施工的大型水电站，在设计中采用了世界上最大的溢流厂房、宽缝重力坝、大底孔导流等新技术，并首创抽排理论，为大幅节省工程量、提前发电作出贡献。龙羊峡水电站大坝是中国已建成的最高大坝（178 米），二滩水电站大坝是在建世界第三高双曲拱坝（240 米），三峡水利枢纽更是跨世纪的巨型工程。潘家铮擅长结构力学，多年来结合实际，对混凝土坝和土石坝的分析，地下结构、边坡稳定及滑坡产生的涌浪计算等课题作出了系统研究，提出的新理论和计算方法在水电设计中得到广泛应用。在走向耄耋之年的路上，他仍然活跃在水电站及水电站工地的视察和验收工作中。

潘家铮著作等身。他撰写了专著 20 余种，共约 800 万字，发表学术论文近百篇。鉴于他突出的学术成就和巨大贡献，他获得了许多荣誉。1980 年，他当选为中国科学院院士；1984 年，国家为他颁发“有突出贡献的国家级专家”证书；1989 年，他被授予“国家设计大师”称号；1994 年，被选为首批中国工程院院士之一，并荣任中国工程院副院长，成为我国少数几位“双院士”专家之一，并在 2001 年负责起草了《中国工程院科学道德建设委员会致全体院士的公开信》；1995 年，荣获何梁何利科技进步奖；1996 年，被国际岩石构成计算学会授予特殊国家级杰出贡献奖；1997 年，获香港理工大学杰出中国访问学者奖；同年，获中国老教授协会授予的老教授科教兴国贡献奖；2004 年、2012 年，分别荣获第五届、第九届中国光华工程科技奖等。

潘家铮还担任过国务院学位委员会委员，中国岩石力学与工程学会名誉理事长，中国大坝委员会主席，中国水利学会、中国水力发电工程学会和中国能源研究会副理事长，中国长江三峡工程开发总公司技术委员会主任等职。同时，他还是清华大学教授，并在其他一些院校兼职，培养博士研究生。截至 2007 年 7 月，根据全国图书馆参考咨询联盟显示，潘家铮曾是清华大学、河海大学双聘教授，一共培养了 11 名博士生、2 名硕士生。2009 年起，潘家铮水电科技基金每年用正常运作所得收益的一部分捐赠设立了潘家铮水电奖学金，面向水利水电专业，奖励热爱祖国水利水电事业、品学兼优、勇于创新的本科生和研究生，旨在弘扬潘家铮先生“忠诚敬业、求实创新”的精神。

我在 2017 年出版并由路甬祥院士题签书名的诗集《星星颂》中，用照片、简介和诗歌对潘家铮作了介绍，今选刊其诗如后：

书香门第多才子，土木学人爱诗词。
赠吾《春云秋梦录》，喜看硕果挂碧枝。
大中电站多设计，三峡大坝解难题。
论著比翼翔中外，双科院士更称奇。

文理双通成大师

在科学技术领域，潘家铮有多个国家级大师之类称号；在科普和文学领域，特别是科幻和诗词创作领域，潘家铮又何尝不是大师呢？

潘家铮从 11 岁起，从未停止过创作。浙大求学期间，他在“反内战、反饥饿”运动中，虽受到特务的监视，但仍持续以“中正诗人”的笔名撰写壁报，创作诗词，讽刺当局，伸张民主和正义。在建设水电站的工地上，无论头顶风雨烈日，浑身裹泥，还是夜阑人静，挑灯攻关，他总是千方百计挤时间写点诗词，以抒胸臆。

生活中的潘家铮平易近人，风趣幽默，对同事多有爱心，心地纯正善良。当他得知同事失足坠入悬崖或被汹涌波涛卷走后，除了作诗或写日记予以纪念外，还常去烈士墓地凭吊。如他冒雨肃立在刘华玉等三位烈士墓前，决心化悲痛为力量，并写了以下诗句以作凭吊：

抚坟痛泪落潸潸，雨洗花环湿未干。
浩气直吞雅砻水，忠魂永息锦屏山。
青春一掷谈何易，荒舍长留亦大难。
有我继来同志在，踏君血迹不回还。

潘家铮与缪斯诗神有缘，“文革”中也冒死不辍。他白天挨“造反派”批斗，晚上吟诗作词自我解忧。

“四人帮”被粉碎，潘家铮欣喜若狂，撰写一首《女皇惊梦》，对“四人帮”予以淋漓尽致的揭批。后来，他得到平反，工作劲头倍添，诗词更从笔端汩汩而出。特别是在开发了雅砻江上的二滩水电站，大渡河上的铜街子水电站，乌江上的乌江渡、东风水电站，澜沧江上的漫湾、大朝山水电站和红水河上的天生桥、岩滩与大化水电站后，他又向向家坝、溪洛渡、小湾、龙滩水电站等骨干工程进军，还在百色水利枢纽工地奔走。而规划中的虎跳峡、白鹤滩水电站及雅鲁藏布江的墨脱世界头号水电站，中央关于西部大开发的战略决策，都为全国联网、西电东送创造了最好的机遇，已过古稀之年的他激情难抑，仿作陆放翁示儿诗一首，在一次年会上朗诵：

死去原知万事空，但悲西电未输东。
金沙宝藏开工日，公祭毋忘告逝翁。

这首诗深含悲壮之情，但也反映了一个老水电专家对水电事业的热爱以及对发展水电事业的急切心情与殷殷期盼。

多年来，潘家铮每有喜怒哀乐，总要抒之于文，寓之于诗。他先后发表和完成了《新安江竹枝词》《读报志感》《蓼莪吟》《锦屏诗稿》等诗作，还在博览众说基础上，写成一部《积木山房诗话》。

20 世纪 90 年代初，潘家铮与友人探讨机器人仿真问题，担忧机器人威胁人类的生存。他将此作为新题材，写下科幻小说处女作《康柯小姐的悲剧》，表达自己积存心头的想法，受到广泛关注与好评。1993 年 8 月，他又出版了科幻小说集《一千年前的谋杀案》。1997 年，他撰写的科幻小说集《偷脑的贼》荣获 2001 年度全国优秀科普作品一等奖和国家图书奖提名奖，获 2005 年院士科普书系国家科学技术进步奖二等奖。2006 年，中国少年儿童出版社推出《潘家铮院士科幻作品集》，于 2007 年被授予中国新闻出版领域的最高奖——首届中国出版政府奖。

除学术著作、诗词著述和科幻著作外，潘家铮还出版过不少散文集，如《千秋功罪话水坝》《老生常谈集》等。2016 年 5 月，《潘家铮全集：第十七卷　序跋书信》出版；2016 年 7 月，《潘家铮全集：第十八卷　积木山房丛稿》出版；2017 年 5 月，潘家铮、凌晨著“中国科普大奖图书典藏书系”第 6 辑《宇宙的光荣》出版。这些都是潘家铮勤奋创作的成果。

潘家铮的科幻小说创作遵循以下原则：一是从现实生活中找创作题材，少写空想离谱内容；二是科幻作品有一定的理论根据；三是科幻小说有知识性，特别是纳入科技前沿内容；四是注重写人间真情、针砭时弊，使读者了解科技能造福人类，也能引起祸害的道理。围绕上述原则，他对科幻小说要本土化与贴近生活、科幻要有科学依据、科幻要有教育意义等方面作了深刻的探索，他的科幻作品因而既宣扬科学理性，又具有深厚的中国文化底蕴和强烈的喜剧色彩。

科普及科幻读物可以启迪人们的想象力、创造力。由于潘家铮在科技界享有盛誉，其科幻小说的问世，对中国寂寞的科幻文坛而言宛若一阵春雷，为纠正对科普及科幻作品的世俗偏见带来了深远的影响。同时，潘家铮以两院院士身份创作科普作品和科幻小说，打破了文理科的人为分界，将科学家严谨的逻辑思维和文学家的形象思维融为一体，对培养文理双优人才起到了榜样的作用。

家历艰辛终开颜

潘家铮出生于一个破落的书香门第。这个古风浓厚的家庭对他的一生产生了深远的影响。

潘家铮的曾祖父是清朝的一名饱学秀才，1861 年太平军攻陷绍兴府后，他即抛下刚出世不久的儿子，投入太平天国的怀抱。潘家铮的父亲潘之赓出生于清朝末年，毕业于东南大学教育系，长期担任浙江省教育厅科员之职，抗战胜利后任中学教师，一生饱尝生活艰辛。他把自己身受的教育照搬到儿子头上，且出奇地严厉。

潘家铮的母亲为人忠厚，终日操劳家务，孩子由祖母掖抱长大。潘之赓夫妇育有四个儿子、一个女儿。家铮排行第二，上有一个哥哥，下有两个弟弟和一个妹妹。大哥小名阿田，后精神失常；三弟家铭曾考入浙大化学系，1951 年响应抗美援朝号召应征空军，后因地主家庭成分未过政审关，就在空军后勤部门工作；四弟家镛 6 岁时染疫亡故；小妹家英 1942 年出生。

潘家铮的祖母虽识字不多，却通晓百艺、知识渊博。她能讲许多民间故事，说几百条谚语，唱几十首山歌。当小孙子啼哭时，她会用山歌哄唱；当小孙子稍懂事后，祖母搂着他猜谜："年少青青老变黄，十分敲打结成双。送君千里终须别，弃旧换新丢路旁。"小家铮不知道诗谜出自谁手，但觉得它们意味深长，久而久之，他小小的心灵里种下了爱诗的种子。因此，潘家铮少年时的理想是成为一位诗人，写一部"天国轶事"。特别是在抗战逃难期间，他在乡下外祖父的遗物中找到大量诗文集和旧小说之类的"闲书"，此后更多地把身心投入文学园。至 17 岁，凡是古城书市上能找到的新旧小说、传奇读本等，他无不寓目。成年后，他又补读了许多外国古典名著。在阅读中，他练就了一目十行的速读快记功夫，为后续学习与工作打下了速读文献的硬功夫。

1950 年他从浙大土木系毕业时，父亲早已仙逝，母亲、长兄、姨母患

1953年末，潘家铮完婚留影

上精神分裂症，弟弟因抗美援朝离家，潘家铮要照顾一个年幼的小妹，肩上生活的担子很重。在钱令希先生推介下，他加盟燃料工业部杭州钱塘江水力发电勘察处，在徐洽时主任领导下，与我国水电事业结了缘。

1951年，杭州姑娘许以民初中毕业后，适逢钱塘江水电勘测处更名为浙江水电工程处，并负责黄坛口水电工程建设，招兵买马，扩充编制，许以民幸运地成了该处的一名描图员。潘家铮与许以民经过三年的相识、相恋、相爱，于1953年12月结为夫妇。

潘家铮、许以民夫妇育有六个小孩，各有个性。长女潘敏是小管家，管教弟妹、安排家务井井有条。潘净是二女儿，是个天生的小老师，放学回家，现炒热卖，“家庭小课堂”办得红火。三女儿潘筠能歌善舞，美如小天使的小潘定总是跟在三姐姐屁股后玩耍取乐。1962年出生的女儿潘定排行第五，6岁时因白血病不治夭折，这对时处逆境的潘家铮夫妇而言犹如天塌地陷。两个儿子是潘家的骄傲。大儿子潘自力秉承潘家铮忠厚善良的秉性，温文尔雅，而小儿子潘自来综合父母的长处，有着父亲的幽默和母亲爽朗的个性。孩子们共同支起了潘家的快乐，成了潘家铮在逆境中生存下去的精神支柱，是潘家铮、许以民一生最宝贵的财富。

1965年初，潘家铮夫妇全家福（前排左起：潘自力、许以民、潘自来、潘定；后排左起：潘敏、潘家铮、潘筠、潘净）

1954年初，潘家铮调往北京工作。他在《春梦秋云录——浮生散记》中有一篇《欢喜冤家传》，记叙了家庭生活中小孩的故事，十分有趣，也很实在。兹摘录几个故事片段，以彰显潘家家庭成员生活的豹斑。

在《“犯错误”的内容和外因》中，潘家铮写道：“每当朋友问起我有几个孩子时，我总有些赧颜难答，因为我是个‘多产作家’。除了浩劫中殇逝的幼女外，我膝下有三位千金、两位公子……

孩子多的原因还在于我对小孩有一种说不出的偏爱。……我喜欢冷眼观察一个孩子怎么呱呱坠世、咿呀学语、蹒跚行走，乃至上托儿所、幼儿园，进小学、中学。这里的一颦一笑一举一动都充满诗情和哲理。至于我爱人呢，更是个孩子迷，似乎怀中不搂着一个或身边不偎着一个便匆匆有所失——现在只能用三只猫代替了。两个人有共同语言，就无怪乎多产。

孩子多当然是辛苦的。姑且不谈多一个孩子就相当于工资降两级，光是那坠世以来的喂奶喂粥、把屎把尿、呵嘘哄拍、送医就诊……就够你受的。我原不擅此道，也被硬练出一手搂着孩子摇晃、一手执笔构思的本领，甚至有时还要洗尿布……但不论怎么辛苦，苦中总带有些甜味。刺耳的啼哭声中仿佛夹奏着天伦交响乐……所以我把膝下这些小家伙称为‘欢喜小冤家’。”从中可看到潘家铮夫妇对小孩无私的大爱。

1970年5月，潘家铮夫妇全家福（小孩后排左起：潘自来、潘敏、潘筠、潘净、潘自力）

在《爱的教育和打的教育》一文中，潘家铮开宗明义地说：“我不是儿童心理学家，也未学过幼儿教育，我实行的是‘爱的教育’。”他除不打骂孩子外，困难时期配的细粮，还有凭票买的糖果和糕饼，都进了众小口。夫妇俩节衣缩食，买玩具却很慷慨，家里可开玩具铺子了。潘家铮的闲书多，又有做了多年“猢狲王”的经历，他讲外国的《白雪公主》《灰姑娘》《天方夜谭》、国内的《西游记》《封神榜》《聊斋》等故事颇有绝技，实在是个故事大王。他自幼饱受父亲的打骂教育，有些反感。他说：“可笑我父亲毕业于东南大学教育系，满箱满箧装满了教育原理和儿童心理学，但对我们却采取立竿见影的打骂教育法。也许是服膺于棒头出孝子的古训吧。我现在自己当爸爸了，便来一个反其道而行之。”

“他们的妈妈采用的是爱骂混合教育法，出现了严母慈父的颠倒格局，一张一弛，深合文武之道，这亦弥补了一些我的不足。”从这篇小文中可看出潘家铮对小孩的宠爱。孩子们也很自爱，长大后更懂得孝顺双亲。

在《织毛衣》一文中，潘家铮写道：“大小姐敏敏也许是世界上最懂事的孩子之一，似乎刚会走路就摆出一副小大人的模样。在家里，她的地位仅次于父母，列第三把手，指挥弟妹不在话下。也幸亏这样，在动乱期间，这个 10 岁的女孩居然也当起家来，管得秩序井然。”

敏敏两岁的一天，她掇了把小凳，坐在正在赶织毛衣的妈妈膝下，目不转睛地盯着看，还用手指比划着，忽然开口说：“妈妈，你再给我吃三年饭，我来织毛衣。”她妈先怔了一下，然后一把搂起敏敏深埋怀里，紧接着一长串热泪洒在敏敏的衣背上……

小文《汽车匠》写两位公子好奇心强，且喜欢自己动手。有一次潘家铮买了一个“碰鼻头转弯”的高档玩具小汽车，不下几天，就看到兄弟俩面对面坐着，一个执钢丝钳，一个握螺丝刀，小汽车已被大卸八块，剖心取肝……两人见潘家铮闯入，未免一惊，慌忙打招呼：“爸爸，我们在修汽车。”他笑笑，叹一声后就离去，然后留下一首诗：

买得新车喜气洋，归来双手十分忙。
忽疑半日无声息，玉殒香消车折光。

从上述摘录四篇小文章的碎片可以看到，潘家铮小孩多达 5 个，各种杂事定会占去他不少宝贵时间，但也为全家增添了许多快乐！

1991 年 1 月 13 日，在阿尔卑斯山麓潘家铮巧遇定居海外的女儿潘净合影

2013 年 6 月 24 日，为纪念两院院士潘家铮逝世一周年，“学习和弘扬潘家铮院士科技创新座谈会”在北京会议中心举行，71 名与会代表满怀深情，共同缅怀潘家铮院士，纪念他为水电事业奋斗的光辉一生，弘扬他勤奋钻研、勇于科技创新的精神。座谈会同期举办《永远的潘家铮》一书首发式，中国工程院主席团名誉主席宋健、徐匡迪为该书揭幕。

（2023 年 4 月 28 日改定）

数学巾帼竞风流

——记数学家、微分几何学家胡和生院士

胡和生（1928 年 6 月—2024 年 2 月），女，出生于上海，祖籍江苏南京。数学家、微分几何学家，复旦大学教授。1945—1948 年在上海交通大学数学系学习，1950 年初毕业于大夏大学（今华东师范大学）数理系，1952 年于浙江大学数学系研究生毕业。1991 年当选为中国科学院学部委员（院士），2002 年当选为发展中国家科学院院士。胡和生长期从事微分几何研究，在射影微分几何、黎曼空间完全运动群、规范场等研究方面均有建树。

浙江大学已走过百廿余年的风雨历程，培养出了60余万求是学子，跃上科学苍穹的星座，并闪耀着各自的光芒。中国科学院院士和中国工程院院士（下称“两院院士”）可说是天庭中璀璨的亮星。至2021年，曾在浙江大学这块热土上深造或工作过的两院院士有237人，其中谷超豪、胡和生是浙大两对夫妇院士之一。这在我国科学技术界也是较少见的。胡和生是中国数学界第一位也是唯一一位女院士，她脱颖而出的背后有一串生动的故事。

1991年，胡和生当选为中国科学院数学物理学部院士。喜讯传来，复旦大学校园洋溢着欢乐，她的丈夫谷超豪院士也兴奋不已，并挥笔写下了一首诗《贺和生》：

苦读寒窗夜，挑灯黎明前。
几何得真传，物理试新篇。
红妆不须理，秀色天然妍。
学苑有令名，共庆艳阳天。

这首诗不仅表露了丈夫对妻子的由衷赞美，也刻画了胡和生苦读和攻关的情形。

胡和生读过谷超豪写的许多诗，但这首诗最令她动容，因为这首诗概括了胡和生奋斗的历程和为人处世的态度，每一句都意境高远，内涵深刻。让我们择几句作为本文的标题。

“共庆艳阳天”

人生苦短，难得知己。谷超豪、胡和生又何尝不是如此呢？他们携手遨游微分几何的天空，共庆属于自己的艳阳天。要解其缘由，还得把时钟拨向几十年前。

与同龄人相比，胡和生个头较瘦小，圆圆的脸蛋，高高的额头，一双慧眼灵气四射。她还有一副甜润亮丽的嗓子，校园里常飘荡着她甜美的歌声。在老师的眼里，她聪明，善于思考，是一个各方面都很有发展前途的活泼可爱的小姑娘。在小学和中学读书时，她不仅样样功课名列前茅，作文、绘画和书法成绩也很出众，都在全校比赛中取得过第一名。

七七事变后，全国人民掀起抗日救亡的热潮，胡和生的心灵受到极大的震撼。那时，胡和生正在读小学五年级，已开始懂事。日寇铁蹄蹂躏下的上海滩满目疮痍，百姓受辱，面对此境，她心里十分气愤。随着年龄的增长，知识的扩充，她心中的不平逐步升华为忧国忧民的意识。后来，她又接受了科学救国的思想，逐步加深了对科学知识，特别是数学的兴趣。

抗日战争胜利后，祖国百废待兴，国民党政府却挑起了内战，全国大中学生掀起了反内战、反饥饿的爱国民主运动。在这声势浩大的运动中，豆蔻年华的胡和生参与其中，受到了教育和锻炼。

新中国曙光初露时，在一片庆祝解放的欢呼声中，胡和生大学毕业了。那时，国家急需建设人才，上海同济大学向胡和生招手，发来了助教的聘书。这是一个他人梦寐以求的好岗位，可是胡和生却有自己的考虑。她眼光放得长远，决定进一步深造，考取数学研究生。

1950 年初秋，胡和生双喜临门，先后收到了北京大学和浙江大学两份研究生入学通知书。面对两份名校入学通知书，胡和生必须作出抉择。

北大、浙大两所名校都是胡和生仰慕的，可父母担心她从小体弱多病，肺部虽然还未全部钙化，但已纤维化，北方天气冷，可能对身体不利，主张她去浙大。她自己在读大学时就曾听闻浙江大学竺可桢校长倡导的求是精神，学校风气很好，还有许多著名教授，也曾听老师说苏步青教授在几何学研究方面深有成就，而胡和生一向对几何兴趣浓厚。鉴于这些情况，胡和生下定决心，愉快地来到西子湖畔的浙江大学数学研究所求学。

是机遇，也是缘分。胡和生来到浙江大学求是园不久，见到了当时的数学系助教谷超豪。他后来成为胡和生攀登微分几何这座数学高峰的伙伴。他们几十年互勉互励，相濡以沫，共建美满生活，实现了“共庆艳阳天”的美好心愿。

“苦读寒窗夜”

书籍是人类共同创造的宝贵财富，是永不干涸的智慧源泉，是攀登科技高峰的天梯。古往今来的有识之士都勤奋读书，从中获取知识，充实与提高自己。

胡和生深谙学习的目的与意义，她说：“我上大学的时候，抗战刚胜利，当时女子在社会上很难立足，我痛苦地思考着，悟出了一点道理。我想，国家若不富强就受人欺侮，女子若不求发展就不会有地位。怎么发展？我认为就是要自重，要有真才实学，不做花瓶；就是要自主，要有自己的事业与专长，不做寄生虫！”又说：“我所选择的专业是数学，这往往被认为不是女同志所适合的专业。确定搞数学很难，很艰苦……但我下决心，一定要沿着这条崎岖的道路走下去。”有了这种认识和决心，一切困难都可以克服。

胡和生来到浙江大学求是园以后，马上被数学系浓浓的学术气氛所感染。师生们除了勤奋地教书读书外，还忙着做科学研究。这种气氛是她以前从未感受与经历过的。

当年师从苏步青教授做研究生的，除了胡和生之外，还有来自广西的一对孪生姐妹。苏步青是一位要求严厉的老师，一般人难以承受他的教学压力，许多学生都很怕他。胡和生报到以后，苏步青马上为她们开设讨论班，要她们读书，每周作一次读书报告。她们读的第一本书是意大利数学家列维－齐维塔的名著《绝对微分学》(*Absolute Differential Calculus*)，胡和生第一个作报告。由于胡和生数学和英文好，又有读外文书的经验，再加上她有那种“悬梁刺股”的读书精神，对书中的内容有了充分准备，因此，在讨论班中，她叙述严密清晰，能一一正确回答苏教授的提问，使苏教授这张难有“晴天”的脸露出了灿烂的笑容。苏教授称赞她讲得很好，并对这位上海来的小姐刮目相看。胡和生为自己顺利通过首次报告这一难关而高兴，并对以后的读书和读论文树立了信心。后来，在讨论班上，苏教授常常会对学生报告进行提问，答得不好就会批评、训斥（被称为“挂黑板”），甚至当场要求停止报告，责令下次重新报告。苏教授不仅要求把读书的内容精确无误地表述出来，还要学生抓住中心，把作者的思路也叙述出来。因此，只有精心准备，反复思考，简明表述，正确回答，才能过关。通过训练，胡和生学会了怎样读数学专著，并掌握其内容表述的方法。

在第一步教会学生读书后，苏步青第二步就是教会学生读论文。苏步青给胡和生指定了多篇论文，要她读懂后再报告。这样，每周就各有一次读书和读论文报告讨论班。论文报告讨论班只有苏步青和胡和生她们3个学生参加。胡和生说，她读的第一批论文，大部分是当年国际数学杂志上发表的最新研究成果，有英文的、俄文的和德文的；有的长达百页，当时没有复印机，单单抄下来就得花许多时间。在这种重压下，胡和生没有叫苦，硬是凭着一股"苦读"劲，仔细推导，一步一个脚印地钻研，直至弄懂论文的内容及难点，力求抓住重点。胡和生终日演算和思考，还常常"开夜车"至深夜。有一次，胡和生准备报告，读论文至深夜，瘦弱的身体实在支撑不住了，伏案睡到上午8时。在教室里，苏步青见胡和生未按时到来，就匆匆忙忙地到宿舍来找她。"咚咚"的敲门声把胡和生惊醒，她见苏步青严肃的神情，十分紧张。但苏步青见到满书桌的论文、辞典和讲稿，他的怒气就消失了。胡和生马上随他到课堂作报告，顺利过了关。经过这样严格的读论文训练，胡和生不仅提高了读论文的能力，知道了研究前沿的课题，同时还增加了对微分几何的浓厚兴趣。

读书、读论文及其他功课的学习量很大，没有坚强的意志与毅力是难以胜任的。广西的那对孪生姐妹，因受不了学习的重压，只读了一学期就休学了。而胡和生却凭坚强意志和聪明才智承受了种种训练。她在自己的书桌旁贴了一张字条："专心致志，刻苦钻研，持之以恒，不受干扰。"这16个字，也一直贴在胡和生的心灵深处，从而使她在苏步青严格要求下顺利通过一个又一个读书关和论文关，品尝着读书、读论文的苦和乐。胡和生深有体会地说："老师严厉有好处，我就是在读研究生时养成了勤于思考、反复体会的习惯，不懂不装懂，读书不读深、不读透决不罢休。"

苏步青对学生的学业要求特别严，但对其生活却很关心。胡和生到浙大两个月时，得了一次疟疾，发烧超过40℃。苏步青特地亲自到宿舍看望她，并嘱咐她好好休息、养病，不要急于看书，令她终生难忘。还有，在第一学期快结束时，苏步青找胡和生谈话，说做研究生每月12元津贴太少了，很清苦。下学期拟聘她为助教，这样可改善一下生活。胡和生心领老师的爱心，婉谢了做助教的美意，决定专心做研究生。1951年夏，苏步青与中国科学院联系，把胡和生吸收为中国科学院研究实习员。从此，她多了一重身份，也多了一份收入，既对业务学习提高有利，又改善了自己的生活。胡和生只有加倍苦学来报答老师的恩泽。

1952年高校院系调整，浙江大学的陈建功、苏步青和浙大数学系一批老师奉令调到上海复旦大学，浙大数学系的一批图书杂志移到复旦，胡和生、谷超豪也先后来到复旦校园，浙江大学的优良求是校风在复旦大学开花结果。

在复旦大学，胡和生成了讨论班的骨干，讨论班的内容也因人员增加而更活跃、更丰富多彩。苏步青在浙大创建的微分几何学派又呈现出勃勃生机，也给胡和生等青年教师营造了更好的学习氛围。在复旦大学党委的关怀下，陈、苏两位老师所倡导的讨论班被称为小型科学讨论会，全校推广，并在报纸上作了宣传，在全国高校产生了较大的影响。

多少年来，胡和生师从名师苏步青学习高级几何课程，在浙大听过苏步青的一般空间微分几何和E.嘉当的黎曼几何两门课程。到复旦后，苏步青又挑选了苏联几何学家诺尔琴的教材《仿射联络空间》要她学习。同时，他又启发胡和生用他所创立的外微分形式理论去解决微分几何问题，后来还说将外微分形式课程真正学到手的只有谷超豪、胡和生两人。这是胡和生多年寒窗苦读的又一见证。

1957年初，谷超豪赴苏联学习前夕，胡和生与谷超豪结为秦晋之好。从此，作为数学同好的两人更是刻苦学习，互相勉励，携手共进。但1958年上半年，一股极左思潮侵入了校园，基础理论被否定，在“教育革命”的旗号下，出现了一股批判之风，陈建功教授首当其冲。胡和生当时不知道这股风的“利害”，在会上为陈先生辩解了几句，这可不得了，批判之火就烧到了她的头上，她因此成为批判对象。胡和生从事微分几何的研究和教学，所谓“理论脱离实际”“英才教育”等帽子一顶顶地往她头上戴，吓得系里的

1957年夏，父亲胡伯翔为胡和生、谷超豪拍的“结婚照”

教师们都不敢和她讲话。然而独处上海的胡和生却坚强地对待一切，她相信从事基础理论教学和科研是正确的，微分几何是有用的。实际层面的知识不够，她相信自己一定可以努力学会，于是决心学习连续介质力学和理论物理学，在联系实际方面，争取努力走到前列。到了暑期，胡和生去莫斯科探亲，住了一个多月。其间，胡和生无暇领略异国风情，却一头扎进了书堆，如饥似渴地啃读了厚厚几大本有关广义相对论、弹性力学的英、俄文学术专著，后来又学习了量子力学、核物理、群论与核谱、数学中的变分法和群表示论。批判的重压并没有使她的自信和勇气受挫，她通过努力，使自己的知识得到了很大扩充，为今后的研究又增添了另一方面的坚实基础。这件事充分表现了胡和生坚强的个性。她不因外界的压力而改变自己的正确努力方向，不因受批判而消极灰心，而是采取更为积极的态度来迎接挑战。她认为正确的事，总是坚持去做，而且要做好！这种性格，是她取得成功的重要因素。人生的路不知有多少关，而读书人的第一道关就是读书关。什么叫作关？其实就是困难或挫折。多少年来，胡和生把关当作机遇来对待。困难来了，就是机遇来了；认真对待，在机遇中战胜困难。书读多了，自然容易闯过难关，最后走上成功的大道！

对读书人来说，读书是一辈子的事。我们只有像胡和生那样，一辈子苦读书，才会不断地提高，才会不断地收获。

“几何得真传”

如果说读书是为写出创造性的论文打下坚实的基础，那么，写创造性的论文则是检验读书成效的试金石。

爱因斯坦说过，提出一个问题就是解决问题的一半。胡和生说，苏步青老师经常启发与督促他们从事科学研究，但并不提出具体问题，这样做的好处是能训练他们自己提出问题的能力，并找到适合自己兴趣和水平的问题进行研究。胡和生的第一篇学术论文，就是在苏步青讲授诺尔琴的仿射联络空间后，由自己提出是否可以引进多个共轭的仿射联络，进而提出多重共轭的仿射联络概念，并给出了几个有关的定理。这篇名为《流形上多重共轭仿射联络》的论文交给苏步青后，他进行了一些文字修改，就推荐到《数学学报》上发表。后来，诺尔琴在苏联评论性学术刊物上为这篇论文写了较详细的评价，对之加以肯定。陈建功先生高兴地说，有了第一篇论文，就会有第二篇、第三篇，这大大地鼓舞了胡和生科研的信心。胡和生也没有辜负老师们的适时鼓励，继续努力，很快又完成了两篇关于仿射联络空间的论文。

科学研究是一项站在前人肩膀上攀登的事业，只有把目光盯在科学的前沿，敢于站在前人的肩膀上，目光才能看得高远。胡和生在阅读了苏联通讯院士雅宁柯的两篇新发表的长论文《高维欧氏空间超曲面的变形理论》《子流形的变形理论》后，进一步提高了自己运用外微分形式方法的技巧，并在此基础上完成了几篇有关黎曼空间超曲面变形的论文。这些文章面世后，得到了身在美国的著名数学大家陈省身教授的关注，他还在美国《数学评论》上介绍了胡和生的研究工作。

有了上述成果及常曲率空间特征等相关研究成果，胡和生于 1956 年被评为中国科学院数学研究所的先进工作者。这是该所在新中国成立后第一次评奖，华罗庚所长特地写信祝贺。

读书，研究，是胡和生生活的两只翅翎。20 世纪 60 年代初，胡和生取得了一系列的科研成果后，继续坚持求是精神，加劲鼓动双翼，飞向数学更高的天空。她阅读了李群表示论、广义相对论等方面的多部论著，企盼获得高超的成果。胡和生以数学家特有的敏感,抓住当时微分几何的一个热点——黎曼空间运动群的空隙性问题，在查阅大量文献的基础上，利用已掌握的齐性空间理论，以李群及其表示论为工具，给出了正交群的最大不可约子群维数的最佳公式，建立了确定空隙的一般方法，由此可得出黎曼空间运动群的所有空隙。苏步青得知后十分高兴，表扬了胡和生的进取精神及其出色的工作，祝贺她解决了国内外数学家持续研究 60 多年未解决的重要问题。

1991 年，三代人四院士合影（左起：胡和生、李大潜、苏步青、谷超豪）

1996 年，胡和生为我主编的《求是英才传》寄来了遒劲的 16 个大字：“发扬百年优秀传统，迈步世纪发展前沿。”近 50 年来，胡和生是这样想的，也是这样做的。在母校求是精神指引下，她长期从事微分几何的研究。20 世纪 50 年代初，在仿射联络空间、超曲面的变形理论和常曲率空间的特征等研究方面发展和改进了著名数学家的工作成果。20 世纪 60 年代初，致力于黎曼空间运动群、共形变换群及李 - 嘉当变换拟群的研究，取得了一系列重要的成果。20 世纪 70 年代中期，将微分几何运用于规范场的研究，与杨振宁合作做出的关于规范场强决定规范场的结果已被选入《杨振宁选集》；在具质量规范场的解的研究中取得了十分有意义的关于静态解的成果，发现了当质量 m → 0 时的不连

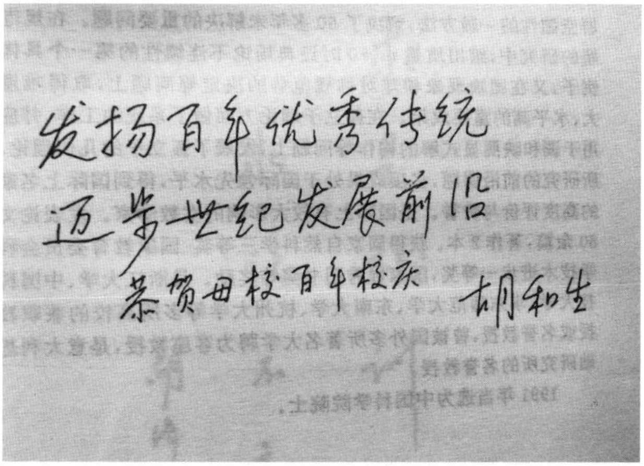

胡和生题词

续性。国际著名学者称，此结果得到了经典场论中不连续性的第一个显式事例。1987 年，首先提出并研究得出了黑洞外杨 - 米尔斯方程解的刘维尔定理，这在弯曲时空规范场研究方面是一个很有意义的成果。在规范场团块现象和球对称规范势的决定等研究中，她也取得了出色的成果。从 20 世纪 80 年代初期开始，她一直致力于孤立子的几何理论研究，发展和运用了可积系统中的达布变换方法；在曲面论、线汇论、调和映照等方面，也都有深入的研究结果。她发表研究论文 80 余篇，并荣获多种科技成果奖励。

这些对外行人来讲枯燥乏味的概念和定理，就是胡和生在世界数学巅峰摘下的璀璨的明珠！

鉴于胡和生的业绩和贡献，1991 年，苏步青郑重推荐胡和生为中国科学院院士的候选人，并对她作出评价：“胡和生热爱祖国，忠诚于教育事业，学术造诣深，学风严谨，工作踏实，为人正直、诚恳。我毕生效力的微分几何研究方向长期以来依靠她来主持……她是我的接班人。”同年，胡和生当选为中国科学院院士的消息传来，苏步青兴奋不已，自豪地说：“1952 年，我给胡和生一本新出版的俄文数学书，很难哩，硬要她看下去、看下去！就是在这个基础上，搞了七八年，终于到 1960 年时，解决了微分几何中的一个 60 年没有解决的重大问题。这就是她这次当选为学部委员的重要原因之一。”又说：“胡和生又把我 1936 年发表的、在世界上已经定名为‘苏（步青）链’的研究大大地发展了，并且实现了达布变换。这次她当选为学部委员（院士），我说是名副其实的，我们数学组都赞成她。陈景润同志在书面发言中也极力主张把她选进来……”苏步青的这一番话，正是对胡和生几十

1991 年，谷超豪（左）、胡和生夫妇祝贺导师苏步青九十寿辰

年来“把困难视为机遇”，勇于攀登数学高峰的赞誉。“几何得真传”正是这一切的概括！

“学苑有令名”

多少年来，胡和生的足迹不但重叠在复旦的校园，也布满天南海北。她肩负教学和科研两副重担，在风风雨雨中奋力攀登。

胡和生不但在研究上有丰硕的成果，还十分勤恳地从事教学。从20世纪50年代初起，她就是苏步青教授在教学中的得力助手。苏步青教授长期担任学校行政工作（历任教务长、副校长、校长），社会活动又非常多，他把相当大一部分培养高年级学生和研究生的工作交付给她。他对胡和生说：“你大胆地做，我相信你，对你放心。”1965年，他又主动提出要胡和生单独招研究生。胡和生承担的教学任务非常繁重。有一学年，她指导了30多名五年制大学生的毕业论文，为他们精心选题，给予具体指导，使这些论文有创造性内容，有一部分甚至达到可以发表的水平。她教基础课，也教专业课，还教研究生课程。她总是非常认真地备课，即使所讲内容已非常熟悉，她也毫不马虎。在课堂上，她把概念讲得非常清楚、深入，把数学内容和思路讲得很明白，帮助学生领会数学思维，为他们进一步研究问题指明方向，使他们受到很多启发。她对学生的身体健康、思想和生活也关怀备至，深受学生的尊敬和爱戴。

1987年，谷超豪、胡和生夫妇（中）在复旦校园数学楼前与学生交流

她无悔。桃李满天下，英才遍星空，她培育的硕士、博士、博士后有数十人。70岁后，胡和生坚持组织讨论班，并指导学生毕业论文。她对研究生既严格要求又十分爱护，除了业务上的悉心指导外，还为他们的就业或出国深造提供帮助。截至2018年6月，胡和生单独或与他人联合指导培养的博士有

20 名，其中有 3 人的论文获全国优秀博士学位论文，此外还培养了 30 余名硕士，30 多人升任正教授、博士生导师。

她无私。她亲手将自己培养的优秀学生送到国外深造，把最有出息的两名学生推荐给华裔数学家丘成桐做研究生。学生出国前，她还像慈母一样叮嘱学生："现在你们有了非常好的条件，有丘先生的指导，这是很难得的，希望你们取得很大的成绩，将来回国可以好好地为祖国服务。其实，献身科学和献身祖国的精神是一致的。我为什么不去国外工作呢？就是因为祖国的科学事业需要我。"她特别关照女学生说："女孩子要做出好成绩，首先要克服'娇''骄'二气。我年轻时很注意这一点。别人以为我是个'娇小姐'，可我偏偏比别人更能吃苦，取得好成绩我也没有沾沾自喜，决不傲得看不起人。"这些发自胡和生心灵深处的金子般的临别赠言，将永远在学子心中闪光！胡和生声名远播，邀请她去国外访问、讲学的函电不断。可她为不影响学生的学业，总是尽可能地把外出日程安排在寒暑假和节假日前后。每次出国，她总是婉谢盛情挽留，做到如期归来。

她无憾。多少年来，胡和生的心中只有祖国。记得 1979 年在美国，一位教授问胡和生："你在国内工作条件那么艰苦，待遇又差，弄不好还要受批判，你为什么还那样卖力？"胡和生只是淡淡地一笑，然后说："不是因为别的，就是因为我的祖国还不富强，祖国需要我。"就这样，她婉拒了外国科研机构的聘请，毅然回国工作。她一直热恋着祖国的土地，像年轻人一样，持续在教学和科研第一线奋发工作。

胡和生活跃在国内外讲坛，先后访问了德、法、美、英、瑞（士）、意、日等国，还在 20 多个著名学府和研究机构讲学与研究。1988 年，以苏步青为团长，王元、胡和生为团员的中国数学会代表团访问日本，胡和生应邀在日本数学会上作特别报告。2000 年，巴黎法国科学院邀请她参加院士大会，法国第一位女院士肖盖在会上介绍了她的数学成就。2002 年，世界数学家大会在北京召开，胡和生被邀请在大会上作诺特讲座报告。诺特是世界数学史上最伟大的女数学家之一。为纪念她，世界数学家大会从 1994 年开始设置这个讲座，每四年一次，选择一位女数学家作学术报告。胡和生受邀作诺

2003 年，谷超豪夫妇与法国科学院院士肖盖一同访问浙大数学中心后合影（左起：刘克峰、胡和生、肖盖、谷超豪、许宏伟）

特讲座报告，这是很大的光荣，反映出胡和生在国际数学界受到重视。胡和生曾是中国数学学会副理事长、上海数学学会理事长以及国内许多著名大学的兼职教授或名誉教授。一个年已古稀的女子，仍蕴藏着如此巨大的智慧和能量，跃上我国数学王国的宝座，这不就是一堂对妇女“自信、自强、自立”的教育课吗？至今，她的学识与精神仍散发着巨大的能量与光芒。

胡和生的业绩表明：男子能办的事，妇女也能办到，并能办好！

数苑共游三十年，风雨同舟情更添。
不期老来更忙碌，问君何时可偷闲。

谷超豪在 1987 年写了这首《致和生》的七言绝句，不正是他们生活的写照，不正是“数学巾帼竞风流”的诠释吗？

“红妆不须理”

1928 年 6 月 8 日，胡和生出生在上海的书香门第。她的祖父胡郯卿与国画大师吴昌硕、王一亭、程瑶生齐名，被人们誉为“沪上四大名家”，在南京也有很高的声誉。由于受到先贤的耳濡目染，胡和生的父亲胡伯翔的摄影、绘画造诣很深，是一个著名的艺术家。胡伯翔夫妇育有 7 个子女，其中女孩有 5 个。在 5 个女孩中，胡和生排行第三。小和生天赋高，从小爱学习。

每当祖父或父亲绘画或书法时，她总是在一旁观看，久而久之，小和生不知不觉中学到了一些绘画和书法的技法。

1988 年胡和生、谷超豪夫妇与儿子谷晓明（左）合影于复旦大学

1957 年，胡和生、谷超豪经过 7 年的“爱情长跑”，在浙大埋下的爱情种子在复旦开花结果，他们喜结连理，成了人人称羡的数苑“神仙侠侣”。这个家，不像你想象中有富丽堂皇的豪宅大院，有高档、齐全的家用电器，还天天有美味佳肴……但这个家，充满了夫妻恩爱，并把爱完全融进了他们的事业之中。他们相濡以沫，互相沟通，互相勉励，互相支持，任凭风吹浪打，依然扬帆畅游……他们双双登上数学高峰，过着美满和谐的生活，用无数事实证明了“友谊需要忠诚去播种，需要热情去灌溉”这样一个真理。有了温馨的家，就有爱情的果实。1962 年，谷超豪、胡和生夫妇有了儿子谷晓明，增添了家里的生气。

英国哲学家罗素曾说过一句话：“美满的生活就是一种由爱所激励，并由知识所引导的生活。”胡和生和谷超豪共筑爱巢、共建美满之家的生活，就是这样的一种生活，真令世人羡慕。

多少年来，他们夫妇一心倾注在科研、教学工作上，把解决数学难题和培养人才当成自己最大的乐趣。他们住得很普通，常吃些速食食品和简单烹饪的菜肴，并对此感到很满足。在家庭中，胡和生百忙中仍尽妻子之职。她总是千方百计地把丈夫的生活安排得好些，谷超豪深知妻子所挑家务担子的沉重，宁可生活简单一些，让她把更多时间用在事业上。

谷超豪与胡和生不仅年龄相近，因各自家庭教育熏陶，性格也非常好。胡和生活泼开朗，是一个十分爱笑的女子；谷超豪纯真、善良，是个温柔的翩翩君子。两人学识、见解水平相近，经常就艺术和诗词进行讨论，也会对专业问题发表不同的见解，可谓是话题不断，相处融洽。胡和生酷爱摄影、绘画、文艺和养花种草，只是为了事业，这些兴趣才大大收敛与深藏罢了。为了事业，她“红妆不须理”，一心扑在教学、科研上。

谷超豪与胡和生夫妇在生活中互相依靠，性格上相处愉悦，而在研究中，因为两人专业相同，所以也是互相扶持和合作。虽然两人的研究领域稍有不同，但是这丝毫不影响两人的合作。他们家里有两张写字台，就是为了分开研究使用，但是两人一旦联手，可谓珠联璧合，成果斐然。

20 世纪 90 年代，谷超豪夫妇看望师长白正国夫妇（中）合影于杭州

对于两人的相处模式，谷超豪院士说，两人可以相互理解，也可以相互检验和提问，这是两人相处时最大的乐趣。这就是三观一致的爱情，也是和谐温馨的爱情。两人曾说，他们最大的愿望就是可以在一起久一点。谷超豪去世后，胡和生努力将自己的生活过得好一点，或许这便是因为热爱，所以不希望担心吧！两位院士著名的爱情故事也受到了外界的广泛宣传，大家一致认为他们是科学界最伉俪情深的夫妻。他们诚以待人，敬重师长。20 世纪 90 年代，谷超豪夫妇回到母校，又挤时间去杭州大学看望同乡兼师长白正国教授，乡情和师长情溢于言表。

两位院士的故事也告诉我们，女人不是丈夫事业上的阻碍。他们两人既可以是竞争者，也可以是合作者，两个人心在一处，自然可以取得更大的成就。我在 2017 年出版的《星星颂》诗集中，用照片、简介和诗歌对胡和生院士作了介绍，今选刊诗如后：

微分几何难天大，无力吓倒女学家。
自知数园多崎岖，专注荆棘不顾花。
几何园里种几何？种豆种瓜得豆瓜。
创新成果誉天下，桃李满园映晚霞。

谷超豪和胡和生，生活上是一对神仙眷侣，恩爱有加。两人不管什么时候，不管走到哪儿，都是手牵手。

为纪念谷超豪、胡和生夫妇对数学事业的贡献，复旦大学设立了谷超豪、胡和生铜像。2012年12月17日，谷超豪骨灰安葬仪式在上海滨海古园举行，这对伉俪铜像竖立在谷老墓地中间。铜像揭幕，只见谷超豪端坐在座椅上眺望远方，胡和生相依在身旁，这对享誉世界的“数学伉俪”此时此刻似乎依然在数学世界中携手并肩探索。谷超豪的儿子谷晓明说：“看着父母的铜像，让我想起了他们共同工作，攀登科技高峰时的情形。父母亲常常共享工作的快乐，这种快乐是别人所难有的。”是啊！“数学伉俪”情深意浓，事业上相互扶持，同舟共济。他们都研究数学，学术志趣相同，才有这“创新成果誉天下，桃李满园映晚霞”的情景昭示天下。

谷超豪、胡和生铜像

（2023年4月22日改定）

求是典范，忘我奉献

——记机械工程和结构动力学专家童忠钫教授

童忠钫（1931 年 10 月—1993 年 10 月），浙江慈溪人。机械工程和振动工程学专家。1952 年，从浙江大学机械工程学系提前毕业并留校任教。1955 年从哈尔滨工业大学研究生毕业后，一直在浙江大学机械工程学系从事教学、科研和研究生培养工作。1983 年晋升为教授，1986 年经国务院学位委员会批准为博士生导师，1984 年至 1992 年任机械工程学系系主任。1987 年，荣获“浙江省优秀中青年科技工作者”称号；1990 年，被国家科委和国家教委授予“全国高校先进科技工作者”称号；1992 年，获“浙江大学竺可桢优秀教师奖”。

“荏苒冬春谢，寒暑忽流易。”

2013 年 6 月 14 日下午，机械学院召开童忠钫先生逝世 20 周年纪念座谈会会场

经童先生首位博士生、浙大党委原常务副书记、现代制造工程研究所（今制造技术及装备自动化研究所）所长陈子辰博士提议，2013 年 6 月 14 日，在现代制造工程研究所副所长、童先生的学生唐任仲博士主持下，童先生的夫人蒋承蔚老师，童先生的学生、研究生院副院长王家平博士，童先生生前的同事、好友、学生及笔者夫妇等 20 余人，在童先生生前工作了近 40 年的第一教学大楼，召开童忠钫先生逝世 20 周年纪念座谈会，深情

2013 年 6 月 14 日下午，童忠钫先生逝世 20 周年纪念座谈会后全体与会者留影（前排左起：傅建中、李栽瑶、吴昭同、陈子辰、蒋承蔚、程耀东、陈家平、严拱标、陆乃炎；后排左起：贾叔仕、裘重行、齐津、杨达寿、俞可龙、孙月明、张尚才、杨克己）

地回忆了童先生忘我教学、带队搞科研的日日夜夜。一幕幕情景如同发生在昨天，历历在目。大家缅怀的话语，可用著名诗人臧克家为纪念鲁迅先生逝世 13 周年而作的名诗《有的人》前 4 句予以概括：

有的人活着，
他已经死了；
有的人死了，
他还活着。

童忠钫先生就是后一种人。他永远活在我们心中！

2013 年 10 月 15 日是童先生逝世 20 周年纪念日，机械学院又一次组织举办童忠钫纪念座谈会，童先生的生前亲友、学生及曾经的同事共近 40 人前来参加。大家一起回忆童先生忘我工作、诲人不倦的优秀品质……会后，大家前往童先生墓地扫墓，以表达对童先生的怀念。

2013 年 10 月 15 日，童先生逝世 20 周年纪念日，蒋承蔚与童晓敏在童忠钫墓前

2013 年 10 月 15 日，童先生逝世 20 周年纪念日，笔者（左）与陈子辰在童忠钫墓前

童忠钫用 62 个春秋浓缩的人生，谱写出一曲曲感人肺腑的乐曲，至今仍在我们心头回响——

学海茫茫钟求是

1931 年 10 月，浙江慈溪童家镇一户医学世家喜添一丁，取名忠钫。

在那国破家亡的年代，童忠钫家祖传的医业中落，身为职员的父亲一度失业，家庭经济十分困难。童忠钫随父亲到上海，进入晋元中学学习，以优异的成绩获得了丰厚的奖学金。同时，他参加勤工俭学，为学校图书馆管理图书，赚取微薄的酬劳，以添置学习用品，这也培养了他爱惜图书、热爱劳动的美德和读新书、涉猎新知的兴趣。

1936 年 5 月，美国哈佛大学气象学博士竺可桢开启了国立浙江大学“山川奇气钟此，八方凤鸟来仪”的新时代，自此，学校声名远播。竺可桢治校有方，原本就已藏龙卧虎的浙江大学，在抗日战争烽烟、西迁流离中仍不断发展壮大，吸引着四面八方的求学青年，其中就有童忠钫。

1949 年夏，童忠钫以优异的成绩考取了浙江大学、上海交通大学和大连工学院。他仰慕浙大的求是校风和民主风气，景仰竺可桢、程孝刚等著名学者，于是毫不犹豫地选择了浙江大学。入学后，童忠钫在享有“民主堡垒”美誉的浙江大学受到学生爱国民主运动的影响，也积极参加勤工俭学，后又参加抗美援朝等各项活动。

在浙大学习期间，童忠钫发扬学校传统的“诚”“勤”校风——诚于处世待人，勤于学习劳动，受到老师与同学的赞扬。

“求是”是竺可桢到浙大后制定并身体力行的校训。竺可桢在多篇文章中对“求是”校训作了解释。他说，“求是”就是实事求是，就是探求真理；“求是”精神就是牺牲精神、革命精神、开拓创新精神。在此后的学习与工作实践中，童忠钫不仅牢记竺校长的教诲，而且也身体力行地践行求是精神。这些在童忠钫身上都有淋漓尽致的体现，值得后学学习与崇敬！

1952 年，童忠钫以优异成绩提前毕业，随即与何寿高、姚鸿年等 5 人一起保送至名校哈尔滨工业大学攻读研究生。

读研期间，他珍惜光阴，向苏联专家学习机床、刀具及切削等方面知识，特别是学习了俄语，与英语一样达到听、读、写精通的高水平。后来，他又结合教学与科研，自学了德语和日语，也达到熟练笔译的程度，为以后教学、科研和系、所领导工作打下了坚实的基石。

教坛菁菁桃李春

“王庆明……还——没有——答辩……”这是童忠钫在弥留之际，用生命全力发出的一句令天地同泣的话！

华东理工大学机械制造及其自动化研究室主任王庆明，无论是看到盖有童忠钫名章的先师在德国的留影，还是目睹自家柜窗里珍藏的先师曾用的剃须刀，先师的高大形象就会浮现在眼前，久久难以消逝！无论是悲听先师女儿悼词中“爸爸留下的最后一句话是学生的事”，还是20年后的今天手执千斤重的笔忆写先师的文字，这位中年热血男儿都会情不自禁地大珠小珠落胸襟。童先生逝世后的第四天，王庆明在进行博士学位论文答辩之前，首先遥向先师默哀；先师入土那天，王庆明在师母蒋承蔚颔允后捧着先师的骨灰盒，迈着沉重的步履走向墓地……

这是比真金更重、更纯、更珍贵的师生之情！这也是童先生教书先教人的一个佐证！

1990年夏，在德国柏林市中心施普雷河东岸的马恩广场，童忠钫与矗立的马克思和恩格斯铜像合影。童老师爱生如子，蒋老师就把照片送给王庆明博士留念。王庆明说：“童老师在德国的照片背面是蒋老师的手迹，盖着童老师的名章，我将终生留在身边。”

1990年夏，在德国柏林市中心施普雷河东岸的马恩广场，童忠钫与矗立着的马克思和恩格斯铜像合影

回望童忠钫几十年教书育人的生涯，他身后留下了一串串闪光的足迹。

1955年秋，童忠钫学成归来，勇挑教学重担，带着“为人师表，身心从教”

的初心走进教室，走上讲台。

课前，1952 级学生声言不欢迎青年教师，要求留洋的梁允奇副教授上金属切削机床课，指导课程设计。

金属切削机床课内容繁杂，机床课程设计题目五花八门，童忠钫接到教学任务后，认真作了准备。他从容走进教室，面带微笑，讲课有条有理，对学生的提问应答自如，令他们刮目相看。自此，学生很喜欢听童先生的课，也改变了对青年教师的看法。童忠钫治学严谨，备课认真，做到一丝不苟；上课时循循善诱，注重启发式教学。

童忠钫“爱室如家”。他关心教研室的师资力量，特去电机系选拔人才，先后留选两名毕业生来教研室任教，但其中一名不到一年就回了电机系。1960 年 9 月，严拱标来机制教研室当童先生的助教，机床 3 人小组自此成立，以便更好地开展教学工作。1961 年 3 月，童忠钫升任机制教研室副主任，此后更加关心教研室的教学工作，关心青年教师的成长。对青年教师，他在业务上热情指导，但要求十分严格。上课前，童先生将讲课内容先扼要地讲给辅导老师听，让他心中有数，辅导时能明确重点；给学生布置作业前，让辅导老师先做题，然后由他批改；他对考试特别重视，无论大考或小测验，都先将试题交由辅导老师做一遍，以便了解题目难易，检查题量是否适当，也使辅导老师做到考前有数。这种“师傅带徒弟”式的“传帮带”方法，使跟随他多年的青年教师提高很快。后来，这种培养青年教师的方法也被后人仿效。

1968 年夏，学校“复课闹革命”，我被推为教研室负责人之一，具体安排教学工作。当时，一般老师怕惹是生非，不敢出点子，更不敢上讲台。童先生本着“只问是非，不计利害”的求是精神，以教学工作为重，常提一些建议，出谋划策，帮助我顺利开展教学工作，并鼓励我上讲台。

1978 年，教育部发出《关于高等学校招收研究生的意见》，浙江大学决定第三次恢复招收研究生。受到十年冰封压抑的童忠钫，以学者独具的慧眼闻风速动，很快成为学校首批硕士学位授予点的导师。

1981 年 1 月，童忠钫升任机械系副主任。1984 年 2 月至 5 月，学校校系两级领导班子调整，童忠钫升任系主任。同时，学校决定改革系级管理体制，扩大系级自主权。童忠钫是一个富有开拓创新意识与能力的人，也是一个素有理想与抱负的人。他经过认真细致的调研与协调，打破按课程分教研室的陈规，改为按学科分为 4 个研究所，即生产工程研究所、机械电子控制工程研究所、机械设计研究所、工程与计算机图形学研究所。此后，博士点、博士后流动站的设立，为机械工程一级重点学科，机械制造及其自动化、机械设计及理论、机械电子工程、车辆工程、工业工程 5 个二级重点学科的建立打下了坚实的基础。

1983 年 3 月，童忠钫升任教授。1984 年 12 月，浙江大学研究生院成立，迎来了培养研究生的春天！忠诚于党的教育事业的童忠钫，暗下决心要把在“文革”中失去的时间抢回来，积极准备招收博士生。

1986 年 6 月，经国务院学位委员会批准，机械制造专业成为浙江大学 29 个有权授予博士学位的学科之一，童忠钫成为学校第三批博士生导师，当年即招收了陈子辰，首开机械制造专业博士点的先河。

1988 年春季，童忠钫在实验室指导博士生科研（左起：陈子辰、童忠钫、唐任仲、胡强、郭吉丰）

1985 年 11 月，国家决定在 73 所高校和科研机构试办 102 个博士后流动站，浙大仪器仪表和机械设计与制造两个学科首批试办博士后科研流动站。机械设计与制造学科由路甬祥教授带领的液压传动及气动专业先招博士后。童忠钫在培养研究生上不断开拓创新、业绩显著，不久后也被批准为博士后合作导师。

1986 年 8 月，原国家教委根据中德有关联合培养研究生的协议，决定由清华大学、浙江大学与德方亚琛工业大学、柏林工业大学等开展中德联合培养中国博士生的试点工作。童忠钫抓住机遇，招收潘晓弘等人进行联合培养，提高研究生的质量。

1986 年，童忠钫（右）与德国专家交流

打开了联合培养之门后，童忠钫又不失时机地选送有发展潜力的博士去国外进修培养，其中唐任仲就被选送去德国弗朗霍夫学会最大的研究所 FhG-IPA 进修研究。学成回国后的唐任仲，后来牵头设立了工业工程本科专业，创建了工业工程学科点，担任了工业工程研究所首任所长。

1987 年校庆，童忠钫、蒋承蔚夫妇（前排）与青年教师及在读博士生合影于老液压楼（后排左起：徐力、陈子辰、唐任仲）

童忠钫十分重视博士生论文的质量。有的博士生表达能力差，童先生亲自修改，连错别字也不放过，一一列出。童忠钫爱生如子，爱同事如兄弟。为了提高博士生和青年教师的业务水平，他借自己的学术威望，多次请国外专家、校外学者来校讲学；多次借自己名义，派年轻同事去国外参加模态会议；为了与军工单位合作交流，他千方百计请南京航空大学博士生柯映林等来校做博士后；1990 年 12 月 27 日，为了赶上唐任仲的博士论文答辩，他连夜乘火车坐硬座从西安经上海回杭州，等等。所有这些，都是童忠钫呕心沥血、惜才

爱才的一个佐证！

1990 年 12 月 30 日，童忠钫的博士生与参加论文答辩的老师们合影于精密机械楼（左起：胡强、童忠钫、俞瑞钊、杨叔子、应道宁、孙月明、程耀东、唐任仲）

在研究生培养中，他还善于组织本专业或外专业教授、副教授协同培养博士生，既解决了导师力量不足问题，又提高了教学水平，培养了人才。

1993 年教师节，博士生们到医院探望童忠钫，祝福童先生早日康复。当时，童先生几近病危，他服了止痛片，打起精神接待学生，并鼓励学生们努力学习。他希望博士生锐意创新，写出达到国内以至国际领先水平的论文；他希望学生们青出于蓝而胜于蓝，一届更比一届强，也希望学生都能超过他；他希望学生中出更多科学家；他希望中国本土出诺贝尔奖获得者……而今，童先生的学生、童先生的子女都已成才，中国也已打破诺贝尔奖零的纪录，他当可笑慰九泉！

1991 年 5 月，童忠钫与博士生合影于精密机械楼（左起：胡强、陈子辰、童忠钫、郭吉丰、唐任仲）

几十年来，童忠钫多在教学第一线，先后为本科生、硕士生和博士生开设了金属切削机床概论和运动学、液压传动、自动调节原理、随机振动理论与应用、模态分析、机械结构动力学专题等多门课程，并编著了多种教材与专著，培养了大量本科生与研究生。从1986年直到去世，他指导了30余名博士生，已获得博士学位的有14名，在读博士生18名，指导进站博士后人员7名。在这些学生中，有的获得了国家教委、国务院学位委员会授予的“做出突出贡献的中国博士学位获得者”称号，破格晋升教授；有的在各自研究领域内取得国内外领先水平的科研成果；有的被列为省、市重点培养的跨世纪人才；有的成了学校或部门的党政领导；还有不少在不同学校或部门成了教学、科研或管理骨干。这正是童先生“教坛菁菁桃李春”的印证！童先生是当之无愧的教育家！

科山巍巍成果丰

羡慕，景仰，追求，对每一位求知者来说都会成为一种动力，一种锐意进取的动力！

童忠钫从小在心灵深处埋下一颗远大志向的种子。他崇敬爱迪生、达尔文、爱因斯坦等知名的发明家、科学家，向往他们从事的工作，爱读关于他们成长的书。他以他们为榜样，刻苦学习，企盼将来也成为一名科学家。

在科学家光环的照耀下，他奋勇地踏进科学研究的神圣领地，并用自己的聪明才智写下光辉的篇章！

科学研究是科技工作者神圣而豪迈的创新事业。科技成果是人类文明进步的标志，是科技创新的产物，更是科技工作者智慧和血汗的结晶！

1980年，童先生在国家有关部门下发的科技干部登记表上的业务自传栏内有这么几句话：“在学术方面的成长，一是通过讲课、备课、准备教材，以及指导毕业设计等锻炼，这种方式能使自己在专业方面的知识无论是在深度还是在广度上都得到发展，并及时掌握国内外的技术动态，从而形成自己的学术方向和研究课题；二是参加具体研究课题的实践。这两方面的过程是互为补充的。作为学校的教师，教学、科研是两项主要任务，从以上两方面努力，恐怕是一生的事业。”最后他又写道：“不断充实基础储备，努力开出新课，不断进行科研探索并提高探索的水平，就是我应该努力奋斗的目标。”这是童忠钫几十年来从事教学和科研的经验结晶，为后人从事教学和科学研究指明了方向和道路。

就科学研究而言，几十年来，童忠钫在这个“人生成长战略思想”的指引下，加上他的聪明才智和坚韧不拔的意志，在巍巍科学山峰上一步一个脚印地前进，终于迎来他的科学研究的金秋，在浓缩的生命之树上结满了丰硕的果实。

童忠钫的科学研究起步早，启动快，起点高。他早年曾就数控机床液压伺服系统等做过研究，但以学术带头人率队研究是从 20 世纪 60 年代开始的。1961 年，在《关于自然科学研究机构当前工作的十四条意见》《中华人民共和国教育部直属高等学校暂行工作条例（草案）》发布后，浙江大学根据国家科委的《1963—1972 年科学技术发展规划》，列出学校科研的 13 个重点学科，其中“第五个重点学科为机床加工与机床的精密度”。这是当年机制专业科学研究的攻关方向，也是童先生带领科研团队攻关的起步。

1966 年春节后，我从诸暨搞“四清”回校时，学校正掀起“12 年内赶超英国”的热潮。机制教研室副主任童忠钫老师紧抓机遇，善压担子，要我指导 6 名机制 61 级毕业班优秀学生，完成“零级精密丝杆车床”攻关任务。这个“真刀真枪”的课题由我负责整机的总体设计并指导 6 名毕业生，在 4 个月内完成任务，我深感压力重大。童先生善解人意，见我面有难色，就作了一番“务虚”和勉励，最后说了句：“我会经常来看看的。”于是，我硬着头皮干了起来。童先生说到做到，几乎天天来设计室，与我讨论大方案，令人有“大树底下好乘凉”之感。零级精密丝杆车床最大的拦路虎是车床的振动，特别是床身的低频振动。为此，童先生利用他的“人脉”，曾多次请光仪系吕维雪和杨世超、力学系林钟祥等有关专家前来一同“会诊”讨论，指导我们的设计工作。我就是在这样的重压氛围中，在童先生关心与指导下边学边干。

1969 年，二机部九院副院长、校友王淦昌院士主持核试验工作。地下核试验中的拦路虎是振动测试难题，浙大接下了解决难题的重任。童忠钫以国家利益为重，站出来勇挑重担，全身心致力于二机部九院下达的振动计量标准技术的研究与开发。这就是爱国精神、革命精神、开拓创新精神的体现，而归根结底是他奉行求是精神使然！当年，振动计量标准是一片尚无智者涉足的处女地，童先生敏锐地意识到需要组织多学科大兵团攻关，才能结出丰硕成果。于是，他依仗自己人缘好的长处，跨 4 个系广罗优秀人才，组成以他为首、数十个科技人员参与的“500 号课题组”，开创了浙江大学多学科交叉联合攻关之先河。经过近十年的联合攻关，500 号课题组终于成功研制出我国第一套“中频振动标准装置”，填补了国内空白，达到国外同类装置的水平；它与“中频定标用振动台”一起，获 1978 年全国科学技术大会奖。在童忠钫的主持下，团队于 1983 年又成功研制出国防科委要求的“低频振动计量标准系统”，达到国际先进水平，为我国航天工业建设和同步卫星发射成功作出了贡献，获浙江省科技成果奖一等奖。童忠钫作为学术带头人完成的“低、中、高频振动标准”获国家科学技术进步奖二等奖。所有这些为满足国防建设急需而取得的成果，得到了部队首长的高度赞扬：“感谢浙大作出的贡献，童先生带领的科研团队太棒了！”

1985 年，童忠钫教授与王雄棠高工在调试低频振动台

为表彰在促进科学技术
进步工作中做出重大贡献，
特颁发此证书，以资鼓励。
奖励日期：一九八五年
证书号：85-KG11-2-140-1
获奖项目：低中高频振动标准
获奖者：童忠钫
奖励等级：贰等
国家科学技术进步奖
评审委员会

1985 年，童忠钫“低、中、高频振动标准”获国家科技进步奖二等奖

值得一提的是，童先生奠基与开拓的振动标准系统，在他去世后的三十年里，他的后继团队继续努力攻关，在超低频振动校准系统、角振动校准系统、多维振动校准系统的研发中取得了多项国内外首创的科研成果，主要技术指标达到国际领先或国际先进水平，获得了多项国家级、省部级奖项，研

究成果分别应用于中国计量科学研究院、中国地震局、国家电网公司、中石油集团公司、中石化集团公司、中科院等国家重要部门和单位。以所有这些科研成果为基础而生产的振动标准计量装置系列产品正像山花一样开遍全国，足可告慰童先生在天之灵。

1991 年 9 月，童忠钫与到浙大学术交流的湖南大学等高校老师合影（右 1、右 2：蒋承蔚、童忠钫；左 1、左 2：陈兆年、范云涨）

后来，童先生又致力于精密机械热态理论与控制、现代机械制造工程领域的研究工作，与同事们一起创立了精密机械热模态理论与热激励技术。童先生在 20 世纪 80 年代中期就敏锐地捕捉到了计算机集成制造这一新的国际前沿发展技术，积极布局，并开始了当时这一前沿领域的研究生培养工作，筹划建立 CIMS 实验室。即使在生命的最后时刻，他仍然牵挂着。这为我校后来工业工程本科专业的设立和工业工程学科点的建立奠定了重要基础。他和同事们带领研究生在多个领域内承担国家“七五”“八五”攻关项目、国家自然科学基金项目和有关部委委托项目，进行范围广泛的研究工作且卓有成效，使机械系取得人均科研成果全校第一的佳绩。消息像张开双翼般传开后，前来学习与交流的国内外宾客增多，童先生总是笑脸相迎，热情接待。

童忠钫先生热爱祖国，有很强的责任感与事业心，一生奉行“求是创新”精神，一切工作追求高水平、高质量，为我校机械制造学科建设呕心沥血。他善于总结科研成果并提升为理论，编写专著 6 本，在国内外学术刊物和学术会议上发表学术论文 170 余篇。

童先生先后兼任国家科委发明评选委员会特邀审查员，机械工业部机械制造专业教学指导委员会委员，中国振动工程学会理事暨动力学分会、模态分析分会常务理事，《仪器仪表学报》编委，《机电工程》副主编，中国仪器仪表学会精密机械学会副理事长，浙江省机械工程学会常务理事。1988 年，他创建了浙江省振动工程学会并任首任理事长。他在国内外享有很高的声誉，被录入中国当代名人录，并被编入英国剑桥大学国际传记中心及美国传记研究所的国际杰出人物辞典。

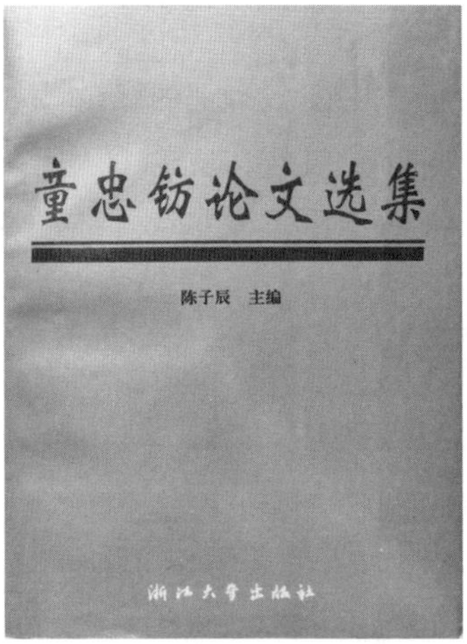

1995 年浙江大学出版社出版的《童忠钫论文选集》(陈子辰主编)

童先生在科学研究中创造了辉煌业绩，作出了杰出贡献，因此 1987 年，他荣获“浙江省优秀中青年科技工作者”称号；1990 年，被原国家教委、国家科委授予“全国高等学校先进科技工作者”称号；1991 年，享受国务院首批特殊津贴；1992 年，荣获浙江大学第二届“竺可桢优秀教师奖”和“光华科技基金奖”。

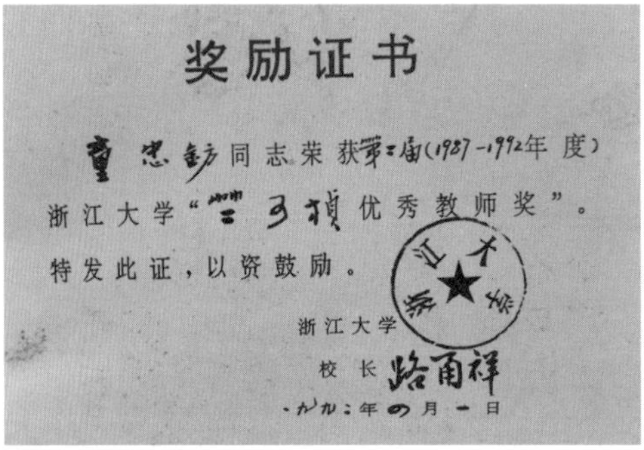

奖励证书

童忠钫同志荣获第二届(1987-1992年度)浙江大学“竺可桢优秀教师奖”。特发此证，以资鼓励。

浙江大学
校长 路甬祥

1992 年，童忠钫获第二届“竺可桢优秀教师奖”

证书

童忠钫同志在科学技术工作中成绩卓著，特授予全国高等学校先进科技工作者称号。

1990 年，童忠钫获“全国高等学校先进科技工作者”称号

赤子拳拳爱无己

“童老师给我最深的感触，是他那永不委顿的精神和无言传达的斗志。你永远也看不到他疲惫的神态，不论是在病前繁忙的工作中，虽然他的眼睛

中有时会布满血丝；还是病后绝不中断的操心中，虽然他的脸颧越发瘦削。你永远也看不到他在困难或是病魔面前的退却，不论是在病前行政、科研、教学多肩挑的情况下，必须面对一个个棘手的问题时，他从步态到精神总是那么地稳重从容；还是病后入住病房忍受病魔折磨的时间里，他的心里永远是对学生的关照和对学科发展的安排，一切都是那么地条理清晰。”周晓军这段充满尊师爱师之情的话，代表了70余位研究生的心声，也是童先生数十年如一日，一心扑在教学、科研和管理工作上的拳拳爱国、爱校、爱后学之心的体现。无论是他的弟子、同事，还是素不相识的人，细细读后都会感到动容与赞佩。

1989年国庆节，童忠钫、蒋承蔚夫妇在校门口留影

自1960年起，童先生一直过着教学、科研和管理工作“三肩挑”的紧张而忙碌的生活。他几乎没有节假日，只有不倦地工作，心中只有学生，没有自己。课堂内外，他为学生释疑解惑，常废寝忘食。每当跨进家门，第一句话就是向夫人检讨：“又让你久等了，真抱歉！以后还是你先吃饭吧！”夫人蒋承蔚老师心疼他，只好含泪将饭菜放在锅里再次温热起来。每当深夜来临，蒋老师又会到宿舍门口听那熟悉的脚步声，可她常常失望而归。

1964年初秋，新学期开学，我到机制教研室报到后，听童忠钫老师说：“你是机制教研室申报留在本教研室任教的老师，但被系里分配到机械零件教研组去了，后经我们向系主任力争，才把你调回到机制教研室。”我听后感到很温暖，也很感谢童老师的关爱。不久，我就和当年留校的59名新教师去上了劳动第一课——挖游泳池。

1966年春节后，我从诸暨社教工作队回校到机制教研组工作，童老师安排我带机制专业61级张平、王楚生等6个学生的毕业设计，主题是精密零级丝杆车床的研制。他鼓励我大胆工作，有事找他。他与我商量后，把6个学生分成三个小组，每组两人。我把最难的总体设计及床身大件留给自己，其他设计分给三个小组。

我是第一次指导学生做毕业设计，又是赶超英国的攻关项目，压力很大。特别是零级丝杆车床的振动问题，我心中没底，好在这个关键难题由童老师亲自抓。在提方案阶段，童老师请来光仪系吕维雪、杨世超两位老师，还有电机系一位老师，他们对低频振动都有较深研究，我也每次都参加讨论，主要是学习解决机床低频振动问题。机床的低频振动与床身设计大有关系，只有设计好床身，控制好低频振动，才有可能制造出零级丝杆的工作母机。

这项工作是赶超英国的重点课题，我成天与学生在一起，既当老师，又当设计师，每天夜以继日地干。幸亏童老师每天会来设计室转一下，成了我坚强的依靠。有一天，童老师还向我透露，等课题搞好后就派我去英国进修，关照我好好干。然而，好景不长，至1966年6月上旬，毕业设计尚未结束就被史无前例的“文革”运动冲垮了，我的出国进修自然成了美梦，但童老师关爱后学的品德永留我心中！

改革开放后，童先生为把“文革”中失去的宝贵年华抢回来，更是夜以继日地工作。为抓紧完成他主持的500号科研项目，他与年轻同事去杭州汽轮机厂工作，直到次日凌晨才回校，此种加班工作事例不胜枚举。

童先生在求真知、做学问过程中，坚持“求是”精神，是一个“鞠躬尽瘁，死而后已”的人。机械系原副主任陈秀宁在缅怀会上动情地说：“童先生一身正气，廉洁奉公，朴实无华，先人后己的品行更是有口皆碑；先生重身教甚于言教，是全系的好榜样。”这段话代表了童先生的同事共同的心声。

有一次系务会议要对某项工作进行讨论、决策时，陈秀宁副主任发表了与其他与会人员不同的意见，童先生秉承竺校长“只问是非，不计利害，一切以真理为依归”的思想，认为陈秀宁的意见虽只有一票，但是有道理。在童先生摆事实、讲道理，征求其他同事意见基础上，采纳了陈老师的提议。实践表明，童先生的决策是完全正确的。童先生的这种民主作风，对求是精神的忠诚，令人敬佩。

童先生是机械系的学术带头人，是“望之则严，实则为宽”的长者。他严于律己，从不为自己的事向上级提要求，有好处的事总是让给别人。在夫人蒋承蔚晋升副教授时，全教研室公推蒋老师，结果因学校有关部门搞错年龄，蒋老师被拒。有人提请童先生出面讲讲话，他却一笑了之。他的女儿晓敏则说：“我从懂事起就感觉到父亲是位严格的父亲。他对事业精益求精的献身精神，宽以待人、严于律己的作风一直影响着哥哥和我的成长，并将永远地伴随着我们的一生。”她还说，父亲热爱生活，热爱大自然，喜爱体育，也爱好音乐，只是时间对他来说太宝贵，他只能将更多的时间用于工作，工作就是父亲的生命支柱。这是童先生在儿女们心中永不消逝的好形象。

童先生有个温馨的家。夫人蒋承蔚老师于 1931 年 10 月 14 日出生，与他同年同月来到人世，这亦是一种缘分。蒋老师 1956 年从浙大机械系毕业后留校任教，因病于 2021 年 12 月 9 日仙逝。他们育有一子晓华、一女晓敏。晓华硕士毕业后出国攻读博士，如今在美国工作；晓敏大学毕业后在杭州科技职业技术学院工作至退休。

在机械系，凡与童先生共事过的人，都把他常挂脸上的微笑称为“和煦的阳光”。无论是在教学中还是科研中，他都以身作则，抢着干杂活，买材料、搬东西、做试验、绘曲线等粗活细活都与青年教师、研究生一道干，毫无长者架子可言。在家里，他只要有空就干家务，也会跟夫人一起去幼儿园接孙子、外孙女。他还打趣地与夫人说：“干家务美名你扬，我甘当助手！”

1992 年童先生患病后，在学校领导的“行政命令”下才肯去住院。他人在医院，但心仍在实验室的工作和博士生的论文上。他一如既往地指导中德合作项目申请报告的定稿，筹划 CIMS 实验室的建立，亲自指导和修改博士论文并亲自参加答辩。在病床上与病魔作顽强斗争的整整一年时间里，他一直没有停止过工作，直到生命的最后一刻。

他一心想着学生的学业，病情稍有好转，就一再要求医生让他出院。病重期间，他以病房为教室，召学生去听他讲课，检查与指导他们的学业。从讲论文的作法，到论文答辩安排及以他的名义请答辩专家，他与平常一样一一交代清楚。病重垂危时，童先生还在为王庆明博士答辩请主持人，提答辩人员名单。离答辩还有 4 天时，一切终于准备就绪，童先生才安详地离去。他还把病房当科研攻关的前沿阵地，每周都要听人向他汇报研究所的工作。同事们去看他，他轻描淡写地说了自己的病情之后，对科研的关键表达关心，常把躺在病床上深思熟虑后的“金点子”和盘倾吐出来。他要求来看望的师生不带礼物，只带“疑问”，他尽力做到释疑解惑，因此，去看望的人常是空手而去，满载而归。

1993 年 8 月，童忠钫收到中央组织部高级专家问卷调查表。他出于对党和国家的忠诚，在病痛间隙，握着沉重的笔，分几次认真填写了表格，还对科技队伍“稳住一头，放开一片”政策提出了自己的独到见解。他认为应在中国本土培养诺贝尔奖获得者，以科技为支撑，壮大国力。1993 年 11 月 17 日，中央组织部来信，为他认真填写调查表致谢，并希望他对科技队伍政策再提宝贵建议。然而在 1993 年 10 月 15 日，童先生就已经永远离开了我们，中组部同志再也听不到他饱含拳拳爱国之心的宝贵建议了！

童忠钫几十年如一日地以中国共产党党员的要求严于律己，无论是在工作上还是在生活中都以优秀党员形象示人。有鉴于童先生的优秀品质，1983 年，童先生被授予“浙江省五讲四美、为人师表优秀教师”称号；1990 年，被授予“浙江大学优秀共产党员”称号！

这正体现了一个宝贵生命的价值，也是童先生“捧着一颗爱心而来，不带半条草根而去”的人格风范的写照！他崇高的品德、忘我奉献的精神，我们一辈子都不会忘记！

为纪念童忠钫先生逝世 30 周年，机械工程学院党委组织了两次纪念活动。一是 2023 年 10 月 15 日，学院主要领导、童先生生前同事及其学生代表等 20 余人前往南山陵园进行了一次扫墓纪念活动。

二是 2024 年 5 月 23 日，在浙江大学紫金港校区开物苑报告厅举办了“教泽永存，风范长怀，弘扬科学家精神——童忠钫教授先进事迹报告会”，与会的有校、院领导，童先生生前同事、弟子及其他师生代表共百余人，报告会由机械工程学院党委项淑芳书记介绍童忠钫教授生平，学院制造技术及

童忠钫墓地照

2023 年 10 月 15 日，童忠钫逝世 30 周年扫墓纪念活动现场

装备自动化研究所副所长何闻教授介绍童先生科研成果与后续团队的研究成果及其应用，同事代表、弟子代表和其他代表发言，校发展委员会副主席陈子辰教授深情讲话。报告会结束后，全体人员合影留念。

2024 年 5 月 23 日，浙大机械学院童忠钫教授先进事迹报告会留影（前排左起：笔者、俞可龙、何闻、赵朋、程术希、陈子辰、梅德庆、项淑芳、唐任仲、贾叔仕、项占琴、王庆明）

童忠钫先生永远活在我们心中！

（2023 年 5 月 12 日初稿，2024 年 6 月 30 日改定）

碌碌人生呈辉煌

——记浙江师范大学原校长骆祥发教授

骆祥发（1935 年 2 月—　），浙江省义乌市山头顶村人。1962 年毕业于原杭州大学中文系。浙江师范大学中文系古代文学教授。从 20 世纪 80 年代初开始，先后担任浙江师范大学教务处长、副校长、校长等职，后为浙江师范大学校务委员会主任，兼任浙江省社会科学界联合会副主席、浙江省学位委员会委员。浙江省第八届人大代表。在繁忙教学工作之余，从事中国古代文学研究，尤其在初唐文学方面造诣颇深。先后出版《骆宾王评传》（与人合作）、《骆宾王诗评注》、《初唐四杰研究》、《骆宾王全传》、《骆宾王诗文纪事》等专著。

1990 年 5 月，我去浙江师范大学参加浙江省高校教材工作研究会第三届学术年会。我曾有缘参加新建浙江师范大学校舍清基的挖土挑泥劳动，于是请老乡傅树堂陪我走了大半个校园，并聊起时任浙师大副校长骆祥发是我们义乌同乡。他 1962 年从原杭州大学毕业后分配到金华二中教语文，是我的同乡加校友，这似乎一下拉近了我与他之间的距离，只因会议日程紧凑，我未能如愿拜访他。

1992 年底，浙师大历史系教授单锦珩总主编寄来《浙江古今名人大辞典》征稿函等材料，并言明要聘我为本辞典副主编。我见本辞典顾问名单上有路甬祥、骆祥发等大名，确认这是一本“立言、立功、立德”的大著，于是利用主持浙大校友总会日常工作、人头较熟之便，决心为组稿引资多做一点工作。1992 年骆祥发出任浙师大校长后，我拜见骆祥发之心日益强烈。

1998 年 9 月 15 日，浙江大学等四校合并后，骆祥发成了我大学和中学的双重校友，于是我主动给骆祥发寄了《浙大校友》和我的第一封信，架起了我们从此往来不绝的“桥梁”。1999 年 12 月，我收到骆祥发赐赠的大著《碌碌人生旅》。书名在我的心头激起极大的共鸣，而前言中有一段文字：“但仔细想想，平凡似亦有平凡的益处。出类拔萃者的生活轨迹，一般人只能仰首羡望，未必能与之同道而行。而平凡者前进道路上的收获与缺失，人人都可随意拾弃。同类相鉴，相得益彰，此中含义，不言自明。何况书稿写成，未必出版。目下电脑普及，打印两册，留给后人，作为家传。虽不及金银财物，但做人之道，其重量或甚过之。”念了几遍，我深感骆祥发提出了一条“平凡人”写自己的“公理”，坚定了我写“圆缘文丛”4 册书的信心。开卷细阅，心随他的人生轨迹起伏跳跃，有时却情不自禁地自语：这不是写我吗？《母亲和姐

骆祥发回忆录、散文、小说等作品集

姐们》《小放牛》《失学》《艰难上学路》《作家梦》……读来都深感亲切，心久久地平静不下来，合卷后，我为得到这本大著而暗自高兴。我尚在读书的余兴中，又从《我是义乌人》中读到骆祥发写的《我与教育工作的情缘》和《骆祥发从读书癖到大学校长》等文章。

2002 年 12 月 6 日上午，金华二中（现浙师大附中）举行建校 50 周年校庆筹委会会议，我因得通知延误，与骆祥发失之交臂。2003 年 10 月 18 日上午，我被母校安排在庆祝大会主席团的座位，开会前才与骆祥发第一次握手。原打算会后拜望他，只因母校师生与老同学拉扯说话和采访，又把与骆祥发的洗心交谈推向以后。2004 年 5 月，我收到他“写自己”的第二部大著《书斋田园录》。他 2001 年退休后，因眼疾暂时割舍唐代文学研究及《文章四友与吴中四士》《唐代诗僧传》两书的写作，却以轻快的文笔编织了《书斋田园录》《闲居漫思集》和后续的《道路见闻记》等书。这种负小恙不忘治学耕耘的精神，实是我等学习的楷模。所有这些都是我采访记述骆祥发的缘由。

2013 年 10 月 5 日，金华二中建校 60 周年庆祝大会前夕，开了一个金华二中校友总会成立大会筹备会，我和骆祥发都被推选为筹备会的顾问、理事候选人。我在会前才与他见面握手，并合影留念。翌日庆祝大会，我们又一同参加大会并坐上主席台。

2013 年 10 月 6 日，笔者（右）与骆祥发在母校金华二中建校 60 年校庆日合影

志坚路续勇登峰

新中国成立之初，对农家的孩子来说，摘去祖传的“文盲”帽成了他们奋斗的目标，攀登大学辉煌的殿堂成了学子们最豪华的美梦！

旧中国小学学制分四、二两段，前四年称初级小学，后两年称高级小学。1941 年春，骆祥发去邻村初级小学念书。翌年 5 月，日寇占领义乌，小学时办时停，骆祥发过上了半牧半读的生活，主要读《文言尺牍》。因几易老师，谈不上教学质量。

1945 年秋，抗日战争胜利后，全国城镇乡村民心沸腾，到处都是欢乐的海洋。骆祥发再次放下牧牛鞭，插班读四年级。

1946 年秋，骆祥发到 3 华里外的金山小学读高级部。学校规定学生寄宿，骆祥发因家里无余被，就与人家搭铺。入学后，校长要求每个学生做一套黑制服，否则不能参加童子军，也不准参加学校的活动。全校只有骆祥发等 5 个学生做不起制服，除受到校长及同学的白眼外，还不被允许参加远足及学校的活动，年少的心灵受到莫大的伤害。第二学期，骆祥发因患眼病休学。直到第三学期期中，家里才硬挤出一点生活费给他做了一套制服，总算结束“缺制服受白眼”的噩梦。

在金山小学教师中，一批年纪较大的老师因受旧教育的影响，仍对文言文倾注深情，而年轻教师受新的教育，对文言文持排斥否定的态度。骆祥发从初小读《文言尺牍》，高小时开始对古文产生兴趣。有一次国文老师给学生出了一个《月夜有感》作文题，骆祥发用文言对月光作了描写，受到老师的好评，但推送县里作文展时，老教师与年轻教师产生了分歧。从当年看，确应倡导写词意顺达的白话文，但也不应对爱好文言文的同学怀有成见。

骆祥发忆及金山小学两年的一些事，有愉快的，有自豪的，也有内疚的，有屈辱的，但这里总是自己人生中至关重要的一站。1949 年春节前，骆祥发捧回家里自祖代以来仅有的一张高小毕业证书，全家都很高兴，但也认为这是骆祥发的学生生涯的终点，也是他参加农业或手艺劳动的开始。

春节期间，骆祥发的堂姐夫与堂兄说起村边的义乌简易师范学校。学校读书免收学费，只要每学期交 120 斤大米加 20 斤黄豆作为膳费，毕业后分配当小学教师。经了解，招考地点在离家 15 里地的稠城孔庙，即当年义乌中学所在地。尽管考试迟到近半小时，但骆祥发仍作为备取第五名而略迟入学。

1949年暑假，接到义乌简师并入义乌中学的通知后，因义乌中学收费比义乌简师高，骆祥发的父亲当即决定不再让他去上学，他的求学路再次中断。

1951年春，骆祥发家乡的土改工作行将结束。此时，全国上下掀起轰轰烈烈的“抗美援朝，保家卫国”运动。16足岁的骆祥发自认是小大人，心中热血涌动，在土改工作队“报名不受年龄和性别限制”的鼓动下，积极报名。他和其他三个自然村的另3位青年被选中，很快戴上大红花，由农民协会民兵、妇女会代表、儿童团等敲锣打鼓送到乡里。以乡长为首的领导向全乡入伍的40多名应征人员献上“光荣花”，发放布鞋、毛巾等日用品，并作送别演出。乡长简短致辞后，紧接着，浩浩荡荡的送行队伍就向县城出发。前面由红旗队、锣鼓队和24管土铳开道，紧跟腰鼓队、秧歌队，最后是各村送行的群众，队伍绵延几公里，锣鼓喧天，外加鞭炮声、口号声，整个原野为之震动！

10时过后，送行队伍慢慢散去，留下各乡送来的上千名入伍人员分纵队排好。县长和解放军首长简短致辞后，一群解放军战士分头到队列里对每个被选送者进行目测选拔。年龄偏小、身材矮小、体质较弱的都被挑出另行排队。与骆祥发同一农会的4人，3人被挑出到另外队列，骆祥发就是其中之一。被挑选出的这一大半人被带到西门一处空场上吃中餐。吃好饭，县长站在桌上，用土广播喇叭讲话。他首先表扬了大家的爱国热情，说考虑到大家年小体弱，怕大家适应不了朝鲜的艰苦生活，特留下大家参加乡村建设……没等他说完，大家得知自己参军被淘汰，顿时会场大乱……没有一个人能接受“退回家去”的现实，一个个被县里干部半哄半拉地带去红星剧院看演出。演出结束，干部也悄悄走光了，骆祥发3人趁着夜色回到家里。

骆祥发因有义乌简师肄业的经历，在村里算是有文化的人，此后又有两次参干、参军的机会，但他一概婉言谢绝，过上一边务农，一边看书的自在生活。

1952年初夏，邻村两位小学同学说浦江县办了一所初级师范学校，不要交学费，毕业后分配当小学老师，约骆祥发同去报考。翌日，他们3人去廿三里区政府报名，但名额已满。骆祥发打算先回家，明年再考浦江师范。可两位同学拉他不放，到了江南中学的普通中学联合招生报考处，他稀里糊涂也报了名。考试发榜了，在义乌中学榜上再次有骆祥发之名。

义中考取了，骆祥发依然双眉紧锁，求学的路上仍有一个个困难挡住他前进，但事到临头，又会有一个个贵人帮助这位有志青年圆进入中学的梦。

入学后，骆祥发刻苦学习，到期中，成绩就在6个班名列前茅，还被选为班主席。骆祥发第一学期借住稠城友人家，只交学费，搭伙吃饭省了不少伙食费。到期中，经过评审，他又获学费全免，开学交的学费全数退回，减少许多困难。

2021年夏，骆祥发在浙江师范大学“光荣在党50年”活动留影

放寒假了，在同村好心人的指点与帮助下，骆祥发借年关时节，随村里几个年轻人去浦江用麦芽糖换鸡毛，一举解决下学期学费的问题。自第二学期起，骆祥发就改住校，评上乙等助学金，约可免去五分之四的伙食费。此后，每年寒暑假，骆祥发都外出用麦芽糖换鸡毛，以解决学费之困。当然，生活上困难还很多，都被他设法一一克服，学业也继续下去了。骆祥发由于学习和工作皆优，高中一年级时就加入了中国共产党。

1958年，浙江师范学院与新建的杭州大学合并，定名杭州大学。骆祥发以优异成绩保送，成了新建杭州大学的首届学生。

读书自砺教科长

读了骆祥发的《碌碌人生旅》一书，最令我钦佩的是他“读书自砺”的精神。他从牙牙学语开始，就过上了“孩提有眼字不识，双耳喜听读书声”的生活。骆祥发学前不识字，但喜听父亲和哥哥朗读，而且听过后就能背出来。

初级小学4年，学校因抗战时办时停，但骆祥发却读书未停。他记忆力超群，读书过目能背。读书是他生活中最大的乐事。12岁读高小时，他突然双眼失明，痛苦不堪。进入耄耋之年后，他视力退变，就用高倍放大镜读书读报，爱意不减。

在义乌中学的6年时间里，骆祥发成了义中图书馆的常客，馆藏的文学类图书被他读了个遍。通过大量阅读课外书，他的知识面大大拓展，不经意间，脑子里也储存了大量的词汇，这对写作无疑很有好处。因此，我在品读他送我的《闲居漫思集》等书时，深感如沐春风。书中文句格外通畅顺达，富有诗情画意，风趣幽默，丝毫不会让人有阅读的疲劳感。骆祥发博览群书，为他日后从事古代文学教学与研究培养了兴趣，扩大了视野，储备了知识，这无疑对他大有助益。

骆祥发回忆说，早在初中一年级时，班主任王朝明老师为班级荣誉而鼓励他多看报刊，以便参加全校时事测验比赛。他看遍《时事手册》及有关报刊，还做了笔记。功夫不负有心人。骆祥发荣获初中部大组第一名，从此爱上关心国家大事，而读报刊的习惯老而弥坚。

高中以后，骆祥发开始有目的、有计划地阅读，主要集中到中国古代文学上来。进入大学后，他爱上了国外著名作家的作品，阅读了大量欧美各个时期的作品，喜欢莎士比亚、巴尔扎克、大小仲马、歌德、屠格涅夫、普希金、马克·吐温、契诃夫、马雅可夫斯基等名家作品。其时，他担任学校广播台台长，有一间编辑办公室，用灯不受时间限制，他几乎每天读书到半夜才回到寝室休息。所有这些阅读，都大大促进了他的学业，为日后取得教学和科研的丰硕成果奠定了基础。

骆祥发上学以来，读书成癖，仅举一例。1975年，他尿道出血住院手术，因主刀医师外出，他就托人借来《聊斋》复读，还作了一首诗：

病床无事读《聊斋》，狐妖满室笔生辉。
二八姝丽留短尾，千年狞鬼贪酒杯。

婴宁笑声盈耳朵，六郎情义暖胸怀。
莫道作者太荒唐，画皮一张似惊雷！

在“千万不要忘记阶级斗争”的当年，足见他借狐鬼警世的写作用心。

杜甫说：“读书破万卷，下笔如有神。”这不仅在骆祥发的写作中早有体现，更助力他的教学和科研工作结出丰硕的果实。

1959 年，办学才 6 年的金华二中获得浙江省高考第一名，而后被国务院授予“全国文教战线先进单位”称号，学校代表出席了翌年的全国群英会。1962 年 9 月，骆祥发被分配到金华二中当语文老师，他的毕业生同学们都很羡慕他。

骆祥发博览群书，知识面广，上两个班的语文课游刃有余，尽管求学时曾受到“大跃进”浮夸风的影响，但经教研组长吴山老师点拨，积极改进教学方式，在教与学双边互动、因材施教、启发学生思考、增加讨论与训练环节、培养学生分析与解决问题能力等方面进行教学实践，收到了满意的效果。他还在作文讲评的内容与方式上进行改革，如他根据一个学生的冬景描写拟出一首诗：

大雾茫茫不见天，朔风撼树使人惊。
突然一轮红日出，雾过天开遍地银。

骆祥发让大家思考 3 分钟后，说：“认为诗写得好的同学请举手！”结果除一位同学外，全班其余同学都举手。接着大家讨论，但都未指出诗的谬误。经他侧面启发，才有几个农村来的同学有所醒悟，说刮风的天气不可能下雾，起雾的天气不可能有太阳和浓霜，课堂顿时活跃起来。最后，骆祥发作了点评，并阐明景物描写与观察以及生活积累的关系，并希望大家日后注意观察与积累。时过 20 年，骆祥发收到一名当年的学生来信，说那次作文讲评后，他在生活中注意观察与提炼，写出不少好文章。

光阴荏苒，流年如水。十年冰封消融后，科学春风吹萌神州大地。骆祥发泯灭已久的写作热情重新旺炽起来，企盼自己能做点真切实在的研究，当一名有真才实学的教师。除勇挑教务处副主任、中文科党支部书记和教学工作双肩重担外，他还申报了“骆宾王研究”的课题。骆祥发虽然从小就知道骆宾王是自己的先祖，是初唐四杰之一，但真的上手深研后，却发现资料奇缺，连出生年都得从大量的诗文中去查考与推算。此后，骆祥发发扬自己博览群书和勤于调查两大优势。因白天 8 小时坐班，还兼教学任务，他规定自己每晚向深夜索取 3 小时研究时光。经过近十年见缝插针的研究，他终于先后编著完成《骆宾王评传》《骆宾王诗评注》《初唐四杰研究》等书，还完成《骆宾王生平考略》《初唐文杰骆宾王》等多篇论文，成果丰硕。

骆祥发研究骆宾王的著作

长校跋涉图兴革

1962 年初秋，骆祥发于原杭州大学中文系毕业后，被分配到浙江省金华第二中学任教。

1969 年春，骆祥发接金华地区革委会通知，和本校 100 来名教师集中到地区五七干校搞“揭、批、改”，住在湖海塘金华农校。1970 年 7 月，运动进入尾声，教育系统抽调十多人，成立一个以金华二中前校长管翰臣为队长的“教育革命小分队”，负责调查研究并指导全地区的“教育革命”工作。骆祥发被指定为分队下属一个小组的组长。教革调查组去地区各地调查两三个月后，教育革命小分队并入不久前浙师院分出的金华地区师专，被要求马上去 1965 年迁到金华的浙江师范学院报到。

迁入金华的浙江师范学院变动较大，其前身是 1956 年创办的杭州师专，于 1958 年升格为杭州师范学院，又在 1962 年与浙江教育学院和浙江体育学院三校合并，定名为浙江师范学院，并于 1965 年从杭州迁到金华。1970 年，浙江省革委会把浙师院肢解为三校：一是金华师专，二是台州师专，三是丽水师专（地处松阳县）。1974 年，国务院教科组下文重建浙江师范学院，但学校分散三地，师资、设备大多流失。1982 年，金华师专并入浙江师范学院，1985 年更名为浙江师范大学，学校有了超常规的大发展，不久被确定为省重点大学。从浙江师范大学历史沿革看，骆祥发于 1970 年 10 月就参加了金华师专的教改与任职。

1987 年，省里着手调整领导班子，经过一番推荐考察，就把教务处处长位置上的骆祥发推上了浙江师范大学副校长的领导岗位。浙师大重建后，因“文革”期间积累不少矛盾，加上学校地处农村，交通不便，信息闭塞，经费困难，学校进一步发展与提高受阻。在这样的困境中，骆祥发迎难而上，自 1987 年起勇挑浙师大副校长、校长的重担。他教学科研和行政工作双肩挑，尽管身体跟不上，但仍坚持任职长达 10 年，为浙师大初期的改革与发展作出了重要贡献。骆祥发动情地说：“既然接过了这副沉重的担子，就得竭尽全力往前走。不管是压弯了腰也好，肩膀胀痛也罢，总得往前移……而且要尽可能走得快一点，走得远一点。”

当年，摆在浙师大人面前的确实是一块硕大无比的石头，学校领导要有希腊神话中西西弗斯的勇气、智慧与韧劲，动员并指挥广大师生员工形成往上推的合力，才能把巨石推上山顶。于是，骆祥发从调查入手，然后提出可行的办学方案，阐明领导班子的决心与能力，只有这样才能解决学校面临的种种困难。

1992 年，骆祥发摄于浙师大校园

1992 年，骆祥发出任浙江师范大学校长后，狠抓教育观念更新和内部管理制度改革，工作成绩显著，被评为“浙江省高校系统优秀共产党员”，并被授予“浙江省优秀教育工作者”称号，享受国务院政府特殊津贴。在繁忙的教学与行政管理工作之余，骆祥发长期坚持中国古代文学的研究，出版有《骆宾王诗评注》等3部专著，并在有关学术刊物上发表论文多篇，在学术界有较大影响。2005年秋，又有令人欣喜的消息：中央广播电视台科教节目制作中心“发现之旅”栏目组根据骆祥发的研究成果及其撰写的《骆宾王赴难》和《魄归何处》两书辑成《骆宾王生死之谜》（上、下集）专题片剧本，并赴骆宾王家乡义乌拍摄外景，又去金华专访拍摄骆祥发研究骆宾王的过程。该片由中央广播电视台一台、十台于同年10月播出，同时又以《骆宾王》（上、下集）之名制成DVD，公开出版发行。

1987年，骆祥发在义乌骆宾王墓前留影

骆祥发清醒地认识到，学校办学系科增加、规模扩大后，根本目标是提高办学质量。他要全校上下树立起以教学、科研为中心的观念，并花大力气改善办学条件。实践表明，观念先进，目标远大，但办学条件不具备，也很难出成果，再好的目标也无法实现。因此，要在教学、科研工作中有新的突破，归根结底是要筹集办学经费。依靠国家的人头费拨款，学校只能维持现状。要寻求学校的发展与突破，就必须设法筹集办学经费。经过日思夜想，骆祥发提出了“争、创、募”三字法：“争”是向上争取经费；“创”是指自身创收，分校系两级进行；“募”是指募集经费，包括通过参加社会服务，获得企业的赞助以及海内外人士的捐赠等。实践表明，校办企业未取得预期的成效，海内外捐赠未能成功，而多层次、多渠道办学却开展红火，教师生活得到一些改善，这促进了教学、科研水准的提高。

多年来，虽然办学经费困难难以缓解，但在专业教师、管理部门努力下，

1993年后，浙师大先后有中国古代文学、马克思主义理论教育、中国现当代文学和基础数学等专业成了硕士学位授予点，办学层次上了一个台阶。同时，学校加强教师队伍的建设，通过进修、读学位、访研、引进人才、建立校内科研基金、教研评优等一系列措施，终使教师队伍水平有明显提高。

要使学校工作有序、快速发展，良好的管理是关键。而管理工作的成败，又取决于管理人员的观念与能力。1994年上半年，经全面推荐与考核，学校对半数中层干部作了调整，使学校管理工作平稳达到一个新的水准。

1994年，骆祥发（左5）与浙师大领导班子成员讨论校园规划

总之，在骆祥发率领的学校领导班子努力下，终如西西弗斯一样推动了向山顶上行的巨石，使学校扩大了规模，增添了一批新的专业，增加了招生人数。学校还加大开放力度，与国内外高校建立了协作关系，多种形式的成人教育蓬勃开展，从而提高了学校知名度和美誉度。作为一个指挥员，骆祥发虽已是心力交瘁，但心中深感欣慰！

老骥伏枥心渐静

骆祥发有个温馨的家，其夫人祁文美曾任浙江师范大学图书馆阅览部主任，退休后继续挑起家务重担。儿子骆聿群系金华市机械设备成套有限公司总经理，他全身心扑在公司的工作上，把公司办得风生水起，受到广大职工的好评，一家三口的小家由其夫人打理得很温馨。骆祥发夫妇还有一个女儿骆旭红，现任杭州海关中层主管，工作很繁忙，亦有一个美满的三口之家。

骆祥发 1997 年 1 月卸下校长重担后，虽留任校务委员会主任、校学术委员会主任和省社联副主席等多个职务，但仍感到从未有过的一阵轻松。离退休还有两年，除身体“还债”注意调养外，他主要做点文字工作，原计划继续唐代文学研究，写《文章四友与吴中四士》《唐代诗僧传》两书，以实现自己的人生价值。

2020 年骆祥发全家福，摄于浙师大丽泽湖畔（左起：外孙寿亦洋、女儿骆旭红、女婿寿鲁钢、妻子祁文美、儿子骆聿群、骆祥发、孙子骆跃渊、儿媳陈燕红）

骆祥发卸任之后，多个身体器官出来作梗，如心脏病、牙龈炎、眼病，还有血压、血脂和血糖超标等等，看来要还身体的“债”！思想方面稍有波动，脑子就会经受多种外界侵扰，影响自己心态的宁静。只有思想作好准备并多加整理，尽快建立一种全新的思想架构，才能抵抗生活一些枝节现象的困扰。约过了一年半，骆祥发才真正过上平稳而有序的宁静生活。

卸任以后，骆祥发的实际生活内容确发生了很大变化。他把自己原本的处世“三字经”——“清、善、静”，调整为“动、淡、静”，用来统率日后的思想与生活。

骆祥发认为，“清节自持”是儒家正统知识分子恪守的戒律，自己卸任了，应改为身体的“动”，而“动”包括动脑和动身。“动”的好处就仁者见仁、智者见智了。释家的“善”原意是行善积德的意思。因年岁大了，按“淡”字修身养性，即思想上对名利荣辱、世情物欲看淡，以换心态的安宁。取道家的“静”字修身养性，要求自己逐步做到“淡”和“静”合一，而又要达成“动”和“静”两极的辩证统一。心静了，卸任之初的烦扰不复存在，与外界联系变少，思想也就趋于平稳。

2001 年，骆祥发与妻子祁文美在香港旅游时留影

骆祥发把“三字经”演化为卸任后自己老年生活的试行模式——“动”。“动”分两个方面。

一是动身，即活动身体，主要是采取野外散步的形式，速度不规定，每天走 1 个多小时，近 5 公里。此外，趁腿脚尚便时，也会出远门走一走，和家人看看祖国的大好河山，或随亲友徜徉斑斓的市井。

二是动脑，即继续原先的写作与研究。由于视力不好，身体状况不佳，因此原先决定的研究项目，即撰写《文章四友与吴中四士》《唐代诗僧传》两书暂缓，改写一些与自身思想、经历相关的轻松文字，也就是按文学体裁写几本书：一是《碌碌人生旅》（传记）；二是《书斋田园录》（散文）；三为《闲居漫思集》（杂文）；四为《胡编长短句》（诗词）。中间因接受义乌方面的邀约，又写了《骆宾王全传》《骆宾王诗文纪事》两书，共 70 多万字，所以预定的最后一本书《胡编长短句》没有写成。年过八旬之后，骆祥发原想辍笔安心静养身体，但因长期形成的喜爱用脑的癖性，他仍旧静不下来。虽然几近失明，写字已分不清字迹，但他还是耐不住长期所好，时不时会在本子上写点日记体的文字，或记述，或议论，思绪所至，笔录留痕，题名《暮年日志》，至今已有 40 多万字。

骆祥发追求的人生理想——儒家之“清”、释家之“善”、道家之“静”，与自己长期在党的阳光雨露下形成的信念相交融，以此处世行事。我在退休后，也学习他“充分把握利用好这有限的时间”，并牢记《碌碌人生旅 · 渐落静境》中的一段话：“老骥伏枥，壮心不已；生命不止，奋斗不息，这是中国传统的古训。我将仿效前贤，努力实践。在有生之年，竭尽自己的心力，再做一些力所能及而于社会又有意义的事。不汲汲于荣利，不戚戚于落寞，既不随时风的吹拂而起舞，也不因世俗的纷扰而烦心。静以致远，动而有为，力争把生命的句号，画得更圆一点。”这就是“碌碌人生呈辉煌”吧！

他最后说：“今后，我将沿着自己铺设的这条道路往前走，一直到生命的尽头。”闭卷思忖，我学他走已十分不易，要铺设一条适合自己走的路恐怕更难啊！但只要一步一步坚持走下去，自然会达到一个新的目的地。

（2022 年 7 月 31 日改定）

回归合并显才情

——记浙江大学原党委书记张浚生先生

张浚生（1936 年 7 月—2018 年 2 月），福建长汀人，教授。1956 年 8 月加入中国共产党。1958 年 8 月参加工作，浙江大学机械工程学系光学机械仪器专业毕业。1965 年至 1983 年，先后任浙江大学光学仪器工程学系党总支书记，校党委委员、常委、副书记。1983 年 3 月至 1985 年 7 月，任杭州市委副书记兼秘书长等职。1985 年 7 月至 1998 年 3 月，任新华通讯社香港分社宣传部副部长、部长及副社长等职。1998 年 3 月，任四校合并领导小组副组长，新浙大筹建小组组长。1998 年 9 月至 2004 年 7 月，任浙江大学党委书记。中国共产党浙江省委第七届委员，浙江省第十次党代会代表。

1968 年 10 月，我以教研室负责人的身份被学校抽调去做教育革命调查后，就因工作需要和徐汉勤同志一起被留在教务处工作，从而有机会接触到校系的各级领导。许是因为张浚生教授强大的亲和力，他成了我敢交谈几句的几位领导之一。特别是他的率真个性，让我深感他是最讲真话、最持公道的领导，他在校机关任职或退下后主动守机关的日子里，我因请他写序等事多次去过他办公室，有时还会借机访谈一小阵。

2014 年 11 月 28 日，我收到由吴阶平、吴文俊等十位资深院士主编并作总序，由中国农业出版社出版的传记《施雅风》十本样书，我和老伴像老年得孙一样喜悦，立马去玉泉校区老行政楼给为《施雅风》作序的张浚生教授送书致谢！平易近人的张教授在祝贺与溢美言词后多有勖勉，直至有人来找他，为我们留下十分珍贵的三人照！

2014 年 11 月 28 日，笔者夫妇在张浚生（中）原书记办公室留影

2018 年 2 月，张浚生教授仙逝的消息传来，我悲从心起，决定用文字记录我知道的故事，拖至如今才心想成真。谨以此文作为他仙逝 5 周年的纪念。

求学路上炼才干

1936 年，张浚生出生于福建历史文化名城、客家首府长汀县城。客家人注重“诗礼传家”“耕读传家”，因此张浚生父亲念了不少书。他懂诗词，写得一手好字，当过私塾老师，对张浚生有一定影响。张父后来还当过裁缝，也能做一手好菜，但身体欠佳。1948 年夏，张浚生进入长汀中学初中部学习，不久其父就过世了。因家里一度经济困难，他只念了一学期就休学了。

休学大半年后，张浚生于 1950 年春重回长汀中学，进了春季班学习。

长汀中学有着悠久的历史，是福建最早创办的新学堂之一，在 20 世纪 30 年代是福建省苏维埃政府所在地，1934 年 10 月，红军主力从这里开始长征。

长汀中学培养了许多杰出人才，出了杨成武、刘亚楼两个上将——张浚生见过这两位上将，另有北海舰队司令张元培等几位少将，还有国家自然科学基金委主任张存浩院士，等等。这些人让学生们引以为豪，也给张浚生带来了良好的影响。

1950 年 10 月，张浚生加入中国新民主主义青年团，并很快被选为团支部书记。此后，他带领同学们参加“土改”“镇反”和“三反”“五反”等宣传活动，至 1951 年上半年，活动较多，冲淡了学习气氛。1951 年暑假，张浚生参加了龙岩专署专门举办的团干部训练班，听地委书记、老红军伍洪祥同志的报告，后又学习团中央书记蒋南翔的《谈谈当前学生运动当中的几个问题》，提出“青年学生既要有政治热情，又要不放弃学业”……这样的训练班很有针对性，此后，同学们就慢慢静下心来认真读书了。1952 年暑假，张浚生参加了漳州团支部书记讲习会，学习内容主要是如何做好中学的团组织工作。那年他刚上高一年级，又参加了应届高中毕业生培训班的服务工作，主要是学习方志敏狱中写的《清贫》和《可爱的中国》两本书，对应届高中毕业生及参加服务工作的学生教育影响深远。

1953 年，张浚生（右 1）在福建长汀与同学合影

1954 年夏，春季班的张浚生提前半年高中毕业了。春季班和秋季班一同参加高考。虽然张浚生高中只念了两年半，但他学习刻苦，成绩依然优秀。

20 世纪 50 年代高考统一考试，福建省只设福州和漳州两个考区。龙岩地区、厦门、漳州和泉州的考生集中在漳州考试。1954 年夏，长汀中学高中 3 个班的毕业生 100 余人长途跋涉去漳州参加高考。出发前，党员陈天青老师请张浚生协助两个带队老师做好管理工作。

1954 年夏秋之交，长江中下游地区发生了百年不遇的特大水灾，长汀一带洪水暴发，汽车停运。长汀到漳州有 300 余公里，全程路上要半个月。为保健康，大家一天不能赶太多路。张浚生忙前忙后，要照顾同学，还要找挑夫，帮着挑一些复习用书；每到一个地方，就要安排大家吃和住。同学们去自修了，他还要忙杂事，几乎没有复习时间。到了漳州女中考点，为大家安排好食宿，张浚生还要去交体检表、报名表等，没有时间看书。第一门语文刚考完，就有人叫长汀中学有同学晕倒了，于是张浚生雇了一辆脚踏三轮车，把病号送到医院诊治。回到考点，他中饭也顾不上吃，就又去参加下午的英语考试。

考试结束后，张浚生带同学们回长汀。这时洪水已退，可以坐一段路的长途汽车，但这么多人有时买不到汽车票，只好走一段路；住宿没钱了，只好去借宿。最后，大家安全回到长汀。

在中学，张浚生一直当学生干部，得到了极大的锻炼，学习成绩出众，这与老师的教育与关爱有很大的关系。校长陈群、班主任黄文义、政治老师陈天青、语文老师曹仰南等都要求很严格，但又很爱护学生，令他难以忘怀。如张浚生身体较瘦弱，陈天青老师还买当年流行的补品鱼肝油给他吃。张浚生如愿考取浙江大学机械工程学系光学仪器专业后，陈天青老师考虑到他家人多，经济困难，就悄悄地给他 5 元钱做路费，够买当年南昌到杭州的硬座火车票了，这件事令他永生难忘！又如高中最后一个学期，张浚生向语文课曹仰南老师提出申请，免写每周一篇命题作文，以便他集中精力写一篇《从鲁迅小说看鲁迅的思想》的文章，并在学期结束前上交，曹老师破例同意了。于是，张浚生在读完鲁迅的小说、杂文等后，决心写好这篇文章。曹老师收到张浚生写的文章，不仅认真修改，还在作文课上作了讲评。这篇长文写作，让张浚生得到极大的锻炼与鼓舞！

由于水灾，张浚生等人从长汀坐汽车到南昌后，买不到去杭州的火车票，几天后经火车站站长特批才买到票，到浙大报到时已迟了几天，未能赶上开学典礼。

张浚生等新生到浙大玉泉新校区报到后，看到教学楼正在建设，宿舍只建了 5 幢，食堂也未建好，没有一条规整的道路，到处是坑坑洼洼的杂草地，上课在宿舍里，吃饭在草棚里。面对此景，同学们看了有些失望，后来听说大学路老校区很漂亮，又有了很大的慰藉。张浚生作一诗《步入浙大求学时明志》：

平生立志为国酬，红透专深是所求。
利民即如萤火闪，似此青春亦风流。

入学两周之余，根据苏联专家的建议，新生班级首次建立团组织等，那时称“班三角”，即一个团支部书记，管学生政治思想工作；一个班长，管学习；还有一个班主席，管生活。经团委老师考察推荐，张浚生先当了两年团支部书记，后当了两年系团总支书记。张浚生由于学习格外用功，加上团的工作较忙，到国庆前夕，不幸发高烧，伴有胸腔积水。在浙大附属第一医院住院 3 周，又转住校医院 3 周余，他脱课有一个半月。但经努力补课自习，他期末考试也获顺利通过。

1955 年，张浚生（左 2）在杭州与同学合影

在 4 年学习期间，张浚生学习与工作都十分努力，学习成绩优秀，于 1956 年光荣地成为一名中国共产党党员。1957 年“反右”运动期间，张浚生任机械系学生团总支书记，参加光仪、铸造两个专业党小组的“反右”工作。由于同学间相互

信任、友爱团结，四个班级的党小组成员中未有一个被错划为“右派”而坠入不幸深渊。

求是园里勤耕耘

1958 年夏，受到 4 年求是精神熏陶的张浚生留在求是园任教。他对教师生涯满怀憧憬，决心一步一个脚印地从最基层的见习助教做起，英姿勃发地双肩挑起管理和教学两副担子。光学仪器教研组有个传统，由党员教师任教学秘书，张浚生以初生牛犊不怕虎的气势接了棒，还兼任机械工厂光学车间主任。另一边，他还一肩挑起光学玻璃工艺学课程教学的重担——这是他留校后教授的第一门课。

1960 年 8 月，学校成立光学仪器工程学系，下设光学机械仪器和物理光学仪器两个专业。张浚生调任物光专业党支部书记，系里特派他去长春光机所向王大珩等先生请教。回校后，张浚生除带领大家参加新专业的创建外，还在盛耕雨老教授指导下，和林中老师一起开设了光谱仪器学课。由于没有现成的教材，为了上好这门课，张浚生和林中备课时要查看俄、英、德、日等外文资料，自己编写上课用的讲义，并以此为基础出版了国内第一本《光谱仪器学》，后来还被上海图书馆收藏。

现代科学技术发展日新月异，新学科、新专业也不断涌现。1960 年激光发明后，国内很快出现激光热。1969 年，张浚生提出先在物理光学仪器专业中增开激光技术与仪器课程。翌年，老师们又去上海光机所学习调研。此后，系里发动老师做气体和固体激光器，杨国光老师还写了《现代光学测试技术》一书，其中“激光光谱技术”一章由张浚生和林中老师合写。这本书很畅销，出过两版。1972 年，张浚生带领学生参加南京大学提出的太阳塔及多波段太阳光谱仪的研制，共同获得江苏省科学技术进步奖二等奖。

张浚生留校后，政治运动频发，先是“大跃进”，继之是大规模的“教育革命”，后是“反右倾”“四清”运动。凡此种种，再加上师生下乡下厂等，让张浚生这个兼职支部书记格外忙碌。这就苦了妻子杨惠仪：临产无人照顾，产后小孩无人带。“文革”期间，张浚生尽管家庭出身和个人经历均好，应是“根红苗正”的代表，但仍受到一些冲击。

1958 年冬，毛主席已觉察到“大跃进”运动中“左”的问题，在工作中加以纠正。1959 年 1 月，中共中央召开的教育工作会议指出，教育工作方针是“巩固、整顿、提高”。浙江大学贯彻中央的教育方针，提出以“一・三・八”的方式安排教学，即全年八个月教学，三个月劳动，一个月寒暑假。

1966 年，张浚生一家在求是村宿舍楼前

毕业后在浙大工作期间，1960 年夏，张浚生还参加过师生江山挖煤劳动，名为技术革新，使挖煤机械化，实际上少有煤可挖。当时，省委吴宪副书记来煤矿考察，见浙大师生在做普通挖煤的体力活，就让回校去。两个月的挖煤劳动这才结束。

1972 年，张浚生夫妇带两个小孩去五七干校劳动半年。1975 年下半年，张浚生又带领专业师生到德清农村搞农业学大寨活动。

1978 年，张浚生被浙江省委任命为浙江大学党委常务委员。1980 年 7 月，学校召开第七次党员大会，党委第一书记刘丹同志在会上提出“把浙大办成培养优秀科技人才、攀登科技高峰的全国重点大学”的奋斗目标。会上，张浚生被选为学校党委副书记。

1981 年 9 月初，张浚生被浙江省委选送去北京参加“中共中央党校第二期中青年干部培训班”学习。该期培训班共有 142 名学员，党校校长由党中央主席胡耀邦同志兼任。学习内容除了哲学、政治经济学等马列主义的基本原理、党史之外，还学习党的十一届三中全会的决议及当时一些国际上有关改革开放的理论。培训班专门开设了现代科学技术课程，其中“激光技术”部分由张浚生讲授。

1982 年 7 月 20 日下午学习班结束前，142 名学员乘车去中南海怀仁堂与胡耀邦主席合影，之后胡主席对中青年干部提出殷切希望，要大家多读书，多学习，包括马列主义经典著作、党的重要文件等，还要学一点历史、文学、自然科学基本知识，还要多少懂一点文艺。要成为一个成熟的马克思主义者，大概要读两亿字的书，这两亿字不包括看文件，看报纸，但看小说可以包括在内。总之一句话：任何时候都要多多要求自己。

培训班结业时，每个学员都要写一份小结，张浚生的小结除了写开始不想来学习的思想缘由及后来的思想转变过程外，重点总结了学习期间的四大收获，总的说来，就是提高了觉悟，明确了任务，增强了信心，增加了知识。事实上，此次培训为他后来离校从政打下了较好的基础。张浚生在离党校返杭前，在宿舍走廊的黑板上写了一首诗，作为告别党校及同学的纪念：

同窗共读计一年，精研经典上百篇。
学友谈心情切切，领袖慰勉语涓涓。
开放伟业正兴起，改革重任担在肩。
临行不作惜别语，万里征途更扬鞭。

从政为官显才智

20 世纪 80 年代初，杭州新一届市委领导班子成立，张浚生也在此时走进杭州市委的领导班子里，并于 1983 年底被选为杭州市委副书记兼政法委书记。

1983 年，全国的改革从农村转向城市。杭州市委在市委书记厉德馨同志领导下贯彻中央改革开放精神，由钟伯熙副书记（时任杭州市市长）和张浚生副书记负责组织实施工作。杭州市委、市政府请经济学家作形势报告，制订出杭州市经济体制改革方案，学习开放较早的广州、珠海、深圳等城市的改革开放经验。

为了改变“美丽的西湖，破烂的城市”的评价，杭州市委、市政府在中东河拉直和西湖整治方面做了不少工作。西湖整治主要采取三方面措施：一是拆迁湖边有碍景观的房子；二是针对从西湖向南往钱塘江大桥下面过的公路，将通向富阳的一个涵洞增加到两个，以利来往车辆分流；三是沟通钱塘江与大运河，使运河水除臭变清。工程完成后，张浚生自豪而风趣地说，隋炀帝没有做到的事，我们做到了。

1985 年 10 月底的一天，杭州市委书记办公会上，市委书记厉德馨通报了中央组织部要调张浚生同志去香港负责新华社宣传工作的信息。张浚生考虑到杭州市委工作已熟悉顺手，不想去香港，遂向省委组织部以至省委书记王芳同志反映。王芳书记说已与中央组织部商定借调两年，还说浙大老师一般留学期为两年，此去香港就当“留学”吧。于是，张浚生奉命于 1985 年 7 月到香港“留学”(任职)，后来两年到期也没能“毕业”回杭州。这次“留学”竟长达 13 年之久，其间有关他工作的故事及亮点自然多多，限于篇幅，我只能采撷几朵小花而已。

新华通讯社前身是 1931 年创建于江西瑞金的“红色中华通讯社”，1937 年在延安改名为“新华通讯社”，简称“新华社”。

新华社香港分社成立于 1947 年，在 1997 年香港回归后不久，被改为中央人民政府驻香港特区联络办公室后，又成为中央政府授权的工作机构。

张浚生初到香港时，担任新华社香港分社宣传部副部长，至 1986 年 2 月升任分社宣传部部长。

1984 年 9 月《中英联合声明》草签，明确提出香港回归后 50 年不变。此后，香港的斗争逐渐激烈起来，新华社香港分社宣传部要对此有所作为。我国希望过渡时期政治保持平稳，经济保持繁荣，社会保持稳定，但英国当局于 1984 年就抛出一个试图改变政治体制的“代议制”绿皮书，翌年搞了白皮书，企图改变香港政治结构。就这样，双方争论逐渐多了起来。为引导舆论，分社宣传部建立了舆论处。

多年来，在港英政府统治下，香港的情况十分复杂。彼时，共产党活动有基础，但仍不公开；国民党反动势力猖獗，特务组织的势力还相当大，不时与我们较量。张浚生亲历过“反策反斗争”，也处理过台湾货机飞回大陆谈判等事件。随着新华社香港分社工作的开展，尤其是随着香港回归临近，国民党的势力已搅不起风浪了。

张浚生到港任职后，注重入乡随俗，尽可能多参加一些社会活动，如行业协会、学会的年会和周年庆祝会，公益金百万行，公司开张剪彩，慈善义演活动等等，借此团结香港各界人士，从而在公众中树立内地官员的良好形象。张浚生每天都要参加几场活动，有时多达五六场。因香港大学有个著名的经济学家张五常教授，张浚生就因活动多而被有些朋友笑称为“张五场”。

张浚生待人谦和，广交名流，如与著名企业家邵逸夫、曾宪梓、田家炳、霍英东、曹光彪、何英杰等都有交往。这些著名企业家都有捐资助学、慈善济世的鲜亮故事。如慈善家邵逸夫先生是浙江宁波人，给内地教育捐款 40 余亿元。经张浚生牵线搭桥，邵逸夫先生 1985 年给浙大捐了第一笔款 1000 万元建邵逸夫科学馆，后又捐款给浙大建第一个邵逸夫医院。又如广东梅县曾宪梓先生，在国家遇到洪水、地震等灾害及举办奥运会时，都会力所能及地捐款，总额已达六七亿元，其中包括为浙大新校区捐建的一座大楼。

20 世纪 80 年代，张浚生（左）为邵逸夫先生颁奖

20 世纪 80 年代，张浚生（左）与霍英东先生交谈

除了企业家外，张浚生还和两袖清风的大银行家庄世平多有交往。庄老是全国政协常委、全国侨联副主席，是第一批大紫荆勋章的荣获者之一。新中国成立之初外汇稀缺时，庄老从海外设法买回来《伯远帖》送给故宫博物院收藏，令人敬佩！张浚生为他题写了一幅字：“高山仰止，景行行止。虽不能至，心向往之。”

张浚生去香港任职，正处 1985 年 5 月《中英联合声明》生效至香港回归的过渡时段，中英间的论争乃至斗争较多，可以说他身处风口浪尖。但这段时间，也是他和同事们施展才华，并与英国官员斗智斗勇的时段。总的说来，过渡时期的论争分为两个阶段。第一阶段是 1985 年 5 月至 1989 年 6 月。其间，第 26 任港督尤德在北京访问时去世，卫奕信继任，中英双方既合作又斗争，但以合作为主，尽管有不同意见，经过争论大致都能取得一致。第二阶段是 1989 年 6 月至 1997 年 7 月，双方是既合作又斗争，但以斗争为主。卫奕信至 1991 年底宣布调离，彭定康 1992 年 7 月才到任，这半年多让卫奕信很难开展工作。

第二次世界大战后，世界上反帝国主义、反殖民主义斗争风起云涌，联合国也作出非殖民化即取消殖民地的决定，英国逐渐失去了它在海外的绝大多数殖民地。但英方每从一个殖民地撤退，都会精心研究策划，周密部署，以图尽可能地保持其政治影响和经济利益，甚至保持某种形式的宗主国地位。中国香港与殖民地国家不同，香港是中国的固有领土，不能独立，于是英方就在政治方面挑起事端，想办法将原来受他们影响及控制的人尽量弄进将来的特区政府。其中改变香港政治体制，逐步开放立法局和行政局，就是英方自认为的一张“王牌”。

我国政府为了保持香港的长期繁荣稳定，制定了“一国两制”“港人治港”“高度自治”和香港回归后保持原有的资本主义制度与生活方式 50 年不变的方针政策。英国政府在关于香港前途的谈判中看到我国收回香港、恢复行使主权是不可改变的事实，就在 1984 年 7 月抛出绿皮书《代议政制在香港的进一步发展》。绿皮书也好，三个月后的白皮书也罢，说穿了就是把“还政于中”变为英方可控的“还政于港”，企图抢在香港特区基本法制定和特区政府成立之前，推出一套英方设计的政治架构，逼迫基本法与之衔接，最终达到制约未来的特区政府的目的。英方所谓的“还政于民”，实质上是想交权给亲英港人。我们对此不会同意，但希望香港平稳过渡并保持长期繁荣稳定，因此仍耐心地与上述三任港督沟通。

由于英方不合作，按照邓小平同志的指示，新华社香港分社张浚生等人就考虑“另起炉灶”。按全国人大通过的香港特区基本法规定，特区政府筹备委员会（简称“筹委会”）应在1996年初成立，距离香港回归只有一年半时间，会来不及准备。为了给特区筹委会的成立做一些预备工作，1993年7月，八届全国人大二次会议决定成立“香港特别行政区筹备委员会预备工作委员会”（简称“预委会”），这样就提早两年左右开始筹备特区政府成立的有关事宜。接着，“预委会”对“筹委会”将要做的工作逐项进行讨论、咨询并形成方案，待“筹委会”成立后确认决定。为了让更多香港人士参加回归工作，1992年3月起，国务院港澳办和新华社香港分社聘请香港事务顾问（简称“港事顾问”），前后四批计196人；后又以新华社香港分社的名义聘请一批香港地区事务顾问（简称“区事顾问”），有几百人。这样一来，香港回归工作就有了较扎实的群众基础。

1989年春夏之交的政治风波过后，英方对我国政治局势作出错误判断。除计划改变香港政治体制外，英方主要还搞了三件事与我们对抗：第一件事是在1989年秋宣布要建新机场及附属设施，即所谓“玫瑰园计划”，未与我方沟通；第二件事是“居英权方案”，想把22.5万香港精英变成英国国籍；第三件事是搞《人权法案》，目的是要架空基本法。面对这些复杂的问题，智慧的张浚生都对英方作了有理的说服乃至斗争，使问题得到较圆满的解决。

在过渡时期，张浚生的职务是先任新华社香港分社宣传部副部长，半年后任宣传部部长，过了一年多又任副社长，1992年末还兼任新闻发言人。无论张浚生担任什么职务，新闻界人士都喜爱与之交往。他化雨传媒，广交朋友，逢年贺岁还送压岁钱，港人称“派利市”。

在香港分社任职，舆论工作特别重要，特别是彭定康任总督后，不断地跟我方搞摩擦。我国政府主要通过报纸发表观点，有些重大事情通过分社宣传部直接发布。对此，张浚生认为做好舆论工作的关键是在新闻界广交朋友，与之坦诚相待，建立感情。他曾陪香港第一大报《东方日报》老板马澄坤去北京、杭州访问，马澄坤还为原浙医大附属儿童医院捐款100万元。《南华早报》是发行量最大的英文报纸，这家报社后来被卖给了马来西亚华裔郭鹤年先生，而郭先生的嘉里集团是购买原浙医大湖滨校区地块的公司。《南华早报》的总编、副总编都是西方人，编辑和记者基本上也是西方人。他们的新闻观点与我们相反，总编阿姆斯特朗说：好消息不是新闻，而坏消息才是新闻。因此，《南华早报》上负面新闻登得多。

1999 年 3 月，张浚生（左）出席金庸先生受聘浙江大学人文学院院长仪式

张浚生到香港头一个月，就在杨奇陪同下拜访了《明报》社长金庸。金庸不是文学家，但其武侠小说盖过了他其他方面的成就。他办报很成功，特别写了 30 年社评。这个被人称为“总主笔”的社评人拥有非常广博的知识和很高的学问。金庸富有丰富的历史知识，写过《袁崇焕评传》，认为袁崇焕是被冤枉的，起着历史专家的作用。金庸在我国文学史上的地位很重要，影响很大。经过多次拜访和往来，张浚生促成了金庸就任浙大人文学院院长一职。

在香港工作时，张浚生还经历了许多突发事件。如 1989 年春夏之交政治风波期间，金尧如等人策划的《文汇报》开天窗，刊登“痛心疾首”四字；后金尧如又策动香港《文汇报》脱离共产党领导，要香港《文汇报》社长李子诵免去新华社香港分社派去的陈伯坚的副总编职务。于是，新华社香港分社就派张浚生去香港《文汇报》社宣布罢免李子诵社长职务。这样第二日见报，头条是罢免李子诵，第二条才是李子诵撤去陈伯坚副总编一职的消息，挽回了影响。

1983 年 12 月 24 日，新华社发布了国务院同意在广东大亚湾兴建核电站的消息。1986 年 3 月，广东核电合营公司与法国法玛通公司签署了广东大亚湾两台 90 万千瓦核岛供货意向书。1986 年 4 月底，苏联切尔诺贝利核电站核泄漏事件引起香港震动，有些人将核电问题政治化，一些极端反共势力趁机推波助澜，以签名、抗议、游行等方式反对核电站建设，破坏香港繁荣稳定。时任新华社香港分社宣传部部长的张浚生坚决执行中央有关指示，帮助香港相关报纸确定大亚湾核电站建设的报道计划，做好舆论宣传等工作。经各方共同努力，这场风波终于逐渐平息。总之，张浚生能审时度势，为稳定香港大局坚定立场，他敢于担当，做了许多香港的宣传和维稳工作。

1997 年，张浚生（中）、杨惠仪（左 1）夫妇在香港参加迎香港回归活动时留影

张浚生还担任过回归庆典筹委会副主任。他提出香港回归倒计时 1000 天，是纪录片《香港沧桑》的三个总策划人之一。他工作认真、细致、负责。从升国旗、奏国歌，到解放军进驻时间等，英方处处都为难我方，经张浚生等人的说理论争，最后基本都得到圆满解决。张浚生在挑选会场、中央代表团下榻酒店、国旗及区旗的大小等细节上，他都考虑周全。对包括张浚生在内的筹委会工作人员而言，1997 年 6 月 30 日香港回归前夜是个不眠之夜，他们几乎都在通宵达旦地忙碌。

1997 年 6 月 30 日晚 9 时，彭定康在港督府降旗。英方在天马舰举行告别仪式时，雨下得很大。有文章说，这场雨对中国人民来说是洗刷百年耻辱，对彭定康他们来说则是凄风苦雨的送别。

张浚生回浙任职的消息一出，在他离港前的一月余内，香港各界单位及全港最知名的贤达纷纷以各种形式对他在香港回归中的出色贡献致以诚挚的谢意，并与之深情话别，让张浚生应接不暇。特别是中国新闻社特赠一块纪念牌，上刻“缜密灵活，言多不失”八个金字，足见张浚生出众的才华。2003 年，香港城市大学特授予张浚生荣誉博士称号。

殚精竭虑四校并

浙江大学至今已走过 127 个年头，连杜江峰校长在内计有 103 位校长，其中竺可桢校长任职最长，达 13 年。

经过竺可桢校长的苦心经营，走过抗日战争烽烟的浙江大学，在新中国诞生之初已是一所知名的综合性大学。当年，国人公认清华大学、北京大学、浙江大学和中央大学（南京大学）是“全国最好的四所大学”。

据《竺可桢日记》（第十一册），1963 年 10 月 20 日至 11 月 13 日，竺可桢老校长以全国人大常务委员会委员身份访问浙江。竺校长 11 月 13 日的日记载：“与建功谈浙大与杭大合并事，他希望杭大能做研究工作，但反对与浙大合并而称理工大学，因理科有自己使命，不仅为工科服务而已。”原杭大校长陈立教授说，1970 年竺校长又向周建人省长提合并事，周省长亦首肯。

1979 年 5 月，浙江大学党委第一书记兼副校长刘丹等一行人去美国考察高校和研究机构后，感触良多，曾向浙江省委写信表达了恢复或创设综合大学的意向。此后，刘丹同志还在全国人大会议上提交了将浙江四所大学合并组建一所综合大学的提案。对刘丹等人的提议，浙江省委主要领导李丰平、薛驹等还主持召开了几次座谈会，签订了四所大学联合办学的协议。

1989 年，刘丹同志在仙逝前又嘱时任浙江省委副书记、副省长吴敏达和校长路甬祥要一直关心四校合并的事。此外，老科学家王淦昌、苏步青、谈家桢、贝时璋等人也联名给江泽民总书记写信，建议将 1952 年从浙大调整出去的几所学校重新合并。可见，将四校合并成综合大学是众望所归，大家心向往之。

20 世纪 90 年代初，我国高校布局开始调整，中央提出“调整、合并、合作、共建”八字方针，1992 年起有四川大学、扬州大学、南昌大学、同济大学等校各自与其他学校合并。

当时，中科院院士朱祖祥教授、浙大副校长王启东教授都是浙江省人大常委会副主任，1996 年 3 月同去北京参加八届人大四次会议。副总理李岚清参加浙江组讨论时，两位教授又提起四校合并话题，李副总理就指示国家教委朱开轩主任跟进落实。同年10月，朱开轩主任带队到浙江调研四校合并事宜。

张浚生一直支持四校合并。经过多方酝酿，1998年3月23日，国务院批复教育部和浙江省委，同意浙江四校合并，任命张浚生为筹建小组组长，潘云鹤为副组长。中组部还安排张浚生兼任浙江省特邀顾问。为加快合并进程，教育部党组和中共浙江省委联合成立了四校合并工作领导小组，由教育部部长陈至立任组长，浙江省委副书记刘枫、浙江省副省长鲁松庭、教育部副部长周远清、新浙大筹建小组组长张浚生任副组长。

1998年4月27日，张浚生偕夫人杨惠仪离开工作、生活了13年的香港，回到杭州挑起四校合并的重担。同年4月30日，“浙江大学筹建小组成立大会”在浙江省府大楼12楼召开，教育部部长陈至立、副部长周远清，浙江省委副书记刘枫、副省长鲁松庭以及四校党政主要负责同志都参加了会议。会议宣布了国务院任命筹建小组组长、副组长的文件，还宣布了小组成员共9人的名单。下午2时，在省府大楼会议室，由教育部和浙江省委、省政府联合召开“新浙江大学筹建大会”，教育部部长陈至立和浙江省省长柴松岳等领导出席会议，与会的还有四校的领导、干部和教师等。会议宣布了几个文件后，陈至立部长作了重要讲话，说四校组成的新浙大是一所真正意义上的综合性大学，几乎覆盖了所有学科门类，这不仅对学校自身的发展，而且对全国高等教育改革与发展，都将产生重大的影响，并将在中国高等教育史上翻开崭新的一页。她要求四个学校的领导班子、学科带头人同心同德，顾全大局，圆满完成合并组建工作，经过一二十年的努力奋斗，使浙江大学的办学水平、教育质量、科研水平迈上一个新的台阶，尽快跨入世界先进行列，为我国高等教育事业谱写新的光辉篇章。

柴松岳省长也在会上说，四校合并组建新的浙江大学，是我国高等教育发展中的一件大事，也是浙江经济和社会发展中的一件大事，搞好四校合并，组建新的浙江大学，并努力把新浙大办成世界一流的综合性大学，浙江省责无旁贷，义不容辞。

在筹建工作中，张浚生多次提到新浙大的“九字方略”，即建成“综合型、研究型、创新型”的大学。他引用杜甫《望岳》中诗句——“会当凌绝顶，一览众山小”，表示相信新浙大人有不怕困难、敢攀顶峰、俯视一切的雄心和气概，以及卓然独立、兼济天下的豪情壮志，经过一代人的努力，会在21世纪的某个时期把浙大办成世界一流大学。

1998年8月下旬，教育部下发《关于浙江大学、杭州大学、浙江农业大学、浙江医科大学合并组建新的浙江大学的决定》，文件主要内容有三条：一、合并后的新校名定为“浙江大学”，实行一个法人、一个领导班子、一个建制，并相应撤销原有学校的独立建制；二、新的浙江大学为教育部直属高校，实行教育部与浙江省共建共管，原属四校的在编人员、资产全部划归新的浙江大学统筹管理，教育部与浙江省分别拨款的投资渠道不变，双方投入的经费由新的浙江大学统一安排使用；三、四校合并组建新的浙江大学是我国高等教育体制改革和布局结构调整的一项重大举措，对于面向21世纪在我国组建若干所规模大、层次高、学科门类齐全的综合性大学具有重要的示范意义，必将对我国高等教育的改革与发展产生重要而深刻的影响，希望新浙江大学成立以后能够成为一所具有重要国际影响的社会主义大学。

经筹备小组20次会议研究，张浚生带领全校师生员工奋力筹建新浙江大学。

1998年9月15日，天高气爽，风和日丽。全国人大、全国政协领导，中央有关部委和浙江省市领导，香港、澳门的宾客和兄弟院校的领导及学校两千多名师生员工在玉泉校区邵逸夫体育馆参加了新浙大的成立大会。李岚清副总理等领导作了重要讲话，宣读了中组部任命张浚生为浙江大学党委书记的文件，宣读了国务院任命潘云鹤为浙江大学校长的文件。两位新领导作了表态发言。

四校合并之初就确立了“创建世界一流大学”的奋斗目标。为此，张浚生把办好教育当作自己的终身事业来做。同时，他对教职员工提出了16字的要求，即“一流意识，全局观念，奉献精神，踏实作风”；对学生提出了综合素质的30字要求，即“崇高的理想，良好的品德，宽厚的基础，卓越的能力，踏实的作风，健康的体魄”。他多次在大会上表示，实现一流大学

2001 年 9 月 18 日，张浚生（中）在新校区开工典礼上讲话

的目标，要 5 年打基础，10 年见成效，再奋斗 10 年或更长时间，达到既定目标。这些目标与要求确实起到了凝聚人心、鼓舞斗志的作用，使全校上下形成一种改革创新、同心同德、求是奋进的精神风貌，为实现浙大共同的奋斗目标而尽心尽力，期盼能在浙江大学建校 120 周年左右时，使之跻身于世界一流大学的行列。现在回过头来看，张浚生提出的目标、要求与具体措施对浙大的改革与发展有积极的意义。特别是在原规划紫金港基础部建设基础上的进一步发展，大大提高了办学及人才培养的整体水平，促进了办学质量和效益的提高。社会各界认为四校合并是成功

21 世纪初，张浚生（中）与浙大毕业生合影

的，达到了预期的目标，也得到了李岚清副总理的肯定，李岚清在其著《李岚清教育访谈录》中对四校合并有中肯的评价。他认为“浙江大学就是个成功的范例”，并表示：“该校合并以后，教师实力、学科结构、学校扩建、办学规模、学科科研水平等方面都实现了跨越式的发展，在国内都名列前茅。”

2004 年 7 月，张浚生因年龄从浙大党委书记岗位上退下，后担任浙大发展委员会主席。此时，据国内多家评估机构评估，浙大综合办学指标稳居全国高校第三位。张浚生由于在四校合并一系列工作中成绩突出，特别是在党的组织建设和思想政治工作中成效显著，获得了中央组织部、中央宣传部和教育部党组织联合颁发的党建的思想工作先进个人奖。

晚霞多彩暖人心

张浚生的办公室多年来挂着他自己写的一首《述怀》诗：“理想是大同，典范有周公，他年堪笑慰，彩霞满天红。”其实，这也是他一生的座右铭。他仙逝后，后人把这首《述怀》诗刻在他的墓碑上，作为永久的缅怀。

2004 年 7 月，68 岁的张浚生在高教战线上下的一片赞扬声中退位，但他却是退位而不退岗，宁可花些时间自己乘车去玉泉校区办公。他利用玉泉校区闲置的旧房给自己设了一个办公室，好让师生方便找他，他则继续当一个师生的公仆。

1974 年春节，张浚生（左 1）在福建长汀与大哥、二哥、三哥合影

张浚生 1936 年出生在福建贫穷的小县城长汀，那里四面大山，交通闭塞，但也是工农红军二万五千里长征出发的地方。

张浚生父亲去世较早，

他的四兄弟中，大哥参加解放军，二哥做木匠，三哥初三肄业后亦做木匠，家里生活较清苦。“张浚生一辈子都是吃苦的，但他非常喜欢读书。他上大学时给我印象很深，因为他都是赤着脚来上课的，衣服就是一套自己染色的旧军服，是他大哥给的。他瘦得脸上一点肌肉都没有，肚皮都贴到后背了。这事情我向他谈起时，他都会含着眼泪说，他在家中经常是吃豆腐渣、豆芽根，能吃到一顿饱饭谈何容易？”杨惠仪富有同情心地说道。

1962 年，张浚生与杨惠仪合影

1978 年，张浚生全家福

张浚生与高中同学、大学同系机床设计专业同年毕业生杨惠仪结为夫妻后，于 1960 年生了女儿张红，1963 年生了儿子张豪。

张浚生退休后，对贫困生感同身受，能深切地体会到贫穷求学的艰难与饥饿的难熬滋味。为了帮助家庭贫困的浙大在读本科生、研究生顺利完成学业，2005 年，各地校友及社会人士发起设立了“浙江大学浚生贫困学生助学基金”，这是他退休后热衷奔忙筹资的大好事。“张书记说，不能有一个浙大学子因生活困难而辍学。”基金理事会理事长卜凡孝说。成立一个基金会，帮助贫困的孩子，是张浚生一直以来的夙愿。

浙江大学浚生基金理事会秘书长、中国美院党委副书记孙旭东说，当年每逢节日，张浚生经常深入学生宿舍、食堂，与学生一起包饺子、联欢。同学们思想上遇到困惑、学习上碰到问题、生活上遇到困难，也愿意找他反映，和他聊聊。10 多年来，参与基金捐赠的理事已有 70 多人，基金已有 4000

2005 年 5 月，浚生贫困学生助学基金成立，张浚生与出席仪式的嘉宾合影（前排左起：叶高翔、唐晋发、郑造桓、陈子辰、张浚生、张曦、黄书孟、卜凡孝等）

多万元人民币；截至 2020 年，资助学生达 3610 人次。

张浚生夫人杨惠仪回忆说："为了筹到助学基金，他走进社会，向社会贤达求助，向他们诉说培养人才的重要性及贫困生生活的艰难。他还将自己讲课所得的课时费也捐了出去，很多人被感动了，纷纷伸出援手。近两年，我们一直在争取达到 5000 万元的目标。要是能筹到这个数字，就能资助更多的贫困生。他在去世前一个晚上还在外面活动。那段时间，他就是为了筹划浚生基金才经常出去。"

张浚生还有许多"尊师重教爱后学"的故事。他说，"能不能出大师级人物"始终是文科改革与发展的一个难题。他很重视文科的改革与发展。2001 年，学校实施"文科腾飞计划"，2003 年还专门成立了文科发展领导小组，张浚生任组长，并发布了《关于促进我校繁荣和发展文科的若干意见》。意见重点提出"名师、强所、精品"建设工程，要求"经过 5 ～ 10 年的建设，使我校的文科学科建设和科学研究总体达到国内先进水平的目标"。张浚生在文科大会上提出人文社会科学跨越式发展的五个关系，即当前与长远的关系、个体与群体的关系、文科与科技的关系、历史与现实的关系、中国与世界的关系。

多年来，文科建设经费比较紧缺。张浚生回浙大任职后筹到了第一笔100万元，设立了文科基金——侨福建设基金，后又有张克夫校友向“蒋介石与近现代中国研究中心”捐了100万元基金。在张浚生任上，学校共投入文科建设资金几千万元，还用邵逸夫先生给张浚生的“嫁妆”建了艺术大楼。此外，学校聘请了高尚全、王洛林、李龙等著名学者担任相应学院院长，又引进一些名家做兼职教授。这一切都为浙大文科的改革与发展打下了坚实的基础。

21世纪初，张浚生（右4）除夕夜慰问学生（右3为黄书孟）

张浚生是尊师重教的楷模，绝不只当“台上报告见”的书记。浙大有个三四百人的青年教授联谊会，每次活动他都去参加。他还兼任女教授联谊会名誉会长，活动也都参加。他还会一个学院一个学院地去走走，与教师多做交流。张书记办公室电话号码公开，教授们有事就可打电话给他。教授们有什么难事，他会躬身解决。如教育部首批长江特聘教授之一何赛灵从瑞典回来，为帮他落实实验室事宜，张浚生亲自跑了两次。在筹建新浙大时，张浚生去看几位院士，发现化学系沈之荃院士所在的办公室是几人合用的，电话安在走廊里。四校合并后，他做的第一件事就是为沈院士落实一个独立的办公室，并装上一部电话。

张浚生认为，学校党委的工作重心一定要放在教师和学生身上，要竭尽全力将他们服务好。他特别关照秘书孙旭东：凡有教师、学生找他，千万别挡驾，时间再紧，见面聊几分钟也好，不要让师生失望而归。还有，不管老师还是同学给他写信，他都要自己拆看，自己回复。口头或信中反映的问题，张浚生从不回避绕道，敢于面对并及时处理，这是他的工作原则与风格，令人感佩不已！

1999 年 5 月 8 日，北约轰炸我国驻南斯拉夫大使馆，浙大学生听后很愤怒，在校园里贴了许多大字报和标语以抗议。5 月 10 日傍晚，西溪校区两名日本留学生多次故意将球踢到中国学生抗议的标语上，还撕扯标语。当几名中国学生与之理论时，日本留学生还踢中国学生。这激起了中国学生的义愤，很多同学围了过来，最多时聚了 4000 来人。此事已惊动了浙江省委，省公安厅也来了许多便衣警察。面对此况，张浚生头脑清醒：一是保证日本留学生的安全；二是不能伤害到我们自己的学生。他身负腕骨和肋骨骨折，忍着疼痛亲上第一线，通宵达旦地给同学们讲道理、做工作，翌日 7 时，同学们全部散去。11 日中午，学校向教育部作了报告，陈至立部长赞同学校的处理意见。同日下午，学校将开除一个日本留学生的通告及其检讨书同时在学校广播，平息了摩擦事件。

作序题词多勖勉

我回望在母校浙江大学走过的 63 个年头，交往过的校领导有多位，而印象最深的是张浚生书记。平常我总喜欢叫他张老师，他总是以笑脸相迎，有时甚至呵呵笑出声来。张老师是 2018 年 2 月 19 日 15 时 15 分突然离开我们的，当时我们在美国儿子家探亲（晚 13 小时）。19 日（大年初四）一早得到张老师突然仙逝的消息，我一屁股坐在床沿上，眼泪不由自主地洒在胸前，久久不能自已。20 日，我在心绪稍稍平静后撰写了缅怀长诗《您走了，留给我们无尽的哀思》，21 日修改并打字发给王宽福学友做成美篇，22 日将长诗美篇发朋友圈及朱征、张美凤、何春晖、楼建悦等十余位好友作为缅怀。今引录新体诗如下：

您走了，留给我们无尽的惋惜

您曾说，您是一个裁缝的儿子

苦学修补旧中国的创伤与瑕疵
您曾说，您是书香门第的梁桢
喜好写字作诗承继父辈的爱业
您曾说，您是红色土地的种籽
骨子里源源融进挑大梁的魄力
您曾说，您是客家族人的游子
何畏风霜雨雪大风大浪涛头立
您曾说，您是大山哺育的花岗岩
甘愿一辈子做通向成功的铺路石
您曾说，劳心者地球上没有逍遥之地
活着一日就要干好一天有益人民的事

您走了，留给我们无尽的愿景

您面对，全国最早设立的光仪专业
有智慧有自信站在全班的最前列
您面对，学业和团总支两副重担
挺起脊梁展示非凡的胆识与能力
您面对，奔向全国各地的同窗好友
馈赠“各自东西把国酬”的诗互相激励
您面对，留校任教的教学科研蓝图
只有雄心惟有壮志目光瞄准太阳系
您面对，激光专业白手起家的难题
用大智借大勇高举求是创新的大旗
您面对，“东方剑桥”宏伟的目标与美誉
勉励后学诚勤做人勇占世界一流高地

您走了，留给我们无尽的骄傲

您牢记，中央和省委的双重殷切嘱托
用才华和谋略与香港分社同仁同舟共济
您牢记，全国人民的企盼愿景与希冀
用心血与魅力迎接香港回归母亲的怀里
您牢记，祖国的每寸土地都是母亲的肉
不容侵犯不许践踏不能凌辱永不再分离
您牢记，彭氏的言行是挑拨离间的毒酒
必须针锋相对完全彻底地揭露阴谋诡计
您牢记，1997 年 7 月 1 日 0 时 1 分的时刻
面对冉冉升起的国旗飞洒着久酿的喜泪
您牢记，报效祖国是父辈嘱托的大愿
现代化建设需要几代人的智慧与接力

您走了，留给我们无尽的财富

忘不了，四校合并前的日日夜夜
您操碎了心天天双眼布满了血丝
忘不了，合并后的校党委书记担多重
您提的综合型研究型创新型大学多给力
忘不了，为紫金号启航呕心沥血献策献计
您又请邵逸夫等名家资助母校就地崛起
忘不了，“高校合并成功的范例”的赞美
浚生贫困学生助学基金更如猎猎旌旗
忘不了，您留给我九本书的序言和题字
更留给我绵绵的思念和无尽的眼泪……
忘不了，师生校友心存的都是亲切笑靥
而您还全身心倡导学校的公平与正气……

您走了，留给我们无尽的哀思

天堂里没有病魔作祟，但愿您快乐安息

（2018 年 2 月 19 日得知张浚生原书记仙逝的噩耗，20 日泣作于美国纳什维尔）

2005 年 7 月 16 日，张浚生（前）为笔者题词

张老师擅长书法，其字体清秀洒脱，刚柔并济，越看越有味道。他给我留下了 6 件珍贵的墨宝。2006 年我著的《书友缘》出版，书内刊发张浚生老师三幅题词，即 1999 年夏题写的荀况语：“锲而舍之，朽木不折；锲而不舍，金石可镂。”2002 年夏题的杜牧《山行》诗：“远上寒山石径斜，白云深处有人家。停车坐爱枫林晚，霜叶红于二月花。”还有 2005 年夏，经我邀约，给湖州张诗朴校友题的宋代戴表元诗《湖州》：“山从天目成群出，水傍太湖分港流。行遍江南清丽地，人生只合住湖州。”杜牧的《山行》诗，做了镜框挂在书房左侧墙上，我每在书房时都可欣赏到张书记漂亮隽秀的字迹，都会想起张书记对我的关怀。

张老师还给我题写了 3 件书名墨宝，为我的书著添光加彩，其中就有 2009 年他给我的长诗集《文军长征颂》题写的书名，受到诸多读者的好评。

2014 年，我偕老伴去玉泉校区张老师办公室送书《施雅风》，请他为我题签“启吾求是”（已用于我的自传）和“启尔求真”两个书名。他表扬我克服一切困难，坚持为弘扬求是精神、宣传浙大优秀校友而做出的不懈努力。现在《启尔求真——核研试浙大人》一书经我 20 余年坚持采写，终于在 2022 年 5 月告成，张老师有知也会含笑天国！

除了慷慨赐赠墨宝外，张老师还给我的 7 本书著写了序，依次为 1999

年浙大出版社出版的《求是群芳谱》(第四集);2000年浙大出版社出版的《赤子春秋——刘奎斗传》;2006年起由中国经济出版社陆续出版的、我主编并主笔的中国百年名校系列丛书——《浙大的校长们》《浙大的大师们》《浙大的学子们》;2009年的传记《竺可桢》,他为我作序后,讲了一些勖勉的话,长留我心中;2012年12月的传记《施雅风》作序,这是他给我作的第七篇序文,文中多有溢美之语:"正当全国人民都在为民族振兴、国强民富圆梦之际,浙江大学的优秀教师、杰出的校友工作者和突出贡献的科普作家杨达寿研究员,不顾古稀之年,克服种种困难,静心笔耕,为我们献上了一本文笔精美之作,其爱校爱校友之心可见一斑。"斯人远去,墨宝与关爱之情永存我心!

2018年12月14日,浙江大学党委原书记、新华社香港分社原副社长张浚生先生铜像在杭州安贤园落成

(2022年9月10日定稿)

他爱攀科学高峰

——记随机动力学专家朱位秋院士

朱位秋（1938 年 9 月—　），浙江义乌人。力学专家。1964 年西北工业大学非线性振动专业研究生毕业。1967 年 6 月至 1975 年 9 月在中国飞机结构强度研究所工作；1975 年 10 月至 2018 年 10 月任浙江大学教授、博士生导师。曾受邀与随机振动学科奠基者、美国科学院院士、工程院院士和艺术与科学院院士，麻省理工学院 S.H. 克兰德尔教授，随机结构动力学先驱、美国工程院院士林幼堃教授等国际著名学者展开长期合作研究；曾主持召开 IUTAM 关于非线性随机动力学与控制等三个重要系列国际会议并任会议主席；曾任 7 个 SCI 杂志编委，中国力学学会常务理事，中国振动工程学会副理事长，浙江省力学学会理事长，浙江省振动工程学会名誉理事长，浙江大学应用力学研究所所长。长期从事非线性随机动力学与控制研究，在国际上首创非线性随机动力学与控制的哈密尔顿理论体系，为解决科学与工程中一系列极其困难的非线性随机动力学与控制的关键问题提供了一整套全新而有效的理论方法。发表 SCI 论文 260 余篇，出版中英文专著 5 部，主编国际会议论文集 2 部。2002 年获国家自然科学奖二等奖，2003 年被选为中国科学院院士。2023 年入选校友会 2023（第二届）中国高贡献学者名单，被列入 2014—2023 年中国高被引学者榜单、2023 年世界前百分之二科学家榜单等。

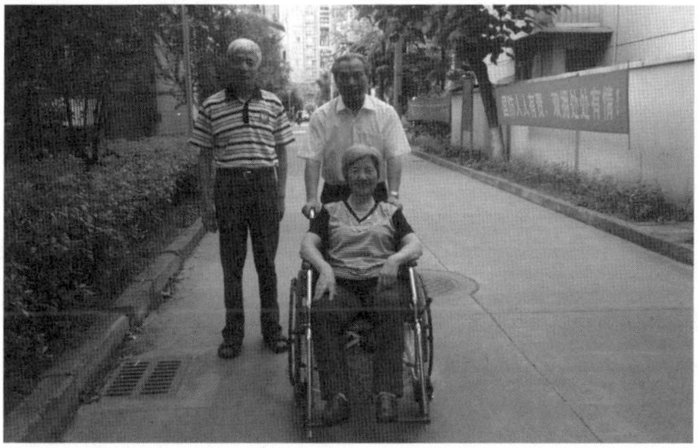

2011 年 7 月 2 日采访后，朱位秋推夫人朱巧芝户外活动时与笔者合影

一张发黄破旧的浙江大学校报，带来了一件人们早已淡忘的往事——1984 年 7 月，美国科学院院士、美国工程院院士、美国艺术与科学院院士、随机振动学科的奠基人 S.H. 克兰德尔给浙江大学力学系主任谢贻权教授来信，信中是对力学系讲师朱位秋在他指导下的学习和工作一年零九个月的学术评价，称“这名杰出的年轻人显然是头等的学者，并有潜在能力成为一位带头的教授与科学研究者”。

2003 年 11 月 30 日，《浙江大学报》报道了朱位秋荣升中国科学院院士的消息，证明了 20 年前 S.H. 克兰德尔预言的准确，也造就了我对朱位秋的先后三次专访，解读他与难题结缘，爱攀登科学高峰并一举成功的人生轨迹。

书本越读越多，成绩越来越好

陇头朱村古称“梅陇里”，位于浙江省义乌市义亭镇，地处义乌江畔的丘陵地带，风光旖旎，物阜民丰。2019 年，陇头朱村入选第五批中国传统村落名录和第二批国家森林乡村名录；2020 年 4 月，入选第六批浙江省历史文化名镇名村街区名单。

1938 年金秋时节，一个小生命降生于陇头朱村塘角一户世代农家，其祖母企盼小生命长大后像金秋的田野一样硕果累累，于是为其起名“位秋”。小位秋 7 岁那年，母亲染上疫病永远离家人远去。父亲常外出做鱼苗生意，小位秋在祖母关爱下，从陇头朱中心小学读书毕业，成绩优秀。1951 年春，朱位秋考入义乌中学读初中。朱位秋勤奋好学，成绩在全年级名列前茅，提前半年毕业，并以优异成绩于 1953 年秋考入杭州第一中学（现杭州高级中学）读高中。

陇头朱村靠近浙赣铁路，朱位秋从小就看惯那乌龙般的长长列车。进入小学后，他憧憬长大后当一名火车司机。进入初中后，全国正兴起学习苏联的热潮，祖国建设也正需要大量工程技术人员，于是他将目标瞄准了工程师。20 世纪 50 年代，新中国提出了“向科学进军”的口号，朱位秋的胸中萌生了当一名科学家的美好理想。于是他更加努力学习，尤其重视数理化。

杭州高级中学是浙江省的一所历史名校，有许多青年学生企盼进入该校学习，经过严格筛选而进入杭州高级中学的学生，都是学业、品行兼优的好学生。它曾培养出许多知名人士及院士、教授等高级专门人才。朱位秋心怀理想，刻苦学习，到毕业时，每门功课都得了 5 分（全优），并以优异的成绩于 1956 年秋考入华东航空学院。就在他入学那年，华东航空学院搬到西安，改为西安航空学院，一年后与西北工学院合并，组建成西北工业大学。

在大学里，朱位秋善于把握时间，并与种种难题结缘，他钻研难题的决心越来越大。他不仅学习的成绩越来越好，名列全班第一名，而且社会工作能力也大大提高。从大一下半年开始，他就被选为班长，利用一切课余时间为同学服务。在学习上，他尽心帮助困难同学；在工作上，他带头干重活、脏活。因此，他于 1958 年被推选为学校社会主义建设积极分子，1959 年担任团支部书记。

1958 年秋，西北工业大学新办工程力学班，在全校抽调 60 名优秀生去学习，朱位秋名列其中。1960 年，朱位秋加入了中国共产党，毕业即佩戴上了西北工业大学红底金字的校徽，当上了政治干部兼班主任。在劳累的工作之余，他坚持自学与听课，参加课程考试，成绩优秀。1961 年，他如愿考上了我国力学与航空界老前辈季文美教授的研

2000 年 5 月，朱位秋夫妇与导师西工大季文美（中）教授在杭州合影

究生。在研究生学习期间，除课程学习外，他经常泡在图书馆，看完所有能找到的专业相关文献。1964 年底，朱位秋研究生毕业。

朱位秋喜欢新兴的、艰深的学科，在材料力学与理论力学之间，他选择了理论性强的理论力学；在线性振动与非线性振动之间，他选择了困难得多的非线性振动研究。1964 年，朱位秋读到了随机振动学科奠基人 S.H. 克兰德尔与其学生 W.D. 马克合著的《机械系统中随机振动》一书，立即对这门新兴学科产生了浓厚兴趣，从此开始了 50 余年如一日的随机振动自学与研究的生涯。

学问越做越深，荣誉越来越多

朱位秋 50 余年的教学与科研生涯是多姿多彩的，基本上可分为三个阶段。其一是自 1961 年研究生到 1975 年调来浙大前夕，这是为搞非线性随机振动研究打基础的时期。这一时期，他先是师从非线性振动专家季文美教授学习，1967 年又到飞机结构强度研究所从事飞机结构强度规范研究与编制工作，在水上飞机着水撞击载荷与大型飞机大气紊流突风载荷方面做了一些探索研究。其二是 1975 年调到浙大后至 1981 年出国访问前，这是朱位秋进一步系统积累专业知识、拓宽科研视野的时期。这个时期，朱位秋主要从事应用力学的教学工作。其三是 1981 年至荣休止，这是朱位秋教学和科研工作成熟和收获的时期。在长达 50 余年的教学和科研生涯中，朱位秋一路上勇破难题，开拓创新，成果丰硕，亮点闪耀，下面具体来说一说。

随机振动是自然界和社会中普遍存在的现象。喷气式飞机、火箭发射后的巨大噪声引发飞机、火箭机体的振动，地震、台风引发建筑物的振动，道路不平、海浪迫使车船振动，经济、金融市场也有随机振荡等等，可以说随机振动无处不在，难以预测。面对这一难题，一些科学家奉献了毕生的精力来寻找计算、预测的方法。经过多年的努力，科学家们用概率统计的方法得到近似解，但计算十分繁杂。面对几十年来悬于科学家心头的难题，朱位秋毫不犹豫地选择攻坚。1981 年 2 月，他以访问学者的身份来到美国威斯康星大学工程力学系，半年后转到麻省理工学院机械系，师从随机振动学科奠基人 S.H. 克兰德尔教授，在声学与振动实验室工作，自此真正开始了攻坚随机振动难题，冲击这座理论高峰的壮举。朱位秋说："要想取得理论上的突破，不能只有方法上的修修补补，而要有学术思想和研究体系上的重大改变。"有了明确的指导思想，朱位秋心中怀着为祖国争光，为中国学者争气的雄心，一步一个脚印地进行攻关。经过一年零九个月争分夺秒的攻关研究，在 S.H. 克兰德尔教授提出的方板宽带随机振动研究课题中，朱位秋开创性地引入数论的方法，解决了方板和正三角形板宽带随机振动等难题，取得了学术界同行公认的满意结果，还就此撰写了《方板的宽带随机激励》和《正三角形板的宽带随机振动》两篇论文，在德国法兰克福和美国新奥尔良的有关学术会议上分别作了报告，论文被收入会议论文集或发表在专业学术刊物上。特别是在 1982 年 11 月，朱位秋前去德国法兰克福参加国际理论与应用力学协会关于随机振动与可靠性的讨论会，与会者都是该学科的带头人或前沿研究者。朱位秋以"拟李亚普诺夫系统能量包线随机平均法"为题作了大会报告，受到与会专家的一致好评。朱位秋初战告捷，学术界同行投来惊奇的目光，S.H. 克兰德尔教授也改变看法，高度赞扬朱位秋，称他"是一名能进入一个新的领域并很快对该领域作出重大贡献的第一流的研究者"。面对钦佩的目光和热烈的掌声，朱位秋显得十分平静，以加倍的努力迎接更大的学术挑战。

1982 年，1933 年创刊的美国权威期刊《应用力学杂志》准备出版 50 周年纪念专集，邀请国际权威人士撰写纪念文章。朱位秋勇接重任，博览世界同行论文，仅用 3 个月就起草了《随机振动：近期进展评述》一文，以 S.H. 克兰德尔与朱位秋名义发表，受到学术界同行的赞赏。从此，朱位秋的名字更是飞遍全球，成了国际知名的年轻学者。

1983 年 5 月，朱位秋回国，继续进行随机振动的研究，得出了高斯白噪声激励下单、多自由度非线性系统最为一般的能量等分精确平稳解；指出了高斯白噪声激励下单自由度强非线性系统能量包线随机平均法的数学理论依据，将该法推广到一般情形，并首先应用于滞迟系统的随机响应分析与可靠性估计等；提出了高斯白噪声激励下单自由度强非线性系统的等效非线性系统法；提出了随机载荷作用下具有随机疲劳强度结构的疲劳损伤累积与疲劳裂纹扩展理论，给出了随机疲劳问题的圆满解答；将标量随机场的局部平均理论推广到矢量随机场，提出了基于矢量随机场局部平均理论的随机有限元方法。此外，他还撰写了专著《随机振动》，概括了国际上学者包括他本人的直至20世纪90年代初随机振动理论的精华，该著作于1992年12月由科学出版社出版。该书得到美国工程院院士、随机结构动力学宗师林幼堃教授赞誉，称“现今欧、美、日各国无类似专著可以比拟”。该书被国内外同行专家引用数百次，已成为国内随机振动学科的经典教材与参考书，被年轻学者奉为圭臬，影响了整整两代随机振动研究者。此后，他把目光放得更加高远，准备作出更大的突破。

1989年10月至1992年6月，朱位秋再次受聘去美国从事研究。自20世纪90年代初以来，朱位秋选择了世界上60余年无人问津的非线性随机振动系统能量非等分精确平稳解的大难题进行攻克。回国后，他继续抓住这个难题不放，经过无数个日日夜夜的苦思冥想和演绎推导，终于首创性地提出将非线性随机动力学的研究从拉格朗日体系转到哈密尔顿体系，将非线性随机动力学系统表示成随机激励的耗散的哈密尔顿系统，按相应哈密尔顿系统的可积性与共振性，将系统分成不可积、可积非共振、可积共振、部分可积非共振、部分可积共振5类，在国际上首次提出与发展了随机激励的耗散的哈密尔顿系统理论；得到了4类能量非等分精确平稳解，打破了60多年来只有能量等分精确平稳解的局面，解决了林幼堃教授于1990年提出的关于求“非线性随机动力学系统能量非等分解”的难题，纠正了法国学者C.苏瓦斯关于“陀螺力为广义外力，它不影响精确平稳解”的不正确结论；同时

1992年，朱位秋、朱巧芝夫妇游览美国大峡谷留影

还提出与发展了等效非线性系统法、拟哈密尔顿系统随机平均法、研究随机稳定性与随机分岔及首先穿越故障概率和首次穿越时间概率密度及各阶矩的方法等。

1996 年 7 月到 1996 年 12 月，朱位秋以研究教授的身份去美国纽约州立大学布法罗分校土木系从事学术研究。已从事结构控制研究 20 余年的结构控制权威学者、美国原国家地震工程研究中心负责人宋祖德教授出了一个大难题——非线性随机控制理论研究。面对这块非线性随机控制的处女地，朱位秋阅读了许多控制理论的书籍文献，最后在睡梦中想出了将自己研究的成果随机平均法与随机动态规划法相结合进行控制的办法。回国后，他继续冥思苦想，走路在想，吃饭在想，爬山在想，睡觉也想……终于提出了非线性随机最优控制理论方法，并撰写了 15 篇高水平学术论文，到 2003 年底初步完成这项研究工作，基本上解决了宋祖德教授于 1996 年提出的“发展非线性随机最优控制理论方法”的难题。

正处人生之秋的朱位秋，经过 20 余年的坚韧不拔的攻关研究，所取得的原创性的研究成果构成了一个崭新的非线性随机动力学与控制的哈密尔顿理论体系的框架，为解决工程中一系列极其困难的非线性随机动力学与控制关键问题提供了一整套全新而有效的理论方法。2003 年，浙江省科技厅组织的包括力学界 3 名院士在内的鉴定委员会经鉴定，认为朱位秋的研究成果“整体上达到了国际先进水平，其中若干方面达到国际领先水平”。这些理论已被应用于地震激励下耦合高层建筑与香港汀九斜拉桥的动力学分析。他提出的随机平均法还被应用于生物群体动力学，而对化学反应速率及 DNA 热变性的研究，得到了比德国洪堡大学物理研究所埃贝林教授等人更好的结果。

一分耕耘，一分收获。专选难题、勇挑重担、敢于攻坚、善于创新的朱位秋，勤于笔耕，精神成果累累。继专著《随机振动》出版后，2003 年 2 月，其专著《非线性随机动力学与控制——哈密尔顿理论体系框架》又由科学出版社出版，林幼堃教授在序言中称该书“实属学术上的重要贡献。书中理论之发展，以统一的哈密尔顿框架为基础，乃朱位秋教授之首创，尤属独特可贵”。西北工业大学博士生导师、随机振动专家方同教授在书评中称，该书“反映了这一领域中当代的最新成就，可谓非线性随机动力学发展过程中的一个新的里程碑”。朱位秋还与他过去的学生邓茂林副教授、蔡国强教授合著了专著《随机平均法及其应用》，于2023年10月由科学出版社出版。该书总结了他们近20余年来的研究成果，并将被译成英文出版。中、英文版专著《拟哈密尔顿系统的非线性随机最优控制》也正在筹备中，也是他们近20年研究成果的总结。

朱位秋书著

随着日月推移，朱位秋一步一步地向更高难度的研究领域高峰攀登。至2011年，朱位秋已完成国家自然科学基金面上项目7项，如2008—2010年的面上项目“非高斯随机激励下多自由度非线性系统随机动力学研究”取得了可喜的成果；国家自然科学基金重点项目2项，如2004—2007年的“非线性随机动力学与控制的哈密尔顿理论体系及其应用研究”取得了令世界学术界瞩目的成果；还有国家科技支持项目2项，博士点基金项目3项，横向项目3项，都取得了满意的成果。

国家自然科学奖

证书

为表彰国家自然科学奖获得者，特颁发此证书。

项目名称：随机激励的耗散的哈密顿系统理论

奖励等级：二等

获奖者：朱位秋（浙江大学）

证书号：2002-Z-101-2-02-01

2002年，朱位秋荣获国家自然科学奖二等奖

朱位秋共发表学术论文350余篇，其中被SCI收录的达260余篇。他的论著学术性很强，被林幼堃等国际著名学者广为引用，2014年至2022年连续被爱思维尔列入中国高被引学者榜单，可见其学术成果含金量之高！

朱位秋的杰出学术成就被公之于众后，受到多方的赞誉，正如林幼堃教授在《非线性随机动力学与控制》一书的序言中所称，朱位秋“在随机动力学领域，已成为国际著名专家之一”。

朱位秋迄今已获得国家自然科学奖二等奖1项、中国高校科学技术（自然科学）奖一等奖1项、国家教委科技进步奖（理论）二等奖1项、浙江省自然科学优秀（系列）论文一等奖及全国优秀科技图书奖二等奖等多项，均为第一获奖人。1994年起，朱位秋获享国务院政府特殊津贴待遇，2002年获中国高校科学技术奖一等奖1项。2008年，朱位秋指导的学生黄志龙的毕业论文获全国优秀博士学位论文。2013年，朱位秋成就入编20世纪中国知名科学家成就概览。2022年，朱位秋成为力学界最美科技人、全国最美科技人员候选人。朱位秋还曾荣获2007年陆增祺FPTC高科技奖特等奖、2008年全国优秀博士论文指导教师奖、2011年宁波大学荣华学者奖励计划特级奖、2015年浙江大学唐立新优秀学者奖、2021年浙江省高教系统优秀共产党员、2022年“浙江大学优秀博士论文指导教师”称号。

2003年1月，朱位秋（右）在北京人民大会堂领取国家自然科学奖后与浙大李有泉教授合影

2003年，张浚生祝贺朱位秋当选中国科学院院士

2003年11月，朱位秋当选为中国科学院院士，成为义乌市继中国科学院学部委员（院士）吴晗、陈望道、冯泽芳之后唯一在世的中国科学院院士。

道路越走越宽，队伍越来越长

人才是国家的未来，是人类的未来！

多年来，朱位秋在随机动力学狭缝中孤军奋前，深感人才之匮乏。为挑起“科教兴国”及争创“世界一流大学”之重任，他一手抓科学研究，一手抓人才培养。朱位秋在浙江大学为本科生讲授的课程有：概率论与数理统计、机械振动、弹性理论和数学物理方法；为研究生讲授的课程有：随机振动、弹性动力学、结构动力学、随机数据分析等。至今为止，他培养了硕士、博士约 60 名，其中博士 20 余名（获全国优秀博士学位论文 1 人，获浙江省优秀博士学位论文 1 人）。他们毕业后基本上在高校任教（浙大 6 名，西工大 4 名，上交大 1 名，厦大 2 名，华南理工 1 名，大连理工 1 名，浙江理工 1 名，杭州电子科技大学 1 名等等），1 人获国家自然科学基金杰出青年基金，1 人列入青年千人计划，还有的被评为跨世纪人才，也有的早已升任教授。

2023 年 6 月 4 日，朱位秋（中）在西安大雁塔与已在厦门大学、西北工业大学任教授或副教授的博士合影

朱位秋说，世界万物都是随机的、难以预测的。他决心继续研究，把随机动力学的理论进一步扩展、应用到各个领域。朱位秋带领的团队承接了“工程结构非线性随机最优控制”（2010—2013）、“跳跃与连续随机激励的多自由非线性系统动力学”（2011—2013）、“十一五”国家科技支撑计划“中国高速列车关键技术研究及装备研制”项目子课题“接触线不平顺研究”与“高速弓网动态行为研究”（2008—2012）等一批重点项目。

朱位秋还申请并完成了第三个国家基金重点项目“智能结构的非线性随

机最优控制”。2006 年至 2018 年，朱位秋任浙江大学应用力学研究所所长，引进了不少很优秀的年轻教师，为专业教学与科研增添了更多力量。

朱位秋近 20 年来重点研究拟哈密顿系统的非线性随机最优控制课题，这是很困难的课题，目前国内外得到应用的都是线性控制。朱位秋带领团队发展了分别以响应最小、稳定性最大、可靠性最大及平均寿命最长为目标的非线性随机最优控制理论方法，发展了以平稳概率密度为目标的非线性随机最优控制理论方法，并对实际应用上述理论时可能碰到的问题提出一系列解决方法，包括部分可观测非线性系统的随机最优控制、拟哈密顿系统时滞随机最优控制、不确定拟哈密顿系统的最小最大控制、以磁流变阻尼器为执行机构的拟哈密顿系统的半主动控制等等。以中国科学院院士胡海岩为主任的鉴定委员会称，朱位秋提出与发展的非线性随机最优控制理论方法是“一项高水平的基础研究，具有首创性与系统性，整体上达到了国际领先水平”。

我们深信，在朱位秋带领下，随机动力学、拟哈密尔顿系统的非线性随机最优控制研究将会有更多突破！

除在研重大课题外，朱位秋还兼任多个学术头衔。他曾是西北工业大学、厦门大学和华南理工大学双聘院士，南京航空航天大学钱伟长讲座教授，还是其他一些大学的名誉教授与兼职教授。朱位秋在 2003—2007 年兼任中国振动工程学会常务理事，2007—2010 年兼任中国振动工程学会副理事长，2006—2010 年兼任中国力学学会常务理事；2003 年任第五届国际随机结构动力学会议主席，2006 年任第二届动力学、振动及控制国际会议副主席并作大会报告，2007 年任第九届全国振动理论及应用会议执行主席，2010 年任国际理论与应用力学联合会关于非线性

2006 年朱位秋接受厦门大学南强讲座纪念牌

随机动力学与控制讨论会主席，还任第三届动力学、振动及控制国际会议主席。此外，他曾任浙江省力学学会理事长、浙江省振动工程学会名誉理事长、浙江大学学术委员会委员、航空航天学院学术委员会主任、人民解放军总装备振动与噪声控制技术专业组顾问，曾任三个国家重点实验室的学术委员会委员。朱位秋现为咨询委员会委员、7 个 SCI 学术期刊编委、之江实验室博士后指导委员会主任等，因此一年到头都无闲空。

朱位秋犹如一颗耀眼的新星，跃上世界振动学术界的星天后，就受到世界学术界的瞩目。他在 2002 年被聘为美国佛罗里达大西洋大学应用随机学研究中心 Schmidt 杰出客座教授，2004 年被聘为黄宽成教育基金会讲座教授，2007 年 2 月至 6 月被聘为台湾“中研院”特聘讲座教授。他在教学和科研之余，常受邀在校内外讲学。多年来，他马不停蹄地在国内外作了几十场学术报告，如香港大学、香港科技大学、香港理工大学、清华大学、北京大学、北京航空航天大学、上海交通大学、复旦大学、悉尼大学、悉尼科技大学等。特别是他 2005 年在全国力学大会上所作的大会报告、2007 年在台湾大学所举办的非线性随机动力学系列讲座，受到广泛的好评。

2007 年 5 月，朱位秋（右 3）在台湾宜兰科技大学作报告时与台大及宜兰科大教授合影

2007 年 5 月，朱位秋（左）在台湾宜兰科大报告后回答听众的提问

2018 年 10 月 31 日，朱位秋于浙江大学荣休。“春蚕到死丝方尽。”他荣休后虽然不再申请课题，不新招研究生，但尚未毕业的博士生仍由他和青年教师组成的导师组指导。他的工作包括修改书稿，修改青年教师与博士生的论文，参加一些学术会议，仍默默地为祖国科技事业、为培养高级专门人才“不待扬鞭自奋蹄”，令人赞佩！

朱位秋还被选为2022年力学界最美科技工作者，获2023年度中国力学学会周培源力学奖。校友会2023（第二届）中国高贡献学者名单中，朱位秋是浙大力学专业上榜的四人之一。

一个和谐之家，共同笑对病魔

1968年朱位秋与朱巧芝结婚照

朱位秋和我都来自义乌农村，两村相距五六千米，是真正的同乡，因此，我们在访谈中一下子拉近了距离。朱位秋中高个儿，方脸高额，浓眉儒眼，有一副智者的仪态。他说话有条有理，言之有物，轻声细气，和蔼可亲，凡是与他打过交道的人，都对他久留一个深刻的印象：真人无假。他跟我谈了他的一些家庭生活。他和妻子朱巧芝都是义乌陇头朱村人。村子较大，他在东头，叫塘角；她在西头，叫田塘，相距一里多路。这也是天缘。朱巧芝中等身材，脸蛋圆长，眉清目秀，一双慧眼目光炯炯，是一个富有才气的淑女。退休前，她是杭州西湖中学的优秀高级教师，几十年来桃李满天下。她人缘很好，退休十余年来常有同事、学生来看她。1968年，朱位秋与朱巧芝结为秦晋之好后，朱位秋成天钻研学问，朱巧芝一肩挑起学校教学重担，出色完成教书育人任务，另一肩挑起家务重担，做好朱位秋的后勤工作。朱位秋能取得光辉业绩，应有他夫人的功劳。

朱位秋夫妇育有朱学军和朱晓峰两个儿子，朱巧芝勇挑抚育和教育两个儿子的重任，尽量让朱位秋在育儿上少费心血，专研学问。而今，两个儿子都学有所成。

朱位秋夫妇的大儿子朱学军 1985 年进入浙大少年班，1986 年转入复旦大学遗传工程专业深造，1989 年获学士学位，同年进入美国麻省理工学院生物学系攻读博士，1995 年获麻省理工学院生物学博士学位，1996—1997 年在美国洛克菲勒大学做博士后，并自学计算机。现为美国 RCN 公司高级工程师，业务精湛，工作能力强，原来同组的三四人均被辞退，只有他一人留下继续工作。朱学军夫人名饶莉，二人育有一子朱梓萱（Brandon Zhu）、一女朱梓月（Carissa Zhu），现都已上大学。

2022 年夏，朱学军子女高中毕业，一家人在学校前合影（左起：朱梓萱、朱梓月、朱学军、饶莉）

朱位秋夫妇的小儿子朱晓峰 1989 年进入西安电子科技大学通讯专业学习，1993 年获学士学位，1995 年去美国佛罗里达大西洋大学学习计算机，1997 年获硕士学位，2006 年又获该校工商管理硕士学位。曾为美国思杰公司资深工程师，从事云计算技术研究工作，工作出色，深得公司好评。2023 年 5 月回杭州之江实验室工作。朱晓峰夫人名王忠华，二人育有两个女儿：大女儿朱莹（Michelle Ying Zhu），小女儿朱婷婷（Tingting Zhu），都已上大学。

2022 年，朱晓峰一家参观巴黎卢浮宫留影

这是一个幸福美满的家。然而，老天无眼，病魔无情。2006 年，正当朱巧芝预备安享晚年时，一场病祸降临到这个和谐之家，可恶的帕金森病落在朱巧芝的身上，她那双原本敏捷的腿脚顿时不听使唤，双腿横向摆动不已。

2007年2月至6月，她随朱位秋去台湾访问期间尚能正常走路，打羽毛球，2007年11月搬新家后，开始走路起步困难，渐渐越来越难跨步。起初，朱巧芝在杭州浙二医院看神经内科名医，朱位秋起早去挂号；后来，朱位秋曾三次开车带她去上海华山医院、瑞金医院看名医，托人挂号，却都只能开一点药，疗效欠佳。至今为止，帕金森症病因未明，也无根治办法。她后来吃的一种最近由国外研制的价格昂贵的新药是由大儿子朱学军在美国托人开药方再购买寄来的，她的学生张征宇也为她长期提供昂贵的保健食品，浓浓的母子之情与师生之情可见一斑。后来，朱巧芝自己无法单独外出，在家可用助步器行走，但很费劲。面对病魔的种种恶行，一家人一致选择坚强。朱巧芝对我说："既然凶恶的疾病找上门来，就要乐观对待，认真处之。"她这种对待疾病的态度令人赞佩。她坚持定时服药，在家中坚持做操等锻炼。我多次看见她在朱位秋搀扶下，在家旁、马路上坚持走路锻炼。帕金森病是一种脑部神经疾病，她坚持炒股练脑子。她还做些家务，包括打扫卫生、洗衣服等，都和正常人一样。朱巧芝告诉我，她有一次接座机电话，手够不着，从轮椅上跌倒在地，十多分钟起不来，后来才慢慢爬起来。她又说："有时实在爬不起来，万不得已就只好用随身手机打电话向亲友求助。"有了这种坚强的意志，朱巧芝基本能生活自理，尽量少占用丈夫的宝贵时间。朱位秋是个很细心的人，对妻子的照顾真是无微不至，要出门的事，包括去买食品和蔬菜等，他都一手包揽。在家做饭，朱位秋就帮她拿这拿那，有时她小便急，来不及去卫生间，还要帮她拿痰盂小便。朱位秋还要经常帮她做"豆结水"治疗，很花时间，他也从未有怨言。朱位秋出差一两天，就留她在家，帮她准备好吃的东西；出差三天以上，就带上轮椅和她一起去。以前，他们从未自己结伴去旅行，后来有单位组织或邀请，就去了不少地方旅游。每到一个地方，朱位秋总是亲自推着轮椅，让她与其他人一样看这看那。2008年10月，朱巧芝随朱位秋参加浙大校友会理事会会议，还坚持和大家一起上黄山。在朱位秋的悉心照料下，她能与正常人一样看完每一处景点。朱位秋的爱妻之心可见一斑。

久病见真情。朱位秋夫妇俩相守、相依、相助，不请保姆照顾，将"自力更生”的精神发挥到极致，值得后学崇敬、学习与弘扬！祥和的岁月记录了朱位秋和朱巧芝的心灵共振。他们不想让往日的温情冷却，往日点点滴滴的爱不断累积与渗透，刻骨铭心的爱意早已融入彼此的血液，成为一辈子难忘的记忆！他们没有失去信心，期盼治疗帕金森病的干细胞、基因疗法等新技术出现。大家一直期待朱巧芝能早日康复。

2008—2012 年间，朱巧芝主要在杭州浙二名医馆看病。其间，朱位秋曾两次陪妻子去上海瑞金医院找帕金森病知名专家陈生弟看病，主要吃西药。同时，她也吃些人家推销的保健品，经常走路锻炼，开始在玉泉校区大操场，后来在求是村院士楼前面的小路上。这些措施总体效果不大好，朱巧芝的病情发展仍比较快，她走路越来越难，字写得越来越难辨别。2008 年，她只需一人扶着她走；从 2011 年起，需要两边各一人扶着她走，但她还是很坚强。为了减轻朱位秋的负担，当时航空航天学院副书记动员部分学生帮忙搀扶朱巧芝走路。

2013 年 5 月，朱位秋去北京大学讲学一周，也是带着妻子一起去的。同年 7 月至 9 月，二人在美国小儿子家住了两个月，在大儿子家住了一个月。在美国期间，朱位秋的学生吴禹正在美做博士后，朱位秋和朱巧芝二人就由吴禹正夫妻俩陪同搭乘游轮游览了加勒比海的几个岛屿，9 月底回到家里。同年 10 月 1 日，朱巧芝在阳台上晒衣服，因阳台较高，需踩上一个用硬纸盒做的台阶。不料朱巧芝在下台阶时一脚踩空，未抓住把手，面朝天地摔倒在地板上，痛得起不来，只能叫浙一救护车送医院。检查后，朱巧芝被诊断为胸椎骨折，住院接受医治，后肺部感染。住院期间，朱巧芝由于帕金森病吞咽困难，只好改用鼻饲。

2016 年春，朱巧芝感染发烧 20 余天不退，病情危重，朱位秋就去汤养元中药店找坐堂著名老中医魏克明（浙江省特级专家）为她诊治并配中药，朱巧芝服用后稍有好转。朱巧芝无法亲自面诊，只能每次由朱位秋带上化验单及体温和血压测量记录、舌苔照片等请医生诊断开药。2017 年至 2018 年，朱巧芝病情较平稳，一家人日子好过一点。2019 年春，朱巧芝浓痰排不出，血氧浓度下降，3 月 26 日插气管治疗，当天转 ICU 后气管切开，上人工心肺维持了一个月，但她一直昏迷不醒，最后因败血症于 4 月 26 日仙逝。自 2013 年底起，朱位秋五年多如一日，一直陪朱巧芝住在浙一医院里，最后与两个儿子给她送终，尽了最后一份真情。

朱巧芝远走后，朱位秋除参加各级科协组织、原单位的有关会议活动和党组织活动等外，还在电脑上看看电影、电视剧，听听音乐，得以调节心情。此外，他还会做一些体育锻炼活动，晚年生活充实而多彩。

（2023 年 4 月 18 日初稿，2024 年 7 月 1 日改定）

一心求是，一路辉煌

——记浙江省交通厅原厅长郭学焕校友

郭学焕（1943年11月— ），浙江诸暨人。1962年毕业于牌头中学，1967年毕业于浙江大学机械系铸造专业。历任浙江省兰溪市副市长、市长、市委书记，金华市委常委、常务副市长，衢州市市长、市委书记，浙江省交通厅厅长、厅党组书记，浙江省政协常委兼提案委员会主任等职，中共十四大代表、九届全国人大代表。中国书法家协会会员、西泠印社社员等。著有《郭学焕诗选》、《郭学焕诗书篆刻选》、《岁月金兰》、《饮马衢州》、《骋驰浙江》（第一、二卷）、《求学路上》、《孔子后裔在浙江》、《浙江古寺寻迹》、《浙江道迹洞天》等著作。

1968 年起，我先后九次去衢州公干。1990 年调任浙大校友总会常务副秘书长后，我常从电视或报刊上看到郭学焕校友任衢州市市长后的活动消息，于是在 1990 年 10 月专程去衢州市政府采访他，此后，我与他及衢州市校友的交往亦多了起来。

1991 年 10 月，我与同事去武汉、南昌等地访问校友回程时，再次访问衢州的校友，并商议筹建衢州浙大校友会事宜，郭市长于百忙中抽空接见了我和衢州校友会筹备组成员。他对筹建衢州浙大校友会倾注了很大的热情，并期待与母校建立科技协作关系，希望母校多分配一些大学生到衢州来，为振兴浙西经济出力。

在两次专访郭学焕后，我与他又因喜爱写作而多有交往，常会互赠自己的著作。我读了他的著作后，深感他是我近龄校友中的佼佼者，于是就有了下面一些记述他的文字展现在读者的面前。

1991 年 11 月，笔者（左 4）在筹建衢州浙大校友会时留影（左 6 为郭学焕，右 1 为杨伟昭）

寒窗苦读志图宏

1950 年 9 月，农家子弟郭学焕背起书包，成了诸暨东山王小学的一名学生，他感到兴奋与自豪！翌年，在上海做帮工的妈妈回到诸暨西山下村，郭学焕就转学至西山完小读完初小和高小，担任过少先队小队长、中队长和大队委员，在左臂上别过一红杠、二红杠、三红杠的臂章，这也是令当年小朋友羡慕的事。郭学焕从小爱读书，学习勤奋，学习成绩名列前茅。

学校老师注重学生德智体全面发展，除了课堂上传授知识外，还指导学生开展课外兴趣活动，如烧制显微镜的圆珠状目镜等。郭学焕动手能力强，做过“万花筒”、“陀螺”、旋转飞翼等。他喜欢上音乐课，还参加过《打猪草》等两次文娱演出，留下了美好的记忆。

1956年夏，郭学焕约了几个同学去牌头镇同文中学报考初中。当年，小学毕业生考上初中的是极少数，郭学焕就是其中一个，如愿戴上了初中的校徽。

1956年7月，同文中学由政府接管，改名为“诸暨第三初级中学”。学校历史悠久，无论是学校规模还是教育质量，均列全县之冠。学校学风很好，提出了读书、劳动、思想三丰收的口号。同学们白天在教室里认真听老师讲课，晚上在煤气灯下静静自修，呈现出一派寒窗苦学的景象。

1958年下半年，学校开办高中班，校名改为“诸暨牌头中学”。郭学焕在完成学业的同时，还在“大跃进”、大办钢铁运动中及三年困难时期经受了历练。下面仅记录几件令他难忘的往事。

从读初中起，郭学焕就过上了吃住都在学校的“寄宿生”生活。吃饭时，工人同志把饭菜送到教室，每八人一钵头菜，每天轮流分菜。每当轮到副班长杨大发同学分菜时，他总是尽量分匀一点，最后自己选取最少的一份。郭学焕看在眼里，记在心里，在日后学习与工作中坚持“吃得起亏、吃得起苦”，提醒与规范自己的行动。

1958年起，牌头中学每年招收两个班的高中生，校舍因此变得紧张，于是，学校就发动高中两个年级的师生助力建设一座有6个大教室的教学楼。郭学焕除数次去同山里坞底村抬运木料外，还参加搬运砖瓦、砂石材料，平整地基等劳动，肩上或手上磨起血泡也不叫苦。新楼建设好后，大家坐在明亮的大楼里学习，为自己能参与新大楼建设而自豪！

在求学时，郭学焕政治上严格要求自己，于1960年光荣地成了共青团的一员。1961年，他被选为班长。1962年6月毕业前夕，诸暨县召开应届毕业生代表大会，郭学焕被选为高中部的两名代表之一，并和初中部的三名代表一起出席大会。会后，郭学焕向全体初、高中毕业生传达了会议内容，经受了一次锻炼。

在激情燃烧的1958年，在“左”倾思潮泛滥的岁月里，郭学焕参加过“除四害”全民运动，也在节假日回村吃过人民公社办的集体食堂饭，参加过师生筑小高炉大办钢铁，还参加过“小株密植满天星”地种水稻，“大放粮食高产卫星”等活动。直至 1978 年 12 月，党的十一届三中全会进行拨乱反正，才彻底肃清了“左”的思想影响。

回想母校牌头中学求学时，郭学焕遇到了周耿成、阮昌明、但效先、石如鑫、赵荣植、赵炳祥等名师，以及新中国成立后第一批女干部赵剑敏副校长、毛纭校长等。郭学焕受到他们的教导，学着做一个高尚的人，汲取知识的营养，为自己开启人生远航的风帆！

牌头中学名人辈出，有革命烈士宣中华、张秋人，有中科院院士何增禄教授，他一度担任浙大物理系系主任，并为创办浙大光学仪器系、筹建清华大学工程物理系立下汗马功劳，还有新中国成立后成长起来的有关领导等，都是郭学焕崇敬与学习的榜样。

郭学焕自高小起读了不少国内外古典和现代文学名著，文学基础深厚，高中二年级时当上了语文课代表，作文几乎全得 5 分，还在《浙江日报》发表了文章《一只皮夹》。因此，他一心想报考文科类大学，做起了新闻记者甚至作家梦。后来，他听说文科类大学毕业后多当教师，鉴于他先天嗓子有点沙哑，最后决定报考理工类大学，并如愿进入浙江大学学习。

郭学焕在《求学路上》一文中写道：“……从浙大的历史渊源出发，逐步发展为提倡‘求是精神’，并决议‘求是’为浙大校训。从此，‘求是精神’成了一茬茬浙大学子遵循的规范，从而在紧张的、不存苟且偷惰的学习中，积累知识，历练自己，立志日后报效祖国、奉献社会。”“求是”成了他学习与工作的指导精神。郭学焕因“文革”延迟分配，大学 6 年中学习了 22 门课程。为取得理想的学习效果，郭学焕适时调整学习方法：一是课堂上

郭学焕就读浙江大学时在校园留影

认真听讲，做好听课笔记；二是注重课前预习和课后复习；三是重视作业和实验；四是读书时多思考，力求甚解，注重融会贯通，不可浅尝辄止。因此，他的学习成绩一直处于班级的前列。

在大学里，郭学焕除依旧爱读文学作品外，还以中学里劳动时听到的故事为题材创作了《血泪的控诉》一文，荣获浙大文学大奖赛优秀奖，并由此被浙大广播台聘为新闻记者，有了文学方面业余练笔与交流的机会。

在大学六年中，令郭学焕难以忘怀的还有四件事。

一是 1964 年春，浙江大学迎来新中国成立后第一次校庆活动。在浙大 67 周年校庆的大喜日子里，大操场聚集了全校万名师生举办纪念大会。从大会上，郭学焕首次得知母校富有革命传统的光辉历史以及求是学风的渊源，激起他学习了解母校校史及其中人物的兴趣。他为母校深感自豪与骄傲！

二是 1965 年 10 月，郭学焕随队去镇海参加社会主义教育（下称“四清”）运动。在工作队里，郭学焕与农民同吃、同住、同劳动，除向地方和部队干部学到了农村工作方法与经验外，还向农民学习了一些农活知识。“四清”结束后，郭学焕被评为先进工作者，留下了难忘的美好记忆。

三是 1966 年 8 月 24 日，郭学焕与班里边炳森、周金钊、杜炳骅等同学加入了保护灵隐寺的行列，有的去关闭大门，有的抢站寺前的台阶，筑起人墙阻挡砸寺的“红卫兵”，直到周总理指示灵隐寺暂加封闭，又有工人、农民等加入保寺行列，郭学焕等人近一周的坚守才告一段落。

四是毕业这年，郭学焕被选为班长，他带领大家去照相馆拍了一张全班同学的合影。毕业前夕，他绘了一张中国地图，在每个同学被分配去的城市画上小圆点，又把每个同学的照片头像贴在各自所在城市的小圆点旁，然后由陈立夏在图的空白处写下“海内存知己，天涯若比邻”几个字，最后将图拍摄并洗印成照片，每人发一张，成了大家最美好的记忆！

缱绻羡爱金兰梦

兰江边有一片破旧的厂区，满地是被丢弃的锈迹斑斑的零件……这就是从西子湖畔浙江大学毕业的年轻学子郭学焕刚来工作的兰江冶炼厂。他怎么也想不到，好端端的工厂竟被“文化大革命”糟蹋成这么一副烂摊子。此后无数次，是大江母亲般的博大胸怀，给了他安慰；是大江汹涌澎湃的激情，给了他力量。就在这条大江边的工厂里，郭学焕做起了创业的“金兰梦”。1968年秋起，他始终奋战在生产第一线，和工人们同甘苦，共磨难。他被分配到机修车间，从最基层的工作干起，并荣幸地参加了工厂复建的全过程。他工作出色，很快就担任了车间里的工段长。当第一块铝锭铸成时，当第一块阳极糊出炉时，当第一捆铜杆轧出时，当第一台冶金机械产品组装完成时，他都会怀着激动与兴奋的心情，与工厂职工一同奔走相告。他清醒地认识到：“我是人民培养的，现在要把自己的才智奉献给人民。”工厂扩建招工后，郭学焕担任了首届机械制图学习班的教师，每周两个晚上讲制图课，还设计了一套多彩的教具，培养技工的空间想象力，成了技工们念念不忘的美好回忆。

1979年，郭学焕被任命为机修车间副主任。不久，郭学焕告别了工作12年的机修车间。他被任命为厂部基建科科长，与同事们一起迎来复厂后的第二个大发展期。全厂百废待兴，职工已达千余名，基建任务很重。郭学焕为建设500吨高位倒锥形水塔和可容1200名观众的电影院及一批职工宿舍操碎了心，但当看到厂里产品种类、职工人数与日俱增，全厂一派欣欣向荣的景象，他心里就会升腾起主人翁的自豪感，十分喜悦。

1982年初，在全国各地开展声势浩大的企业整顿之时，郭学焕调任冶炼厂副厂长。他和厂班子人员一起，按照企业全面整顿的要求，开始在企业中推行经济责任制，改变旧的管理制度，从技术改造、质量管理、培训干部着手，迅速改变了工厂落后的现状，使工厂的产值利润连年增长。冶炼厂1979年亏损上百万元，到1983年底产值已达6000万元，利润500万元。

春去秋来，郭学焕在兰溪冶炼厂里作出了贡献，彰显了自我价值。1983年，兰江冶炼厂被国家经委评为全国冶金行业先进单位。同年9月，郭学焕参加北京中南海怀仁堂召开的全国节能先进单位表彰大会，见到了时任国务院副总理李鹏、全国总工会副主席郝建秀等领导，并从全国总工会主席倪志福手中接过奖杯和奖证，他深感自豪、幸福与光荣！

1983年11月，改革的浪潮将郭学焕推上了兰溪副县长的岗位，主管工业。长期以来，兰溪县的工业受僵化的经济模式影响，在经济工作中存在思想上、结构上、体制上的种种问题，企业缺少活力，竞争意识不强。这些固有的弊端，极大地阻碍了兰溪工业经济的发展。要使兰溪有一个大的飞跃，必须进行彻底的改革。一股强烈的改革意识袭上郭学焕的心头，他下定决心，要使兰江两岸的父老兄弟过上富裕的日子，要使这条古老的江河重新焕发青春活力！

1984 年，全国掀起声势浩大的改革浪潮，在全民、集体、乡镇企业中全面铺开体制改革。1985 年 5 月，兰溪撤县设市并进行结构调整，使兰溪实现了从一个农业县到一个工业市的转变，兰溪从上到下，企业改革的步伐亦更加雄健了。

1985 年上半年，改革之风吹进了有着 30 多年历史却连年负债的国营瓷厂。市委派华民尔率工作组进驻了瓷厂。不久，华民尔任厂长。他大刀阔斧地整顿劳动纪律，精简非生产人员，改革工资制度，仅 3 个月就初见成效：瓷厂除弥补了全部亏损外，还创利 9 万元。随着改革的深入，华厂长遇到的困难越来越大，一度失去了信心。翌年 5 月，他向已升任兰溪市市长的郭学焕陈述了艰难处境并递交了辞呈。一时间，全市各厂都遇到了类似的改革阻碍。郭学焕当即率调查组进厂调查，进行了全面细致的分析、总结。大量的事实，使郭学焕坚定了改革的决心。几天后，瓷厂召开了全厂职工大会，市长郭学焕为华民尔厂长撑腰壮胆，并计划在全市推广瓷厂试点改革的经验。市长的鲜明态度，带给华厂长无穷的勇气和力量。他收回辞呈，坚持改革。之后几年里，瓷厂的年利润从 70 万、80 万到 140 万，直线上升，人均创利在全省同行中名列前茅。

郭学焕义无反顾地进行改革，大胆地探索与实践。他的足迹遍布各个工矿企业，紧紧掌握着全市各行各业改革的动态，走出了一条深化企业经营机制改革的路子。1986 年夏天，兰溪一度成为全国关注的改革热点城市。

1986 年 7 月，浙江省委、省政府号召全省学兰溪，时任省委副书记、副省长吴敏达调研、考察了兰溪市坚持改革，搞活企业，提高经济效益的情况后，代表省委、省政府发表电视讲话，又于 7 月 28 日接受《浙江日报》记者专访，并在全省范围内推广兰溪经验。

为在全国推广兰溪坚持改革、提高经济效益的经验，国家体改委副主任高尚全多次来兰溪调研并指导工作。同年 9 月 1 日，中共中央办公厅主办的《综合形势摘报》刊登了兰溪工业改革的经验，并发给在京的中央政治局书记处各名同志。同年 11 月，兰溪召开“推进经济责任制，搞活企业内部分配”座谈会，参加会议的有 19 个省、自治区、直辖市的经委主任，国家经委领导主持会议并作了重要讲话。国家经委吕东主任还亲率调查组赴兰溪考察。他在给中央的汇报中指出：“兰溪的做法，对中小城市深化企业经营机制的改革，具有重要的参考价值。”

浙江省委常委、杭州市委厉德馨书记带领杭州党政领导及有关部门领导到兰溪考察，回杭后就召开全市性的大会进行动员，还把当时兰溪企业改革领先的兰溪味精厂厂长金德水和兰溪化工厂党委书记方庆录请去作报告。厉德馨书记把兰溪改革经验归纳为“下决心建立和完善企业经济责任制”，认为这是具有普遍意义的经验，并进行推广。

1986 年，《浙江日报》编印了《全面推广兰溪经验》一书。至 1986 年 12 月底止，半年时间里，到兰溪参观、考察、指导的单位，除国家相关部门外，还有北京、上海、天津、江苏、安徽等 18 个省、自治区、直辖市的 98 个地区、市、县（区）的党委政府主要领导和相关部门、工矿企事业，共计 433 个单位，约 2400 人。不少新闻单位也派记者到兰溪开展大量的采访报道。一时间，兰溪的改革在全国引发了轰动效应。

整个夏季，郭学焕市长的日程表，被来自全国各地的记者、取经者占满了，有预约的，更多的是临时闯进来的。从早上 7 点起，电话铃声频频响起，采访者穿梭进出，交替不息。一时间，兰溪成了中国经济改革的热门话题。兰溪，这个浙江中西部的新兴工业城市，开始腾飞了！

随着工业的发展，兰江两岸工厂林立，无数的管道通向了河流，污染了清澈的江水；上游的山区，滥伐林木造成水土流失，大量泥沙冲向下游，抬高了河床……温顺的兰江也愤怒了。1989 年 7 月 2 日凌晨，一辆轿车穿过密密层层的雨帘，在路上飞驰，已任兰溪市委书记的郭学焕坐在车里，直奔兰溪。彼时，他已请假退出金华市委常委会。车至兰溪的南门，郭学焕走上大桥，汹涌的河水几次三番地扑上了桥面，似乎要吞没所有企图阻止它的一切。郭学焕书记立即命人组成抗洪抢险指挥部，从各级机关抽调人马组成5个工作组，由市委常委带队奔赴灾情严重的乡镇；同时，郭学焕召开市供电、电讯局长紧急会议，下令在抗灾过程中，必须保证供电、通讯畅通无阻。

郭学焕书记连续三天三夜坚守在抗洪指挥部。第三天晚上，市郊岩山区来电告急，在那里的沿江38公里大堤，洪水已越过警戒线扑向堤面，郭书记不忍心叫醒助手，自己匆匆赶到岩山区亲自指挥抢险。

洪水终于被击退了，郭书记又一头扎入基层，领导群众开展抗灾自救活动。他代表兰溪市委向市机关干部、党员宣布了几条规定：为支援灾区建设、重建家园，各机关要勤俭办一切事业，节约开支，年内一律不再购买小汽车等高档用品；不组织一般性的外出参观学习；机关干部下基层一律便菜便饭；市级机关干部一律不安排年休假……

市委办公室墙上悬挂着一面鲜红的锦旗，上写“1989年度抗洪抢险先进集体：兰溪市人民政府防汛抗洪指挥部”，这是浙江省人民政府给予兰溪市政府的表彰！1989年7月5日，省长沈祖伦等视察了兰溪洪涝重灾区，充分肯定了兰溪市的抗洪抢险救灾工作，表扬了各级基层党组织在市委统一领导下所起的中流砥柱的作用。

1989年底，兰溪市委决定召开全市的农村工作会议，解决今后农业将如何走等重大问题。为了全面掌握农村现状，特别是粮食生产发展情况，市委组织了8个调查组，郭学焕书记亲自率队下乡蹲点，奔波于各个乡村。他和村干部促膝谈心，

1989年5月初，郭学焕去农村调研期间，在上华乡蒋村下田插秧

了解基层干部的思想动态。他在水田里一边插秧，一边和老乡聊家常，摸情况。“要把发扬自力更生、艰苦奋斗精神，作为发展农业的重要指导思想。”这是郭学焕从一个多月的农村调查工作中得出的结论。

同年 12 月 16 日至 18 日，有兰溪市 646 个行政村的支部书记和村主任共 1500 余人参加的农村工作会议召开了。郭学焕根据调查报告撰写而成的大会工作报告，得到代表们的一致赞同。大家认为农业指导思想和具体任务明确，措施对策切实可行，发展农业、稳定粮食生产的势头将越来越猛。随着农村集体经济的壮大，现代化新农村建设的实现也就指日可待了。在党的十一届三中全会精神鼓舞下，改革浪潮中，有才学、有胆量的新人层出不穷。他们生长在兰溪 1313 平方公里的土地上，生活在 62 万兰溪人民之中。他们无愧于前贤，不负于后人，他们的光辉业绩为兰溪添色，为共和国增辉。郭学焕就是这样一个勇于改革的新人！

饮马衢江再扬鞭

1990 年 1 月，郭学焕调任衢州市代市长，不久后市政府要在全市为新建的衢州民航机场物色两名航空调度员。由于应聘的人很多，郭学焕市长提出“公开招聘”，谁有本事谁上任。《衢州日报》刊登了一条招聘消息，许多人以为登报招聘只是做表面文章，实际上人员早已“内定”，谁知后来政府真的组织了全市报名考试，经过层层选拔，终于如愿录用了两名德才兼备的人员，受到市民的赞扬，称郭市长真是大家信得过的好市长。

郭市长上任后，经细致的调研，脑海里有了一幅衢州市的规划宏图：城市向南区发展，工农商都得搞上去；扩大蔬菜基地，向市场提供更丰富的菜源；逐步在各个区域开辟出菜市场，方便市民；新建的衢州民航机场通航后，加快文化与技术交流，搞活市场；如此等等。他表示，这些规划将逐一实现，使衢州成为美丽而富饶的鱼米之乡。

1990 年 5 月 22 日，衢州市第二届人民代表大会召开，郭学焕当选为市长，并作了即席讲话，给 400 多名代表留下了极好的印象。大会还通过了郭学焕以代市长名义作的政府工作报告，报告指出了第二届政府计划重点办好的八件实事，具体如下：

——苦战三年，完成乌溪江引水工程建设；
——新建第二自来水厂；
——拓宽上下街；
——综合治理公园河、南湖；
——规划、建设府山公园；
——分期建设南湖、斗潭、东门、西门和荷花菜市场；
——建设一个小商品市场；
——建成东迹渡大桥。

这是第二届政府要重点抓好的代表性工作，也是郭学焕发奋创业再扬鞭的人生经历。

自古以来，衢州人民饱受旱涝之苦。唐朝诗人白居易在《轻肥》一诗中写道："是岁江南旱，衢州人食人。"大旱给衢州人民带来了深重的苦难。20世纪70年代初，衢县开始乌溪江引水工程（下称"乌引"工程）的规划论证工作。1979年2月，国家水利局批准兴建"乌引"工程。1985年5月，国务院批准撤销金华专区，分设金华、衢州两个地级市。1987年7月，衢州市人民政府再次向省委、省政府请示兴建"乌引"工程。翌年9月，省政府批准这一民办公助工程，省里给予资金补助。

"乌引"工程是衢州历史上最大的水利工程，被誉为"浙江的红旗渠"。"乌引"工程全长83公里，横跨金衢盆地的柯城区、衢县、龙游和金华、兰溪等五县（市、区），引用乌溪江湖南镇、黄坛口电厂发电的尾水，总干渠引水流量达38立方米/秒，年引水量5～6亿立方米，除灌溉金衢两市50万亩农田、改造22万亩黄土丘陵外，还可供沿线25万人口的生活用水和工业生产用水。工程竣工后，衢州南片和金华西部就可圆千年水梦！

1990年元旦，建设"乌引"工程的号角吹响，衢州市常务副市长谢高华任总指挥。衢州拉开了一场空前的"大会战"的序幕。

1990 年上半年，郭学焕（左 2）乘船进乌溪江库区调研

1990 年初，郭学焕到衢州任职后，很快就投入工程兴建的领导工作中。他是一位几乎全程参加了“乌引”工程，几次带领机关干部到工地参加劳动，还带头参加工程集资的领导。除了国家补助外，在市委、市政府领导下，全市人民也纷纷参加集资，灌区人民尤多贡献，市机关干部和企事业单位职工也积极参与。不到一年，各项集资款总额达 1000 万元。

“乌引”工程开工后，没几天就有一万多名民工从四面八方汇集到渠首工程和几个大枢纽工地。他们顾不上春寒，把热汗洒在了工地上。此后五年里，灌溉区人民来了，机关干部来了，工矿企业的职工来了，驻衢解放军官兵来了，非灌溉区的衢北民工也来了……工地成了火热的“会战战场”！1990 年 11 月 24 日上午，水利部侯捷副部长、浙江省许行贯副省长等来到工地，同声赞叹：“多年没有见到这样搞水利的场面了！”随行的新华社记者虞云达和《人民日报》记者高海浩，以《多年没有见过的场面》为题，把这战天斗地的火热场面写成文章，发表在 1990 年 12 月 8 日的《人民日报》上，载入光辉的史册。

“乌引”工程流域面积大，引水流量大，占用了不少田地。但建设者动用聪明才智，向大自然索取良田。如渠首工程建设时，土管局局长姚忠义带领局里同志勇挑征地和造田两副重担，连续数月放弃节假日在一线指挥，硬是在沙滩上造出 1000 亩良田，其中 400 亩当年就种上早稻，谱写了前无古人的奇迹。几年后，浙江省委原书记江华同志对这一伟大创举赞不绝口！

1992 年，邓小平同志发表南方谈话。春风吹拂着浙西大地，时任衢州市委书记兼市长的郭学焕果断决定选择乌溪江畔的一片宝地建立衢州经济技术开发区。这项动议得到市委、市政府班子的一致赞同，并由郭学焕兼任领导小组组长。到1993年3月1日，经4个月的紧张筹建，第一批8个项目，总投资7860万元的工程已开工，第二批14个项目也已启动。此时，国家有关部委，以及香港、台湾等地和泰国、加拿大等国280多名客商来衢州开发区考察投资，这里因此成为一片经济与技术双跃动的土地。这里汇聚着一个共同的信念：衢州盼发展，衢州争发展，衢州能发展！同时，衢州经济开发区与浙西大地上的衢县沈家经济技术开发区、柯城区双港经济技术开发区互相促进，交相辉映，成为衢州经济发展的跃动宝地！

郭学焕在衢州任书记、市长5年余，其足迹几乎遍布全衢州，业绩显著，难书尽致。他领导与实干的事中，还有几件让老百姓特别难忘。

1993年11月26日，衢州民航站圆满完成首航，郭学焕（中）在站前与嘉宾合影

郭学焕经过几个月调研后，认识到要坚持全方位、立体地开放，就必建设民航机场。他得知衢州有一个军用机场，心想以此为依托建成一个民航站，从而实现浙西的立体开放，促进经济和社会事业的发展。他主动与驻衢某部沟通后，得到部队首长的大力支持。市二届人大会后。军民领导牵头的民航站筹建小组很快成立，双方逐级报批，最后既圆了衢州人民的民航梦，也为衢州的全方位开放创造了条件，并大大提高了城市的品位。

郭学焕还14次带领县、局等有关同志去乌溪江库区踏勘，修建了三条公路，做到乡乡通公路，大大改善了在乌溪江水电站建设中作出巨大牺牲与贡献的库区人民的生活。

他急市民出行之所急，开通9路和10路公交，大大缩短了新老城区市民的交通往来时间，如此等等，为市民做了许多大好事。

衢州走上改革开放之路后，各方好评如潮。1992年7月5日《衢州日报》记者严红枫写了《外地记者话衢州》一文；《金华日报》记者张宏说出“老城的改造，上下街的拓宽，竟然这样神速”的赞语；《经济日报》记者蔡文良说：“看你们市领导介绍起衢州来，那神采飞扬，那一片深情，把我这位见多识广的‘老记’也给感染了”；《光明日报》驻浙江记者站站长叶辉说：“到6月止，我来衢州已有4次，在《光明日报》上，共发了一版两个头条，二版两个头条……这么短的时间里，对一个地区的报道能这么集中，分量能这么重，不容易！这反映出衢州在改革中出成就，出经验，自然也就出新闻了。”庄月江记者还了解到，在郭学焕书记坚持改革开放理念的指引下，自1993年1月10日衢州成立人才劳动市场至今，双向选择达成就业意向的已有2570余人；中外合资企业和外资企业从无到有，已达260余家，外地人到衢州市办厂、开店的私营及个体企业达650余家。因此，《光明日报》王晨说衢州“起点低，但发展快，有希望！”

郭学焕在《饮马衢江》一书中有《小车不倒只管推》一文，是他生活的写照。郭学焕说，他每天6时起床，中午不睡觉，很少吃水果；也无节假日，连周日也喜欢工作或办公，每天晚上喜欢到办公室批阅文件或读书阅报；有病未愈依旧不停地干，急得他夫人团团转……他在记述兰溪和金华工作22年的一首诗里有“纵然严律难为己，岂肯清误愧对民”两句，还用三个小故事的标题对此作了注释：“妻子从医，志矢未改”；“两个‘不’，挡住了亲戚”，“亲叔被拦，咫尺未见”。有一天，郭学焕因身体严重透支而被重感冒击倒，他这才明白：旧小车需要经常保养与加油，这样才有可能“小车不倒只管推”。

幸谋交通乐民生

1995年5月，郭学焕恋恋不舍地离开自己参与耕耘的浙西这座改革开放的璀璨花园，以浙江省交通厅厅长、厅党组书记的身份，走进杭州梅花碑省交通厅办公大院，有幸成了新中国成立后第十三任浙江交通领路人，在此岗位上服务了8年。就任几年后，他乘兴挥毫泼墨“有幸事交通，无限乐人生”

十个大字，显露了交通人的共同心迹。众眼识珠，这幅字很快被厅办公室刻制成楹联，至今挂在交通厅机关大院门口一座六角亭的柱子上，彰显了一代代交通人爱交通、事交通的赤心！

随着改革开放深入，经济大大发展，社会各界的认识统一到“若要富，先修路，大路大富”的信条上来。在这大好时代背景下，郭学焕在调研基础上提出浙江公路建设的美丽蓝图，即从 1996 年开始，首先用三年时间，改造、拓宽杭州至各地市的国道、省道主干线 1000 公里，使其达二级加宽以上标准，实现公路交通紧张问题缓解；然后从 1996 年至 2003 年底，用 8 年时间建成 1000 公里高速公路，使杭州到各地市都有一条高速公路。这两项规划，简称“三八双千工程”。

1995 年 11 月 17 日，省政府举行省长办公会议，听取郭学焕厅长关于我省交通重点工作的汇报。万学远省长赞同省交通厅的意见，并指出：一是坚持“四自”（自行筹资、自行建设、自行收费、自行还贷）方针不变；二是坚持先缓解、后适应的方针不变；三是坚持以主干线建设为主的方针不变。郭学焕表示交通建设争取三步走，第一年加快步伐，第三年全面缓解，“三八双千工程”完成后基本适应。会后，省交通厅对《公路水运建设发展规划》作了调整，经省政府同意后组织实施。

“三八双千工程”得到广大干部群众及各市、县有关部门的支持。省交通厅和公路局逐年作出计划安排，有计划地分步骤组织实施。

全省交通干部职工和广大建设者，发扬顽强拼搏、连续作战的精神，“三八双千工程”中的第一项，即 1000 公里国道、省道主干线改造工程，到 1998 年底全部如期完成。公路交通紧张状况得到全面缓解，第一阶段目标得以实现。

当年，省交通建设的第二个目标——高速公路尚属新生事物，从规划、设计到施工等，全体交通人都是边学边干，思想也只能边干边统一，面临着前所未有的考验。1998 年 3 月，省交通厅研究后认为，杭州到最远的温州市区，高速公路里程为 360 公里，按正常车速，4 小时便可到达，可用“四小时公路交通圈”表述。这一年，柴松岳省长采纳省交通厅的提议，在政府工作报告中明确提出本届政府要在5年内累计建成高速公路1000公里，在省会杭州至各地市之间形成“四小时公路交通圈”。这就意味着“三八双千工程”原定2003年底建成1000公里高速公路的目标要提前一年，即2002年底完成。

交通厅任上，郭学焕（左）在交通工程施工现场

当我们驰骋在穿过广袤原野的高速公路上，或经盘旋的山道翻越崇山峻岭，可曾想到公路建设者们曾遇到怎样的难题，他们又如何运用聪明才智将其一个接一个地攻克？比如，浙江省杭甬高速公路从上虞沽渚起，途经上虞、嵊州、新昌、天台4县（市），在三门吴岙与甬台温高速公路相接止。该段高速公路称“上三线”，全长142公里，为双向四车道。一天，省交通厅张治中副厅长从“上三线”检查回来，向郭学焕反映他在“上三线”工程中发现的“四个高”，即高挡墙、高填方、高路堤、高桥墩。同时，他还在施工现场发现几处断裂带和滑坡体。翌日，郭学焕即带领有关人员会同“上三线”指挥部领导、工程技术人员去最严重的新昌路段察看，而后组织各方人员研究对策，对部分路段做针对性的变更设计。经连续几个月的奋战，工程人员一一破解难题，保质保量地完成了施工，达到了安全要求，确保“上三线”于2000年底如期通车。

在浙江省委、省政府领导下，经过上上下下高速公路设计与建设者们的共同攻坚克难，继1996年杭甬高速公路通车，1997年杭州绕城公路西段建成通车，1998年底沪杭高速全线通车后，2000年12月，杭甬高速公路“上三线”路段建成通车，2001年、2002年，杭宁、甬台温等高速公路的部分路段建成通车。其中，2002年，全省新增高速公路通车里程为574公里。

2002 年 12 月 28 日，省委、省政府在金华举行浙江实现“四小时公路交通圈”暨杭金衢、金丽高速公路通车典礼，时任浙江省委书记、代省长习近平宣布全省实现“四小时公路交通圈”的喜讯“三八双千工程”的伟大目标提前一年胜利完成，为我国高速公路史添上浓墨重彩的一笔！

2001 年夏，郭学焕（前右 2）到开化县山区调研山区公路时与当地群众一起交谈

20 世纪 90 年代以来，为遏制腐败现象的滋生，交通厅党组提出了“三个‘不’”措施，即“施工队伍不介绍，经营活动不参与，线路审批不干预”。为落实这一总要求，厅党组还依据有关法律法规，建立起一套完整的工作制度。

省交通厅“建章立制”初见成效，得到省委、省政府以至交通部领导的肯定。时任省纪委书记李金明同志作出批示：“请新闻媒体采访报道，纪委信息也予以反映。”此后，新闻媒体纷至沓来，郭学焕谦虚地说：“如果要采访报道，一是，多采访基层和一线的同志……二是，报道的调子低一点。”郭学焕在审读记者报道文稿时，字斟句酌，甚至亲笔“降调”。他这种谦虚谨慎与严于律己的作风美德，贯穿了他学习与工作的全过程，值得学习与弘扬！他多次变动工作岗位，每次到新岗位都抱持学习的心态。还有，无论在何岗位，他都平易近人，在工作中时时处处带头干，总带着一股无往不胜、不达目标誓不罢休的精神力量！

在省委、省政府领导下，在郭学焕身体力行的带领下，经过一批批浙江交通人的艰苦奋斗，到 2002 年末，浙江省累计建成公路里程达 45646 公里，其中高速公路 1307 公里，实现了杭州到各地市的“四小时公路交通圈”目标；全省通航里程达 10408 公里，其中四级以上航道达 533 公里，万吨级以上港口泊位达58座，可接纳远洋船舶从五大洲驶向浙江沿海港口停泊。这是郭学焕代表浙江交通人交出的一份交通答卷，多年梦想成真，令人钦佩不已！

当我想写郭学焕因年龄所限卸去厅长一职后去省政协任职时，我立马想到自己退休返聘一年后，决心把时间留给文学和科普创作的爱好，留给继续撰写校友人物以图感恩的想法，心里不免为郭学长长年没有时间满足自己兴趣爱好而泛起一阵惋惜的涟漪。果然，郭学焕任省政协常委、提案委主任后，年轻时播下的兴趣爱好的种子就悄悄地萌发了。最后，省委领导尊重郭学焕的意愿，于2003年12月21日同意他辞去省政协公职。2004年1月2日，郭学焕领到了退休证。自此，他如愿进入几十年爱好的文学、书法和篆刻园地，不息耕耘，实现了他“墨香伴我走新高”的美好心愿！

家山别梦情绵长

1993年春节，郭学焕一家与母亲在老家门口留影（左起：小女儿、郭学焕、母亲、妻子、大女儿）

1943年11月，郭学焕出生于诸暨牌头浦阳江西岸的西山下村一户郭姓贫苦农家，父亲郭郁清，母亲王春琴。郭氏渊源可追溯到黄帝的后裔周平王郭公，此为郭氏始祖，距今已有3000余年。从郭氏宗谱近记而言，郭氏族人多认汾阳王郭子仪（697—781）为高祖。几经辗转传承，郭氏在诸暨西山下村发展成大族，已有400余年的历史。

郭郁清有三兄妹，郭郁清是老大，下有妹妹郭婉定，弟弟郭郁仁。郭婉定嫁给邻村何绍伯，何家也是世代务农。郭郁仁学过裁缝，当过民工，后进入南京浦口车辆段做维修工，最后当了技术员。

郭郁清是务农的好把式，各种农活都在行，犁田、插秧等都得心应手。

他当了多年的生产队长，还外出做过锯板工、公路养护工。郭郁清的爱好是拉二胡，还吹唢呐，会自动换气，声音不间断。郭学焕读高小时跟父亲学过工尺谱，后来能拉一手二胡，恐已植入父亲爱拉二胡的基因。

王春琴是其父母的掌上明珠，旧中国时随父母多年生活在杭州，其父母经营一家小旅馆。王春琴读过高小，在当年算是有文化的人，字亦写得好。抗日战争之初，为避战乱，小脚的王母带着十五六岁的小女儿回至老家东山王村。后来，杭州的小旅馆因战乱无以为继，王父也回到老家。再后来，王家夫妇把小女儿许配给了一个淳朴的农民，这个农民就是郭学焕的父亲郭郁清。

新中国成立之初，村里办扫盲班，王春琴当过辅导老师。她吃苦耐劳，心灵手巧，绣花、做鞋、织毛线、缝制衣服都十分拿手。郭学焕穿了多年的棉袄，就是母亲用自己的一件棉袍亲手改制而成的，他的毛线衣也是母亲拆了自己的外套毛衣改织的，穿在身上倍感温暖！王春琴爱看戏，会把戏里的故事情节讲给别人听。到儿媳妇生养孩子时，郭郁清和王春琴夫妇还把产后的儿媳妇及婴儿接到家里去照顾。等小孩会走路了，他们又把小孩带回老家照护，让郭学焕夫妇能全身心投入工作。

父母是孩子的第一任老师，他们像阳光雨露一样长期滋润着后辈的心田。郭学焕回忆说："我记得，从小他们就教育我要好好读书，只有读好书，有了学问和本领，将来才能在社会上工作、生活。我参加工作后，他们教育我要多为老百姓办事，要当个'清官'，不要做戏里演的那种贪官、瘟官。"郭学焕的父母已先后离去多年了，但那些饱含大爱长情的话似警钟，一直在他脑海长鸣！

郭学焕的妻子孙满琴出生于诸暨石佛村一户贫苦人家。石佛村的村民户主大多为孙姓，源自富阳龙门镇孙氏。妻子的父亲孙炎福，母亲毛香花，两人育有三女一子，孙满琴是小女儿。孙满琴初中毕业后，以优异成绩考入诸暨一中，后因家境贫寒，改入绍兴医学专科学校，1968年夏毕业。翌年，孙满琴与郭学焕结为秦晋之好，她调至兰溪纺织机械厂任厂医，后调市妇保所任副所长（主持工作）。后来，孙满琴随郭学焕工作调动而调至金华、衢州，曾任金华市防疫站科长、中共衢州市药监所党支部委员兼办公室主任等职。1995 年 5 月郭学焕调省交通厅任职后，孙满琴和大学毕业后在衢州工作的大女儿郭兰兰也随调杭州市。此时，他们的二女儿郭隽在杭州大学读书，1996 年毕业后在杭州工作。以后的几年里，两个女儿先后在杭州成家，各有长进。从此，郭学焕夫妇一家安居杭州。

2012 年 12 月，郭学焕全家福（前排为郭学焕夫妇与外孙；后排为两个女儿与女婿）

2003 年 2 月 11 日至 12 日，交通部部长张春贤特意将全国交通工作会议安排在浙江杭州召开，让郭学焕离任退休画个圆满的句号。其间，郭学焕在热烈掌声中表演了二胡独奏节目——刘天华创作的《良宵》，然后，又演奏了一曲《采茶舞曲》，全场又响起热烈的掌声。

2003 年 2 月 23 日上午，郭学焕的诗书篆刻展在浙江省展览馆开幕，展出了郭学焕 40 幅书法近作、40 首诗和 30 方篆刻作品及放大照片。同年 2 月 25 日下午，他接受了浙江交通职业技术学院名誉院长的聘任。这是郭学焕退休后新的篇章！

郭学焕荣休后，《中国交通报》于2003年3月10日给郭学焕写了一封情真意切的信。我读完这封信，深感这是《中国交通报》同仁在广大读者心中为郭学焕树起的一座永久的丰碑！这是给郭学焕带领的浙江交通建设队伍最高的奖赏！

郭学焕长期在党政机关工作，公务繁忙，但他仍集政工人、交通人、学人、诗人、书人、印人等多重身份于一身。他兴趣爱好较多，除拉二胡自娱外，还寄情于诗、书、篆印。

九届全国人大会议期间，潘云鹤（左）与郭学焕留影

郭学焕自读小学时开始练习书法，读中学时开始玩金石，读大学时开始文学创作。郭学焕遍习各家书法，苦临钟鼎碑帖后，对笔法深有体悟。他运笔自如，自成一家风貌，其书法大作被专家看好，作品频频入展获奖。其作品分别参加过1993年首届全国市长书法大赛、1997年首届全国书法艺术节公仆书法展以及第二届全浙书法大赛展、西泠印社首届国际书法篆刻作品大展等多项赛事、展览。正如浙江省书法家协会副主席金鉴才先生所说，学焕先生的人生经历，倒是很有几分古风。在九届全国人大会间，郭学焕缘遇浙江大学校长潘云鹤院士。他们是书法老

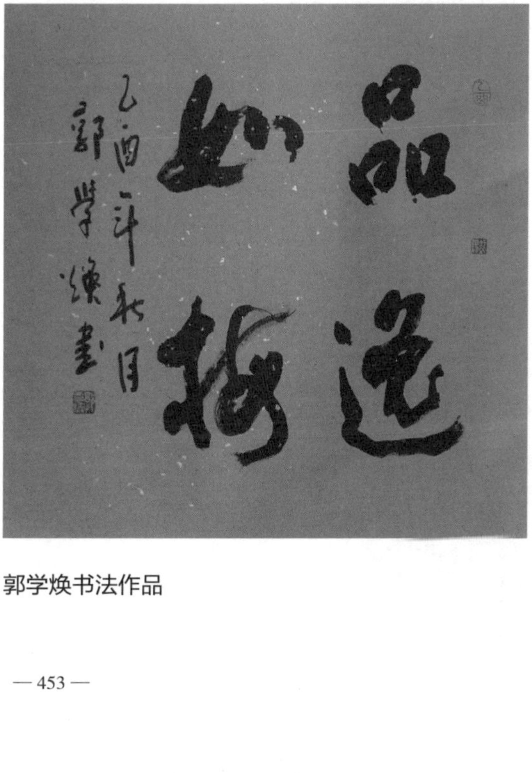

郭学焕书法作品

友，话多情长，合影留念。

走上工作岗位后至今，郭学焕的文学功底始终未减。当上工厂以至地市、省厅领导后，除业余创作散文、诗词外，郭学焕还亲自撰写各类报告、讲话稿等，重点突出，言简意赅。退居二线后，他不仅在报刊上发诗文，还撰写了多部著作，题写了许多字幅。2005 年，郭学焕接受浙江省政府聘请，成为省文史研究馆馆员并任副馆长。此前，他又以引人注目的成就，成为中国书法家协会会员、浙江省书法家协会顾问、西泠印社理事、全国市长书画院院士、中华诗词学会会员。他还成了诗刊《大风筝》的编委，实现了求学时代的作家梦。

2014 年 11 月 26 日，在杜高杰艺术展上，笔者巧遇郭学焕（左）留影

在著名画师、浙大杜高杰教授执教 60 周年纪念会暨艺术展上，郭学焕和我应邀与会，同系老学友难得相逢，也留下珍贵的一帧照片。

（2022 年 11 月 13 日初稿，2024 年 6 月 28 改定）

从故土情到童书情

——记中国童书出版领军人物海飞校友

海飞（1946年3月12日— ），浙江义乌市苏溪人。出版家，作家。1968年毕业于浙江大学化学工程学系。第十届全国政协委员，文史委员会委员。历任中国少年儿童出版社社长，中国少年报社社长，中国少年儿童新闻出版总社社长兼总编辑。曾任中国出版工作者协会副主席，国际儿童读物联盟中国分会主席，中国版协少儿读物工作委员会主任，中国少年儿童报刊工作者协会会长，北京电影学院动画学院客座教授。著有文学作品集《黑戈壁》《孔雀石》《曾经西部》，新闻出版文集《童书海论》《童媒观察》《童书大时代》《童读大时代》《书是甜的》，图画书《国粹戏剧图画书系列》《喜鹊窝》等。我国“童书”概念的引入者，“童媒”“童读”概念的提出者，中国童书出版的领军人物。曾获中国图书奖、中华优秀出版物奖、中国韬奋出版奖、宋庆龄樟树奖、陈伯吹国际儿童文学奖特殊贡献奖、联合国儿童基金会中国地区成就奖等奖项。

1990 年 9 月，我收到海飞从兰州寄来的《黑戈壁》一书，翻开第一页，一股馨香扑面而来，“浙大恩重，浙大情重”八个大字映入我的眼帘，久久不肯消逝。

读到在这本书内《半个西湖》一文，我的心像被磁石吸引一般，一连读了两遍，一种浓郁的真情也侵入了我的血液，让我久久地激动着。海飞在文中说妻子郑玲西是杭州人，妻妹叫玲湖（后改为玲瑚），姐妹站在一起便是一个女孩的“西湖”。自从与玲西成家后，海飞便说自己有半个“西湖”了。从此，海飞的名字贮入我的记忆。

1992 年 5 月，我收到了甘肃省浙大校友会（筹）的邀请函，于是借参加甘肃浙大校友会成立大会之便，在金城一睹“半个西湖”的风采。近来，我又体察并补写了我的同乡海飞一路走来的求是真情——

1992 年 5 月，海飞与笔者（左 3、左 4）在甘肃浙大校友会成立大会上

故土情

“天上的月亮只有一个，可故乡月亮潭的‘月亮’却数不清……”这是扎根西北的江南游子对故乡思恋的感叹。

我循着海飞的目光轨迹寻觅，心海激起一阵阵波澜。我为这位工科出身的作家的辉煌而自豪，又为结识了一位“求是之子”的文友而兴奋不已。

海飞，原名骆光伦，1946 年 3 月 12 日出生在浙江义乌苏溪镇蒋宅村一户骆姓人家，祖上是“初唐四杰”之一骆宾王的后裔。不知是骆氏“文学基因”的遗传，还是海飞禀赋光环的迸发，1972 年，他就像一颗新星，升上了文学的星天。他饱蘸浓浓的乡情，清晰地再现了孩提时代的水乡苏溪小镇的生活，颇有情趣。《长不大的夜》记述了他的童年趣事，是眷恋故乡那片热土的代表作。他远离家乡五千里，尽管有重任在身，有家小牵连，但还是会常回故乡一睹月亮潭的风姿，或采访义乌小商品市场的“女财神”等。为了寄托饱满的真情，他从小就认家门前老梅树做娘，几十年过去了，仍有“花梅忆我我忆梅”之情流于笔端，这就是游子思乡爱乡的佐证。

海飞在五个兄弟姐妹中排行第四。海飞的父亲骆有喜是个上过私塾的农民，半农半商，算耕读人士。海飞的哥哥骆光元，原杭州大学毕业，是浙江省义乌师范学校高级讲师。海飞从 4 岁起就受到父亲的精心培养。因为家境贫寒，家中买不起学习用品，就以桌面代纸，放在桌面中间的一碗水作墨，海飞跪在四尺凳上用小手指蘸水练字，每天都要沿着方桌跪练几圈。中学以后，海飞因一手好字而被人称为“书法大师”。海飞颇有感触地说：“我之所以能写几个字，还不是多亏家乡那黝土与秀水呀。”海飞从小学习成绩优异，从苏溪小学毕业后被保送至苏溪中学读初中，初中毕业后又被保送至义乌中学读高中。1963 年，他考入浙江大学化工系塑料工学专业（后改名为高分子化工专业）学习。

海飞每次回南方，总要到家乡走走看看。家乡的一草一木都是他的牵挂，都是他创作的题材。自 2021 年起，海飞的家乡浙江义乌苏溪镇的文体站等单位办起了文学刊物《苏溪亭》。因为喜爱文学，我和海飞常会在刊物上相遇。我亦爱读他的文章，一股浓浓的故土情怀浸润在他的字里行间，令我爱不释手。

2021 年第 2 期的《苏溪亭》刊发了我的散文《谷雨种田》，我收到刊物后翻开一看，“乡贤名士”栏目首篇是海飞的散文《老屋》，我迫不及待地读了起来。海飞回老家看久无人住的老屋，他不嫌老屋的霉气重，不愿住人家的新洋房，而甘愿与只住过 10 余年的老屋深情相依。他喜欢做有关老屋的梦，还说“游子好睡家乡觉”。这兴许就是海飞的故土情怀吧。

2023 年 5 月 30 日，海飞偕夫人回到家乡，与各界代表共同交流学习心得、读书体会，还参观考察了义乌社会经济文化的发展。

海飞回到阔别 63 年的母校义乌市苏溪镇初级中学，看到美丽的现代化

2023 年 5 月 30 日，海飞夫妇（左 9、左 10）出席义乌苏溪海飞读书分享会留影

校园，面对朝气蓬勃的校友师生，感慨万千。然后，他与苏溪镇党委书记贾荣文共同为海飞读书分享会揭牌。在“我们的中国梦，文化进万家——2023 苏溪海飞读书分享会”上，海飞与现场嘉宾、广大师生热情分享了自己的读书经历、创作心得、时代感悟、心愿寄语。此次，他还捐赠了许多少儿读物和获奖作品。以上这些，都受到了与会者的热烈欢迎与好评。

多年来，海飞还通过多种方式持续捐赠自己的作品和优秀的儿童读物，共计约 20000 册，为家乡的教育事业以至文化发展作出了巨大贡献。

母校情

海飞是浙大高分子化工 1968 届毕业生，他的女友郑玲西是海飞的同班同学。在“文革”10 年冰冻的日子里，他们毅然选择了去大西北白银矿区经受风沙的磨炼。1970 年元旦，海飞和郑玲西结为秦晋之好。虽然他们在老和山下的求是园里只生活了 5 年，但几十年过去，他们对母校的眷恋却是那样的浓烈与甘醇。

1970 年元旦，海飞、郑玲西结婚照

海飞扎根戈壁后，不论是在矿山或汽车修理车间，还是在团省委或电视厅的领

1991 年 11 月 18 日，在竺可桢铜像前，笔者与海飞等校友合影（右起：海欣、海飞、王启东、徐昭唐、笔者等）

导岗位上，他都没有忘记求是精神，没有忘记母校的一切。每当在报上或广播、电视上听到、看到母校的好消息，他总是欣喜若狂，并一一讲给家人听；每当有机会回南方，他总爱到求是园拜访师长与学友，看看那茁壮成长的花木，然后才恋恋不舍地离去。

1991 年梧桐叶泛黄的季节，海飞重回求是园看望在机械系就读的大女儿海欣，我与海飞有了第一次握手。只因我们各自都有别的安排，仅仅在竺可桢铜像前合影后就分开了，然而，他那饱含深情的目光却已播撒在求是园，并植入我的心灵！

海飞爱母校，也爱每一个浙大人。

中国冰川研究所的施雅风学长取得了举世瞩目的成绩，海飞为之兴奋，为之谋筹。他克服了种种困难，组织甘肃电视台的摄制人员为施雅风拍摄了专题片，为弘扬求是精神做了一件大好事。年轻的校友们取得了一点成绩，他就满腔热情地予以鼓励。他高度赞扬白银矿区的一批校友，他们一辈子扎

1992 年 6 月 28 日，在黄河边绿色希望广场留影（左起：笔者、海飞、洪保平）

1992 年 6 月 28 日，在黄河大铁桥（中山桥）旁留影（左起：洪保平、海飞、笔者）

根矿区，为发展有色金属工业默默地奉献。海飞提议我去采访他们，就是不肯讲自己的成绩。

1992 年 6 月 27 日，他在百忙中亲自驱车 70 多千米，去机场候接我和同事，并为我们举办组建兰州浙大校友会的会议与采访作了精心的安排，还特地挤出时间陪我们游览了兰州的风光。在黄河母亲塑像前，他满怀深情地对我说："我今生有三个母亲，家乡有生我养我的母亲，浙大有求是精神熏陶我的母亲，而今还有黄河乳汁哺育我的母亲。"听到这里，我被感动了，深深地被感动了。于是，我们在黄河母亲塑像前留下珍贵的合影。

我们来到黄河大铁桥上，海飞如"天上之水"般地回忆了大学的多彩生活。在求是园里，他努力学习，积极参加学校的各项活动。学习之余，他驰骋于墨海之中，是校美宣队的成员。他创作的什么宣传画、海报之类，常常出现在校园的壁报上。他对我说："我受求是精神熏陶，浙大教给我科学知识，教给我做人的道理……进浙大时，我是班里最矮的一个，而毕业时，我却是最高的一个，所以，我的身躯也是母校给的啊！"这些话又一次撩拨我的心弦，思情宛若眼前的黄河之水翻卷不息。

甘肃校友会成立大会上，大家一致推选海飞任会长。在我离开兰州前，海飞送我《金城漫话》等 3 本书，还给母校送上了甘肃武威出土的铜奔马，并在锦盒内壁亲笔写下"求是创新、天马腾飞"八个遒劲大字，赤子之心可

兰州市浙江大学校友会成立大会代表留影（前排左 2 起：朱家琥、朱祖鳌、海飞、笔者）

见一斑！

在海飞、郑玲西爱校精神熏陶下，他们的三个孩子从小就爱上了求是园，都想进浙江大学深造。这对同窗夫妻商定，三个孩子中，一定要让至少一个从西北考回浙大去，让下一代也在求是学风的熏陶下成长。1989 年，老大海欣“一炮打响”，如愿以偿，考上浙大机械系。父母和女儿同为浙大校友，赤子母校情，日益浓重！他们夫妇两家亲人有很多浙大校友：第一代 12 人，第二代 19 人，第三代 2 人，共 33 人，成了一个并不多见的“浙大校友世家”。他们有国内外硕士、博士、博士后、访问学者，足迹遍布世界，浙大校友总会还对此作了专门报道。海飞深情地说：“浙大的求是校风，就是我们这个大家庭的家风。求是求真求实，真情真心真意，求是精神深深地刻在我们每个人的骨子里。”

从 1992 年兰州相聚后，无论是从工作需要出发，还是因校情乡情而相惜，30 余年来，我们的联系从未间断。我到北京公干，总会去他家看望。他们夫妇会热情地陪我看看京城的古迹，招待我美味的京菜。他们回到南方路过杭州，也会挤出时间与我们夫妇小聚。令我们难忘的一次嘉峪关、敦煌之行，他请电视厅部下接待，安排周到，让我们看到了一般人无法看到的戈壁滩下魏晋墓内壁画的古迹，大开眼界，留下难忘的记忆。

1993 年夏，海欣毕业留在杭州工作，我们全家为她祝福。同年 9 月 22 日，一封寄自北京的大函，又送来了海飞调任中国少年儿童出版社党组书记兼社长的喜讯，郑玲西即调至中国专利局工作。从此，他们离开了为之奋斗 25 年的大西北，开始踏上崭新的征程。

1995 年 5 月，笔者（左）与海飞合影于北京亚运村寓所

1995 年 5 月 26 日，我借参加北京师范大学、北京大学联合举办的高等学校第二次校友总会负责人会议之便去了亚运村海飞寓所，与他们夫妇有了再次聊叙别后之情的机缘。

海飞爱文学创作，也爱诗歌，于是我就陪他去艾青先生寓所拜访，只是不巧艾老负恙住院，谢绝友人看望，我们就与其夫人高瑛作了一些诗艺交流后而返回。在我与海飞惜别前，他送我他主编的《中国冠军录》等 3 部书，还送我一块兰州产的二龙戏珠名砚台。而今，每当看见书和砚，都会勾起那次愉快的会晤。

2001 年 10 月 7 日，海飞、郑玲西夫妇借南下公干和省亲之机，下榻灵峰山庄，有机会亲睹母校的改革与发展。我也有缘与他们夫妇一同在天外天酒楼品尝名菜佳肴，共同回忆西子湖的荷香圆月……此后，我的耳边经常回响着海飞富有文采的话语，眼前浮现出玲西永不凋谢的笑容。

我退休后少有进京的机会，而海飞工作特忙，常要出国或外出开会，因此我们见面相叙的机会不多，但我们用信件、电话来填补思念之情。特别是

2009 年 8 月 17 日，笔者夫妇与海飞及其部分家人合影于北京（左起：海颖、李栽瑶、笔者、海飞、小外孙、郑玲西）

当岁次更替，海飞总会早早寄来精美的贺卡，我都一一珍藏。如在 20 世纪末的一张贺卡上，海飞写道："愿我们把 20 世纪的友谊带到 21 世纪的一个又一个春天！"我也这么祈愿。

2009 年 8 月，我去北京参加中国科普作家协会成立 30 周年纪念会暨中国科普作家协会理事会议，会间偕老伴参观鸟巢、水立方等奥运会体育场馆。会后，我们再次与海飞夫妇一家相聚，畅叙乡情与友情。海飞夫妇还陪我们去中华民族园、元大都土城遗址公园等名胜观光，并合影留念，留下难忘的好印象。此后，我们再未进京，但仍微信传讯不断，友情甚笃，为彼此生活增添色彩。

戈壁情

我的案头放着海飞学长的散文集《黑戈壁》，还有采访他时带回的八块彩色戈壁石，目的是时时提醒自己写一篇关于海飞的专访文章。可是，从盛夏到隆冬，我仍不敢给这位工科出身的著名作家、出版家"画像"，每每举笔，顿感笔头滞重。直至几年后春气涌动，万物皆萌，久埋心头的种子才迟迟探出头来，幸运地赶上这个春气勃发的季节！

回首以往，在西子湖畔的月色中，彼时还只是海飞女友的郑玲西斩钉截铁地说："只要两人在一起，天涯海角都去，我们就报大西北。"就这样，海飞和郑玲西的申请书很快成了鲜红的金榜。1968 年冬，他们乘坐西去的列车，到了大西北。

在求是园里看那雄鸡版图的中心，看那金黄色的一片，心倒也平静，可当驾着寒风来到大西北，满目是光秃秃的山头，同来的不少人流泪了，动摇了，而海飞和郑玲西却有说有笑地来到白银矿区安家，一待就是 15 年，并以普通劳动者的双手写下了难忘的一页。

白银有色金属公司是我国"一五"计划 156 项重点工程之一，经过共和国首批开拓者的努力，成为全国最大的有色金属基地。创业初期，那里没有树木，没有芳草，没有飞禽走兽，有的是层峦叠嶂，有的是飞沙走石，有的是铜、金、银、硫等矿藏，因而被人称为"铜城"。从西子湖畔来到这里，确是换了一个天地。海飞报到后，穿上了矿工服，成了一名矿山工人。

"山上不长草，风吹石头跑。"海飞上矿山第一天，就遇见漫天风沙，一片昏暗。一块飞石打在海飞的眼镜上，把近视眼镜击得粉碎。好一个"下马威"！但海飞没有被风沙吓倒，他戴上矿工帽，每天按时进出矿区采矿。他先是当电铲辅助工，后来调到汽车修理车间当汽车修理工，又与工人们滚爬在一块。海飞积极动脑筋，搞了一些技术革新，还学会了开汽车。在矿区生活的日子里，劳动强度大，吃住都很简单，可是海飞与矿工在一起，与当时分配到矿山的大学生在一起，也只觉岁月飞逝。

时空无情人有情。在桃红柳绿的季节，海飞带了小女儿返乡探亲。他顾不上绵绵细雨，光着头来到西子湖旁，一屁股坐在与玲西恋爱时坐过的那张凳子上，一坐就是半个小时。雨滴模糊了他的镜片，模糊了他的视线，直到小女儿掏出小手绢擦拭，他才清醒过来。回矿山后，他更加忘我地工作，为多采矿以支援各地建设，也为缩小白银与沿海城市的差距而贡献才智。

1992 年 6 月，我在兰州停留的短短五天里，在海飞、玲西的鼓动下，挤出一天去白银矿区寻访。白银市委书记韩修国是国科大的毕业生，曾是与海飞在矿区同吃同住同采矿的“三同”者。韩修国在百忙中接见并宴请了我们，席间讲了许多战天斗地的故事。市委办公室主任徐建国专门接送陪同，他也是海飞的“三同”者。他带我看了长 800 米、宽 500 米、深 200 多米的矿坑。矿坑上面原来是一座座小山，是海飞和矿工们一同移走的。我在矿坑旁站了许久，深感人力的伟大！

1992 年 7 月 1 日，白银市委办公室主任徐建国（左）陪笔者参观大矿坑

1983 年夏，海飞奉调到甘肃省省会任团省委副书记，矿区的工人们纷纷赶来相送。他与玲西看着那些熟悉而黝黑的脸，看着矿区门口的那头闪闪发光的金牛，看着矿区那些正在成材的树木和花草，他心中的河流翻卷，他的眼睛湿润了，止不住的热泪洒在他倾注过深情的矿区。

人在金城兰州，心却常飞回到矿区。海飞每年总要专程回矿区走一走，看看那沸腾的鼓面，看看同伴们的笑脸，看看那探出头来的白银！

经过矿区荒漠生活的锤炼，海飞更成熟了，也更爱大戈壁了。

1985 年，海飞率领青年，日夜想着改变“火焰山”的风貌。那寄托了对青年一代成材的期望的“三棵树”雕塑，是他心血的结晶，而今矗立在黄河之滨。10 多年来，他风里来，沙里去，几乎踏遍了戈壁滩，访遍了黄土高原。甘肃省东西绵延约 1100 千米，有 86 个市县，他走过了其中 83 个。每到一个市县，他都会深入基层，了解基层同志的酸甜苦辣。基层同志称他是戈壁滩上的好领导。我们到白银采访，后到敦煌、嘉峪关访问，处处可听到基层同志对他的赞扬，有的甚至称兄道弟，以“海飞的老师就是我的老师”来接待我们。

生活是创作的源泉。海飞常常深入基层，因此为他的创作积累了大量素材。加上从小养成的勤奋品格，他在 20 世纪 90 年代初就创作出许多小说、散文、诗歌，达 60 余万字，其中散文集《黑戈壁》是他爱戈壁的一个有力佐证。我赞同一位评论家的说法：《黑戈壁》是作家的心路历程，是他向人们所描绘的生活和人的生命状态中最有意义和兴味的。从矿工生活到沙漠瀚海，从普通人的琐事到战士的颂歌，都展示了作家所经历和感受到的、各种人在时代洪流中所呈现出的某种有意义的生命及生存状态，蕴含着作家的体味、理解与追求。海飞在《黑戈壁》后记中这样写道："记得儿时刚学会'大自然'三个字，还不知晓这三个字的真正含义，我就大言不惭地对同桌的小伙伴说：'我爱大自然。'"大学毕业后，海飞在分配表上填上"服从祖国分配，到大西北去……"其中也有热爱大自然、热爱戈壁的信念支持他的缘故。他饱含深情地对我说："我是喝江南水长大的，我是驾大漠风成熟的……于是我爱江南水，我写江南水；我爱大漠风，我写大漠风；我爱五彩霞，我写五彩霞。"我想海飞爱写大漠风，不正是他情系大戈壁的又一佐证吗?!

海飞是一名工科出身的科技人员，但他自幼酷爱文学与书法，多有文艺细胞。多年来，他坚持业余创作，硕果累累。海飞爱大自然，大自然也钟爱他，给他很多的馈赠。创作的硕果结满了贫瘠的戈壁滩，《大漠就在屋后》《鸣沙沙月》《驼革裹尸》《腾格里世界色》《黄河梦》《白月亮》《窑洞地平线》等名篇，都是海飞为大戈壁雕塑的佳作。海飞的短篇小说《孔雀石》《牛庄日环食》、散文《方竹》、散文集《黑戈壁》等都曾获得省级以上奖励。他发表了系列散文《电视王国一瞥》和论文《中国特色社会主义电视基本特性初探》，出版有文集《海飞小说选》。此外，他的小说《漆姑娘》被广西电视台摄制成了电视短剧。海飞的文学作品都是他热爱大自然，以至向大自然奉献真情而结出的硕果吧。他策划、主编、监制了数十部图书和电视剧，并曾荣获敦煌文学奖、国家图书奖、国家电视剧飞天奖等。由于海飞数十年如一日地进取开拓，业绩卓著，他从 1997 年起享受国务院政府特殊津贴。

2004 年 11 月 22 日，海飞给我寄来了《童书海论》《孔雀石》和《曾经西部》3 部新著。这是他多年坚持业余写作的心血结晶！捧读大著，我眼前大亮，受益匪浅。

亲友情

《半个西湖》是海飞描绘夫妻情的自画像。凡读过此文的人，无不为他们夫妻之间的真情实感所感染。采访后，我的第一印象也是深觉他们是天造地设的一对！我们且不说来自山乡小镇的海飞，连出身杭州名门大家的玲西，也有毅然表示“天涯海角都去”的决心。这兴许是夫妻感情甚笃的基石吧。

“陇中苦，甲天下”——不怕，因为海飞有半个西湖。

在白银矿区的艰苦环境中，海飞有三个孩子，带来了沉重的家务负担——不怕，而挑起那副担子的是妻子白堤、苏堤般的肩膀。

三个孩子是“三好生”，或直升保送重点高中部，或在各项竞赛中荣获一等奖，因为有妻子刻苦学习的榜样！

20 多年来，海飞工作满勤，一心扑在事业上，业余一有空，屁股就钉在椅子上“爬起格子”来。妻子从来没有怨言，有时只是笑笑或戏说“你是家里的模范旅客和顾客！”这就是海飞获得成就的后盾，也是夫妻情爱大厦的支柱。

当然，夫妻情爱大厦的构筑也是要共同出力的。除了有前述情爱基石外，海飞也算得上是一个模范丈夫呢，有大量例子为证。

例一，“在家里，我只帮着洗洗衣服”，“好热闹的同事们送给我一个‘海飞牌全自动多功能洗衣机’的雅号”。

例二，妻子要报考母校浙大研究生，海飞为减少妻子家务烦扰“从头学起”，当天就系起围裙下厨房。

例三，妻子要远行，去美国留学深造，海飞专程送到北京。他们手拉手采购物品，他们手拉手在天安门城楼前合影留念，他们手拉手漫步在长安街，他们手拉手举杯相祝……这些充满情爱的“手拉手”就是海飞与玲西事业成就的力量源泉。在海飞支持下，郑玲西顺利成为美国田纳西大学诺克斯维尔研究生院访问学者，满载而归，最后在国家知识产权局专利局退休。

玲西在国外深造的日子里，海飞不仅支撑起事业，而且也支撑起家庭。这力量究竟来自何处呢？大概是“心有玲西（灵犀）一点通”吧。

2017 年全家福（前排左起：张雨霏、胡蔚芹、郭笑磊、海颖、骆天宜、郑玲西、海飞、史润康、海欣、刘思桐、沈宇芬；后排左起：张枝桥、骆瀚、田洪海、田子健、史凌、史训旦、刘鹏）

而今，一家人都是高学历的杰出人才：大女儿海欣，美国奥本大学机械工程学系博士，高级工程师；二女儿海颖，北京大学空气动力学硕士，生态环境部生态环境监测司副司长；儿子骆瀚，首都师范大学世界历史专业毕业，北京峰云乐成文化公司总经理。第三代中，大外孙田子健，中国科学院大学研究生院生物工程在读博士；二外孙史凌，美国得克萨斯大学麦戈文医学院在读博士；三外孙史润康，美国康奈尔大学计算机系在读；孙女骆天宜，美国达拉斯浸会大学在读。相信不久的将来，他们将为国家以至为人类作出更大的贡献。

海飞的友情是遍布天下的，海飞的爱也是洒满世间的。

我们且不说海飞在作品中注满情和爱，他飞遍全中国，在他的身影、他的足迹所到之处，也会流注浓浓的真情。

一如，为了把后方青年的真情送到猫儿洞里去，海飞不顾个人的安危，越过炮区，滚过雷阵，爬到离敌人枪眼只有 17 米的前沿阵地；看到小战士王清明在排雷中不幸被炸伤，失去双眼，他双眼泪如雨下；他收到云南陆军医院的一封信，得知西北战士徐建国牺牲，他用“眼泪”抄下了老山战士的诗，放置在小徐赠给他的铜鸽的底座下。

又如，1985 年元旦前后，应朝鲜社会主义劳动青年同盟的邀请，他随团访问朝鲜。他在板门店借景抒情，对着那条灰色“三八线”吐露期望之言：“……它终究会被绿色的嫩苗、鲜艳的花朵、丰硕的果实所淹没……”

在朝鲜首都平壤，海飞受到友谊的激励。他三上牡丹峰，在零下 20℃的峰顶伫立一小时，并向象征中朝友谊的友谊塔塔顶红五星深深地鞠躬致意。

1991 年樱花盛开的季节，海飞率甘肃电视台代表团东渡日本，在周恩来的岚山诗碑前，与日本秋田电视台的同行结下新的友情。

1992 年夏，海飞又率团赴哈萨克斯坦访问，沿着举世闻名的古丝绸之路，打开了甘肃电视界与哈萨克斯坦电视界友好交流之窗，架起了新的现代化的“电视丝绸之路”。

当年，海飞身居甘肃省电视厅副厅长和省电视台台长要职，又兼任许多社会职务，如甘肃省青年文学工作者协会主席、中国电视艺术家协会甘肃分会理事、中国作家协会会员、甘肃省作家协会理事、甘肃省文联委员、甘肃省浙大校友会会长等职。海飞的工作是全方位的、多层次的，他传递的真情也是全方位的、多层次的。

2016 年 1 月 18 日，海飞夫妇摄于三亚海滨

退休后，海飞夫妇过上了候鸟式的生活，每年在北京与海南两地来回安居，过上幸福快乐的生活，令人羡慕不已！

我相信，大自然是永恒的，海飞的情爱也是永远不褪色的！

童书情

海飞对少年儿童读物有天生的渴望与爱好。1993 年，他奉调进京，历任中国少年儿童出版社社长、中国少年报社社长、中国少年儿童新闻出版总社社长兼总编辑等职，还是中国作家协会会员、中国电视艺术家协会会员、北京电影学院动画学院客座教授。各项工作，海飞都兢兢业业地做得完美，赢得多方好评，直至 2008 年退休。海飞担任中国少年儿童出版社社长时，正处人生成熟的黄金时段。他认真调查研究，认真学习考察，带领班子成员依靠全社员工的集体智慧，制定了中国少年儿童出版社改革开放和跨世纪的发展规划，旗帜鲜明地提出以“为了孩子、为了未来、为了祖国、为了世界”为办社宗旨；以出版效益为中心，实现社会效益和经济效益的统一，积极探索建立以少儿读物出版为主业、以大少儿文化为基础的综合性中国少年儿童出版集团；以把中国少年儿童出版社建设成国内一流、世界知名的专业少儿社为奋斗目标。中国少年儿童出版社一手抓改革，一手抓开放。1994 年 1 月，中国少年儿童出版社在全国出版界率先申请了企业执照，并提出构建具有鲜明时代特色的由爱国主义教育图书系列、大世界图书系列、雏鹰图书系列、希望图书系列、地球村图书系列等 5 个系列组成的跨世纪少儿图书出版工程，海飞直接参与策划、编辑、出版、发行。他还高度重视出版社和作者、读者的关系，率先成立了中国少年儿童出版社策划部和读者俱乐部，连续举办了 3 届“中少社十大金作家金画家”评选活动，极大地推动了中国少年儿童出版社迅速而又全面的发展，先后被评为全国优秀出版社和全国“最受读者喜爱的八家出版社”之一。

2000 年 5 月 23 日，在上级有关主管部门的大力支持下，中国少年儿童新闻出版总社在庄严的人民大会堂宣告成立，海飞任总社社长，还荣获“全国儿童工作者标兵”称号。2001 年 12 月，海飞又兼任中国少年儿童新闻出版总社总编辑。作为中国少年儿童新闻出版总社的掌舵人，在上级领导部门的支持下，中少总社采取了一系列改革措施，建章立制、重组机构，确立了以社长负责制为核心的总社领导机制，建立了总社党组会议制度、社委会制度、编委会制度、经委会制度、职工代表大会制度、每月部门负责人会议制度等运作机制，为集团的发展和创新注入不竭的动力和活力。与此同时，整个总社的集团化、市场化、现代化、国际化发展呈现出欣欣向荣的景象。“精心呵护少年儿童，真心厚爱少年儿童，把最好的东西给自己的下一代，是一个政党成熟的标志，是一个国家进步的标志，是一个民族兴旺的标志。”“出好书，出好报，出好刊，为广大少年儿童提供健康向上的精神食粮，是神圣的事业，是伟大的事业，是幸福的事业。”“少儿出版的每一本书，都要按是给自己的儿子女儿阅读的基本标准来做；少儿出版理想的最高标准，是这本书能一代一代传下去。”“改革开放给中国少儿出版带来了千载难逢的大好时机，我们少儿出版工作者不能辜负这个伟大的时代。”这是海飞充满真情、不断表达的少儿出版理念。

2007 年 11 月 3 日，海飞在办公室会见国际安徒生奖评委会主席佐拉 · 甘尼女士留影

从 1993 年到 2023 年，在整整 30 个年头的少儿出版生涯里，海飞认认真真地为中国少儿出版做了 3 件事。

一是发起成立中国出版工作者协会少儿读物工作委员会（简称“少读工委”），构建了一个协调保障全国少儿出版有序竞争和联合发展的童书平台。1994 年，借中宣部、国家新闻出版署召开全国少儿出版工作会议的东风，海飞积极建议全国 30 多家专业少儿社抱团发展，共同为少儿出版大国崛起作贡献。1994 年 9 月，少读工委正式成立，海飞任主任，其他几家重要少儿社社长任副主任。从 1994 年至 2013 年，海飞担任了长达 20 年的中国版协少读工委主任。这 20 年间，中国少儿出版从弱到强、从小到大、从封闭到开放，成为中国出版的“领涨力量”。海飞和少读工委为之付出了诸多努力，功不可没。

2013 年 11 月，在上海国际童书展留影（左起：国际安徒生奖评委耶尔、海飞、国际儿童读物联盟主席亚当娜）

二是因势利导，积极开展国际儿童读物联盟中国分会（Chinese Boardon Books for Young People，简称 CBBY）的工作和活动，认真加强国际合作，主动讲好中国故事。海飞从 1996 年接任主席，至 2013 年卸任，整 17 年。他 23 次率 CBBY 代表团访问了 40 多个国家，连续参加了 7 届国际儿童读物联盟世界大会，为中国少儿出版业通过国际儿童读物联盟（IBBY）、布拉迪斯拉发插图展（BIB）、联合国儿童基金会等有关少年儿童事业的国际机构，争取国际资源、国外资金，参展参会，组织人员互访、学术交流，融入国际市场，打下了坚实的基础，紧密了中国少儿出版与世界的关系。2006 年，CBBY 还在澳门成功地举办了第 30 届国际儿童读物联盟世界大会，极大地提升了中国童书出版界在亚洲和全球的地位。海飞也因此被国际儿童读物联盟称为“中国 IBBY 之父”。

三是创办《中国少儿出版》杂志，引入“童书”概念，创立“童媒”“童读”理念，界定“童书大时代”“童读大时代”，为中国少儿出版的理论建设、办刊著书立说，为中国的儿童阅读推广鼓呼呐喊。1997 年，海飞发起创办了我国首份少儿出版综合性应用理论刊物《中国少儿出版》杂志（季刊）。《中国少儿出版》由少读工委和 CBBY 合办，海飞任主编。

1995 年 5 月，海飞作为中国出版工作者协会代表团成员，途经香港访问台湾。2001 年 9 月，海飞著成了我国童书出版理论的开山之作《童书海论》，并引入“童书”概念。2002 年 12 月，《童书海论》获得中国图书奖。此后，“童书”这个称谓流行全国。随着中少总社的组建，随着多媒体、新媒体的繁荣发展，2005 年 5 月，海飞出版了第二部专著《童媒观察》，自创了“童媒”理念，并迅速被社会接受。北京大学新闻传播学院把“童媒”列为2005年度的媒体新概念之一。进入新世纪，我国童书出版高速发展，迎来了“黄金十年”的大好时代。

2014年12月29日，首届陈伯吹国际儿童文学奖颁奖仪式在上海举行，特殊贡献奖获得者海飞的颁奖词如下：

海飞是中国少儿出版界的杰出代表。作为中国少儿出版国家队的掌门人，他运筹帷幄、整合创新、将中国少年儿童新闻出版总社打造成业内瞩目的出版航母；作为充满激情和理想的中国童书筑梦人，他以开阔的视野、前沿的理念、绘制了中国少儿出版走向世界的美好愿景，在中国成功举办了国际儿童读物联盟第30届世界大会，有力地提升了中国儿童文学和少儿出版的国际影响力；作为中国少儿出版界的领军人物，他独具魅力，以诗人的气质、理想主义者的情怀和战略家的眼光，团结和带动了一代童书出版人、创作者，投身当代改革进程，共同开启了中国童书出版的黄金时代。

海飞获2014陈伯吹国际儿童文学奖

2016年9月，海飞出版了第三部专著《童书大时代》，并相继在中国人民大学等单位及在希腊雅典举办的第36届IBBY世界大会作了专题演讲，引起了国内外广泛而热烈的反响。接着，海飞又界定了“童读大时代”概念。海飞积极响应国际儿童读物联盟的号召，促进中国分会把每年4月2日世界儿童阅读日设定为中国儿童阅读日。作为全国政协委员，海飞响亮地提出了“全民阅读，儿童领先”“儿童阅读是人生成长的第一课堂、人生成长的文化味蕾、人生成长的精神摇篮”等阅读理念，还到全国各地参加了500多场儿童阅读推广活动。“中国童书遇上了好时代，我遇上了好时代。我庆幸自己在一个好时代遇上了神圣的纯真的童书出版，我感恩这个时代，我感恩童书出版。”海飞深情地说。

（2023年5月14日改定）

后　记

2022年12月26日，疫魔侵我。苦斗近月，终于“阳康”。自2023年2月11日起，复开电脑，半工半休，至同年4月初才基本恢复正常码字生活。我望着窗外的春色，似有些许重生的快乐。

2023年5月15日下午，金色的斜阳把我的小书房映照得锃亮。我怀着老年得孙一样的欣喜心情，码完我这一生编写的第57本书——《树我邦国——求是创新浙大人》的最后一文。紧接着，我给每一篇文字配插图照片。这是一项极其繁杂的苦活。特别是有的传主仙逝较早，亲属病故或离散难寻，求助档案馆亦难以如愿。我四处求索寻找，终于每一文都配上了几张照片，直至6月26日才给浙江大学出版社交稿。这也是我结缘母校浙江大学64年后，专写我恩重情浓的母校的杰出校友的第19本书，亦是浙江大学出版社关爱我出版的第10本书。诚然，其中的甘苦只有写过、出版过书著的人最清楚。

我曾编写的《求是群芳谱》，起于20世纪90年代初毛正棠老师主编的《俊彩星驰——求是群芳谱》，我截取了该书标题的后半部分作书名，主编（二人合编，第一编者）并部分撰文的有第二、第三、第四集，都以报告文学、通讯特写、文学传记（小传）的形式彰显求是学人的光辉人生、骄人业绩和多彩生活，得到学校领导张浚生、路甬祥、潘云鹤等的关心、支持与荐举，并获其为之作序、封面题签。路甬祥校长在我主编的第二集序中说：“有一必有二，有二必有三。我期望以后每隔2到3年再出一本《求是群芳谱》，把更多更好的求是学人的光辉业绩发掘出来，彪炳千秋。”此后，我一方面用故事形式写了《科学家竺可桢的故事》（二人合著，第一著者）一书，另一方面又独著了报告文学集《俊彦跫音》，主编了两院院士集《求是英才传》（二人合编，第一编者），主笔并主编了系列报告文学集《浙大的校长们》《浙大的大师们》《浙大的学子们》，还有部分校友进入我主编并主笔的《精彩人生》《百舸争流》和我独著的《书友缘》。我又执行主编了《浙大逸事》，还独著了长叙事诗集《文军长征颂》以歌颂竺可桢校长率领下的浙大西迁征程。2017 年 7 月，我还用照片、诗歌及文字独著新古体诗集《星星颂》，以展示 212 位两院院士和各类著名校友的业绩与形象。全书有 300 余人次，计 300 余首新古体诗，等等。在我主编、撰稿或独著的四本《求是群芳谱》中，计有传主 350 人。经初步统计，由我编著的近 20 种出版物中，我记述的著名校友达 948 人次，其中以文学传记、报告文学体裁记述的有 254 人次。有校友赞美说："这在浙大应是首屈一指的作者了。"

在岗时，我还在《浙大校友》刊物上开出"求是群芳"栏目，专刊知名校友的报告文学、人物传记和通讯特写，被年轻的同事接力延续至今。我还在报刊和其他书著中写了几十篇文章歌颂知名校友，一并作为感恩母校、感谢校友的薄礼。

退休后，借工作之便专访著名校友的机会大减，我只好自费专访，集中精力写个人文学传记，先后完成《赤子春秋——刘奎斗传》《竺可桢》《施雅风》《启尔求真——核研试浙大人》，以及《树我邦国——求是创新浙大人》。特别是最后采写的这两本文学传记，涉及 40 余位校友，时间跨度 30 余年。为确保人物业绩的完整及丰满，绝大多数文章是多次采访校友及其家属后才完成的。因此，这两本书都有一定的文献价值，值得阅读与珍藏。

在校友总会工作的 10 年，是我 37 年工作"长跑"中的冲刺阶段。多年暑假在海内外校友之间奔波，我深受万千校友业绩与品质的滋润与浸染，学会了感恩与感动。这份感恩与感动真是我前行的"双引擎"，成了我退休至今 20 余年间，在校友园地笔耕不辍的源动力！

本书的采访与写作比工作时的采访与写作更艰难，难在校友先后作古，只能求助校友的第二代及其他校友补充素材；难在采访成了无助的自由行，甘苦自知，无需赘言。因为感恩与感动，我在耄耋之年仍是满腔热血，没有停笔。即使疫后身体难以复原，我仍负重前行，但导致影响本书四五个月的进程，这是十分无奈的事！有幸能在六月份给出版社交出书稿，献给培育我一家四口的母校浙江大学，献给我们感恩难忘的校友们！

在《启尔求真——核研试浙大人》一书出版后，多谢学校有关学院、有关部门，多谢深圳、上海、南京等地校友会，以及湄潭多所中学、丽水地区宣传部门的大力支持，预订了7000多册书，使首印8000册书在短短几个月内就售罄，促成此书重印发行。从《启尔求真——核研试浙大人》一书热销中得到启发，我又对前几年整理好的《求是群芳谱》（第五集）书稿做了两件事：一是将全书统一为著名校友的人物传记体裁，对多年前写好沉淀但未发表或只在内刊试发表的文稿进行补写，为传主首稿补充新的内容；二是自2022年7月起，在采访与交往基础上新写5位人物。由此，做到每篇内容新且全。全书整合修订后，书稿质量达到和《启尔求真——核研试浙大人》一样的水准，并更名为《树我邦国——求是创新浙大人》。

在本书24位著名校友的采访与写作中，除了3位校友因仙逝较早而只能采访传主的家属或学友、同事外，其他21位校友都采访过本人1～3次。至2024年7月8日止，尚有过百岁的杜成春博士健在，另有骆祥发、朱位秋、郭学焕、海飞等4位传主仍在发挥余热。祝他们快乐幸福，健康长寿！

我一直生活在玉泉校区，笔触自然更多伸向自己熟悉的人与事，但亦尽量努力采写其他校区的人物。但个人的力量实在微弱，各校区的许多杰出人物有待后来朋友更多地采写。我极望有更多人加盟采访与宣传著名校友人物的行列，以彰显浙大杰出人物的光辉业绩，为弘扬求是创新精神而“飞码”或奋笔！

本书有24位传主，涉及人物内容广泛，采写工作量较大，宛若一个集体完成的小“工程”。因传主大多仙逝，新素材难觅，插图照片搜集困难，大大增加了写作的难度。在采访与补充整合工作中，我得到了传主及其亲友或同事审阅、提供配照等帮助，使本书得以圆满杀青。在“工程”圆满完成之际，首先感谢浙大党委宣传部对本书出版的支持；感谢浙大校友总会副会长、深圳浙大校友会会长、杭州爱力智控技术有限公司等董事长朱跃龙校友，浙大经济学院党委王义中书记、副院长等对本书发行工作的支持；感谢传主及其亲友的真诚支持与帮助；还要感谢为我排忧解难的浙江大学校党委原副书记郑造桓老师、校长原助理张美凤老师；感谢帮助审阅有关人物稿件的田正平教授；感谢帮助查档核实及寻找提供有关照片的张卓群主任、王宽福教授、何闻教授、王庆明教授、唐任仲教授等；也感谢陪我采访并仔细编校的老伴李栽瑶；感谢浙江大学出版社宋旭华主任、周烨楠责编、何瑜老师，还有出版社美编、校对老师等，他们的辛劳才使这本书得以顺利并完美出版。

由于本书采访与写作时间跨度较长，写作整合难度较大，文中纰漏、表达失当乃至错误恐难以避免，敬请读者指正，不胜感谢！

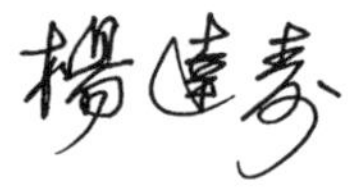

2023 年 6 月 25 日初稿

2024 年 7 月 8 日二稿

2024 年 11 月 8 日定稿

图书在版编目（CIP）数据

树我邦国 ： 求是创新浙大人 / 杨达寿著. -- 杭州 ： 浙江大学出版社，2024. 11. -- ISBN 978-7-308-25560-8

Ⅰ. K820.7

中国国家版本馆 CIP 数据核字第 2024Q24B43 号

树我邦国——求是创新浙大人

杨达寿　著

策划编辑　宋旭华

责任编辑　周烨楠

责任校对　李瑞雪

封面设计　周　灵

出版发行　浙江大学出版社

（杭州市天目山路 148 号　邮政编码 310007）

（网址：http://www.zjupress.com）

排　　版　杭州浙信文化传播有限公司

印　　刷　浙江省邮电印刷股份有限公司

开　　本　710mm×1000mm　1/16

印　　张　30.5

插　　页　6

字　　数　491 千

版 印 次　2024 年 11 月第 1 版　2024 年 11 月第 1 次印刷

印　　数　0001—8000

书　　号　ISBN 978-7-308-25560-8

定　　价　82.00 元

浙江大学紫金港校区南大门

浙江大学农业试验站吕秉韬　摄